젠더Gender, 언어적 성차性差로 보는 메이지 시대

근대 일본어와 여성어

방극철 지음

신아사

머리말

10년의 세월이 훌쩍 지나갔다. <一寸光陰不可輕: 一寸の光陰輕んず可からず>라는 말이 있듯이 시간의 소중함은 알면서도 몸은 생각처럼 움직이지 않는다. 이제 더 이상 미룰 수 없어, 컴퓨터 구석에 있는 문서 파일을 정리하면서 집필을 시작하기로 했다. 오래된 앨범 속의 어렴풋한 사진의 기억을 회상하고 추적하듯이.

올해는 일본 유학을 마치고 대학에서 학생들과 함께한 지 20년이 된다. 요즈음, 대학은 연구자 고유의 전공 연구만을 위한 환경이 아니라 다양한 교육활동을 병행해야 한다. 소위, <블렌디드 러닝:Blended Learning>, <하이브리드 러닝:Hybrid Learning >과 같은 융합의 세상이 된 셈이다. 'AI 시대'에 적응하기 어렵지만 그래도 순응은 해야 할 것 같다.

노자(老子)의 도덕경(道德經)에 나오는 <상선약수(上善若水)>라는 표현을 개인적으로 좋아한다. 그리고 그러한 삶을 실천하고 싶다. 연구자와 교육자로서! 주변의 환경에 휩싸이지 않고 본연의 일에 정진하고 천착(穿鑿)하는 것은 의미 있지만, 매우 힘든 자신과의 싸움이다. 높은 선, 최고의 선, 다시 말해 노자의 도(道)는 물(水)과 같은 것이다. 물은 형체가 없다. 어떤 그릇에 담느냐에 따라서 그 모양이 변한다. 한 가지로 고정되고 경직된 정형화된 모습은 아니다. 언어도 그런 것 같다. 고정적이지 않고 상대방과 장면, 문맥에 따라 항상 변화한다. 문어문 글에서 문체(文體)가 개인마다 다르듯이 대화문 말에서도 스타일, 대화체(對話體)가 다르다. 언어의 변천사, 언어의 역사가 있다. 연구자에 따라 다양하게 모습을 바꿀 수 있고 해석(解析)할 수도 있다. 그러나, 그 해석은 언어 체계 속에서 논리적이며 객관적으로 기술(記述)되고 분석되어야 할 것이다.

언어를 좀 더 동적(動的)이고 입체적으로 다루고 싶다. 통시적(通時的)이고 사회언어학적으로 고찰하고 싶다. 근대어 대조 연구도 시야에 넣고 정리하고 싶다. 그렇게 시작한 주제가 "**근대 일본어와 여성어**–젠더(Gender), 언어적 성차(性差)로 보는 메이지 시대–"이다. 어느 시대와 마찬가지로 특히, 메이지 시대의 언어 연구는 다원적이고 중층적으로 접근하고 분석해야 한다. 주지하는 바와 같이 일본어는 '경어'와 '여성어'가 발달된 언어이기도 하다. 이 점도 나에게 흥미를 더 했다.

메이지 시대의 언어, '근대 일본어'가 21세기를 살아가는 오늘날 우리의 삶에도 적지 않게 영향을 준다. 메이지 시대 일본어는 일반적으로 '근대어' '근대 일본어'로 불린다.

철학, 과학, 화학, 예술, 법률 명칭(헌법 용어) 등 많은 학술용어와 대통령, 은행, 연설 등 일상생활에서 사용하는 기본어휘는 메이지 시대 일본에서 번역된 번역어(줄여서 '譯語'라고도 함)이다. 이와 같은 번역어를 우리는 자연스럽게 고유의 우리말로 사용한다. 이들 번역어는 개념 어휘가 대부분이라 이들을 대체하여 사용할 다른 어휘가 마땅히 없다. 예를 들어, 'Philosophy'와 같이 서양어에 해당되는 일본어 어휘가 없는 경우 <哲学>이라는 번역어를 만들었다. 구체적으로 보면, 니시 아마네(西周:にしあまね: 메이지 시대 계몽사상가, 서양 철학자)가 만든 번역어로 철학 용어, 논리학 용어, 심리학 용어 등은 오늘날까지도 널리 사용되고 있다. 그리고 중국어 번역어가 일본에 차용된 경우도 있다(연애, 전기, 모험 등). 메이지 정부 주도로 서양에 유학한 일본인들이 만든 번역어를 우리는 일상생활에서 자연스럽게 사용하고 있는 셈이다. 일본어의 영향이 130년이 지난 지금도 남아 있으며, 여전히 사용 어휘로 우리와 상생하고 있다. 그렇게 우리말 속에 생명력을 유지하며 우리말의 다양성에 기여하고 있다.

일본어의 여성어 역사를 큰 흐름에서 간단히 살펴보자. 중세의 무로마치 시대 '女房詞(にょうぼうし)', 근세의 에도 시대 '遊里語(ゆうりご), 郭言葉(くるわことば)', 근대의 메이지 시대 'お嬢様ことば(てよだわ言葉가 근대적 여성어와 [お嬢様言葉]의 起源)' '女学生ことば' 등으로 설명할 수 있다. 특히, 정중한 여성어는 「宮中」→「武家」→「町人」의 경로로 전파된 것이다. 예를 들어, '武家'의 정중한 여성어는 궁중의 '女房詞'에서 유래하였고 에도 시대 '遊ばせことば'로 대표되듯이 상류층 상인들이 결혼 전에 무사 집에서 奉公하는 것이 확산되면서 '武家'의 여성어를 습득하게 되는 흐름이다. 근대의 여성어는 간략히 말하면, 여학생 말 '女学生ことば'로서 확산되었다.

메이지 시대는 '현모양처(賢母良妻)'가 여성의 표준 모델이었다. 그 당시 여성들은 남성들이 구축한 근대국가에서 어떻게 살아가고 어떤 언어생활을 했는지를 고찰하는 것은 매우 흥미로운 일이다. 소설 및 다양한 자료를 통해서 젠더의 관점에서, 여성어의 실체와 사용 배경에 대한 해답을 찾으려 노력하였다. 근대 일본어의 모습, 메이지 시대의 대우표현(待遇表現)과 문말표현 형식 등 다양한 여성어 모습을 이 책에 다이나믹하게 담으려고 노력했지만, 필자의 역량 부족으로 미흡한 부분도 많을 것이다. 많은 질책(叱責)과 격려를 바란다.

현대 소설을 읽다 보면, 한국어와 일본어의 표현 양식의 차이를 쉽게 확인할 수 있다. 한국어는 소설의 대화문에서 화자가 남성인지 여성인지 구별하기 어렵다. 반면, 일본어는 대화문의 문말표현에서 화자의 성별을 명확히 파악할 수 있다. 일본어는 과거에 비해 성차가 줄어들고 있지만, 여전히 문말표현, 종조사 등 특정 형식에 성차가 존재한다. 성차의 관점에서 보면, 일본어는 한국어와 큰 차이가 있는 언어이다. 이 부분에 대해서도 한일 대조 연구를 하고 싶다.

일본에서 유학 시절. 筑波大学(University of Tsukuba)에서 지도교수인 쓰보이 교수(坪井美樹)로부터 많은 지도와 편달을 받았다. 지금 생각해도 참 고맙고 감사하다. 연구자로서 은사님의 은혜에 보답은 어렵더라도 노력하는 모습을 이 책에 담을 수 있어 그나마 위안이 된다. 또한, 나의 소소한 연구가 이 순간에도 가능함은 '순천대학교'라는 울타리가 나를 보듬고 있기 때문이다. 대학과 학과 교수, 동료 교수님들께 감사의 마음을 전하고 싶다.

아울러 글을 쓰는 이 순간에도 어려운 가정환경에서 아이들을 돌보느라 묵묵히

고생하고 있는 나의 아내 선자(善子), 가족, 부모님께 진심으로 감사와 고마움을 전하고 싶다. 필자의 게으름으로 이제야 마무리하여 미안하기도 하다.

필자의 연구 자양분은 유학 기간에 축적된 연구 성과를 바탕으로 한다. 그리고 이곳 '향림골'에서 학생들과 마주한 결과이기도 하다. 이 책이 지도교수에게 누가 되지 않을 정도로, 그리고 일본어, 대우표현, 여성어 등 언어적 성차에 관심이 있는 독자들에게는 신선한 지적 자극과 흥미를 주는 데 조금이나마 도움이 되기를 소망해 본다. 끝으로, 어려운 여건에서도 흔쾌히 출판을 허락해 주신 '도서출판 신아사' 정현걸 사장님, 한규갑 상무님, 편집 담당 남궁연 선생님께 감사의 마음을 전하고 싶다.

감사합니다.

2022년 6월

방극철

あじさい(紫陽花), 수국 향기 그윽한 시절에

목차

〈序章〉

一. 들어가며

한국어와 일본어는 어순이 같고 한자를 사용하는 공통점이 있다. 그리고 양 언어 모두 경어(敬語) 체계가 발달했다. 한국어와 일본어에서 한자의 역할이나 경어 사용에서 차이가 명확하다는 점은 주지의 사실이다. 현대 한국어에서 글을 작성할 때, 한자를 사용하지 않고도 본인의 의사를 전달할 수 있다. 반면, 현대 일본어에서 한자를 사용하지 않고 순수하게 '가나(かな)'만으로 작성한 글은 의사 전달에 어려움이 있을 수 있다(설령 의미 전달이 되더라도 부자연스러운 일본어이다). 일본어는 한자와 가나를 혼용하는 표기 시스템이 이미 정착되어 있기 때문이다.

한편, 경어 사용에서도 한국어는 年齢의 '상하관계'가 크게 좌우되는 '절대경어(絶對敬語)'적 특성이 강하다. 그러나, 일본어는 연령보다 자신과의 관계 속에서 자신의 쪽에 포함되는지, 타인의 영역에 포함되는지에 따라 경어 사용이 정해지는 특성이 있다[1]. 따라서, 일본어는 '상하관계'보다 '내외(内外:*Uchi Soto*) 관계'가 중시되는 '상대경어(相對敬語)'적 성격이 강하다. 이상에서 살펴본 바와 같이 한일 양 언어는 구문적으로 유사한 특성이 있고, 한자의 사용, 경어 체계의 존재와 차이도 명확하다.

사회언어학적 관점에서 언어적 성차(性差), 즉, 젠더 측면에서 한국어와 일본어는

---

1) 일본어에는 [内(ウチ)·外(ソト)관계]라는 개념이 있는데, 경어 사용에서 연령의 '상하관계'보다 '내외관계:内(ウチ)·外(ソト)'가 중요한 사용 기준이 된다. 예를 들어, 자신이 소속된 가족이나 자기 회사 등은 内(ウチ)가 되기 때문에 타인에게 자신 가족이나 자기 회사 상사를 소개할 때, 경어를 사용해서는 안 된다는 점이다. 이와 같이 일본어는 한국어와 달리 '상대경어'의 성격이 강한 특징을 지니고 있다. 한국어에서도 서정수(1984)가 주장하는 소위, '압존법(壓尊法)'이 상대 경어적 요소가 있으나 이러한 현상은 부분적이다. 압존법은 어떤 대상을 더욱 높이기 위해서 그보다 덜 높은 대상에 대하여 높임을 억제하는 방식이다. 예) "선생님, 김선배가 곧 와서 뵙겠답니다". '선생'과 '김선배'가 존대 대상자이지만, 압존법이 적용되어 '김선배'에게는 존대 표현이 억제되어 있다.

어떻게 다르며 시대를 거슬러 근대에는 어떠한 모습인가? 이에 대한 해답을 찾는 것이 본 연구의 출발이다. 근대 일본어 연구자로서 〈근대 일본어와 언어적 성차, 젠더〉라는 주제가 본 연구의 큰 방향이고 목적이다. 즉, 언어적 성차로 보는 메이지 시대의 여성어 연구가 중심이 되는 셈이다. 특히, 한국인 일본어 연구자로서 대조 연구의 성과를 <5장>에 수록한 것은 근대어의 대조 연구를 통해서 한 일 양 언어의 유사성과 차이점을 이해하는 데 도움이 되었으면 하는 바람이다. 또한, 현대어에서 대조 연구 성과는 많이 있지만, 근대어가 되면 그러한 성과가 거의 없다는 점을 필자 스스로 의식한 결과이기도 하다.

이하, 현대 소설에서 한국어와 일본어의 성차를 확인해 보자. 한강의 소설『채식주의자』(2007年)의 대화문 일부를 아래에 제시한다.

> "저는, 고기를 안 먹어요"
> "그러니까, 채식주의자이신군요"
> "외국에는 엄격한 채식주의자들이 더러 있죠. 우리나라에선 이제 좀 형성돼 가는 것 같아요. 특히 요즘엔 언론에서 하도 육식을 공격해대니……오래 살려면 고기를 끊어야 한다는 생각을 하게 되는 것도 무리가 아니죠"
> "아무리 그래도, 고기를 아주 안 먹고 살 수 있나요?" (pp.30－31)

채식주의자인 아내와 (남편 직장의) 사장, 사장 부인의 대화인데, 대화에서 남녀차를 분간하기는 쉽지 않다. 화자가 남성인지 여성인지를 쉽게 구별할 수 없기 때문에 소설 지문에 '사장이 물었다, 사장 부인이 말했다'와 같은 표현이 들어가는 것이다. 반면, 일본 소설의 경우에는 村上春樹(むらかみはるき)의『色彩を持たない多崎つくると彼の巡礼の年』(2013年)의 대화문 일부에서 알 수 있듯이 언어적 성차는 명확하게 구별된다. 일본어에서는 일인칭대명사「僕(ぼく)」와 이인칭대명사「君(きみ)」는 남성이 사용한다. 또한, 남성은 단정을 나타내는 문말의 조동사「～だ」, 여성은 종조사「～かしら」,「～わよ」를 사용하는 것에서 화자가 누구인지 알 수 있다.「ねえ」와 같이 상대방을 부르는 말(호칭사) 혹은 감탄과 감동을 나타내는 정의표현에서도 화자가 여성임을 짐작할 수 있다. 일인칭대명사 「私(わたし)」와 이인칭대명사 「あなた」의 동시 사용(짝을 이루며 사용)에서도 대부분은 여성을 생각하게 된다. 이처럼 한일 소설의 대조 분석을 통해서, 현대 일본어는 한국어에 비해서 여성어가 발달된 측면이 있다고 볼 수 있다.

「前にも言ったけど、僕としてはその出来事をできることならそっくり忘れてしまいたいんだ。そのときに受けた傷を少しずつ塞いできたし、自分なりに痛みを克服してきた。それには時間もかかった。せっかく塞がった傷跡をここでまた開きたくはない」

「でも、どうかしら。それはただ表面的に塞がっているように見えるだけかもしれないわよ」

「ねえ、その四人のフルネームを私に教えてくれない？それからあなたたちの通った高校の名前と、卒業した年度と、進学した大学と、一人ひとりの当時の連絡先を」

「そんなことを知って、君はどうするの？」(pp.103−104) (밑줄은 필자)

그리고 한국어 소설을 일본어로 번역해 보면, 일본어에서는 성차를 의식하여 번역한 것을 확인할 수 있다. 전성태의 『소풍(遠足)(2014년 발표), 2015년 두번의 자화상, 창비 수록』의 대화문에서 번역자는 일본어의 자연스러운 문장을 위해, 성차에 신경을 쓰고 번역하고 있음을 알 수 있다(밑줄은 필자).

"그런 조막만한 한 입으로 그걸 다 어찌 외누? 할미는 한줄도 못 따라부르겠구나 "

"네잎 클로버 찾으로 가, 아빠!"

"거피 조금 남았는데."

"외할머니 뵈러 왔으면서 너희끼리 놀면 어떡해? 네잎 클로버는 집에 가서도 찾을 수 있잖아"

"재는 뭐에 꽂히면 사족을 못 써요" (p.23)

<등장 인물>

딸아이, 장모(외할머니), 세호(주인공, 남편), 지현(아내) 4인이 주고받는 대화.

이 부분의 대화를 일본어로 옮겨 보면 다음과 같다.

「こんな小っちゃいお口で、どうやって全部覚えたのかねえ。お婆ちゃんも一緒に歌いたけど一行も無理だわ」

「よつばのクローバー探しに行こう、パパ！」

「コーヒー飲み終わってないんだよ。」

「お婆ちゃんに会いに来たのに、自分たちだけで遊んでどうするんだ。よつばのクローバーはうちに帰っても探せるよ」

「この子ったら何かに夢中になると、手の付けようがないわね」

(pp.29−30, 2021年,「二度の自畫像」に所收, 東京外國語大学出版會, 吉良佳奈江譯)

일본어의 대화문에서 화자가 여성인 경우는 문말의「～かねえ」,「～だわ」,「～わね」에서 쉽게 알 수 있으며, 남성인 경우에는「だよ」,「するんだ」등에서 알 수 있다. 물론 친족 명사의「お婆ちゃん」이나「パパ」의 사용에서도 화자를 짐작할 수 있다. 한국어의 경우에는 할미, 아빠, 외할머니 등의 친족 명사에서 화자를 추측할 수 있다. 그러나, 한국어 문장에서는 소설의 문장 속에서 등장 인물의 주체를 명확하게 제시하지 않으면 알기 어렵다. 즉, 일본어처럼 문말의 종조사만으로는 성차를 변별하기 어렵기 때문이다. 여기에서도 우리는 현대 일본어가 한국어에 비해 성차가 명확한 것을 알 수 있다. 일본어는 일부러 남성, 여성의 표시를 문장 속에서 제시하지 않아도 대화문의 문말표현에서 구별이 자연스럽게 되는 셈이다.

상기 대화문에서 알 수 있듯이 한국어는 문장에서 화자의 성별이 명확하게 구별되는 성차 표시가 확실하지 않다. 어떤 의미에서 한국어는 남녀 함께 사용하는 중립적인 특성이 있는 언어이다. 이에 반해, 일본어의 경우에는 문말 종조사의 명확한 차이에서 확인할 수 있듯이 성차가 뚜렷한 언어이다.

이와 같은 성차의 차이점이, 현대어에서 양 언어의 특성을 구별 짓는 하나의 요소가 된다. 메이지 시대와 개화기로 가면 어떨까? 일본어의 경우에는 메이지 시대 인칭대명사 사용을 보면 다양하며 남녀차가 두드러진다. 종조사의 경우에도 '여성어'의 발달에서 알 수 있듯이 메이지 시대 소설을 읽으면, 남녀차가 눈에 띈다는 사실을 곧바로 확인 가능하다.

한국인 소설가는 소설을 쓸 때, 문장에서 화자가 남성인지 여성인지를 명확하게 표시하는 궁리를 하고 있으나(예, 회사의 경우라면 여성 과장, 남성 전무, 남성 사장 등), 일본인 소설가의 경우에는 문장에서 그러한 성별 표시 없이 대화문을 이어갈 수 있다. 이미 인칭대명사, 종조사, 감탄사 등의 사용에서 성별, 연령, 세대별로 어느 정도 사용자의 사회적 속성, 위상(位相)의 짐작이 가능하다. 이처럼 언어에 명시적으로 나타난 성차 표시를 소설을 읽는 독자가 이해하고 있다는 공감대가 형성되어 있다. 성차에서 기인하는 특성을 고려하여 글을, 그리고 소설을 쓴다는 점이 한일 작가들의 공통된 인식이지만, 그 방법에는 차이가 존재하고 있다. 시대를 거슬러 근대 일본어에서는 여성, 여성어의 성차 모습은 어떠한 모습일까?

도쿠가와(德川) 막부가 붕괴되고 메이지 신정부가 탄생한 메이지 시대는 에도(江戸 : えど)가 도쿄(東京:とうきょう)로 개칭되고 언어에도 다양한 변화가 생긴다. 소위, 일본의 '근대 국가'가 탄생한 시기이다. 종래 에도어의 흔적을 탈피하고 새롭게 도쿄어(東京語)[2]가 형성된 점이 이 시기의 특징이다. 또한, 메이지 시대에는 지방어의 혼입과 외래어 영향의 시대이기도 하다. 외국어의 번역에 기반한 새로운 漢語의 발달(많은 新語가 탄생함)도 두드러진 시기이다. 에도어에서 도쿄어로 새로운 언어 체계가 형성되는 과정에 다양한 요소가 관여한다. 그리고 그 중요한 역할을 하는 요인 중에 대우표현의 변화를 들을 수 있다. 대우표현의 변화를 논할 때에서는 언어적 성차(性差), 젠더(Gender difference) 문제를 고려하지 않을 수 없다.

杉本(1988 : 272)는 도쿄어에 대해서 생각할 때, 에도어의 전통을 어떻게 발전시킬

---

2) 본 연구에서는 江戸語(えどご), 東京語(とうきょうご), 東京方言(とうきょうほうげん), 東京 標準語(とうきょうひょうじゅんご)의 개념 구별이 있으나, 메이지 시대 도쿄를 중심으로 보편적, 공통적으로 사용된 언어를 '도쿄어(東京語)'로 부른다. 그리고 '동경 표준어'에 대한 설명은 1장 1.2절에서 상세하게 다룬다.

것인가? 라는 점, 소위 '창조적 정신의 소산'으로 해석하면서, 변화의 과정에서 핵심 요소가 되는 4가지를 다음과 같이 들고 있다.

(1) 한어(漢語)의 증가, 일반화.

(2) 새로운 사회층의 형성과 그 언어.

(3) 문명 개화에 따른 번역어 어법의 보급.

(4) 언어생활에서의 언문일치의 실천.

상기 4가지 중에서 (2)에 해당되는 내용이 사회언어학에서 주된 관심 사항이다. 그리고 (4)에 해당되는 사항, 언어생활에서 언문일치도 중요한 부분이 될 것이다.

일본어에서 성차에 관한 연구는 여성어 연구 성과가 중심이 될 것이다. 에도 시대와 같은 고정적인 신분 제도와 달리 메이지 시대는 사농공상(士農工商)의 사민(四民) 평등, 신분 제도의 격변의 시대이다. 이와 같은 시대에는 언어의 변화를 입체적으로 파악할 수 있는 관점, 즉 사회언어학적인 관점에서 분석이 유효하고 당연히 적용되어야 할 것이다. 성차에 따라서 예를 들어, 인칭대명사, 종조사, 문말표현 등이 어떻게 사용되고 있는지는 중요하다. 그리고 성차는 사회 계층 간에 어떠한 상관관계가 있는지, 이와 같은 것들이 궁극적으로 대우표현(경어 포함)에서 대우 가치를 논할 때, 우선적 입체적으로 고려되어야 한다.

메이지 초기는 도쿄어가 차츰 형성되는 시기라고 말할 수 있다. 그리고 언문일치, 즉 현대 구어문(現代口語文)이 메이지 20년대에 일어나고 메이지 30년대가 되면 거의 완성되어 도쿄어는 확립되어 간다. 종래의 연구자들이 주목한 도쿄어 형성기를 특징짓는 핵심 요소는 대우표현, 경어로 이들이 여러 가지로 변화한 사실이다. 구체적으로 '對話敬語'로서「丁寧語」의 발달, 접두어「お」의 다용이 있다. 여기에서는「です」와 경어 표현 형식에 대해서 다루기로 한다.

「です」가 오늘날과 같이 된 것은 메이지 20년대 이후이다. 田中(2002 : 494)는 선학들의 여러 연구에서「です」가 현재와 같은 [活用이 있는 デス]를 사용하기 시작한 것은 막부 말기의 에도의 상인(町人) 남녀들이었다. 그리고「です」를 무가풍(武家風)의 말을 존중한 메이지의 교양 층들로부터 오랫동안 사용하지 않았다고 한다. 여기에서 알 수 있듯이 메이지 초기까지「です」의 사용이 교양 층 사이에서는 일반적이지 않았다는 점,「です」가 대우 가치가 낮은 점 등은 지적할 수 있다. 메이지 초기 에도어의 흔적이 많이 남아 있는 仮名垣魯文著『安愚楽鍋(明治4−5年)』를 보더라도「です」는 아직 일반화되어 있지 않음을 알 수 있다. 그러나, 메이지 20년대의 若松賤子譯『小公子(明治23年8月−明治25年)1月』에는「です」「ます」가 많이 사용된다. 그리고 內田魯庵著『社會百面相(明治35年)』이 되면「です」「ます」가 일반화되고 '丁寧語'가 다용된 점이 큰 특징이다.

한편, 메이지 초기에는「です」보다도「であります」가 보통이었다. 이러한 현상은「です」가 가지는 비속적인 어감, 당시 비판하는 언설이 많이 보이는 것에서 알 수 있다. 그리고 방송 용어에서도「です」를 사용하는 것을 오랫동안 주저하게 되고「であります」를 기반으로 하는 기조는 메이지 30년대까지 지속되었다.「です」를 표준적인 정중체「丁寧体」로 만든 것은 메이지 37년인 1904년 최초의 국정교과서『尋常小学讀本』의 역할로 볼 수 있겠다. 지금까지 교과서에서 사용이 적었던「です」「ます」를 전면적으로 사용한 것이다[3].

현대 일본어에서 일반적으로 사용되고 있는 경어 형식으로 메이지 시대 초기에는 그다지 사용되지 않는 것으로「お(ご)−になる」의 존경표현 형식이 있다. 메이지 후기 무렵부터 일반적으로 사용되고,「いらっしゃる」의 보조동사로서의 용법도 이 시기에 일반화된다. 겸양표현 형식으로서「お−する」의 형식이 일반화하는 것도 메이지 30년대 무렵이다. 이처럼 현대 일본어의 경어 표현 형식의 대부분은 메이지 후기에 널리 사용된 형식인 것을 알 수 있다. 따라서, 메이지 30년대 경어 표현의 중추라고 할 수 있는 대우표현, 문말표현 형식 등을 젠더의 관점에서 고찰하는 것은 의미 깊고 중요하다.

---

3) 田中(2002:493-495)

일본어의 역사에 있어서 근대, 메이지 시대는 매우 중요한 시기이며 현대 일본어의 원류가 된다. 에도 시대의 에도어와 달리, 현대 일본어의 근원을 추적할 때 메이지 시대의 근대 일본어에 주목해야 한다고 필자는 생각한다. 일본어를 역사적인 관점에서 연구했을 때, 상대(上代), 중고(中古), 중세(中世), 근세(近世)라는 큰 흐름 속에서 연구가 이루어져 왔지만, 메이지 시대의 근대 일본어 연구 성과는 지금도 충분하지 않다. 어떤 의미에서 근대 일본어 연구는 간과된 측면이 있다고 생각된다.

따라서, 본 연구에서는 지금까지 등한시되어 온 메이지 시대에 주목해 언어적 성차(性差)·젠더를 입체적인 시각에서 연구를 시도하고자 한다.

이하, 구체적인 연구 대상과 연구 방법에 대하여 설명하고자 한다. 연구 대상은 근현대일본어와 젠더, 대우표현, 여성어, 근대어의 한일 대조 연구의 시도라는 주제가 된다. 결국 본 연구의 중심은 근대 일본어와 젠더 연구가 된다. 그리고 연구 방법은 대우표현에 대한 기술적(記述的) 연구, 사회언어학적의 관점에서 연구가 중심이 된다.

종래의 연구에서는 언어학의 자료를 협의적으로 파악했다고 생각하지만, 본 연구에서는 분석 대상의 자료를 폭넓게 다루고 치밀(緻密)하게 조사하여 동적(動的)인 언어 연구를 시도한다. 궁극적으로 근대어에서 한일 대조언어학의 분야까지 연구의 지평을 넓힌다. 언어학 기반의 연구이지만 언어생활을 연구하는 여성어 연구, 경어 연구, 대우표현 연구, 사회방언의 연구 등의 범위를 포함하여 연구하게 된다. 이와 같이 근대 일본어뿐만 아니라 한국어(당시의 개화기 최근세국어) 와의 대조 연구를 통해서, 메이지 시대부터 현대어의 기반이 되는 시기까지를 고찰하게 될 것이다.

본 연구의 <구성>은 다음과 같다.

<序章>

1장 근대 일본어의 탄생과 역사

2장 근대 일본어와 대우표현

3장 근대 일본어와 젠더-사회언어학적 관점-

4장 근대 일본어와 여성어-젠더(Gender), 언어적 성차(性差)의 관점-

5장 한일 대조 연구의 시도와 과제

<終章>

특히, 본 연구에서는 언어생활사를 연구하고 그 당시 한국인(조선인)과 일본인의 언어 실태의 분석을 바탕으로 한일 대조 연구를 통해, 근현대 한일 양 언어의 차이점과 유사점에 대해서 고찰한다. 기본적으로 연구의 큰 방향은 종래의 전통적인 언어 자료 (소설, 신문, 잡지, 교과서 등)를 상세하게 조사하고 기술(記述), 해석(解析)해 나가는 것으로 시작된다.

또한 본 연구에 의한 새로운 자료의 발굴도 기대된다. 인문학뿐만 아니라 사회과학 관련 자료, 문헌도 조사할 생각이다. 여성학, 사회학, 교육학의 관점에서 본 젠더, 한일의 대조 언어학의 관점에서 본 젠더, 근현대의 통시적인 관점에서 본 젠더 등 연구의 범위는 넓고 다양하지만, 본 연구에서는 본질적으로 언어적 성차를 중심으로 고찰하게 된다.

일본의 근대와 여성어, 한국의 근대와 여성어, 그리고 한일 언어생활사의 연구, 젠더의 관점에서 새롭게 조명하여 근현대에 있어서 한일 양 언어의 여성어를 체계적으로 기술하는 것으로 이어지는 것이 아닐까 생각한다. 예를 들어, 어떤 의미에서 "나쓰메 소세키에서 무라카미 하루키까지(夏目漱石から 村上春樹まで)"의 문학 작품을 읽고, 일본 사회와 일본인(등장 인물)의 사상, 인간관계, 생활 방식, 삶 등을 통해, 언어생활 및 언어 변화의 모습을 고찰하게 된다. 이것은 사회언어학적 관점에서 본 연구이기 때문에 현대 일본어의 원류인 메이지 시대의 근대 일본어에서 현대 일본어까지의 변화의 흐름을 성별의 관점에서 구체적으로 고찰하게 될 것이다.

메이지 시대의 한일 대조 연구의 성과는 현재까지도 충분하지 않은 현황을 근거로 본 연구는 연구 방법의 독창성과 학문의 성과는 기대할 수 있는 것이 아닐까. 또한, 종래의 선행 연구가 현대어, 근대어라고 하는 특정 시기를 대상으로 한 공시적인 연구에 머물러 있어서 현대 한국어와의 대조 연구(근대를 포함한다)까지를 연구 범위에 넣은 통시적인 연구는 거의 없다고 말할 수 있다. 역사적인 연구에 사회언어학적 방법이나 대조언어학 방법의 원용으로 언어 현상을 보다 역동적으로 파악할 수 있다고 생각한다. 우리의 언어적 활동은 사회 생활에 종사하는 사람들(사회집단에 속하는 사람)의 삶 속에 놓여져 있고 그 삶 속에서 비로소 의미 있는 활동이 생긴다. 이처럼 언어를 본질적으로 사회적인 현상으로 파악하고, 언어적 활동은 그 안에 담겨진 사회적인 활동과 불가분의 관계에 있는 것이다.

또한, 언어는 시대에 따라 달라진다. 예를 들어, 小松(1986:545)에 의하면, "언어 변화를 전체의 흐름으로서 파악할 수 있다면, 대나무의 마디와 같은 경계 등이 있을 도리(道理)가 없다. 언어의 여러 요인이 보조를 맞추어 일제히 변화하기 시작하거나 변화를 완료할 수가 없기 때문이다. 각각의 변화마다 시기가 어긋나 있다고 한다. 본래, 언어 변화는 명확한 경계 마디를 만들지 않는 형태로 진행하는 것이다"라고 하는 점이다. 또한, 坪井(2007:32−33)는 다음과 같이 언어 체계의 변화에 대해 말하고 있다.

> 言語の体系はいつの時代もそれが生きた言語である限り、「完成」することなく、移り変わっていく。一時代の言語体系が「安定」的であるかどうかも、これを測る絶対的な基準はなく、相対的·比較的な問題に過ぎない。(中略)言語変化にとって、ある体系の「崩壊」が、一方的に失うものばかりであることは少なく、失うものに変わるプラスの面を持つのが一般である。また、それ故にこそ言語は変転極まりなく移り変わり続けるのであろう。

결국 언어의 체계는 언제든지 변화하고 한 시대의 언어 체계가 '안정'적인지 여부를 측정하는 절대적인 기준도 없고, 상대적·비교적인 문제에 지나지 않는다. 그리고 언어 변화에 있어서 어느 체계의 '붕괴'가 일방적으로 잃는 것만이 있는 것이 아니라 잃은 것에 대신하는 플러스의 면을 가지는 것이 일반적이다. 또한, 그렇기 때문에 언어는 계속 변해가는 것이다.

이처럼 언어 변화와 언어 체계의 변화는 각각의 변화마다 시기가 다른 점과 변하는 특징을 고려하여, 근대 일본어를 고찰해야 할 것이다. 그리고 연구 자료의 확대가 요구된다. 따라서 근대소설, 신문, 강연록, 교과서, 사전 등을 넘어 부인잡지(婦人雜誌), 여학잡지(女学雑誌), 라쿠고(落語) 등 다양한 자료를 분석할 필요가 있다. 한편. 한국도 개화기 신소설, 번안 소설, 독립신문 등을 조사해 일본과 관계가 있는 부분을 중심으로 대조해 보고 싶다. 끝으로 본 연구를 통해, 언어 교류사의 관점에서 한일 상호의 영향 관계에 대해서도 시사점을 줄 수 있기를 기대한다.

参考文献

서정수(1984)『존대법의 연구－현행 대우법의 체계와 문제점－』한신문화사
小松英雄(1986)『国語史学基礎論増訂版』笠間叢書 35
杉本つとむ(1988)『東京語の歴史』中公新書
田中章夫(2002)『近代日本語の語彙と語法』東京堂出版
坪井美樹(2007)『日本語活用体系の変遷増訂版』笠間書院

二. 선행 연구와 문제의 소재

일반적으로 일본어 여성어 특징은 '단정을 피하고 명령적이지 않고 자신의 생각을 상대방에게 강요하지 않는 말투'라는 특징을 가지고 있다. 반면, 남성적인 표현은 단정이나 명령을 포함하고 주장 설득을 하기 위한 표현을 많이 가진다[4]. 1970년대 80년대 언어표현의 성차를 남성 우위 사회의 결과로 파악하는 모델과 사회화(socialization) 문화화(enculturation)의 결과라는 사회화 모델을 포함한 문화차 모델로 생각할지는 매우 복잡하고 어려운 문제이다. 1990년대부터 'postmodern feminist approach'에서는 말투의 스타일이라는 것은 반드시 성차에 기인하는 것이 아니라, 오히려 다

4) 益岡·田窪(1992:222).

종 다양한 말투의 스타일이 병존한다고 생각하게 되었다(南(2009 : 264)).

본 연구에서는 여성어의 특성을 인식하고 젠더(Gender)의 관점에서 근대 일본어 여성어를 고찰하고자 한다. 여성성(女性性) 남성성(男性性)은 문맥에서 설명할 필요가 있기 때문에 글의 문맥을 상세하게 파악할 필요가 있다. 中村(2002 : 28)는 현재, 미국 유럽 등의 서양의 '언어와 젠더 연구'의 주류는 '주로 담화 분석의 틀을 사용하여 구체적인 구어체 문어체의 대화, 문장을 공시적으로 분석하는 성별 인식(Gender identity) 구축의 연구이다'라고 말하고 있다. 이러한 점을 고려하면, 역사적 연구에서도 역시 담화 분석, 문맥에 의존하는 상황 설명은 중요하다. 따라서 본 연구의 여성어 연구도 이러한 점을 시야에 넣고 분석한다.

> 鈴木(1998)는 "明治期に入ると、次第に女性特有のことばづかいが確立されて行き、男性のことばとは違った体系が出來上がる(메이지 시대에 들어오면 차츰 여성 특유의 말투가 확립되고 남성의 말과는 다른 체계가 생긴다)"

라고 하고서, 특히「わ」에 대해서 '여성의 文末詞의 중심을 이루게 된다'라는 견해를 밝히고 있다. 小松(1988)는 동경어의 남녀차가 언제쯤 형성되었는가에 대해서 관심을 가지고 특히 종조사에 대해서 고찰하여 "東京語の終助詞の男女差は江戸語まではさかのぼらないと, ほぼいえる(동경어의 종조사의 남녀차는 에도어까지는 거슬러 올라가지 않는다라고 대략 말할 수 있다)"라고 말하고 있다. 그러나, 小松(1988)에서도 메이지 30년대에 관해서는 언급하지 않고, 30년대 언제 새로운 '文末辭'가 정착했는지에 관해서는 여전히 향후 과제로 남아 있다.

근대 일본어 즉 메이지 시대 여성어에 대한 연구는 현대 일본어의 성차를 이해하고 여성어의 실태를 파악하는 데 매우 중요하다. 그리고 남녀차가 현대와 같은 형태로 되는 시기는 메이지 후기부터이며, 경어 및 대우표현 연구에서도 주목해야 한다.

지금까지 메이지 시대의 종조사에 관한 주된 선행 연구는 小松(1988), 森野(1991), 中野(1991), 鈴木(1998), 遠藤·尾崎(1998), 寺田(2000)(2001)(2002)(2003), 任 利(2005) 등이 있다. 이들 연구의 주된 흐름은 현대 일본어의 성차 즉, 문말표현(특히 종조사)에 보이는 성차는 메이지 시대에 형성되어 메이지 후반 무렵에는 정착했다는 점이다. 메이지유신 이후 근대화를 서두르고 여성을 '현모양처(賢母良妻)'로 키우려는 메이지 신정부의 여성 교육에 언어 예절은 한 곳으로 집중하게 되고 메이지 이후의 여성 전체를 속박하게 된다.

종조사의 전체적인 흐름은「テヨ·ダワ」의 쇠퇴로 대표되듯이 여성 전용어 사용 감소를 들을 수 있다. 원래 에도 시대의 게이샤(芸者:げいしゃ)들의 말이었던「ダワ」(가벼운 감탄)은 메이지에서 쇼와(昭和)에 이르기까지 다양한 여성들이 사용하였다.

특히 메이지 시대 정의표현 중에서 종조사에 대한 선행 연구가 상당히 많다. 최근 연구를 예로 들면, 小林(2007 : 274−286)의 연구가 있다. 소위 <テヨダワ言葉>[5]의 말투는 메이지 30년대 후반경까지 여학생들 사이에서 유행하였다. 예를 들어,『それから』(明治42)에 등장하는 三千代(みちよ)도「僻目でも何でも可くてよ」,「私もう歸ってよ」처럼「てよ言葉」를 사용하고 있다. 이러한 도쿄의 야마노테(山の手)의 상류 부인, お嬢様言葉는 쇼와(昭和)에 들어와서도 사용되었다. 또한, 縫(ぬひ)라는 딸이 바이올린을 켜는데, 숙부(叔父)인 代助(だいすけ)가 문을 열어 그 장면을 보자「好くつてよ」「知らないわ」라고 대답한다. 무언가 물으면 그 대답은 당시 여학생이 주로 사용하는「よくつてよ」라는 표현을 습관처럼 사용한다. 메이지 시대에 이어서 쇼와 22년 다자이 오사무(太宰治)의『斜陽』에서 어머니(太田靜子)「一大丈夫よ。なかなか死ぬものじゃないわよ。やさしいものだわ。いい所だとおっしゃるのだもの。」처럼 여성어 즉, 종조사를 다용하고 있음을 알 수 있다.

寺田(2000), (2001), (2002), (2003) 등 일련의 연구는 나쓰메 소세키 (夏目漱石)의 작품을 대상으로 문말표현을 절대 여성어와 절대 남성어(상대남성어, 상대여성어도 있다)로 나누어, 계량적으로 처리하여 분류, 분석하고 있다. 寺田의 일련의 연구 성과에

5) 지금까지「てよ·だわ」에 관한 많은 선행 연구가 있다. 메이지 시대에 간행된 많은 소설에 여학생 등장인물이 사용하는「てよ·だわ」는 품위가 없는 말로서 비판의 대상이 되었지만, 그 당시 널리 보급된다. 특히, 中村(2006)은「てよ·だわ言葉」를 [여학생 말;女学生ことば](메이지 30년대에 여학생의 표상으로 인지된 말투, 예:「てよ」「だわ」「のよ」「よ」등의 문말사(文末辭)와 漢語, 외래어의 사용으로 특징을 지움)로 간주하고,「女学生ことば」가 여학생의 언어 실천에서 자연히 형성된 것이 아니고 메이지 근대화라는 정치 과정에서 소설이나 지식인(識者)의 평론에 의해 만들어졌다는 견해를 밝히고 있다.

따르면, 여성어에서 여성다움은 특정 문말표현에 강하게 의존하고 남성어에서 남성다움은 특정 문말표현에 의존하지 않는 경향이 있다고 말하고 있다.

이상, 선행 연구에 대해서 특히 메이지 시대 종조사에 한정해서 간단히 정리하면 아래와 같다.

① 종조사에 대해서는 거의 여성어에 초점을 맞추어 논하고 있음.
② 東京語의 종조사 남녀차는 에도어(江戸語)까지는 거슬러 올라가지 않는다. 즉, 메이지 이후 남녀차가 형성되었다고 말할 수 있음.
③ 메이지 20년 무렵 여성 특유의 종조사「わ」「よ」가 형성됨.
④ 소위 <てよだわ言葉(ことば)>의 말투는 메이지 30년대 후반까지 여학생들 사이에 유행함.

그러나, 이들 선행 연구의 성과에서 특히 메이지 30년대 이후의 종조사에 관한 연구는 충분하다고 말할 수 없다. 메이지 30년대가 현대 일본어 성차의 형성에 있어서 매우 중요한 시기임[6]은 분명하지만, 그 시기의 성차에 관한 언어 사용 실태에 대해서 체계적인 연구가 필요하다. 향후 면밀하게 기술해 가지 않으면 안 된다. 그리고 성차의 연구에는 남녀의 사용차뿐만 아니라, 언어형식의 의미 용법 특히 '대우가치'와 관련한 분석이 요구된다.

성차에 대해서 井出祥子(1982 : 41)는 "言語の性差研究は、まず大きく分けて二種類ある。一つは、言語の内在する性差、というより性差別研究。もう一つは、言語使用の性差研究。(언어의 성차 연구는 우선 크게 나누어 2종류 있다. 하나는 언어에 내재하는 성차라고 하기 보다는 성차별연구. 또 하나는 언어 사용의 성차 연구)"라고 말하고 있다. 본 연구에서 필자의 관심은 井出祥子가 말하는 언어 사용의 성차에 있다.

성차(性差)은 젠더(gender)의 번역어로, 사회적·문화적인 규정을 받아 '여성다움(여

6) 任利(2006)에서 메이지 30년대는 성차 표현의 성립기라고 말하고 있다.

성)'과 '남성다움(남성)'의 차이라는 의미로 사용되고 있다. 젠더는 언어 문화에 따라 다양하며 젠더는 변하는 것이다. 어휘의 사용에 있어서 성차는 다소의 차이는 있다고 해도 어느 언어에도 나타난다고 말할 수 있다. 특히 근대 일본어는 성차가 현저한 언어로서 젠더 연구에 빠뜨릴 수 없는 언어 중 하나이다.

여기에서 성차 연구의 전반적인 흐름에 대해 간략히 설명한다. 20세기가 되면서 언어학자들은 언어와 성차와의 관계에 주목해, 성차 연구를 했다. 영어권의 「언어와 젠더」의 연구는 영국의 학자 로빈 레이코프(Robin Lakoff)(1975)에 시작된 것으로 보인다. 1980년대에는 남성 지배 이론과 문화차 이론의 2파로 나누어져 논쟁이 이어진 것이다. 그러나, 1990년대에 들어서는 연구는 변했다. 그것은 포스트 구조주의 사회 이론과 페미니즘 이론이 도입되었다라는 점이다. 中村(2002:28)는 현재, 서양의 「언어와 젠더 연구」의 주류는 주로 담화 분석의 틀을 이용하여 구체적인 구어체·문어체 언어 표현을 공시적으로 분석하는 '젠더 아이덴티티 구축 연구'라고 말했다.

지금까지 일본에서는 이와 같은 서양의 언어와 젠더 연구의 새로운 전개는 湯川純幸(1998), 中村桃子(2002)를 제외하고 거의 소개되지 않았다. 일본어와 젠더 연구에서는 문화 이데올로기의 권력 작용을 보이지 않는 '여성어 연구'가 오랫동안 주류를 차지해 왔다고 말할 수 있다. 예를 들어, 井出(1982, 1997), 壽岳(1979), 渡辺(1982), 中村(2002), 杉本(1997), 遠藤(1997, 2001) 등이 대표적인 연구이다.

三. 근대 일본어의 젠더 연구 의미

일본어 여성어 연구는 무로마치 가마쿠라 시대의 '女房詞'나 에도 시대의 '遊女語/遊里語/郭言葉'라는 '위상어(位相語)'의 관점에서 시작하여 현대는 사회언어학의 영향으로 폭넓은 여성어 연구, 언어적 성차(性差), 젠더 연구로 변화했다고 말할 수 있다. 현대 일본어에서 성차를 논할 때, 보통 인칭대명사나 종조사를 포함하는 문말표현(文末表現) 형식의 어휘상 차이를 들을 수 있다.

본 연구는 근대 일본어의 여성어에 대해서 성차의 관점에서 소위 '정의표현(情意表現:감동사, 종조사, 간투조사 등을 말함)'을 중심으로 고찰한다. 田中(1999:28)에 의하면, '현대에서도 語法의 면에서 소위 '정의표현'은 특히 男女差가 두드러진다'라는 견해를 제시하고 있다.

일본어는 여성어가 발달된 언어로서 여성어 연구는 사회언어학자들의 주된 관심사 중 하나이다. 최근 젠더(Gender)의 관점에서 연구가 현대 일본어를 중심으로 활발하게 이루어지고 있다. 그러나, 현대 일본어 성차의 원류가 되는 근대 일본어를 보면, 성차의 관점에서 여성어 연구는 그다지 이루어지지 않고 있다. 특히, 감동사(感動詞)나 간투조사(間投助詞)의 경우는 종조사(終助詞)에 비하여 그 연구가 그다지 활발하지 않다.

시대적 변천에서 여성어 교류의 사회계층의 일단을 보면, 宮中→武家→町人의 경로로 정중한 여성어가 전파된 것으로 해석할 수 있다. 상층의 상인 여성들이 결혼 전에 무사 집안에서 봉공하면서 예절 등을 배우게 되고 무사 집안의 여성어는 궁중의 여성어(女房ことば)에서 유래한 것이다. 이것이 소위, 에도 시대의 「遊ばせことば」이다. 式亭三馬의 골계본(滑稽本) 소설 『浮世風呂』(1809年~1813年)을 보면, 신분이 낮은 하녀들도 주인을 따라 무사 집안에 출입하게 되면서 「遊ばせことば」를 습득하게 된다는 것을 알 수 있다. 에도 시대에는 유녀들의 독특한 말투가 있다. 유녀들은 손님에 대해서 매우 정중한 표현을 한다. 유녀들의 말이 일반으로 확산된 어법도 있지만, 에도 시대의 에도어는 여성어적인 말투도 존재했지만, 현대어의 여성어에 나타난 여성 전용 표현은 아직 충분하지 않다. 그리고 메이지 시대 夏目漱石의 소설 『三四郎』(메이지42년:1909년)에 나타난 여성적 표현은 에도어에서 연속된 것이 아니라, 같은 형태라도 실은 새로운 형식이다. 에도어에서 연속한 표현 중에서 남녀 공용의 형식으로 근대 남성어에 흡수되는 것이 많지만, 근대 여성어의 특히 여성 전용 형식과의 사이에서는 단절이 있는 것이다[7].

근대 일본어, 즉 메이지 시대 여성어에 대한 연구의 의미는 현대 일본어의 성차를

7) 金水敏(2003:138-144)

이해하고 여성어의 실태를 통시적으로 고찰하는 데 매우 중요하다. 메이지 시대의 '女学生ことば' 'お嬢様ことば'는 전후 일반화되어 <여성어>化가 진행되었다. 현대는 메이지 시대의 '여학교(女學校)'나 '화족제도(華族制度)'도 폐지되어, 메이지 시대와 같은「お嬢様」라는 의미가 퇴색된 것이다. 메이지 시대 젊은 여성들이 사용하는「~の」「~(だ)わ」등은 현재에는 여성 전용 표현으로 일상적으로 듣게 된다.

메이지 시대 당시의 젊은 여성의 말투를「~てよ」「~だわ」라는 특징적인 어미에서 'てよだわ言葉'라고 부른다. 이와 같은 'てよだわ言葉'야말로 근대적 '여성어'나「お嬢様」의 기원이었다. 이 말의 기원이 하층 사회나 게이샤에 기원이 있는지는 명확하지 않지만, 전파의 중심은 학교인 점은 거의 확실한 것 같다[8]. 현대와 달리 메이지 시대 20년대에서 40년대에 이와 같은 말의 여성어 사용은 당시 지식인들 사이에서 비난의 대상이 되었지만, 현대 일본어에서는 여성 전용 형식으로 다정하고 품위 있는 말로 긍정적인 평가를 받는다.

더욱이 본 연구가 근대 일본어를 성차의 관점에서 주목하고 여성어 연구에 초점을 맞추는 것은 '일본어는 여성어가 발달된 언어'라는 특성도 고려하였다. 그리고 '男女差'가 현대와 같은 형태로 되는 시기는 메이지 후기부터이며, 경어 및 대우표현 연구에서 필수 불가결하기 때문이다. 물론, 최근에는 여성들의 사회적 진출과 여권 신장, 남녀 평등 등 남녀 모두 동등한 사회 참여 시대로 남녀 격차가 점점 좁아지면서 성차가 축소되는 경향이 있는 것도 사실이다. 결국, 현대 일본어에서는 여성 전용 표현, 여성어가 전체적으로 쇠퇴하고 있다는 점이 특징이고 언어의 성차 축소 현상의 추세는 가속화 할 전망이다.

지금까지 선행 연구와 문제의 소재에서 살펴본 것처럼, 근대 일본어 연구가 경어 연구, 대우표현 연구에서 이룬 성과는 많이 있고, 이들 연구가 에도어의 연장선상에서 이루어진 측면이 있다. 메이지 시대를 대상으로 젠더의 관점에서 연구는 소설의 여성 전용 표현의 종조사, 문말표현 연구에서 성과가 있었다고 생각된다. 그러나, 소설 이외의 신문, 잡지, 라쿠고(落語) 등 다양한 자료를 대상으로 성차의 관점에서 본

8) 金水敏(2003:149-150)

격적으로 연구한 경우는 거의 없는 것 같다. 에도 시대의 여성어와 현대 일본어의 여성어의 변천을 생각할 때, 메이지 시대의 근대 일본어 젠더 연구는 사회언어학적 관점과 통시적 연구를 가능하게 하는 측면에서 매우 의미 있는 연구가 될 것이다. 아울러 한일 근대 여성어의 대조 연구의 성과도 시사하는 바가 클 것으로 기대된다.

参考文献

서정수(1984)『존대법의 연구－현행 대우법의 체계와 문제점－』한신문화사

井出祥子(1979)「大学生の話しことばにみられる男女差異」『文部省科学 研究費 特定研 究「言語」ベンダ班中間報告昭和54』

________(1982)「言語と性差」『月刊言語』10月号

________(1997)『女性語の世界』明治書院

遠藤織枝(1997)『女のことばの文化史』学陽書房

________(2001)『女とことば』明石書店

遠藤織枝·尾崎喜光(1998)「女性のことばの変遷」『日本語学』17－5

金水敏(2003)『ヴァーチャル日本語役割語の謎』岩波書店

小林千草(2007)『女ことばはどこへ消えたか？』光文社

小松壽雄(1988)「東京語における男女差の形成－終助詞を中心として－」『国語と 国文学』65－11

小松英雄(1986)『国語史学基礎論増訂版』笠間叢書 35

壽岳 章子(1979)『日本語と女』岩波新書

杉本つとむ(1988)『東京語の歴史』中公新書

________(1997)『女とことば今昔』雄山閣

鈴木英夫(1998)「現代日本語における女性の文末詞」『日本語文末詞の歴史的研究』三弥井書店

田中章夫(1999)『日本語の位相と位相差』明治書院

________(2001)『近代日本語の文法と表現』明治書院

________(2002)『近代日本語の語彙と語法』東京堂出版

坪井美樹(2007)『日本語活用体系の変遷増訂版』笠間書院

寺田智美(2000)「明治末期の女性語について－夏目漱石の小説にみえる「絶対女性語」の考察－」『早稲田大学日本語研究教育センター紀要』13号

________(2001)「明治末期の男性語について－夏目漱石の小説にみえる「絶対男性語」の考察－」『早稲田大学日本語教育研究センター紀要』14号

________(2002)「夏目漱石の小説にみえる「相対男性語」－ 女性が使用する 場合を 中心 に－」『早稲田大学日本語教育研究センター紀要』15号

________(2003)「夏目漱石の小説にみえる「相対女性語」－男性が 使用する 場合を 中心 に－」『早稲田大学日本語教育研究センター紀要』16号

中村桃子(2002)「「言語とジェンダー研究」の理論」『言語』31－2 大修館書店

________(2006)「言語イデオロギーとしての「女ことば」－明治期「女学生ことば」の成立－」『日本語 とジェンダー』ひつじ書房 日本語ジェンダー学会編

中野信彦(1991)「江語における終助詞の男女差－女性による「な」の使用について－」『国語と国文学』68－4

房 極哲(2004)「東京語における終助詞の男女差－「わ」と「な」の使用を中心に－」『日本語文学』20輯 韓国日本語文学会

_______(2006)「『小公子』における女性語について－終助詞の用法を中心として－」『日本学報』69輯 韓国日本学会

_______(2010)『近代日本語の待遇表現の研究－社会言語学的な観点から－』J&C

房 極哲·李 夏子(2005)「『藪の鶯』における女性語－いわゆる情意表現を中心に－」『日本語文学』24 韓国日本語文学会

益岡隆志·田窪行則(1992)『基礎日本語文法改訂版』くろしお出版

南雅彦(2009)『言語と文化』くろしお出版

森野宗明(1991)「女性語の歴史」『講座日本語と日本語教育10』明治書院

任 利(2005)「明治30年代の小説における性差と文末表現」『日本語と日本文学』40号 筑波大学国語国文学 会

____(2006)『現代日本語性差表現の成立に関する研究』筑波大学大学院博士学位請求 論文

湯川純幸(1998)「ことばとジェンダーと権力の関わりに迫る－言語とジェンダー研切 の致達点」『女性学』第6号

れいのるず · 秋葉かつえ(1997)「言語と性差の研究—現在と将來—」井出祥子編『女性 語の世界』明治書院

______________________(1998)「日本語の性差別」井出祥子監修『「ことば」に見る女性』東京女性財団

ロビン·レイコフ(1975)『Language and woman's place』『言語と性』かつえ·あきば, れいのるず訳(1985) 有信堂

渡辺友左(1982)『日本語と性』南雲堂

1장

근대 일본어의 탄생과 역사

1.1 언문일치(言文一致)의 시도

언문일치 운동과 표준어에 대해서 金水敏(2003 : 74-78)의 내용을 중심으로 정리하면, 다음과 같은 점이 주목된다.

(1) 근대 국가의 재출발에서 문제가 된 것이 언어의 문제이다. 언어의 근대화에 대한 여러가지 문제로 '국어 문제'를 들을 수 있다.

(2) '국어 문제'의 과제로 대표적인 2가지는 (a), (b)와 같다.

(a) 교육이나 커뮤니케이션에서 부담이 적고 또한 필요 충분한 정보를 정확하게 전달할 수 있는 효율적인 언어 체계의 정비.

(b) 국가어로서 적절한 위신을 가진 언어의 확립.

상기에서 알 수 있듯이 '국어 문제'는 효율성과 위신을 가진 서로 상반된 원리 사이에서 논의는 착종(錯綜)되었고, 구체적인 '국어 문제'로는 다음의 4가지를 들을 수 있다.

- 문자 표기의 개량(國子問題: 일본에서 만든 한자, 국자의 문제)
- 문어(文語) 문법의 정비
- 언문일치(言文一致)
- 표준어의 제정과 유통

상기 4가지 중에서 표준어의 성립과 직접 관련이 있는 것은 '언문일치'와 '표준어의 제정과 유통'이다. 원래 통일적, 규범적인 구어체가 없었기 때문에 언문일치 운동은 한편으로는 표준어 확정과 연동되는 운동이었다. 그리고 동경어가 표준어의 후보로서 인정되는 이유를 3가지 들고 있다. 金水敏(2003 : 77)에 의하면, 아래의 (1)~(3)을 들고 있다.

(1) 에도에 이어서 도쿄가 정치 경제의 중심지이고 인구도 많고 지방에서 유입된 사람도 다수이고 동경어가 사실상의 공통어로서 어느 정도 기능을 하고 있었다는 점

(2) 막부 말기에 에도어가 무사층까지 침투되었고 지식인 계급의 말로서 상당히 세련되어 있던 점

(3) 에도어가 극작(劇作)이나 예능(芸能)에 자주 사용됨으로서 문자화되거나 공공의 장소에서 불특정 다수 사람들에 대해서 사용되는 언어로서 기술(技術)이 어느 정도 배양된 점

여기에서 메이지 초기에 지식인 계급의 말로서 동경어의 위상을 짐작할 수 있다. 그리고 水原明人(1994 : 65)에 따르면, 에도 말기부터 메이지 시대에 걸쳐, 당시의 에도어의 일상 생활을 묘사한 소설, 人情本(にんじょうぼん)과 같은 소설도 전국에 유포되었으며, 이와 같은 소설류에 의해, 에도어, 동경어에 대한 이해는 적어도 문자를 읽을 수 있는 지식인(지방의 무사들)사이에서 상당히 진척되었다고 생각된다. 그 당시 지식인 계층에서는 전국 공통어로 차츰 진행되어 가던 '江戸山の手の上流武家ことば(에도 야마노테 상류 무사 집안의 말)'은 이해하기 쉬운 말이었을 것이다. '參勤交代(さんきんこうたい)[1]'와 에도에서의 경제적 교류 등을 계기로 지방에서 올라온 무사들이 에도어, 동경어에 대한 이해의 노력이 각 번(藩)마다 있었고 이와 같은 노력들이 결과적으로 '도쿄 야마노테의 공통어'에 적응하는 계기가 되었을 것이다.

'동경어' '표준어' 및 '언문일치체'라는 명칭은 메이지 10년대, 20년대 무렵에 서서히 일반에 보급되었다고 생각되지만, 어떤 언어 현상에 대해서 막연하게 붙인 명칭이므로 엄밀하게 정의된 것은 아닐 것이다[2]. 동경어, 표준어, 언문일치체는 거의 동시 진행의 상태로 형성되었다고 볼 수 있다. 中村通夫(1948 : 51−52)은 동경어의 성립에 대해

1) '參覲交替' 라고도 쓴다. 에도 막부가 부과한 다이묘(大名) 군역(軍役)의 하나이다. 각각의 다이묘들은 1년마다 교대로 에도와 領地에 각각 있게 하는 것을 의무화시킨 제도. 이 제도의 운영으로 막부는 각 지방 다이묘의 에도 참근(參勤)을 의무적인 봉공(奉公)으로 하여, 강력하게 다이묘를 통제하였다. 궁극적으로 권력의 중앙집권을 도모하여 막번체제(幕藩体制)의 장기 존속을 가능하게 하였다.

2) 森岡(1991:47)

서 다음과 같이 말하고 있다.

明治初年は東京語にとっては芽生の時代であり、一面こんとんの時代であって、東京語はかかる時期を経て、言文一致の多く試みられた明治二十年にようやく統一の機運に向かい、口語文典の続出した明治三十年代に至ってほぼその骨格を明らかにするのである。

즉, 메이지 초년은 동경어의 맹아(萌芽)의 시기로 혼돈의 시기이고, 메이지 20년대는 언문일치가 많이 시도되어 동경어의 통일의 기운이 향하는 시기이다. 그리고 구어문전(口語文典)이 속출한 메이지 30년대에 동경어의 골격을 명확히 하는 시기라는 입장에서 알 수 있듯이, 적어도 메이지 20년대는 언문일치가 왕성한 시기임을 알 수 있다.

메이지 시대는 서구 문물이 유입되면서 그와 동반한 사물, 개념의 명칭을 한어역으로 하는 경우가 많았다. 일본어의 어휘가 풍부하게 된 원인이다. 예를 들어, Philosophy를 '철학(哲学)으로 西周(にしあまね)가 번역한 것은 잘 알려진 사실이다. 한어 및 한어역의 명사가 구두어(口頭語)중에 다량으로 혼입된 것은 동경어의 성격에 하나의 방향을 준 것이다. 동경어를 한마디로 'です言葉'라고 칭하는데, 한어(漢語)가 많은 것은 一語 一句에 구별을 하여 명확하게 들리는 하나의 요인으로 'です'가 단시간에 이상적인 발달을 이룬 것도 주로 많은 한어 및 한어역의 명사를 지정할 필요가 있었기 때문이다[3].

언문일치체의 성립의 배경에는 메이지 30년대의 구어문전의 정리라는 기초연구가 있었던 점, 그리고 구어문전의 확정이라는 작업이 언문일치체 성립에 불가결한 것이었다. 메이지 시대의 실제 생활에서는 서양의 과학, 사상, 종교, 정치, 경제, 교육 등 여러 제도, 여러 기술을 민중에게 알리고 서양의 제도들을 도입하려는 노력이 있었다. 이와 같은 전달의 커뮤니케이션으로는 구어의 경우는 연설, 문서의 경우는 메이

3) 中村(1948:53)

지 보통문(和漢折衷体) 혹은 연설 속기체(演說速記體)가 사용된다. 井上哲次郎[4]는 한문은 면밀하게 사상을 나타낼 수 없다고 하면서 언문일치체에 기대를 걸고 있다. 실제로 메이지 시대의 담화, 강연 및 그 속기는 그 이전의 어떤 문체도 이루지 못한 내용의 표현, 전달에 성공했다. 이노우에(井上)는 <속기>라는 것이 완전히 언문일치체이고 그렇기 때문에 이 속기라는 것이 언문일치를 돕는 것으로 생각했다.

이상에서 살펴 본 것처럼 메이지 시대 연설 속기에 언문일치체가 시도되고 언문일치의 언(言), 즉, 구어체·말은 근대의 학문 내용을 포함할 수 있게 된 것이다.

메이지 30년대는 일본어 역사에서 큰 변화의 시기이다. 소설의 세계에서도 실용의 세계에서도 구어가 현저하게 세력을 확산하고 학교 교육에서도 구어를 교육상의 언어로 인정하게 된다. 필연적으로 구어 문전에 대한 연구가 늘어나고 다수의 구어 문전이 출판된다. 그 최대의 성과가 국어조사위원회의『口語法』이다. 대다수 문전은 동경어의 문법이기보다도 대부분이 표준어의 확정을 위한 구어 연구라고 보아도 좋을 것이다[5]. 구어 문법이 성립되면서 '언문일치'라는 용어가 쇠퇴하고 '口語体'라는 용어가 사용된다. 현대 일본어에서는 '말하는 것처럼 쓴다'에서 '구어 문법에 따라서 쓴다'로 정착한 것이다[6]. 결국, 메이지 시대 언문일치체에서 구어체로 변화한 것이고 메이지 당시 구어문전이 표준어를 지향했기 때문에 구어 문법에 따라서 쓰는 것이 현대 일본어의 자연스러운 표기 시스템이 되는 것이다.

---

4) 메이지 시대의 철학자, 시인(1856~1944)으로 일본에 관념론 철학을 확립하였다. 신체시(新体詩)운동의 선구자이기도 함.

5) 森岡(1991:76)

6) 森岡(1991:82)

1.2 동경 표준어(東京 標準語)의 성립

종래의 일본어사는 기나이어(畿内語：きないご)[7]를 기준으로 고대(중고까지) −중세(鎌倉室町 시대：かまくらむろまち)−에도(江戸：えど) 시대 전기까지의 기술로 되어 있다. 그러나 에도 후기 이후부터는 에도·동경어(江戸·東京語)가 일본어사 기술(記述)의 주류를 구성한다[8]. 현대 일본어에서 다양한 기술도 [동경어=표준어]의 준거가 된다. 에도 시대를 가미가타어(上方語：かみがたご)에서 에도어로 비약(飛躍)은 문제가 될 수 있다.

에도어(江戸の山の手語)가 동경 표준어(東京山の手語)에 연속했는지는 그 당시 에도·도쿄의 인구 변화의 시대적 상황을 직시할 필요가 있다. 메이지유신 이후의 도쿄의 인구 변화를 보면, 에도 말기에 비해 크게 감소하였다. 그 이유는 여러 가지가 있다. 1855년 (安政 2年)의 에도의 인구는 114만 6, 544명이었다. 그리고 20여년이 지난 1873년 메이지(明治 6年)의 도쿄의 인구는 59만 5, 904명으로 급격하게 감소하였다. 유신 전후 인구의 변화는 그 당시 사회계층에서 특정한 계층의 인구 감소로 이어지게 된다. 유신 후 지방으로 유턴하게 되는데, 그 주된 계층은 무사 계급, 사족(士族)의 감소가 된다. 유신 후 版籍奉還(はんせきほうかん：메이지 유신의 일환으로 전국의 藩(번)이 소유하고 있던 토지와 인민의 적(籍)을 조정에 반환한 정치개혁), 上地(あげち：무사 지역의 반환 등) 등으로 메이지 초기에 도쿄 야마노테(東京 山の手) 지역에서 인구의 공백기를 맞이하게 된다. 이 시기의 소위 표준어에 대한 학자들의 견해를 살펴봄으로써 당시의 도쿄 표준어가 어떻게 형성되었고 도쿄 표준어의 주된 사회계층을 짐작할 수 있다.

일본인 초대 동경제국대학 博言語学 강좌 교수인 上田萬年(うえだかずとし: 본인

---

7) 황거(皇居)가 있는 교토에 가까운 지역, 교토와 오사카, 효고현 동부 등 지역을 이름. 왕성(王城)에서 500리 사방의 지역을 의미하나 일반적으로 일본어학에서 말하는 관서(關西)지방의 언어로 上方語(かみがたご)를 말함.

8) 野村(2019:41)

은 まんねん을 선호하기도 했음)는 [国語のため](1895년, 明治文学全集44所收)에서 교육이 있는 도쿄인의 구어체 말(教育ある東京人の話すことば)를 표준어로 생각하고 있다. 上田萬年는 1895年에「帝国文学」이라는 잡지 창간호에서 표준어에 대한 자신의 견해를 말하고 있다. 그 요점을 정리하면, 메이지 시대 도쿄 표준어에 대한 이해에 도움이 될 것이다.

독일 유학 경험이 있는 上田萬年는 서구 유럽 국가인 영국, 독일, 프랑스, 이탈리아 등 선진국들이 각각 어떠한 과정으로 표준어가 생성되고 확립되었는지 개관하면서 일본도 아름답고 세련된 표준어를 만들어야 할 것을 강조하였다. 표준어에 대한 다음과 같은 생각을 보면, 전국 어느 장소에서 그리고 모든 사람들이 이해할 수 있는 효력을 지니고 있으며, 한 국가 내에서 규범으로서 사용하는 언어를 표준어로 보고 있다.

「標準語とは、……全国内到る処、凡(すべ)ての場所に通じて大抵の人々に理解せらるべき効力を有する……一国内に模範として用ゐらるる言語をいふ。」

또한, 표준어는 하나의 방언으로서 그 방언이 여러 가지 인공적인 조탁의 과정을 거쳐, 결국에는 초월적 지위를 획득하여 그 신용과 존엄을 높여서 결국에는 다른 방언을 통괄할 정도의 세력을 얻게 되는 것으로 생각하였다.

「標準語は……もとこれ一個の方言たりしものにて、其方言が種々の人工的彫琢(ちょうたく)を蒙(こうむ)りて、遂に超絶的の地位に達し、同時に其信用と尊厳を高め来りて、漸(ようや)く他の方言をも統括する程の大勢力を得たるものなり。」

그리고 표준어가 확고한 지위를 획득하는 것은 그 언어가 문장상의 언어(文語)가 되는 것이기 때문이고 많은 사람, 언중들이 가장 유효하게 표준어를 사용하게 하는 것은 교육의 힘으로 보고 있다. 上田萬年는 현재의 동경어가 표준어로서 명예를 향유할 자격을 갖춘 것을 확신하고 동경어는 교육이 있는 도쿄 사람이 사용하는 말로 정의하고 있음을 알 수 있다.

現今の東京語が他日其(標準語としての)名誉を享有すべき資格を供ふるものなりと確信す。ただし、東京語といへば或る一部の人は、直ちに東京の「ベランメー」言葉の様に思ふべけれども、決してさにあらず、余の云ふ東京語とは、教育ある東京人の話すことばといふ義なり。……他日其名誉を享有すべき資格を供ふとのみいふ、……今少し彫琢を要すべければなり。」

이상 살펴본 것처럼, 표준어라는 용어가 일본에 정착한 것은 上田萬年가 논문에서 표준어에 대한 자신의 견해를 밝힌 1895年 무렵이라고 봐도 무난할 것이다.

한편, 国立調査委員会編 大槻文彦(おおづきふみひこ) 집필의 [口語法] (1916년)에서는 표준어를「東京山の手の教養ある人々の言語」로 정의하고 있다. 즉, 도쿄의 야마노테 지역에서 '교양있는 사람들이 사용하는 말'을 표준어의 개념으로 파악하고 있다. 동경 표준어의 사용자는 사회언어학적 관점에서 보면 주로 어떠한 계층의 사람들일까? 상급 무사들이 사용하는 말, 무사어(武家言葉:ぶけことば)가 현대 일본어의 원류가 된다고 볼 수 있겠다. 메이지 유신의 영향과 사민평등(四民平等[9] : 종래의 士農工商의 신분제도 폐지, 봉건적 신분제도를 폐지하여 국민 모두가 평등하다는 슬로건)으로 인해 무사라는 신분 계층이 표면적으로 사라지면서 그 당시 상류층으로 학자, 代議士, 新聞記者, 관료(官吏), 教育家, 서생(書生) 등이 사용하는 남성어가 표준어의 근간이 되는 셈이다. 여기서 福沢諭吉(ふくざわゆきち)의 [舊藩情明治10年 5月]의 예를 들어 보자.

舊藩情는 中津(なかつ)舊藩士[10]의 상황(사정과 상태: 情態)를 기록한 것이지만, 緒

9) 메이지유신으로 인해, 에도 시대의 엄격한 신분 제도를 폐지하고 구게(公家;くげ)·다이묘(大名;だいみょう)는 華族(かぞく), 武士는 士族으로 農民·町人은 平民으로 불리게 됨. 종래의 사농공상(士農工商)이 폐지된 것을 사민평등(四民平等)이라고 표현한다.

10) 豊前國(ぶぜんくに)는 현재의 후쿠오가현(福岡縣;ふおくおかけん) 동부와 오이타현(大分縣;おおいたけん) 북부이며, 오이타현 나카쓰시(中津市;なかつし)가 있다.

言에서 여러 다른 藩(はん)들과 대동소이하다고 기술한 것에서 알 수 있듯이 메이지 10년대 일본 각 지방의 모습과 언어 상황을 이해하는 좋은 자료가 된다. 언어와 관련된 부분을 보면, 특히 신분(사농상)에 따른 인칭대명사의 차이점, 경어 사용의 차이를 이해할 수 있다. 또한, 표준어의 관점에서 보면 上士(상급 士族) 의 말이 된다. 즉, 같은 사족이라도 하급 사족의 말은 표준어와 거리가 있는 그 지방의 방언으로 볼 수 있다.

예를 들면, 아래 <표>와 같다.

<표>【사회계층과 언어표현】

社會階層 言語表現	上士	下士	商人	農民
見て呉れよ	みちくれい	みちくりい	みてくりい	みちぇくりい
行けよ	いきなさい	いきなはい, いきない	下士와 같음	下士와 같음, 또는 いきなはりい
如何せんか	どをしよをか	どをしゅうか	どげいしゅうか どをしゅうか	商人과 같음

(福沢諭吉集 明治文学全集 8p. 268에서 참고)

인칭대명사 호칭의 차이를 소개하면 다음과 같다. 여기에서는 이인칭대명사 貴様(きさま)와 'あなた'의 사용 차이를 확인할 수 있다.

又言葉の呼称に長少の別なく子供までも上士の者が下士に對して貴様と云ひ下士は上士に向てあなたと云ひ来(き)やれと云へば御いでなさいと云ひ足軽が平士に対し徒士(かち)が大臣に対しては直にその名を云ふを許さず一様に旦那様と呼で其交際は正しく主僕の間の如し

(福沢諭吉集 明治文学全集 8p. 266)

그리고 인칭대명사(貴様 : きさま, あなた)및 술어 부분에서 사용상의 차이를 확인할 수 있다. 한편, 사족(士族)과 상인, 농민의 세부 언어 상황은 다음과 같다.

明和期(めいわき : 1764−1772)이전의 에도는 방언 잡거(方言雜居) 상태로 오히려 서일본형 가미가타(上方)의 말이 높은 위신을 지니고 있었다. <武家ことば> 즉, '무사의 말'이 서일본형 문법에 기초해서 만들어진 것은 가미가타의 말에 높은 위신이 있었기 때문이다. 당시 가미가타는 경제가 발달하고 상인 문화가 번성하였으며, 近松門左衛門(ちかまつもんざえもん : 1653−1724)의 浄瑠璃(じゅうるり)와 같은 가미가타를 기반으로 한 예술성 높은 작품이 탄생하였다. 그러나, 明和期 무렵부터 명료한 동일본형 특징을 갖춘 에도어가 하층 상인 사이에서 사용되기 시작하였고 化政期(かせいき : 1804−1830)이후 중층, 상층의 주인(住人)에게도 에도어가 침투되었다. 에도어는 洒落本(しゃれいぼん), 黄表紙(きびょうし), 滑稽本(こっけいぼん) 등의 극작(劇作)이나 에도 가부키(歌舞伎) 등에 활발하게 사용되었다[11].

에도어, 가미가타어는 각각의 도시뿐만 아니라 일본 각지에 영향을 줄 수 있었지만, 오늘날의 표준어에 비하면 한정된 범위에 머물러 있었다. 따라서, 에도 시대에는 일본어 화자를 자기 동일화에 끌어들일 만한 통일된 표준어는 없었다. 무사 층을 중심으로 하는 당시의 지식인들은 古文, 漢文으로 써진 문장을 읽었다. 에도어나 가미가타어로 쓰여진 극작조차도 문어문은 고문이나 한문이었고, 당시의 편지문 [候文 : そうろうぶん]은 한문과 구어문의 중간 정도의 문체로 쓰였다. 일본 전체로 보면 문체의 중심은 한문과 <候文>으로 보면 된다. 결국, 한문(漢文)이나 고문(古文)으로 작성된 문어(文語)가 표준어가 되는 셈이다.

作者曰く須河(すがは)の言葉ハ如何なる地方の言語なるかと不審をいだく人もあるべしこハ何処の方言と定まりたるものにあらず書生社会に行はるる駁雑なる轉訛言語と思ふべし蓋し書生中にハ上方の生にありながら態々土佐方言などを真似る者ありて一概に何処の方言とも定めがたけれバなり

11) 金水敏(2003:73)

(坪内逍遥[当世書生気質]明治文学全集 16p. 63)

한편, 상기의 [当世書生気質(とうせいしょせいかたぎ)](메이지18－19년: 1885년～1886년)의 언설은 서생들의 언어 상황을 이해하는 데 도움이 된다. 예를 들어, 지방 출신 서생 須河(すがは)의 말은 어느 지방의 말인가에 의심을 품는 사람이 있지만, 어느 특정 지방의 말로 단정하기 어렵고 서생 사회에서 사용되는 잡박(雜駁)하고 통일성이 없는 방언으로 생각해야 한다는 취지가 서술되어 있다. 그리고 서생중에서는 가미카다(上方) 출신이지만, 시코쿠(四國(しこく))의 토사(土佐(とさ))지방의 말을 흉내 내는 사람도 있어서 일률적으로 어느 특정 지방의 말로 정하는 것이 어렵다는 것을 알 수 있다. 須河의 말은 지방의 방언을 남기고 있음을 알 수 있으나, 서생 宮賀(みやが)는 지방 출신임에도 불구하고 동경어에 익숙한 서생으로 묘사하고 있다. 이하, 서생끼리의 대화를 들어 두자.

(書生) ヤ須河。君も今帰るのか。

(須河) ヲ、宮賀か。君ハ何処へ行つて来た。

(宮賀) 僕かネ。僕ハいつか話をした。ブックを買ひに。丸屋までいつて。それから下谷の叔父の所へまはり。今帰るところだが。尚門限ハ大丈夫かネエ。

(須河) 我輩のウヲツチ｛時器｝でハまだテンミニツ｛十分｝位あるから。急いで行きよつたら。大丈夫じやらう。

(宮賀) それじや一所にゆかう。

(須河) オイ君。一寸其ブック見せんか。幾何(なんぼ)したか。

(宮賀) おもつたより廉だつたヨ。

상기의 대화에서 알 수 있듯이 서생끼리 책;ブック｛本｝, 시계;ウヲツチ｛時器｝, 10분;テンミニツ｛十分｝ 등 외래어를 사용, 다용하고 있는 것도 그 당시의 하나의 모습이다. 전국에서 모인 서생들은 도쿄의 고등교육기관에(대학, 전문학교) 집결하였고, 관청, 군대 특히 간부들이 도쿄에 모이게 된다. 학교의 교사, 서생을 포함하여 그들은 '교양있는 사람들'이었다. 이들이 도쿄의 야마노테 주민(오늘날 도쿄의

千代田区, 文教区, 新宿区, 港区 등)이 되고, 이들이 도쿄의 야마노테 교양있는 사람들의 언어, 즉 표준어의 화자가 된다. 그러나 野村(2019 : 49-50)가 지적하고 있듯이 장래적인 표준어 계층도 메이지 초년에 상경하여 에도 시대 표준으로 대화를 시작했다고 생각하기 어렵다.

上田萬年가 1895년(메이지 28년)에『제국문학』제1호, 창간호에「標準語に盡きて」을 발표하여, '표준어'라는 명칭이 정착하게 되는 계기가 되었다. 그 이전에 1890년(메이지 23년)에 岡倉由三郎(おかくらよしさぶろう : 1868-1936)의「日本語学一班」(1890년)에서 표준어의 언어는 언어 자체의 내적인 요인에 의한 것이 아니라 외적인 사회적 요인에 의해서 객관적으로 결정된다고 주장하였다[12].

표준어론의 논조는 '동경의 중류사회(남성의 언어)의 교양층의 언어'을 기반으로 한다. 동경어 준거론이 명시적으로 규정되는 것은 1916년(大正 5년)에 국립조사위원회의 연구 결과인 [口語法]에서 출발한다. 아래의 내용을 인용해 두자.

> 主トシテ今日東京ニ於テ専ラ教育アル人々ノ間ニ行ハルル口語を標準トシテ案定シ其ノ他ノ地方ニ於ケルロ語ノ法則トイヘドモ広ク用イラルルモノハ或程度マデ之ヲ斟酌シタリ

그리고 [구어법]의 해설서인 [口語法別記](1917년, 大正 6년)에서 동경 표준어의 상황을 엿볼 수 있다.

> 東京わ, 今わ, 皇居もあり, 政府もある所で, 全国中の者が, 追々, 東京言葉を真似てつかうようになつて来て居るから, 東京言葉を, 日本国中の口語の目当とするがあたりまえのことと思うしかしながら, 東京言葉と云つても, 卑しい者にわ, 訛が多いから, それは採られぬ そこで, 東京の教育ある人の言葉を目当と立て, そうして, 其外でも全国中に広く行われて居るものを酌み取て, 規則をきめた

12) 眞田(1991:91)

즉, 眞田信治(1991 : 93−97)의 <동경어준거론>의 내용을 종합하면, 도쿄는 전국에서 사람들이 모여들어 동경어에도 신분이 낮은 사람들의 말은 사투리가 많아서 표준어로 삼기 어렵다는 것과 도쿄에서도 교육 수준이 있는 사람들의 말을 기준으로 하고 전국에서 널리 사용되는 말을 모아서 규칙을 정하고 있음을 알 수 있다. 그리고 당시 국어조사위원회에서는 방언 조사를 기반으로 하여 표준어의 지침을 만들었다. [口語法], [口語法別記]는 학교 교육에 영향을 미치고 메이지 이후 다이쇼(大正), 쇼와(昭和) 시대의 표준어 정책 및 교육 방향에 큰 역할을 하였다고 볼 수 있다.

에도어에서 동경어로 새로운 언어 체계가 만들어지는 과정에는 여러 가지 원인이 있다. 가장 보편적으로 생각되는 것으로 松村 明(1957 : 88)는 ⑴ **지방어 혼입**(混入), ⑵ **외래어 영향** ⑶ **대우표현 변화**가 중요한 역할을 하고 있다고 보고 있다. 구체적으로 松村는 메이지 초년에서 메이지 10년대 말까지를 동경어의 형성기로 보고, 그 시대의 특징 중 하나로 대우표현의 변화를 든 점이 주목된다. 대우표현의 변화 중에서 특히 대화경어(對話敬語)로서 丁寧語(정중어, 공손어)가 발달했다는 점을 들고 있다(p.93). 이것은「です」「ます」의 일반화가 그 예가 된다. 예를 들어,「です」가 지방 출신의 관원(官員), 서생의 말을 통해서 동경어에 유입되고, 메이지 20년대가 되면 오늘날과 같은 용어가 된다. 그러나, 메이지 10년대에 서생들의 대화에서「です」가 이미 사용되고 있다. 坪内逍遙「当世書生気質(明治18年)」에서 에도어의 모습이 거의 사라지게 되고「です」의 사용에서 볼 수 있듯이 대우표현의 변화를 알 수 있다.

(任那) 何だか夢を見たやうな次第ですネ

(友定) ヲヽ夢を見るといへバ任那さん 何先生 貴君(あなた)に少しうけたまはりたい事があるヨ

(任那) へヽイ何ですか

(友定) なにサ 随分舊弊めいたお話ですが

(第8回)「当世書生気質(明治18年)」p.97

상기의 예문은 任那(にんな) 秀一라는 서생과 친구 아버지 守山(もりやま)友定(と

もさだ)회사원 간의 대화이다. 서생 任那(にんな)는 상대방을 守山さん이라고 부르며, 守山(もりやま)는 任那さん, 貴君(あなた)라고 부른다. 또한, 아래의 대화문에서 일인칭 대명사를 보면 守山(もりやま)友定(ともさだ)는 任那(にんな)에 대해서 말할 때, 私(わたくし)라고 하며 정중한 일인칭대명사를 사용하고 있다. 상기의 문맥에서 「です」를 일반적인 정중어로서 사용하고 있으며 인칭대명사 {私(わたくし), あなた} 등과 함께 당시 높은 대우 가치를 지니고 있음을 알 수 있다.

(友定) 今お話をしかけました夢の話といふのハ 他の事でハありませんが兼て悴から幾分お聞きなすッでありませうが私(わたくし)の妻と末女とハ不慮の事で生別れをいたして

(任那) たしか上野の戦争の際にお別れなすッたやうに

(第8回)「当世書生気質(明治18年)」p.97

杉本つとむ(1988:262)에서는 에도어에서 동경어로 전개를 고찰하는 데 고려해야 할 점으로 몇 가지 있지만, 중요한 3가지로 (1) 교육 (2) 일본 근대화와 언어의 문제 (3) 직접 문필에 관련된 사람들과 구체적으로는 언문일치 운동 등 작가의 활동을 들고 있다. 또한, 동경어의 호칭이 언제부터인지 단정할 수 없지만, 메이지 8년에서 13년에 보이는 자료가 공식적인 첫 출현으로 보고 있다. 즉, 메이지 8년의 「最モ能ク通行スル東京言葉」가 신문 지상에 보이고, 메이지 10년 『沖縄對話』에서 「東京ノ言葉ハ、広く通ジマスカ。何県ニテモ、大概通ジマス」(상권 제2장)이 보인다. 모두 '東京言葉'이지만 大槻文彦가 『朝野新聞』에 기고한 「日本文典編輯總論」(메이지 10년 1월 16일)에는 다음과 같이 '동경어'를 볼 수 있다.

我国首府ノ地、従来、復タ此ノ東京ヲ転ゼザルノ見込アラバ終ニ此東京語ヲ基本トセザルコト能ハズ。

당시 동경어가 가장 통용되는 말의 기본임을 알 수 있다.

한편, 도쿄 방언과 표준어와 관계를 생각해 보자. '下町言葉'가 '도쿄 방언'이라는 인식은 틀림이 없지만, 그것만이 동경어라고 생각하는 것도 사적 전개를 무시한 오류이다. 오히려 도쿄 시대의 '下町言葉'는 에도 시대와 달리 하나의 방언에 지나지 않았지만, 에도 시대의 '下町言葉'는 에도 府内의 공통어라는 자격을 충분히 가지고 그것은 또한 야마노테 말 '山の手言葉'과 일체가 되어 '에도어'로서 전국 공통어의 역할을 했다고 인식해야 한다[13].

小松英雄(1999)는 일본어의 연구, 언어 변화의 연구에 시사하는 바가 적지 않다. 다음과 같이 일본어를 다이나믹하게 파악할 필요성을 주장하고 있다.

> ダイナミックに運用されている日本語をダイナミックに把握するには現代語の諸様相を日本語の歴史の流れのなかに位置づけまた 日本語特有の行動パターンを過去の行動から割り出す必要があるということである(p.73)
>
> 다이나믹하게 운용되고 있는 일본어를 다이나믹하게 파악하려면 현대어의 제 모습을 일본어의 역사 흐름 속에서 자리매김하고 또한 일본어 특유의 행동 패턴을 과거 행동에서 끄집어낼 필요가 있다라는 점이다(p.73)

小松英雄(1999:73)의 지적대로 일본어를 동적으로 파악하기 위해서는 역사 흐름 속에서 일본어 특유의 행동 패턴을 과거로부터 찾아낼 필요가 있다. 메이지 시대의 근대 일본어 연구도 일본어사 전체 흐름 속에서 파악해야 할 것이다. 일본어, 특히 언어적 성차(性差) 젠더가 어떻게 효율적으로 운용되었는가? 그리고 지금은 어떻게 사용되고 있는가 그 실태의 일단을 명확히 해야 한다.

또한, 모든 언어는 효율적으로 운영하기 쉬운 체계를 유지하기 위하여, 체계를 계속 갱신하는 시스템을 갖추고 있다. 사회 환경 변화에 순응할 수 있도록 갱신에 갱신을 거듭하여 현재에 이르고 있다. 따라서 현재도 갱신의 과정에 있다고 볼 수 있다

---

13) 杉本つとむ(1988:261-262)

(p.74). 이와 같은 변화의 과정 속에서 현재의 언어가 있는 것이다.

모든 언어 변화에서 인과율(因果律: 모든 事象은 원인에 의해 생기고 원인이 없이는 아무것도 발생하지 않는다)에 따라 정합성이 있는 설명을 하는 것은 곤란하지만, 인과율에 부합하지 않는 변화가 있은 것이 아니라, 충분히 근거를 제시할 수 없을 뿐이다. 정보가 절대적으로 부족한 경우도 있지만, 방법이 충분히 세련되어 있지 않는 경우도 있다(p.75)

이상에서 지적에서 알 수 있듯이 언어 변화의 특성과 연구 방법의 참신성 및 세련성이 요구되는 것을 우리는 상기할 필요가 있다.

過去の日本語に生じたもろもろの変化をみると些細な変化でも大きな変化でもそれぞれに日本語の運用の効率化に貢献している。控え目に表現しても日本語の運用効率を低下させた言語変化は一つも指摘できない (p.75)

과거 일본어에 발생한 여러 가지 변화를 보면 조그마한 변화라도 큰 변화라도 각각의 일본어 운용의 효율화에 공헌하고 있다. 조심스럽게 삼가하여 표현하더라도 일본어 운용 효율을 저하시킨 언어 변화는 하나도 지적할 수 없다(p.75).

사회 환경에 적응이 언어 변화의 동인이며 개개의 변화에는 각각 구체적 원인이 있어야만 한다. 변화에 의해 생긴 결과는 체계의 운용 효율에 어떠한 영향을 끼쳤는가라는 관점에서 연구되어야 할 것이다 (pp.74−75). 小松(1999)의 지적은 온당하며 향후 어떠한 요인이 어떻게 작용되어, 그 결과 어떠한 변화가 생겼는가를 해명하고 그 변화가 일본어 운용에 어떠한 영향을 가져왔는지를 포함하여, 일본어 진화의 과정을 찾아가면 動態로서 현대 일본어가 어떠한 상황에 있는가도 명확해 질 것이다(p.82). 젠더와 대우표현에 관한 연구도 동적으로 파악하기 위해서는 小松(1999)의 견해를 원용(援用)하여 연구하는 것이 무엇보다도 중요할 것 같다.

이상, 小松(1999)의 견해에서도 알 수 있듯이, 사회의 변화와 일본어 진화의 관점에서 일본어 역사를 동적이고 입체적으로 파악하고 분석하기 위해서, 현대 일본어의 원류가 되는 근대 일본어의 변화 양상을 젠더의 관점에서 상세하게 고찰하는 것은 매우 유의미한 작업이 될 것이다.

향후, 자료의 한계는 극복해야 할 것이다. 그리고 연구 방법에 사회언어학적인 시각과 관점을 도입하여 언어 운용의 규명에 초점을 맞추려고 하였다. 그러나, 언어 체계로서 정합성이 있는 설명을 위해 끊임없이 노력해야 하지만 본인의 역량 부족을 실감한다. 앞으로 독자의 질책(叱責)을 받아 세부 주제에 관련해서는 소논문의 형태로 보완해 가고 싶다.

参考文献

金水敏(2003)『ヴァーチャル日本語役割語の謎』岩波書店

小松英雄(1999)『日本語はなぜ変化するかー母語としての日本語の歴史ー』笠間書院

眞田信治(1991)『標準語はいかに成立したかー近代日本語の發展の歴史ー』創拓社

杉本つとむ(1988)『東京語の歴史』中公新書

中村通夫(1948)『東京語の性格』川田書房

野村隆史(2019)『日本語「標準形」の歴史』講談社デジタル製作

水原明人(1994)『江戸語·東京語·標準語』講談社現代新書

森岡健二編著(1991)『近代語の成立 文体編』明治書院

2장

근대 일본어와 대우표현

종래의 많은 연구자가 관심을 가진 분야 중 하나에 대우표현의 연구가 있으며, 많은 연구 성과가 남아 있다. 그러나 시대적으로 보면 현대일본어의 대우표현의 모습·實態에 가깝다고 여겨지는 메이지 시대의 상황이 되면 연구가 충분하지 않다.

예를 들어, 坪井(1978)는 아래와 같은 지적에서 알 수 있듯이 메이지 시대 경어의 기술적 연구의 필요성을 주장하고 있다. 즉, "경어의 체계 전체가 어떻게 바뀌어 왔는지를 밝히는 것이 향후의 큰 과제이며, (중략) 아직 충분히 연구가 진행되지 않은 시대(예를 들어, 막부 말기로부터 메이지에 걸쳐)의 경어의 기술적 연구는 앞으로도 계속되어야 한다"고 지적하고 있지만, 오늘날에 이르기까지 그 상황은 거의 변함이 없는 것 같다.

「敬語の体系全体がどのように移り変わってきたかを明らかにすることが今後の大きな課題であり、(中略)いまだ充分研究の進んでいない時代(例えば､幕末から明治にかけて)の敬語の記述的研究は、今後も継續されていかなければならない」

대우표현의 역사적인 연구는 많지만, 메이지 시대의 경우는 거의 에도의 연장선에서 연구되어 왔다고 봐도 좋다고 생각된다. 구체적인 연구로는 松村(1957), 辻村(1968), 小島(1974), (1998), 土屋(1974), 飛田(1974), 小松(1971), (1996), 田中(1983), (1998) 등이 있다.

대우표현의 연구가 江戸語의 연장선으로 처리되고 있는 가운데, 특히 메이지 시대를 대상으로 한 연구 성과로서는 林四郎·南不二男編『明治大正時代の敬語·敬語講座5 '(1974)가 주목된다. 여기에는 다섯 명의 연구자에 의한 각각의 논고가 수록되어 있다. 이 연구는 메이지·다이쇼기의 문학 작품에 착안해, 그 작품 중에 관찰되는 대우표현을 치밀하게 고찰하고 있다. 그러나 이러한 연구는 현대의 대우표현이 태어나는 경로를 생각하는데 하나의 단서를 제공해주지만, 사회언어학적인 관점에서의 기술은 충분하지 않다.

이와 같이 종래의 많은 선행 연구에서는 주로 개개의 어사(語史)나 경어의 어휘적 체계를 중심으로 분석하고 있기 때문에 사회언어학자가 관심을 가진 사회적인 요인(예를 들어, 사회계층, 성별, 연령 등)을 중심으로 분석한 고찰은 의외로 적다. 즉, 종래의 연구는 熊谷(2001)가 지적한 바와 같이, 어휘 레벨에서 경어의 용법·분류에 관한 것이나, 언어 형식의 사용법에 관한 것이 중심이었다. 그리고 고도로 발달된 체계를 정밀하게 기술하려고 하는 것에 관심이 있었다고 할 수 있다. 즉, 언어를 추상적인 시스템으로 파악하는 종래의 협의의 경어 연구에서는 대우표현이 인간 행동 속에서 어떠한 기능을 가지며, 그것이 사회 속에서 생생한 모습을 밝히는 것은 불가능하다. 이런 의미에서 최근의 경어 연구의 중심이 정적(静的)으로 파악한 언어표현 자체의 연구에서 실제의 언어사용 속에서 이것을 다이나믹하게 파악하려고 하는 <언어행동>으로 이행하고 있는 현상은 바람직하다고 할 수 있다. 이런 의미에서도 사회언어학을 비롯해 화용론(語用論, 話用論)이나 담화분석 등과 같은 연구영역 중 대우표현 연구가 필요할 것이다.

① 종래의 선행 연구는 에도어의 연장선상에서 처리한 연구가 많다. 그래서 본 연구에서는 이들 선행 연구에서는 불충분했던 메이지 시대의 근대 일본어를 연구 대상으로 한다.
② 종래의 연구가 사회언어학적인 관점에서 분석·고찰이 이루어지지 않은 점에 주목하여, 사회언어학적 연구 방법, 언어적 성차(性差)인 젠더를 중심으로 고찰한다.

본 장에서는 메이지 시대 일본어의 시대 구분에 대해서 주로 전후의 선행 연구가 어떤 점에 주목하여 시기 구분을 실시했는지, 그 내용을 간단하게 검토하고, 본 연구의 시대 구분의 입장을 서술한다. 특히 메이지 시대에 있어서 일본어의 변화 속에서 대우표현의 모습과 관련되는 여러 요인·핵심 사항의 시기를 구체적으로 들고 검토하고, 각각의 시기에 있어서 무엇이 어떠한 점에서 주목되어 왔는지에 대해 논의하기로 한다(2.1절).

본 장에서는 시대 구분에 중요한 위치를 차지하는 언문일치 운동 시, 언문일치에 대해서, 그 처리 과정에서 대우표현의 처리에 고민했던 구체적인 예로서 對話敬語와 문말표현 형식을 대상으로 고찰한다 (2.2절). 그리고 메이지 시대의 새로운 사회계층과 대우표현의 연관성에 대해 검토하기로 한다(2.3절).

参考文献

掬汀生(田口掬汀) (明治35 : 1902)「「社會百面相」を讀む」『新聲』8-2

熊井浩子(2001)「敬語研究の視点－包括的な待遇表現理論の構築を目指して－」『國文學解釋と敎材の硏究』46-2 學燈社

紅野敏郎(1996)「解説『魯庵隨筆讀書放浪』の魅力」『魯庵隨筆讀書放浪』東洋文庫603 平凡社

小島俊夫(1974)『後期江戸ことばの敬語体系』笠間書院

________(1998)『日本敬語史研究後期中世以降』笠間書院

小松壽雄(1971)「近代の敬語Ⅱ」『講座國語史5·敬語史』大修館書店

________(1996)「江戸東京語のアナタとオマエサン」『國語と國文學』73-10

________(1998)「キミとボクー江戸東京語における對使用を中心に－」『東京大學國語研究室創設百周年記念國語研究論集』

田中章夫(1983)『東京語－その成立と展開－』明治書院

_______(1998)「特集 : 近代語から現代語へ－敬語表現の変化」『日本語學』17-6 明治 書院

辻村敏樹(1968)『敬語の史的研究』東京堂

土屋信一(1974)「江戸語の「れる·られる」敬語小考」『國語學』96集

坪井美樹(1978)「敬語研究の歴史」『增補國語國文學研究史大成15·國語學』三省堂

中村通夫(1948)『東京語の性格』川田書房

松村 明(1957)『江戸東京語の研究』東京堂

林四郎·南不二男編(1974)『明治大正時代の敬語·敬語講座5』明治書院

飛田良文(1974)「明治初期作品の敬語」『明治大正時代の敬語·敬語講座5』明治書院

<事典>

『日本近代文學大事典』日本近代文學館編 講談社 1984

2.1 근대 일본어의 시대 구분

여기에서는 대표적인 선행 연구를 들고 각 선행 연구에서 연구자들이 메이지 시대 일본어의 시대 구분에 착안한 점과 그 내용을 검토해 본다.

본 절에서는 대표적인 논고를 중심으로 검토하면서 정리해 둔다. 그리고 선행 연구의 대부분은 메이지 시대의 시기 구분을 목적으로 한 것이 아니고 메이지 이후 현대에 이르기까지 이른바 동경어의 전개를 논하고 있다. 본 절에서는 선행 연구에서 말하는 동경어의 內實에 관한 점에 대한 논의는 유보해 둔다.

中村(1948)는 동경어의 성격을 결정하는 데 가장 중요한 시기였다고 생각되는 메이지 초년의 동경어에 주목해, 동경어의 성격이 이 기간에 어떻게 형성되었는지에 대해 논하고 있다. 그 중 나카무라는 언문일치(言文一致)와 구어문전(口語文典)을 염두에 두고 다음과 같은 분류를 시도하고 있다.

> 明治初年は東京語にとっては芽ばえの時代であり、一面こんとんの時代であって、東京語はかゝる時期を經て、言文一致の多く試みられた明治二十年代にようやく統一の機運に向かい、口語文典の續出した明治三十年代に至ってほゞその骨格を明らかにするのである。(pp.51-52)

상기 인용에서 알 수 있듯이 中村는 메이지 초년은 동경어가 싹튼 시기이고 언문일치가 시도된 메이지 20년대 통일의 기운, 그리고 구어문전이 속출한 메이지 30년대에 동경어가 골격을 이루는 시기로 구분하여 기술하고 있다.

또한, 松村(1957:87)는 메이지부터 현대까지를 다음과 같이 5개의 시기에 구분하고 있다.

第一期　明治前期 <形成期> (메이지 초년부터 메이지 10년대 말까지)

第二期　明治後期 <確立期> (메이지 20년대 초부터 메이지 말까지)

第三期　大正期 <完成期> (다이쇼 초년부터 다이쇼 12년의 대지진까지)

第四期　昭和前期 <第一轉成期> (다이쇼 12년 지진 재해로부터 쇼와 20년의 종전까지)

第五期　昭和後期 <第二轉成期> (종전에서 오늘날까지)

이 다섯 가지 가운데서 메이지 시대에 해당하는 제1·2기의 특징에 대해서 보면, 제1기에 있어서는 에도어에서 동경어로 새로운 언어 체계가 만들어 지는 과정에서 지방어의 혼입 , 외래어의 영향, 대우표현의 변화 등을 지적하고 있다. 그 후, 제2기에 대해서는 다음과 같이 말하고 있다.

第二期になると、東京語の確立期とも言うべき時代である。言文一致の多く試みられた明治二十年代になると、それまでの雜然としていた東京語もしだいに統一の機運に向かい、口語文典の續出した明治三十年代の頃に至って、ほぼ東京語としての獨自の性格を明らかに示すようになる。この時期に東京語の確立に深い關連をもった事實として、言文一致の確立、口語文典の盛行、國定教科書の編修、ならびに小學校における標準語教育の促進などがあげられる。(pp.96-97)

위와 같은 점에서 松村도 기본적으로는 中村와 거의 같은 견해를 나타내고 있으며, 구어문전이 많이 출현한 메이지 30년대에 이르러 동경어 독자의 성질을 갖게 되었다고 해석할 수 있다.

그리고 辻村(1974)는 松村의 분류를 근간이라고는 하고 있지만 약간의 수정을 더했다. 즉, 辻村라는 동경어를 중심으로 하는 공통어의 경어에 대해 논하고, 메이지 시대에 대해서 더 나아가 3기로 나누고 있는 점이 松村와 다르다. 즉, 제1기의 형성기(메이지 초년부터 10년대 말까지. 메이지 전기), 제2기의 성립기(메이지 20, 30년대. 메이지 후기), 제3기의 완성기(메이지 40년대부터 다이쇼(大正)10년대까지)로 분류하고 있다. 제1기의 형성기는 松村와 완전히 일치한다. 그러나, 辻村는 메이지 20년대와 30년대를 같은 시기로 취급하고, 40년대 이후와 구별하고 있는 점이 특징적이다.

한편, 飛田(1992)는 동경어의 성립과정에 관하여, 종래의 대표적인 선행 연구의 제설을 소개·검토한 후, 이들 제설을 근거로 동경어의 성립과정을 생각하는데는 언어생활의 관점에서 분석할 필요가 있다고 주장한다.

즉, 飛田(1992:25−26)는, 언제부터 문자의 영향이 구어체에 나타나는지가, 동경어의 성립 과정과 관련되어 있으며, 문어체가 구어체에 영향을 주게 되는 것은 國定讀本이 실시된 메이지 37년이라고 생각하는 것이 온당한 것이 아닌가 라는 견해를 나타냈다. 그리고 飛田는 메이지 초년부터 메이지 37년 3월까지를 동경어의 성립기, 메이지 37년 4월부터 쇼와 24년 3월까지를 정착기로 보고 있다. 종래와는 다른 언어생활이라는 관점에서 파악하고, 넓은 시대 구분의 설정을 하고 있다.

다음으로 西田(1998:283)는 동경어에 대해 "대우표현이 デス·マス体로 된 것이 에도어의 모습을 한층 희박하게 만들었다. 그리고 전국적으로는 학교 교육에 있어서 교과서 등의 문어체의 표현을 통해 늘어났다"고 주장했다. 西田는 동경어의 정확한 시기 구분은 설정하지 않았지만, 동경어가 독자의 성격을 가지고 확립된 것은 메이지 30년대라고 했다.

또한, 선행 연구에 있어서, 국어교육의 측면에서 역사적 일들이 주목되고 시기 구분에도 관련된다. 본 절의 마지막에 메이지 시대의 국어교육에 대해 간략하게 언급해 둔다.

교육의 면에 주목하면 정부 주도에 의한 소학교 의무 교육의 실시가 중요하다. 메이지신정부는 근대국가를 형성시키려고 국민을 교육시키는 것이 급선무였다. 그 출발점으로서 메이지 5년(1872년) 학제 발포에 의해 소학교 의무교육이 실시되고 전 국민 교육에 대한 첫걸음을 내딛었다. 이는 지금까지의 將軍(しょうぐん：쇼군), 藩主(はんしゅ：번주)에 대한 충성을 천황에 대한 충성으로 집중시키기 위해 이루어진 것으로 메이지 정부에 있어서 국민 교육은 시대적인 요청이기도 했다. 그리고 메이지 정부는 국가가 관리하는 교육의 제도를 각지에 만들었다. 그것이 이른바 공교육 제도였다.

메이지 39년(1906년) 이후, 의무교육은 국정교과서를 사용하여 표준어로 교육이 이루어졌다. 메이지 6년의 소학교의 진학률은 28.13%로, 메이지 33년(1900년)에는 의무교육의 진학률이 80%를 넘고, 90%에 달한 것은 메이지 35년의 일이다. 이와 같은 소학교의 진학률의 급신장을 고려하면, 적어도 메이지 30년대 중반에는 현저한 교육환경의 변화와 함께 공교육 제도가 이미 정착한 시기라고 할 수 있다. 게다가 메이지 정부는 메이지 40년에는 심상소학교 6년을 의무교육으로 정했다. 학교의 의무교육에 있어서 전 국민이 동일한 국정교과서에서 학습하는 등 점차 실용 언어생활에도 학교 교육의 영향이 반영된 것으로 생각된다.

이상, 살펴본 것을 정리해 보면, 메이지 시대 근대 일본어의 시대 구분의 여러 요인으로서 선행 연구에서 주로 다룬 것은, ① 동경어·표준어의 성립의 시기, ② 언문일치 운동의 시기, ③ 구어문전(口語文典)의 성립 시기, ④ 공교육 실시 시기라는 네 가지 핵심 사항으로 크게 정리할 수 있다.

2.2 언문일치 운동과 근대 일본어의 대우표현

본 절에서는, 언문일치의 문제점은 대우표현·對話敬語/對者敬語의 처리에 있었다는 점에 주목해, 그 이유는 무엇인가? 메이지 시대 대우표현 본연의 모습을 시야에 넣고 논한다. 이하에서는 선행 연구의 논의를 소개하고 연구자들이 고민한 문제점과 해결하려고 한 방법에 대해 검토한다.

소위, 언문일치의 운동은 일본의 구어문(口頭言語)와 문어문(書記言語)가 너무 멀어져 있는 것을 구어문으로 통일하여 언어 생활을 합리화하자는 주장으로 시작했다. 그 반성의 계기가 된 것은 서양의 말과 글(言文)로 양자의 가까움이었다고 한다. 즉, 언문일치는 서양 문학과 서양 문명의 영향을 받아 발생한 것이라고 할 수 있다.

말(구어)을 바탕으로 글(문어)을 통일하려는 당시의 문단을 중심으로 한 언문일치

운동은 메이지 초년부터 20년경까지는 전국에 통용되는 동경어를 바탕으로 시도되었다. 언문일치의 운동이 일본인의 표현 혁명으로서 본질적인 의의를 가지게 되는 것은 <かなのくわい>(메이지 16년 7월), <羅馬字會>(메이지 18년 1월)이 결성되는 소위 鹿鳴館(ろくめいかん) 시대이다. <かなのくわい>의 간사는 '언문일치'(메이지 19년)로 말과 글이 완전히 동일하다는 점을 다음과 같이 설명하고 있다.

たとへ、はなす様に、書いたとて、はなす様には、ゆかぬ故に、別して、書き方には、氣をつけねば、なるまい。それ故にはなす様に、書きとりて、なるたけ、わかり易く、するがよからう。

설령 말하는 대로 쓴다고 해도 말하는 대로 되지 않기 때문에 특별히 글을 쓰는 것은 신경쓰지 않으면 안 된다. 그렇기 때문에 말하는 것처럼 쓴다는 것은 가급적 알기 쉽게 하는 것이 좋다.

더욱이 그는 "일본어에는 경어가 많기 때문에 말하는대로 쓸 때에는 문장이 길어진다는 염려도 있고, 있겠지요"라고 한다. 이러한 지적에서 미루어 짐작해보면, 경어(대우표현) 처리가 언문일치 시의 문제점이 되어, 글(문어문)에 있어서는 경어(대우표현)의 처리 자체가 방해 요소가 되었다고 생각된다.

眞田(1991:88)에서 언문일치의 문장에 대해 언급한 가운데, "文章は書く以上はどうしても文章語形式に拘束される面がある。したがって,實際の東京の話しことばとは合致しない点がいくつか存在するわけである"(문장은 쓰는 이상은 아무래도 문장어 형식에 구속되는 면이 있다. 따라서, 실제 도쿄의 말과는 일치하지 않는 점이 몇 가지 존재하는 것이다)라고 지적하고 있듯이 말과 글에는 차이가 있고, 근본적인 불일치는 불가피한 난문이었다.

여기서 먼저 말(구어체)과 글(문어체)의 차이에 대해 생각해 보자. 말은 상대방에게 장면이나 화제에 따라 행해지는 담화에 의한 전달의 언어이다. 이에 반해서 글은 생각하거나 느끼거나 하는 내용을 쓰는 사람의 内面의 세계에서 객관화하는 일종의 인식의 언어이다. 이와 같이 말과 글은 본질적으로 성질이 이질적이기 때문에 말과 글의 불일치가 필연적으로 생기는 것이다. 이와 관련하여 渡辺(2000)에 의하면,

> 話しことばは伝達の言語であり、特に日本語では聞き手に對する話し手の待遇意識や發話の心構えなど主体的な意義を表わす言語形式をかかえ込んでいて、それが認識の言語として對象的な意義に徹すべき書きことばには邪魔な要素となるからである。したがって、言文一致運動は、むしろ話す通りに書かない方向に轉換することでようやく成功する。

> 말은 전달의 언어이며 특히 일본어에서는 청자에 대한 화자의 대우 의식이나 발화의 마음 자세 등 주체적인 의의를 나타내는 언어 형식을 담고 있어서 그것이 인식의 언어로서 대상적인 의의에 철저히 해야 할 글에는 방해적인 요소가 되기 때문이다. 따라서 언문일치 운동은 오히려 말하는대로 쓰지 않는 방향으로 전환함으로서 마침내 성공한다.

이와 같이 일본어에 있어서 말의 전달과 글의 인식의 차이는 당연한 일로 어쩔 수 없이 대우표현에 관한 처리로 나타나게 된다. 따라서, 언문일치의 큰 문제점으로 많은 사람들을 힘들게 한 것은 대우표현의 처리에 있었다고 할 수 있다.

한편, 당시의 문단에서 언문일치가 활발히 행해진 것은 주지의 사실이다. 당시의 작가들이 보통의 회화 그대로 쓰지 않았던(쓰지 못한) 것은, 글을 말에 가깝게하는 것은 어느 정도 가능하더라도 담화에 나타나는 언어적 요소에는 글로서는 부적절한 것이라고 느꼈음에 틀림없다. 작가들은 언문일치의 한계를 느끼고 특히 일본어의 대우표현의 처리에 가장 고민했던것이다. 이것은 지금까지 서술했듯이 일본어의 말이 대우표현에 민감한 것에 대해서, 글은 특정의 상대에게 말하는 것과 같은 대우표현을 수반하는 것이 부적절한 점과 관련이 있다. 대우표현의 고민과 궁리를 한 대표적인 작가로서는 二葉亭四迷(ふたばていしめい)와 山田美妙(やまだびみょう)을 들을 수 있다.

二葉亭四迷의 <余が言文一致の由來:よがげんぶんいっちのゆらい>(메이지 39년 5월)에는 四迷와 美妙 두 사람이 경어·대우표현과 관련하여 문말표현 처리에 얼마나 고민했는지를 알 수 있다. 四迷는 문말·대우표현의 처리에 대해 불복한 점이 있

었고, 坪內逍遙에게 상담한 적이 있었다. 즉, 언문일치가 되어 있지만「が……でムいます」調로 할 것… 그렇지 않으면「はいやだ」調로 할 것인가에 대해서 상담한 것이다. 이에 대해서 逍遙는 단지 경어가 없는 것이 좋다고 주장하였기에 四迷는 좀 납득하지 못하는 점이 있었다. 이와 같이 四迷가 직면한「だ」調로 할지「ムいます」調로 할지는 문말의 대우표현을 어떻게 처리할 것인가라는 문제와 다름없다.

한편, 美妙는 처음은 경어 없는「だ」調를 시도했지만, 아무래도 잘 되지 않기 때문에「です」調로 결정했다고 한다. 美妙는 四迷와는 다른 문말을 지향했지만, 결국 두 사람 모두 고민한 것은 문말의 대우표현 처리였다.

또한 島村抱月「言文一致と敬語」(메이지 33년)는, 언문일치에 따라 공적인 문장에서 적절한 경어 처리가 얼마나 어려운가를 다음과 같이 말하고 있다.

> 大體に日本の言葉は階級的に發達して居る分子が多い、隨ッて相手を前に控へた、極私交的個人的の談話には、相手次第で高下自在に適當の敬語を用ひることも出來るが、文章などの如く、誰を當てともなく、寧ろ天下公衆を相手のものになると、うも適當な敬語、若しくは品格ある語に缺乏を感ずる、全く私交的であるか、左もなければ全く獨語的になツて、天下公衆に對する平等的公共的な文章を書くことが極めて困難である、例へば「云々です」「云々であります」「云々でござります る」のたぐひは、すべて私交的の敬語に傾いて、之れを其のまゝ文章にすれば、うも敬語に過ぎたやうに感ずる、それかと言ツて、「云々だ」と言ひ放てば、獨語的、すなはちの獨りで、氣エンを吐く格に聞こえて、おもしろくない、此の中間の、一層普遍的な辭法がどうしてもなくては納まらね、(後略) 밑줄은 필자.
>
> ~문장처럼 누구를 대상으로 하지 않고 오히려 천하 대중을 대상으로 하면 적당한 경어 혹은 품격있는 어의 결핍을 느낀다. 완전히 사교적이던가 그렇지 않으면 독백, 혼잣말이 되어 천하 대중에 대한 평등적 공공적인 문장을 쓰는 것이 매우 곤란하다~. (밑줄 친 부분)

이와 같이 島村는 공적인 문장(문어문)에 있어서 적절한 경어 처리의 어려움과 함께, 이른바 보편적, 평등적인 경어의 결핍이라는 것을 언문일치에 수반하는 가장 큰 난점으로서 보고 있다. 이것은 문체의 궁리가 특히 언문일치에서 대우표현 처리를 둘러싸고 이루어진 것을 말한다. 이와 같은 대우표현의 문말표현 처리를 둘러싼 논의는 당시 그 밖에도 다수 볼 수 있다.

예를 들어, 메이지 39년 坪内逍遙는「言文一致について」에서 언문일치의 곤란함은 '경어'와 '어미(語尾, ことばじり)'라고 말하고 있다. 逍遙가 어미에 관해서 명사로 끝나는 표현도 상당히 어렵고,「だ式」「である式」모두 그다지 자연스럽지 않다.「です式」이 제일 구어적이라고 생각하지만, 아무래도 익숙하지 않아서 소심하며 유약하고 가볍고, 거기에 왠지 상대방과 서로가 마주하여 말하고 있는 것처럼 들린다. 이 점은 새삼스럽게 다시 생각만을 말해 볼 수도 있겠지요라고 말한 것에서 알 수 있듯이 문말표현이 얼마나 처리하기 어려운 것이었는지를 보여주는 좋은 예이다.

그리고, 언문일치가「である」調라고 하는 연설체의 스타일에 문말의 해결을 요구하거나(예를 들면 尾崎紅葉「多情多恨」), 말하자면 반드시 통상의 담화처럼 쓰지 않음으로써 성과를 올린 것도 중요하다. 이것도 바꿔 말하면 대우표현(文末)의 처리의 난점에서 생긴 결과에 다름아니다.

이상, 언문일치의 운동과 대우표현에 대해 간략하게 정리하면 다음과 같이 요약된다.

(1) 일본어의 말(구어체)과 글(문어체)은 이질적인 것으로 일치시키기 어렵다.
(2) 구어체와 문어체의 차이가 잘 나타난 것은 '對話敬語', '문말표현'이다.
(3) 문어체의 문말표현, 특히 대우표현의 처리에는 구어체에 일치시키기 어려운 난점이 있다. 따라서, 언문일치는 초기의 방향과는 반대로 말하도록 쓰지 않는 방향으로 성공했다.

이상과 같은 점에서 생각해 보면, 언문일치의 문제점은 최종적으로 대우표현의 처리에 있었다. 그러므로 언문일치 운동의 시기와 직접 관련이 있는 메이지 시대(특히, 메이지 20년대부터 메이지 30년대)의 대우표현의 분석은 문말표현의 처리를 둘러싼 새로운 문말표현 형식의 모색이 행해지는 가운데서 중요한 의미를 지니고 있다. 그리고 대우표현의 모습 자체도 새로운 문장 스타일의 영향을 받고 있을 가능성도 고려하여 고찰할 필요가 있다고 생각된다.

2.3 근대의 새로운 사회계층과 대우표현

메이지 시대는 이른바 근대국가가 성립한 시기이다. 본 절에서는 메이지 시대라는 시대성 속에서의 대우표현의 변화에 주목하면서, 새로운 사회계층과 대우표현과의 관련성을 중심으로 개관한다.

中村 (1948 : 61−62)는 종래 강조되어 온 동경어의 형성 요소 중 하나로 사회 제도의 변혁에 따른 대우표현의 변화와 '對話敬語'의 발달을 들고 있다. 中村가 말했던 사회 제도의 변혁은 신분 제도의 변동이다. 그는 "한때 봉건제도 하에서 사용 방식을 바꿔왔던 대우표현이 메이지유신 후의 새로운 체제에 의해 뿌리부터 움직이고 사민평등의 사고방식에 의해 변화할 수 밖에 없게 되고, 그 사이에 특히 고도로 발달을 이룬 것은 對話敬語이었다"라고 말한 것에서 신분 제도의 변동이 대우표현(對話敬語)의 발달과 깊이 관련되어 있음을 알 수 있다.

松村(1957:87)(1998:93)는 메이지 초년부터 오늘날에 이르기까지를 5개의 시기에 구분하고 있으며, 그 중에서 제1 기간에 해당하는 메이지 전기「형성기」(메이지 초년부터 메이지 10년대 말까지)의 동경어를 특색 짓는 하나로 대우표현의 변화를 들면서 다음과 같이 말하고 있다.

새로운 시대가 되어 사회 제도가 전반적으로 현저히 변혁되고, 그에 따라 대우표현이 여러가지 변화한 것으로 생각된다. 에도 시대 계급제도가 전부 무너지고, 새로운 제도에 의한 사민평등의 사고방식에 따라 대우표현도 크게 변화를 겪었지만, 특히 대화경어(對話敬語)인 '丁寧語'가 크게 발달하였다.「ます」나「です」의 사용의 일반화 등이 그것이다.

즉, 松村는 中村와 마찬가지로 메이지 초기에 계급제도의 붕괴에 의해 대우표현이 크게 변화해 '對話敬語'가 발달한 것을 언급하고 있다. 또한, 메이지 시대의 대우표현에 대해 杉本(1988:283-284)는 다음과 같이 주목할 만한 견해를 제시하고 있다.

士農工商の身分制度が解体したかわりに、新時代の社會制度として、四民平等の思想のなかから、華族と士族・平民に分ける新しい階級制度がつくられ、それと待遇法とが關係してくる。

사농공상의 신분제도가 해체된 대신에, 새로운 시대의 사회 제도로서 사민평등의 사상(思想) 속에서 화족과 사족·평민으로 나누는 새로운 계급제도가 만들어져 그것과 대우법이 관련된다.

이와 같이 신시대에 따라 새로운 계급제도가 생겨나는 가운데, 새롭게 태어난 신사회계층이 대우표현과 어떤 상관관계가 있는지에 대해서 규명할 필요가 있다.

또한, 대우표현의 양상을 지지하는 경어 의식이나 시대 사상(思想) 등도 시대의 변화에 따라 가변적이므로 이들의 관계에 대해서도 고려할 필요가 있다. 예를 들어, 古田(1966)는 다음과 같이 경어 의식에 대한 견해를 보여준다.

明治維新以後、こと敬語にかぎっても、そこには以前とは違った様相が生じた。士農工商の身分制度の廢止により、それに結び付いていたことばの言い方は、平均化されてくるようになった。また、中央集權制度の確立と學校教育の普及、さらにおくれて、印刷・放送等の影響も加わり、標準的・規範的とされる言い方は一般に全國に及ぶようになった。(中略)そして、このような平均化と一般化の傾向は、戰後になって、さらに大きい意識の変革を伴い、現在に至っている。

메이지 유신 이후, 경어에 한해서도 거기에는 이전과는 다른 양상이 생겼다. 사농공상의 신분 제도의 폐지에 의해, 그와 관련되어 있던 말, 말투는 평균화되었다. 또 중앙집권제도의 확립과 학교 교육의 보급, 더욱이 그 이후, 인쇄·방송 등의 영향도 더해 표준적·규범적이 되는 말은 일반적으로 전국에 이르게 되었다. (중략) 그리고 이러한 평균화와 일반화의 경향은 전후가 되어 더욱 큰 의식의 변혁을 수반해 현재에 이르고 있다.

상기와 같이 경어 의식을 말하고, 또한「메이지 이후의 경어의 변천에 대해 생각할 때, 주의를 끄는 것은 그 경어 의식의 변화이다」라고 하는 견해를 나타내고 있다. 즉, 古田는 낡은 계급제도의 폐지와 교육의 보급 및 표준적인 말투의 전국적인 확산에 의해 메이지 시대에는 경어 의식도 변화하고 있었다고 말하고 있다. 사회제도의 변화에 따라 사회생활의 양식도 바뀐다. 그리고 인간관계가 실상에도 변화가 생겨, 점차 언어 사용에 대한 의식이 변화하는 것이다.

또한 메이지 시대의 대우 의식의 변화는 시대 사상(思想)과도 관계된다. 예를 들면, 吉田(1952)는 경어법과 시대 사상과의 관계를 다음과 같이 말하고 있다.

東京語が地方の方言に比較して都雅な印象を与える理由の一部は、確かに敬語法の發達にある。東京語の敬語法の發達は一面において時代思想の影響もあるので、明治以降、自由主義思想の盛行の結果、個人の人格尊重の觀念が一般に養成され、その影響が言語に表れて、敬語法の發達を促したのである。

동경어가 지방의 방언에 비해 우아한 인상을 주는 이유의 일부는 확실히 경어법의 발달에 있다. 동경어의 경어법의 발달은 일면에 있어서 시대 사상의 영향도 있으므로 메이지 이후, 자유주의 사상의 성행의 결과, 개인의 인격 존중의 관념이 일반적으로 양성되어, 그 영향이 언어에 나타나고 경어법의 발달을 촉구한 것이다.

吉田는 사회제도의 변화에만 경어법의 발달 원인을 요구하는 것이 아니라, 시대 사상 즉 신시대에 사는 사람들의 의식·사고방식의 내부에 눈을 돌리고 있다. 인간관계의 인식에 근거한 언어적 변용이라는 것이 경어(대우표현)의 기본적인 성질임을 생각하면 대우표현의 실상에서 시대 의식·사상과의 관련성은 역시 중요하다.

이상 살펴본 메이지 시대의 새로운 사회계층과 대우표현과의 상관관계에 대해 정리하면, 사회 계층이라는 요소가 중요한 개념이 되어 새로운 사회 계층과 거기에 속하는 사람들의 시대 의식이 대우표현과 밀접하게 연결되어 있음을 알 수 있다. 게다

가 신 사회 계층과 연관된 메이지 시대의 대우표현의 변화 속에서 주목되는 현상으로서 對話敬語(丁寧語), 「デス」「マス」「ゴザイマス」 등과 같은 문말표현 형식의 일반화를 중요한 문제로 들을 수 있다.

따라서, 메이지 시대의 시기 구분을 할 때, 선학들이 거의 공통적인 기준으로서 파악하고 있는 내용을 다시 정리하면, 다음과 같이 된다.

(1) 메이지 초년부터 10년대 말까지의 형성기
(2) 메이지 30년대 언문일치의 확립이나 많은 구어 문전의 출현, 학교 교육·표준어의 보급

즉, (1)의 초기 단계에서는 아직도 메이지 시대 일본어의 모습이 형성되고 있는 시기이다. 그리고, 메이지 30년대가 되면 (2)와 같은 구체적인 제요인으로부터 「동경어」가 독자의 성격을 가지고 확립하는 시기이다. 메이지 시대의 대우표현을 생각하는데도 일본어에 대한 큰 차이가 보이는 메이지 30년대를 경계로 하는 시기의 (2)에 들고 있는 개별 사항은 중요한 의미를 가진다.

본 연구는 기본적으로 근대 일본어를 대상으로 분석한다. 근대 일본어는 시기적으로 메이지 시대를 중심으로 하는 일본어가 된다. 그리고 메이지 시대를 전기와 후기로 나누어 생각하기로 한다. 다만, 동경어가 독자의 성격을 갖고 확립하는 메이지 30년대 이후를 동경어·표준어가 성립한 시기라고 단판하기 때문에 메이지 30년을 시기 구분의 하나의 포인트로 한다. 따라서, 메이지 초년부터 20년대까지를 전기로 본다. 그리고 30년대 이후부터 말기까지를 후기로 파악하고 고찰을 진행한다. 본 연구에 있어서 주요한 자료의 『社會百面相』(메이지 35)은 메이지 후기의 자료에 해당된다.

또한, 메이지 시대는 시기적으로 짧은 기간이기 때문에 상세한 시기 구분은 그다지 큰 의미를 갖지 않을 가능성도 있다. 그러나, 동경어·표준어의 성립과 관련하여 합리적으로 생각했을 경우, 적어도 메이지 30년 전후가 가장 중요한 시기인 것으로 보인다.

이상, 메이지 시대 근대 일본어의 시기 구분과 대우표현에 대해 선행 연구의 논고를 중심으로 검토하고 본 연구의 입장·견해를 서술하였다. 동경어가 에도어와 달리, 동경어 본래의 형태를 취하게 된 경과에 대해서는 모든 시점에서 자세하게 검토해야 한다. 종래의 선행연구에서 지적한 대로 대우표현의 관점에서 본 메이지 시대는 사회의 제도와 연동하는 대우표현의 변화, 그 구체적인 사례의 하나로서의「デス·マス」체 對話敬語의 발달이라는 점이 주목된다. 그리고 언문일치에 있어서「デス·マス」체의 對話敬語(文末表現形式)의 처리에 대한 궁리, 즉 새로운 글·문어체의 대우표현 처리의 어려움을 극복하려는 모색이 보인다.

이와 같은 메이지 시대 근대 일본어의 시기 구분에 있어서, 언문일치의 운동이나 공교육 실시나 많은 구어 문전 등의 출현한 시기 등 종합적으로 생각하면, 메이지 30년대 이후의 시기가 도쿄·표준어의 성격이 드러나는 중요한 시기이다. 이 시기를 중심으로 새로운 사회제도를 바탕으로 태어난 신 사회 계층과 대우표현과의 상관관계에 대한 고찰을 정밀화해 나갈 필요가 있다고 생각한다. 본 연구에서는 이상과 같은 여러 요소들을 염두에 두면서 메이지 시대 근대 일본어의 대우표현을 분석·고찰해 나갈 생각이다. 궁극적으로 언어적 性差, 즉 젠더를 중심에 두고 분석함이 본 연구의 큰 주제이며 연구 방향이 된다.

2.4 자료『社會百面相』과 대우표현, 성차(性差)

『社會百面相』은 内田魯庵(うちだろあん)(慶應4년:1868−昭和4년:1929)의 대표적 작품집 중 하나이다. 魯庵 35세의 메이지 35년(1902년) 6월에 도쿄 博文館에서 출판되었다. 당시 博文館에서 발행되었던 주간 화보(畫報) 잡지《太平洋》에『社會百面相』이라는 타이틀로 거의 매주 게재된 시리즈의 단편 소설 30편과「鐵道國有」,「投機」,「電影」,「破調」,

「犬物語」,「矮人巨人」,「天下太平なる哉」의 7편 중·단편 소설, 여기에 부록으로 평론 「「破垣」に就て」를 수록하고 있다. 여기에 수록된 대부분은 메이지 33년부터 34년의 작품이며, 《太平洋》, 《太陽》紙에 발표된 것이다. 이 『社會百面相』의 시리즈는 분명히 內田魯庵의 시사 소설, 혹은 세상 풍자소설의 실천으로 볼 수 있다. 수록된 단편 모두는 메이지 33, 34년, 즉 20세기 초 일본 사회의 풍속 자료로 흥미로운 문명 비평적 소설이다.

그리고 『社會百面相』은 내용이 다방면에 걸쳐 그 개요를 전부 말하기 힘들지만, 전체의 구성을 대략 살펴보면 스케치 내지 작은 작품과 같이 품위 있는 풍자적 내용을 담아 세상을 묘사한 점이 눈에 띈다. 특히 『社會百面相』에서 內田魯庵이 작품에 담으려고 한 것은 메이지 30년대에 이르러, 사회 안에서 세력을 가진 다양하고 새로운 사회계층 사람들의 살아있는 대화이고, 그 말투에 전형적으로 나타나는 인물상이다. 이 점에 대해서 魯庵 자신이,

> 言語は大にしては時代の特徵なり小にしては個人の性格の發現なれば社會及び時代及び人間を描寫せんとする小說家が言語を度外に置く能はざるや勿論なり。
>
> (『社會百面相』p.539「附錄」)
>
> 언어는 크게는 시대의 특징이고 작게는 개인의 성격의 발현이므로 사회 및 시대와 인간을 묘사하려는 소설가는 당연히 언어를 도외시할 수 없다.
>
> (『社會百面相』 p.539「부록」)

라고 하는 인식을 명언하고 있고, 따라서 대화를 중심으로 이루어지는 『社會百面相』을 언어 자료로 하는 이점도 또한 명확하다. 여기에는 메이지 30년대의 세상을 대표하는 사회 계층의 말이 전형적으로 반영되어 있다.

또한 『社會百面相』에는 內田魯庵의 이런 말·말투에 대한 흥미를 반영하여 언어에 관련된 세상(世相)이 반영되어 있는 기사를 자주 볼 수 있다. 이하, 그 내용의 일단을 소개한다. 다음은 시어머니가 젊은 며느리(新妻君·高等官夫人)에게 말을 하면서 당시의 젊은 부인들의 언어 실태에 대해서 말하고 있는 장면이다.

忌な風が流行るもんだね。昔しは夫をてばを附けて眉を落し着物は成るべくに作つて目に立たないやうにし、人中には決して出ないで何事にも奧床しく謹み深くしてゐたものだが、今ではでになつて嫁に行つてから娘時分よりは却てケバ／＼しいをする。三十近くなつてい蹴出しを締めて桃割につてる奥さん方さへある、其くせ口を利かせると漢語やら英語やら妾達(わたしたち)には解らない難しい事を云つて、影で聞いてると男だか女だか解りやアしない―

(『社會百面相』pp.128-129「新妻君」) (밑줄은 필자)

게다가 그 주제에 말을 하게 되면 한자(한자어)나 영어 등 우리들은 모르는(이해하기) 어려운 것을 말해서 보이지 않는 곳에서 듣고 있으면 남자인지 여자인지 알 수가 없다.

(『社會百面相』pp.128-129「新妻君」)

상기의 장면에서 예전에는 여성들이 기모노도 화려하게 입지 않고 눈에 띄지 않게 삼가하고 있었는데, 지금은 결혼하고서도 처녀때보다 더 화려하다(지나치게 화려하고 품격이 없어서 보기에 좋지 않다, 볼썽 사납다). 일상 언어 생활 모습을 보면 적어도 메이지 30년대 초기 젊은 여성(여기에서 젊은 지식인 여성층, 부인층)들이 어려운 한어와 외래어를 사용했던 그때 언어생활의 실태를 이야기하고 있다. 특히, 젠더 관점에서 보면 보이지 않는 곳에서 들으면 남자인지 여자인지를 모를 정도로 성차(性差)의 경계가 애매한 당시 상황을 짐작할 수 있다. 젊은 여성들의 언어 사용에 큰 변화가 있음을 짐작할 수 있다. 즉, 종래의 기성세대 시어머니 노인층의 입장에서 보면, 젊은 여성어에 대한 강한 거부감을 짐작할 수 있다.

한편, 작가 内田魯庵의 문학적인 위치에 대해서 紅野(1996)는 다음과 같이 말하고 있다.

文壇の中軸というよりは、若干身をずらした地点より、近代日本の實態を凝視、書物についての深い造詣からの、自由自在な發言を集めた雜文家內田魯庵の顔も捨て難い。明治·大正の時代は、魯庵の眼鏡を通すことで、表と裏との兩面が把握できる。 (pp.343-344)

문단의 중축이라기보다는 약간 떨어져 있는 지점에서 근대 일본의 실태를 응시, 책에 대한 깊은 조예로부터 자유자재로운 발언을 모은 잡문가 內田魯庵의 모습도 버리기 어렵다. 메이지·다이쇼의 시대는 魯庵의 시선을 통해 살펴봄으로써 앞과 뒤의 양면을 파악할 수 있다. (pp.343-344)

이와 같은 잡문가(雜文家)였던 內田魯庵의 작품에서는 메이지 후기에 들어가는 시대적 배경, 즉, 청일전쟁 후의 일본의 모습이 다양한 사회 계층·등장 인물들의 대화문에서 알 수 있다.

또한, 자료『社會百面相』이 출판된 당시의 독자층에 대해서 內田魯庵은 이 책의 서문에서 다음과 같이 말하고 있다. (밑줄은 필자)

此篇を公けにするに當りて窃に一讀を冀ふは批評家先生にもあらず、天才諸君にもあらず、將た尋常小說讀者にもあらず。切に希望する處は世に時めける縉紳諸公の一讀の榮なれども、ゲーテやトルストイの天來の聲は魯か、大聖佛耶の獅子吼にすら耳を聾する諸公に此區々たる小冊子を獻ずるは猶ほ麥桿を以て土塊を打つに等しきのみ。憾むらくは我が麥の力弱くして渠の脆き土塊をすら壞す能はず、空しく蠹魚の腹を肥すに終らんとす。筆を棄てゝ浩嘆する三度。

이 소설(책)을 대중에 발표함에 있어, 일독을 간절히 바라는 것은 비평가 선생도 아니고 천재 제군도 아니고 보통 일반적인 소설 독자도 아니다. 실로 희망하는 것은 세상에 관위(官位), 신분이 높은 사람, 세상에서 활약하고 주름잡는 사람들의 일독은 영광이지만~, (후략)

즉, 저자 內田魯庵은 풍자의 대상이 된 당시의 세상에서 활약하고 있는 사람(縉紳諸公)들을 독자로 상정하여 썼기 때문에, 이 소설의 내용은 시사·비평 소설로서의 성격을 강하게 지니고 있다.

또한,『社會百面相』의 도서 소개 부분의 첫머리에 나온 아래의 영문 내용을 보면, 사회 비평 소설의 취지가 잘 드러나 있다. 독자들에게 통렬한 시선으로 소설을 읽기를 기대하고 있음을 짐작할 수 있다.

Look at it with an indifferent eye, and lo! there is none; hold it up to the light, and you can not perceive it; but rub it over with own spirit of acid, and see how........

....

무심한 눈으로 그것을 바라보라,

아! 아무것도 없다.

그것을 빛에다 비추어 보라.

당신은 여전히 그것을 알 수 없다.

하지만, (산(酸) 으로 문지르듯) 신랄한 눈으로 계속해서 들여다 보아라.

어떻게 되는지 ....(필자 역)

....

....

이상에서 살펴본 것에서도 알 수 있듯이, 이『社會百面相』은 메이지 후기의 대우표현 연구에 빠뜨릴 수 없는 자료 중 하나라고 생각된다.『社會百面相』은 어디까지나 작가 內田魯庵이 그린 세계이기 때문에 당시 실제 현실 언어생활의 세계에서 말했던 말과 다를 가능성도 있다. 그러나, 다양한 계층의 사람이 등장하는 점을 감안하면, 이 소설은 대우표현의 연구에 있어서 매우 중요한 자료의 하나이다. 물론 당시 새롭게 등장한 신 사회계층에 흥미의 중심이 있기 때문에 작품에 그려진 사회 계층이 비교적 상위층에 치우쳐 있는 등 대우표현 전체를 보는 데 약간의 문제점을 안고 있다.

그러나, 작품으로서의 한계나 편향 등을 고려에 넣어도 여전히 본 연구의 기본적인 자료로서 다룬『社會百面相』은 당시 활약하는 다양한 사회 계층이 등장하기 때문에 대우표현의 연구, 근대 일본어의 성차, 젠더 연구에 좋은 조건을 갖추고 있다고 할 수 있다. 특히 메이지 후기에 사회 각 계층의 사람들이 등장하고 있으며 사회의 현상이 동적(動的)으로 반영되어 있다. 더욱이『社會百面相』은 대화문·구어체가 풍부하기 때문에 계층에서 본 대우표현의 관찰에는 적절한 자료라고 생각된다.

『社會百面相』에서 다양한 계층의 등장 인물이 사용한 여러 표현, 예를 들어 인칭 대명사, 문말표현 형식, 종조사 등은 內田魯庵이라는 언어 주체가 다양한 언어 표현 형식을 스스로 가지고 있다는 것을 말한다. 아울러, 당시의 각 계층의 사람이 사용했을 것으로 생각되는 표현 형식 중에서, 「장면」과 「소재·등장 인물」에 따라서 적절한 요소를 선택하고 있다는 것을 보여준다고 해석할 수 있다. 물론, 모두 內田魯庵이 스스로의 언어적인 內省에 의해 상정한 것은 사실이지만, 어느 정도 간행 당시에 독자층(소설을 읽는 독자의 입장)을 의식해서 쓴 것도 전술의 서문에서 제시한 대로 명백한 사실일 것이다.

이상, 관련된 제 사실에 근거하여 생각해 보면 작품의 플롯(Plot)뿐만 아니라, 그 언어표현의 선택 자체에 內田魯庵은 당시의 언어적 사실을 반영시키는 데 힘을 쏟고 있는 것은 확실하다.

한편, 『社會百面相』이 출판된 메이지 후기는 언문일치가 거의 완성된 도쿄·표준어가 확립한 시기이다. 掬丁生(田口掬丁 : 1875−1943 소설가, 극작가)이 『社會百面相』이 간행된 메이지 35년(1902년)에 다음과 같이 서평에 쓴 것에서도 알 수 있듯이 『社會百面相』은 사회 각 계층의 실태와 자료 자체의 중요성을 적절하게 그리고 있다.

「社會百面相」は社會の各方面に於ける各階級の活畫也、學生も官吏も學者も事業家も、一度著者の筆に上れば、其階級其種類の有すべき最弊處を代表する者となりて、讀者の目前に躍動し來るものあり、(中略)所謂時代精神の暗流を説明したる唯一の寶典として、長く後世に傳ふ可き價値あるもの也。

『社會百面相』은 사회의 각 방면에서 각 계급의 활동 모습이다. 학생도 관리도 학자도 사업가도 한번 저자의 붓에 오르면(저자가 쓰기 시작하면) 그 계급, 그 종류의 있을 법한 모든 적폐를 대표하는 사람이 되고 독자의 눈앞에 약동해 온다. (중략) 소위 시대 정신의 암류(겉으로 드러나지 않는 풍조)를 설명하는 유일의 귀중한 서적으로서 오랫동안 후세에 전해야 할 가치 있는 것이다.

이상과 같은 여러 사실을 총괄하면『社會百面相』은 메이지 30년대 전반기의 일본 사회 각 계층의 諸相·世相·언어 실태를 상당히 광범위하게 비추고 있는 귀중한 언어 자료라고 할 수 있다. 그리고『社會百面相』이외에 본 연구에서 다루는 여러 자료는 기본적으로 메이지 시대에 간행된 소설자료의 대화문을 고찰의 대상으로 한다.

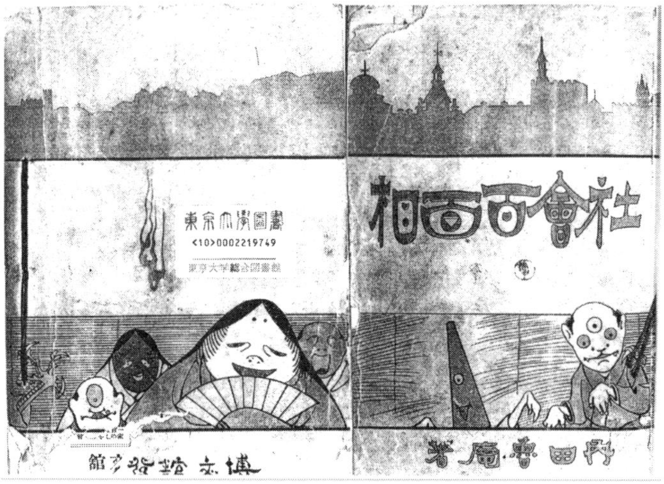

<內田魯庵著, 社會百面相, 明治35年, 博文館> 표지

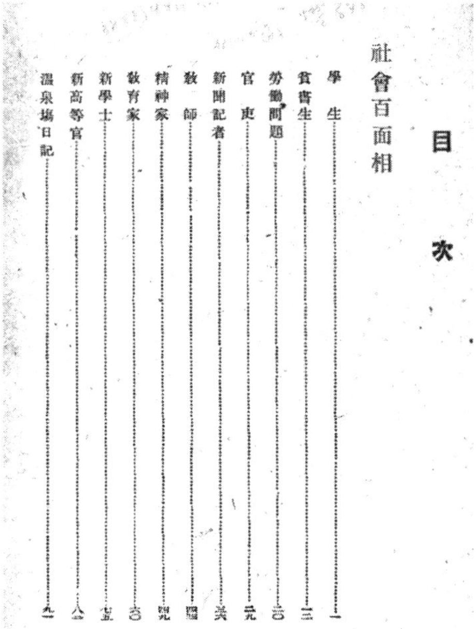

目次

社會百面相

<社會百面相>의 목차 부분

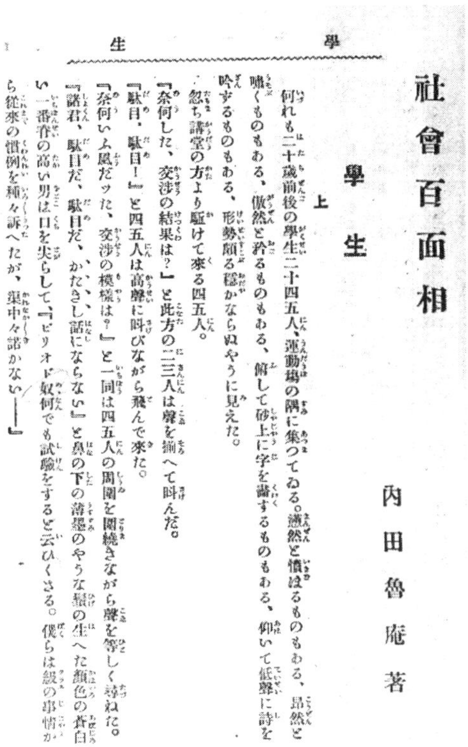
學　生

社會百面相

學生 上

內田魯庵著

何れも二十歳前後の學生二十四五人、運動場の隅に集つてゐる。憮然と憤ほるものもある、昂然と嘯くものもある、傲然と矜るものもある、俯して砂上に字を畫するものもある、仰いで低聲に詩を吟ずるものもある、形勢頗る穩かならぬやうに見えた。

忽ち講堂の方より驅けて來る四五人。

『奈何した、交渉の結果は？』と此方の二三人は聲を揃へて叫んだ。

『駄目、駄目！』と四五人は高聲に叫びながら飛んで來た。

『奈何いふ風だッた、交渉の模樣は？』と一同は四五人の周圍を圍繞きながら聲を等しく尋ねた。

『諸君、駄目だ、駄目だ、、、、かたきし話にならない』と鼻の下の薄墨のやうな髭の生へた顏色の蒼白い一番脊の高い男は口を尖らして『ピリオド奴何でも試驗をすると云ひくさる。僕らは級の事情から從來の慣例を種々訴へたが、渠中々諾かない――』

<『사회백면상』의 단편 “학생(상)” 부분의 일부>

본 연구에서는 도쿄대학 總合 도서관 藏本(메이지 36년 10월 제3판)의『社會百面相』寫眞를 조사했다. 이『社會百面相』는 기본적으로는 모두 읽은 법, 즉, 요미가타(루비: ルビ)가 붙어 있는 방침이지만, 요미가타가 보이지 않은 경우에 대해서는 雜誌《太陽》,《太平洋》에 게재된 초출의 본문을 대조·확인했다.

参考文献

上田万年(明治28：1895)「標準語に就きて」『帝国文学』1

龜井 孝他(1965)『日本語の歴史 6･新しい国語への歩み』平凡社

眞田信治(1991)『標準語はいかに成立したかー近代日本語の發展の歴史ー』創拓社

島村抱月(明治33：1900)「言文一致と敬語」『中央公論』15－2

杉本つとむ(1960)『近代日本語の成立』櫻楓社

__________(1988)『東京語の歴史』中公新書

辻村敏樹(1974)「明治大正時代の敬語概観」『明治大正時代の敬語･敬語講座 5』明治書院

坪内逍遙(明治39：1906)「言文一致について」『文章世界』1－4

中村通夫(1948)『東京語の性格』川田書房

西田直敏(1998)『日本人の敬語生活史』翰林書房

飛田良文(1992)『東京語成立史の研究』東京堂

二葉亭四迷(明治39：1906)「余が言文一致の由來」『文章世界』1－3

古田東朔 (1966)「近代敬語の特質」『国文学解釋と教材の研究』11－8学燈社

松村 明(1957)『江戸東京語の研究』東京堂

______(1977)『近代の国語－江戸から現代へ－』櫻楓社

______(1998)『增補江戸東京語の研究』東京堂

物集高見(明治19：1886)『言文一致』十一堂

森岡健二(1988)「言文一致と東京語」『国語と国文学』65－11

________(1991)『近代語の成立文体編』明治書院

山本正秀 (1979)『近代文体形成史料集成成立編』櫻楓社

吉田澄夫 (1952)「東京語の特色」『論集日本語研究 15 現代語』土屋信一編(1983) 有精堂所收

渡辺 實 (2000)「近代文章の流れ」(2000年度(第174回)近代語研究会春季大会發表要旨, 於：東京共立女子大学)

3장

근대 일본어와 젠더

– 사회언어학적 관점 –

3.1 젠더(Gender)의 관점에서 본 근대 일본어

– 메이지 시대 여성 잡지를 대상으로–

1. 들어가기

일본어는 여성어가 발달된 언어로 여성어 연구는 사회언어학자들의 주된 관심사 중의 하나이다. 최근, 젠더(Gender)[1]의 관점에서 연구 성과가 현대 일본어를 중심으로 활발하게 이루어지고 있다. 그러나, 현대 일본어의 원류(源流)가 되는 근대 일본어를 보면 종조사와 인칭대명사를 제외하면, 성차(性差·男女差)의 관점에서 남성어 및 여성어의 연구가 거의 이루어지지 않고 있다[2]. 근대 일본어, 즉 메이지 시대의 여성어(남성어 포함)에 대한 연구는 현대 일본어의 성차를 이해하는 데 매우 중요하다.

언어의 성차가 인칭대명사, 종조사, 감동사 등 어휘나 정중체 등 문체에 잘 나타난다. 일반적으로 助動詞(「だ」)를 사용하지 않은 형식은 여성적 표현이고,「だ」를 사용하는 형식은 남성적 표현이 된다. 益岡·田窪(1992 : 225)에서 '원칙적으로 언어의 남녀차는 보통체나 반말체에 잘 드러나지만, 정중한 문체나 딱딱한 표현에서는 명확한 구별은 없어진다'고 한다. 즉, 연설이나 강연 같은 딱딱한 말(격식 차린 말의 의미도 포함)이 사용되는 장면에서는 언어상 남녀의 구별은 그다지 이루어지지 않는다. 이러한 점을 고려하면, 일상적인 보통체의 문장이나 반말이 등장하는 소설, 희극의 회화 부분을 분석 대상으로 하는 것이 남녀의 자연스런 담화를 얻을 수 있기 때문에 젠더 분석에는 좋은 자료가 될 것이다. 문체 및 젠더 연구를 생각하면 소설뿐만 아니라 당

---

1) 젠더와 성차(性差)의 용어에 대해서 본 연구에서는 엄밀하게 구별하지 않으나, 젠더는 주로 1990년대 여성학 영역에서 남녀평등에 대해서 적극적으로 사용하였으며, 최근의 사회언어학에서는 젠더를 언어의 성차(性差), 男女差의 의미로 사용한다. 본 연구에서 3장 메이지 시대 여성잡지의 여성에 관한 언설(言説)은 젠더의 측면이고, 4장의「青鞜(せいとう)」에 나타난 언어 표현은 성차(性差)의 의미가 된다.

2) 근대 일본어 종조사에 대한 선행 연구는 많다. 예를 들어, 小松(1988)森野(1991)中野(1991)鈴木(1998)遠藤 尾崎(1998)寺田(2000)(2001)(2002)(2003)任利(2005)房極哲(2004)(2006)(2010) 등이 있다.

시의 희극 및 여성 잡지를 대상으로 하는 이유는 명확하다.

본 연구는 종래의 연구에서 그다지 다루지 않았던 메이지 시대 여성잡지를 젠더의 관점에서 조사하여 근대 일본어에 대하여 고찰한다. 근대 일본어를 젠더의 관점에서 고찰하는 이유는 메이지 시대가 성차가 명확하고 현대 일본어 성차의 원류라고 생각했기 때문이다. 이에 대해서 坪井美樹(2007)와 金水敏(2007)를 인용하면 아래와 같다.

現代日本語に見られる性差のあり方は、明治期に成立したものと考えられる。坪井(2007 : 5)

人称代名詞と文末終助詞の性差は、明治期とりわけ明治10年代から30年代にかけて成立したものである。(中略)この現代日本語における性差表現の源流の姿を、当時の女性の言葉づかいに関する言説と小説資料との中に見ることとする。坪井美樹(2007 : 7)

歴史的に見れば、今日の男性語、女性語の基盤は、明治時代、近代日本の出発後ほどなくして築かれた。男性語の重要な基盤の一つが「書生語」である。(中略)また近代女性語の重要な基盤の一つは、「女学生ことば」である。金水敏(2007 : 102)

상기 인용에서 알 수 있듯이 메이지 시대의 여성, 여성어에 관한 언설(言說)과 소설, 희극 등을 대상으로 '書生ことば(서생의 말, 언어)'와 '女学生ことば(여학생 말, 언어)'를 고찰하는 것이 젠더 연구에 중요한 출발점이 된다고 말할 수 있다. 따라서 본 연구에서는 여성 잡지에 나타난 여성에 관한 언설과 여성 잡지 『青鞜』(明治44年)[3] 희극에 보이는 여성어를 중심으로 근대 일본어를 고찰하고자 한다.

---

3) 青鞜(せいとう)는 青鞜社에서 1911년(메이지 44년)9월부터 1916년(다이쇼 5년)2월까지 52호를 발행하였다. 주로 平塚らいてう가 발행의 중심인물이고, 근대 부인 문제를 다룬 점에 사적인 의의가 있다. 특히 青鞜(せいとう)에 흐르는 일관된 저류(底流), 새로운 여성(新しい女)은 특히 낡은 가족제도에 속박된 지방 여성들에게 큰 영향을 미쳤다. 『日本近代文学大事典』 講談社 p.222 참조.

2. 현대 일본어 젠더 연구의 현상(現狀)

젠더와 관련된 근대 일본어를 고찰하기 전에 먼저, 종래의 선행연구에서 다룬 현대 일본어 남녀차의 사례를 간단히 소개해 보자. 田中章夫(1999 : 28)에 의하면, 어법(語法)의 면에서도 감동사나 종조사, 간투조사 등에 의한 소위 '정의표현(情意表現)'은 남녀차가 두드러진다고 한다. 현대의 구어체에서 예를 들면, 남성과 여성은 감동사, 감탄사, 종조사, 인칭대명사 등 많은 차이를 보이고 있음을 알 수 있다. 이하, 田中章夫(1999)를 참조하여 정리하면, <표1>과 같이 된다.

<표 1> 남녀차에 따른 정의표현

男性	女性
おお, みごとな景色だナア	まあ, すてきな景色だコト
ほう, それはよかったナ	あら, それはよかったワネ
おい, そんなこと言うもんじゃないゼ	ねえ, そんなこと言うもんじゃなくッテヨ
なあ, そろそろ起きろヨ	さあ, そろそろ起きテヨ
おれ一人で行くのなんかいやだイ	あたし一人で行くのなんかイヤヨ

井出祥子(1979)는 대학생의 구어체에 보이는 남녀 차이를 조사하고 종조사 사용법의 차이점을 지적하고 있다. 직장에서 의문 표현의 남녀차에 대해서 여성적, 남성적, 그리고 중립적 의문 표현에 대해서 고찰한 中島悅子(1999)도 있다.

또한, 현대의 구어체에서 한어(漢語) 사용의 실태를 조사한 土屋信一(1965)의 연구가 있다. 여기에서도 편안한 장면 그리고 정중한 장면 모두 한어의 사용 비율은 남성 쪽이 여성보다 상당히 높다는 것을 알 수 있다. 이러한 점에서 일본어에서 한어적인 표현은 남성적이고 和語(고유의 일본어)는 여성적인 것임을 알 수 있으며, 평소 일본인이 의식하고 있음을 짐작할 수 있다.

현대 일본어에는 남녀에 특유의 형식, 특히 '여성적'인 문말형식에 대해서는 젊은 여성을 중심으로 거의 사용하지 않게 되었다. 또한, 일인칭대명사, 이인칭대명사에 대한 남녀차의 축소 경향이 보인다. 예를 들어, 小林美惠子(1999:134-135)는 직장에서 자칭(自称), 대칭(對称)의 어느 부분에서 남녀차 축소의 경향이 보인다고 지적하고 있다. 예를 들어, 여성 전용인「わたくし」「あたくし」가 거의 사용되지 않는 점, 여성의 대칭 중에 남성 전용인 '呼び捨て'(경칭을 사용하지 않고 부름)가 보이는 점, 종래의 남성 전용으로 학교를 중심으로 여성이 주로 연하의 남성을 부르는 말로 오로지 사용한「くん」이 보이지 않는 점 등의 현상으로 미루어 짐작하여 남녀차가 좁아졌다고 해도 좋을 것이다.

遠藤織枝(2002 : 45)는 직장 남성이「あら」(感動詞)「のよ」「わ」등 종래 여성 전용 형식을 사용하는 예가 있는 한편,「ぞ」「ぜ」등 남성 전용 형식이 줄고 있다고 한다. 小林美惠子(2009 : 64-77)는 고등학교, 중학교 수업내용의 녹음을 문자화한 자료로 문말에 남성적 형식, 여성적 형식이 어떻게 사용되고 있는지 논하고 있다. 여기에서 남성은 여성이 사용하는 중성적 형식, 즉 외형상 여성 형식을 여성 이상으로 자주 사용한다. 그리고 여성 화자도 마찬가지로 남성적 형식을 사용하여 이제 대부분이 중성화하였다고 주장하고 있다.

또한, 현대 소설의 회화문과 실제의 회화를 비교하면, 소설에서 성차 표현을 많이 사용하고 있음을 지적하고 있다(Vanbaelen, Ruth (2003)). 尾崎喜光(1999 : 33-58)에서는 현실의 일상 생활에서 절대적인 여성 전용 형식이 사용되는 것은 일본인이 생각하는 것 이상으로 드물고, 오늘날 남성과 여성의 말(구어)의 차이는 일상 회화에서는 극히 작다고 말하고 있다.

젠더의 인식이 어떻게 변해 왔는가라는 의식 변화의 연구도 보인다. 예를 들면, 熊谷滋子(2009)에 의하면, 신문 투서를 대상으로 1999년과 2008년 조사를 비교하여 대학생 젠더의식 변화의 징후가 보이는 점. 즉, 旧來의 남성상, 여성상, 가족상 등에 변화가 보인다고 지적하고 있다.

이상, 현대 일본어 젠더 연구의 현상(現狀)을 고찰한 것에서 알 수 있듯이 최근에는 구어체에서 남녀차가 축소되는 경향이 있다고 말할 수 있다. 특히, 남녀차 축소(소위, 중성화)에 대한 연구 결과는 선행 연구가 많은 것이 그 좋은 예가 된다. 지금 왜 젠더의 시점이 필요한가? 여성 잡지에 나타난 언설과 희극 등의 회화문과 젠더는 매우 밀접한 연관이 있다. 21세기 젠더의 관점에서 연구가 주목받고 있는데, 메이지 시대에 간행된 여성 잡지를 젠더라는 시점에서 고찰하는 것 역시 현대 일본어의 성차를 이해하는 데 크게 기여할 것이다. 종래, 메이지 시대 소설에 나타난 성차 표현 연구가 많은 것과는 대조적으로 젠더의 관점에서 본 여성 잡지의 여성에 관한 언설(3절) 및 희극(4절) 등을 대상으로 한 연구는 거의 보이지 않는다. 이러한 점이 본 연구를 시작한 계기이며 연구 목적이 된다.

3. 메이지 시대 여성 잡지에서 여성에 관한 언설(言說)

메이지 시대 여성 잡지는 어린이 잡지와 더불어 많이 창간된다. 부인 잡지 중에는 매호 수십만 부가 팔리는 잡지도 생기게 된다. 잡지 발행은 동양 제일의 정평을 얻고 있으며, 아주 놀랄만한 일이었다. 메이지 시대 여성 잡지에서, 여성은 어떻게 표현되고 있는가? 여성을 표현하는 방식에는 어떠한 유형이 있는가? 남성과 구별되는 여성의 정형화된 유형을 분석하고, 그 당시 여성상을 통해서 여성의 사회적 역할 및 지위를 파악하는 것은 근대 일본어를 젠더의 관점에서 이해하는 중요한 단서가 될 것이다.

여기서 서양의 조각과 유화 등 메이지 미술에 나타난 여성의 모습과 이미지를 간략하게 소개하도록 하자.

<메이지 시대 여성상, 1910년(明治43年), 오기하라모리에(荻原守衛[4]) 작품, 동경 국립근대미술관 소장>

『日本の歷史13 明治』(1977)硏秀出版 p.135 참고.

<부인상, 岡田三朗助 작품, 1907년, 동경 브리지스톤 미술관 소장>

『日本の歷史13 明治』(1977)硏秀出版 p.125 참고

4) 荻原碌山(おぎわら ろくざん) 1879년-1910년, 메이지 시대 대표 조각가, 본명은 守衛(もりえ)이다. 미국 뉴욕에서 회화를 배운다. 1094년 파리에서 로댕의 '생각하는 사람'을 보고 조각을 지망함. 1907년 로댕을 만나고 1910년「女」를 제작.

5) 1869년-1939년, 메이지, 쇼와 시대의 서양화가, 판화가이다. 여성상(女性像)을 주로 하면서 일본적 감각

오기하라 모리에(荻原守衛)는 서양 화가를 지망하여 프랑스에 갔지만, 어느 날 파리의 살롱에서 로뎅의 '생각하는 사람'을 보고 그림을 단념하고 조각에 전념하였다. 그리고 귀국 후, 32세 사망할 때까지 근대적 조각에 몰두하였다. 오랜 봉건적 굴종에 고통받고 있던 일본 여성이 자유로운 경지로 올라가려는 격한 감정을 표현한 이 작품은 메이지 조각의 걸작이다. 이처럼 오기하라는 그 당시 여성들의 '자유로운 삶'을 갈망하는 모습을 조각에 여성 '女'에 담고 있다.

그리고 오카다 사부로스케(岡田三朗助) 작품의 부인상은 섬세하고 우아한 화풍을 표현하여 메이지 시대의 서양화계에 중심이 되었다. 특히 부인상이나 풍경에서는 치밀한 필치로 화려한 아름다움을 묘사하여 동양적 전통미를 유화로 담기 위해 노력하였다. 이 부인상에서는 동양적 전통미 '현모양처'의 이미지를 연상할 수 있다.

<湖畔(Lakeside)1897년(明治30年), 동경 黑田記念館所藏>

일본 근대 서양 화가의 거장인 구로다 세이키(黑田清輝 1866년-1924년)는 메이지에서 다이쇼 시대에 걸쳐 일본 서양화계에 큰 영향을 주었다. 여성을 그린 <湖畔, 1897년, 메이지 30년>(중요문화재)이 대표작이다. <湖畔>은 하코네(箱根)의 호수와 산을 배경으로 부채를 들고 있는 여성의 모습으로 제2회 백마회 전시회에서

의 서양화에 우수한 작품을 남겼다. 제1회 문화훈장을 받았고 동경예술대학 교수를 역임.

는 <避暑>의 제목으로 출품되었다. 또한, 나체 그림, 누드화의 논쟁 중에 발표된 <智·感·情, 1897년, 메이지30년>(중요문화재)을 발표하게 된다. 그리고 <讀書(Reading), 1891년> <舞妓(Maiko Girl), 1893년>와 같은 대표작이 있다. 프랑스에서 서양화를 배운 구로다는 일본에서 유채표현을 모색하면서 1896년 30세 나이에 백마회(白馬會)를 결성하게 된다. 라파엘 코란으로부터 배우고 밝은 外光表現을 채택한 구로다의 그림은 '外光派' '新派' '紫派'로 불리게 된다. 동경미술학교(현, 동경예술대학) 교수를 역임하면서 미술교육가 미술 행정관으로도 활약하게 된다. 제국미술원 원장에 취임하는 등 일본 미술계, 서양화의 사회적 지위 향상에 큰 업적을 남긴다.

이와 같이 젠더의 관점에서 서양 미술을 보면, 메이지 시대에는 남성이 주로 서양화를 그리고 부인상(婦人像), 누드와 같은 그림도 남성들이 주가 되어 그리게 된다. 여성은 아직 그러한 그림에 참여할 기회가 없었던 구조적인 문제도 있었던 것 같다. 남성 중심에서 서양화를 그리고 바라보는 것이고 여성은 일본화 혹은 미술 교육의 관점, 가정 교육, '현모양처주의'와 같은 시점에서 미술이 활용된 것으로 생각된다.

여기에서는 그 당시 간행된 여성 잡지에 나타난 언설(言說)를 젠더의 관점에서 살펴보고자 한다. 여성 잡지에 나타난 여성, 주부 등을 둘러싼 다양한 기사를 체계적으로 분석함으로써 더 나아가 여성들의 언어생활상을 이해할 수 있을 것으로 판단된다.

먼저, 메이지 시대 여성 잡지에 나타난 여성의 모습을 살펴보기 전에 그 당시 여성 잡지의 성격을 살펴보기로 하자. 대표적 잡지로는 「婦人世界」「婦女界」「主婦之友」가 있다. 이들 3잡지의 창간 취지는 가정의 읽을거리로 주부의 친구이고, 일상 실생활의 필용(必用)이라는 점을 주안으로 하고 있다. 그러나 대중성을 확보하기 위해 저급성을 면하기 어렵다는 지적이 있다. 다만, 「婦人公論」이라는 잡지는 간과할 수 없는 잡지로 소위 신부인(新婦人)을 위한 것으로 오로지 부인의 향상 발전을 촉진시키는 데 노력한 점이 상기 3잡지와 다름을 지적하고 있다[6]. 3잡지의 대중성, 상업성에 피해가 심해져서 독자로는 여성뿐만 아니라 남성(성욕을 채우기 위한 남성들)쪽이 많

6) 谷本富「婦人問題の種々相」「女性」1-1(明治44年)

이 구독하게 된 점이 주목된다. 이하, 谷本富의 언설을 들어 두자.

> 今日家庭の一般の伴侶としては、右の「婦人世界」「婦女界」「主婦之友」の三者が相競争して、各々相応に立派なものを出して居ると云ふことは事実である。然りそれはいづれも家庭の読み物であり主婦の友であることを期して居る。(中略)前掲の三雑誌の如きは、主婦の伴侶たるべき家庭の好読み物といふよりも、実は妙に青年男女の耳目を聳動せしめ、熱烈なる情火煽り起すべき、極めてエロテイツクな懸賞募集の実験談とか告白文とかを掲載して、互ひに奇を争うて居るので、ただに女子ばかりでなく、或は寧ろ性欲の満足に渴して居る青年男子の方が却て多く購読する様で、それに加へて小説あり滑稽文あり漫画ありと云ふ風にして、偏にうれんことのみ考えて居る。

이상에서 알 수 있듯이 여성 잡지가 상업성에 지나치게 치우친 경향을 엿볼 수 있다. 또한, 3잡지에 대한 평가로 田中王党씨는 「婦人公論」 2월호에서 부인을 위한 것으로 보기 어렵고, 모처럼 중요한 문제도 취급 방식이 좋지 않고 상업 본위의 저급 잡지에 지나지 않는다고 혹평을 하고 있다. 그러나, 그 중에서 「主婦之友」는 특색을 가지려고 고심한 흔적이 보인다. 이러한 당시의 여성 잡지가 상업성 및 저급성의 논란이 있기는 하지만, 서로 경쟁하여 여성들을 위한 좋은 잡지였으며, 부인 문제 해결에도 공헌한 측면이 있다.

이하, 여성잡지에 나타난 언설을 젠더의 관점에서 살펴보면, 여성을 표현하는 방식(여성에 관한 언설)으로 크게 3가지 정도로 나눌 수 있다.

첫째는 여성을 강조하는 방식이다. 여성의 역할을 강조, 여성에 대한 스테레오 타입, 여성스러움, 성적 존재, 가정에서 역할을 강조하는 등의 방식이 주가 된다. 언어적 표현으로는 여성관사, 직업어 등이 좋은 예가 된다.

둘째는 여성을 감추는 방식이다. 남성이 대표가 되고 여성은 남성에 종속시키는 형식이다.

셋째는 남성과 구별하는 방식이다. 여성은 직업을 특별하게 언급하지 않으며, 또한 여성은 남성과 다른 경칭을 사용하는 것이 그 대표가 된다.

3.1 여성을 강조하는 방식

본 절에서는 여성을 강조하는 방식을 살펴보기로 한다. 예를 들어, 여성의 역할을 강조하는 것을 보면, 전쟁에서도 여성은 가정의 역할에 충실해야 한다는 언설을 볼 수 있다. 坪谷水哉(つぼやすいさい)는 「軍國婦人の任務: 군국 부인의 임무」『女子文壇(메이지 37년 1-1)』에서 군국 국민의 여성의 의무에 대하여 그 당시(전쟁) 집에서 집안일을 천직으로 하는 여성이라도 전시에는 군인의 배후에서 군인을 격려하고 집에서는 전쟁에 나간 집들을 위로하는 것이 여성의 최적의 임무임을 주장하고 있다. 아래에 용례를 들어 두자.

> 実に軍人の背後に在て、外に向かっては出征者を犒ひ、内に対しては留守宅を慰むるは、女子の最も適当なる任務にして、また出征者をして最も勇敢に戦はしむる所以なり。故に内を治むるを天性とする婦人も、軍国の民たる責任は、日夜片時も之を等閑に附せざる大なる覚悟を以て、奮って力を尽さざるべからず。

일본 여성, 부인은 노골적이지 않고 감정을 잘 절제하고, 또한 감정 절제하는 것을 미덕으로 생각하는 경향은 아주 오래전부터 있었다는 幸田露伴(こうだろはん) 「美しき日本婦人の特色:아름다운 일본 부인의 특색」『婦人世界(메이지 39년 1-1)』의 언설이 보인다. 남성의 시점에서 노골적이지 않고 절제 있는 모습을 일본 부인의 장점, 미점으로 표현하고 있다.

또한, 일본 여성, 부인의 순종이 사회의 질서와 평화를 유지하는 데 필요하고 현재 일본에서 적당하다고 생각한다는 島田三朗(しまださぶろう)의 아래와 같은 언설이 보인다. 이처럼 여성의 존재는 순종해야 한다는 것이고, 이것은 이 시대가 요구하는 미점(美點)으로 해석하고 있다[7].

---

7) 젠더 이데올로기에서 여성은 '의존성(dependence)' '순응성(domesticity)'이란 특성을 보유하고 있으며, 남

従順という点は、むしろ私の考では、今日の日本に於いては適当であると思います。社会の秩序と平和を保つ上からは、何もかうなければなりますまい。

(婦人世界 1-1, 明治39年)

그리고 일본 부인의 자제력(self−control)에 대한 浮田和民(사상가, 정치학자)의 언설도 보인다. 세계에서도 유례가 없는 일본 부인의 놀라운 자제력을 높이 평가하고 이는 자랑할 만하다고 말하고 있다.

일본 부인의 특성에 대한 언급이 보인다. 백작(伯爵) 大隈重信는『婦人世界(메이지 39년 1−1)』의「日本婦人の吸收力: 일본 부인의 흡수력」이라는 언설에서 일본 부인의 특성으로는 유순 온량하고, 집착력이 적고 다른 善을 흡수하는 힘이 있다고 말하고 있다. 그리고 점차 부인도 문명 교육을 받음으로써 지위가 높아질 것이다. 지위가 높아짐에 따라 이전과는 크게 바뀔 것이다. 이와 더불어 교만심, 허영심에 빠지지 않을 것을 주문함과 동시에 희망하고 있다. 즉, 교육을 받은 여성이 등장하면서 여성의 권리, 지위가 향상됨과 동시에 여성의 교만심 허영심을 경계하고 있다. 여성은 착하고 온량하며 여성스럽게 있어야 함을 강조하고 있는 것이다. 결국, 여성의 순응성(domesticity)을 강조하고 있는 것이다.

한편, 직업과 관련하여 부인들의 조건에 대한 언설에서 그 당시 남성들이 원하는 직업에 맞는 부인상을 짐작할 수 있다. 와세다(早稲田) 대학 총장인 高田早苗는 학자 부인의 조건에 대하여 다음과 같은 생각을 가지고 있었다. 그 내용을 소개하면 아래와 같다.

一に学問の道を辿るといふのが学者たる本領とすれば、妻は良人の本領を少しも知らず、ダイヤの指輪や金鎖にて虚栄を広告し護謨輪(ごむわ)の俥に風を切って東

성은 그 대신 '야심(ambition)', '힘 (power)', '일(work)'이라는 특성을 보유하고 있다고 여겨진다(김귀순 2011:4). 메이지 시대 여성의 '순응성', '의존성'도 그러한 맥락에서 이해가 되며, 현대의 경우, 사회의 변화 및 여성의 지위 향상과 더불어 젠더 인식도 변화하여 '순응성' 및 '의존성'의 정도가 점차 변화, 약화되고 있다고 말할 수 있다.

西にかけ廻るといふことでは、所詮学者たる妻としては、其本分を尽くしたものとは言い悪いでせう。(中略)少なくとも学者の妻たるものは、学問の趣味を幾分なり理解して、良人の学事を助くる上に、入るを計って出づるものを制するといふ所謂家政上の知識も相当になくては困るのであります。

(婦女界1-1, 明治43年)

상기에서 알 수 있듯이 부인의 허영심을 경계하고, 남편의 학문에 관한 취미를 이해하고 학사(学事)를 돕고 가정상(家政上)의 지식을 가지고 있어야 학자 부인의 자격을 갖추고 있다고 보고 있다. 즉, 집안에서 남편을 잘 보좌해 주는 '현모양처'의 내조 역할을 강조하고 있음을 알 수 있다. 또한, 소설가 부인의 조건에서도 남편에게 도움이 되는 보조 역할을 강조하고 있다. 中村春雨의 「小説家は斯る妻を撰ぶ: 소설가는 이런 아내를 선택한다」『婦女界(메이지 43년 1−1)』의 언설을 보면,

小説家の妻たるものは、少なくとも文学を味ひ、文学趣味のいくつかもって、原稿の整理位、出来るものでなければ困るのでありますから、物質一点張りのもので御座いますなら、根本に於いて小説家の妻たる資格がないとも断言してよいので御座います。

상기에서 알 수 있듯이 남편이 소설가라는 직업에 여성은 기본적 문학 소양을 가지고 원고정리를 담당하는 정도의 부수적인 부인상(婦人像)과 어떤 의미에서는 의존성(dependence)을 강조하고 있다. 이상에서 살펴본 것처럼 집안에서 여성상은 남성을 돕고 보조적인 역할은 수행하며, 현모양처가 미덕인 그 당시의 사회 풍조가 잘 반영되어 있다.

이러한 사회 풍조에 대해서 여성으로 태어난 것에 대한 불평등을 내놓고, 숙명으로 받아들이는 유형(숙명형, 순응형), 여성의 현실을 한탄하고 체념하는 유형(체념형)의 언설도 보이기 시작한다. 예를 들어 婦人世界(메이지 39년 1−1)』에 七赤星人씨의 「なぜ, 女に生まれたんでせう: 왜, 여성으로 태어났는가?」라는 기고문이 있다. 여기

에서 서양을 체험한 남편의 경우, 부인에게 친절하고 다정한 모습으로 소중하게 대하는 것, 상대방을 부를 때도 [－さん]을 붙여서 부르는 등 경어 형식을 취하고 있다는 점이 있는데, 오히려 이러한 남편을 남자답지 않는 남자로 묘사하고 서양을 체험한 남편을 싫어한다는 기사도 보인다. 이것은 종래의 전통적인 남편상을 오히려 편하게 생각하는 여성이 있음을 방증하는 것이다.

가부장적 사회, 일반 보통 가정의 남편에 대한 불만, 여성의 가정 내의 지위, 사회적 지위 등에 대한 다양한 사회적 요구가 여성 잡지에 많이 등장하게 된다. 이것은 여성 잡지가 가지고 있는 기대 역할이기도 하며, 부인 문제의 해결에 대해서 여성 잡지가 공헌하기를 바라는 취지의 글이 당시의 창간호에 많이 게재된 것에서 쉽게 이해할 수 있다[8].

잡지에 나타난 여성의 예의범절을 강조한 기사로는 「女鑑」1号의 <家政>에서 有佳齊의 [女礼諸言]이 있다. [女礼諸言]를 보면 國光社에서 여성의 예의범절에 대해서 강의하는 것은 큰 행운이라고 말할 수 있으며 자신의 견해를 드러내고 있다. 그 견해는 '女禮一則'에 잘 나타나 있다. 여기에는 진퇴예절(進退作法), 귀인 앞에 나올 때 예절(貴人の前へ出る礼), 통행의 예절(行逢の礼), 동년배, 아랫사람을 상대할 때 예절(中下相手(あいたい)す礼)로 나누어 강연(講演, 講述)을 계획한 내용이 보인다. 이러한 기사는 그 당시 여성의 행동에 대한 전통 예절을 강조함으로써 몸소 행동을 익혀 실행해야 함을 주장한 것으로 해석할 수 있다. 여기에서는 [貴人の前へ出る礼: 귀인 앞에 나올 때 예절]을 소개하기로 한다.

座礼の時ハ、三の間にて御間の様子をうかがひ知りて、蹲りて二の間の敷居の内へすすみ入、平伏すべし、貴人の近くへと仰あらば、右膝を少しうかめ、左膝をすり寄せ立て進み出て、本間の敷居際の畳にて、左半足を引て其侭すわり、両手を両

8) 예를 들어,「女鑑」(明治24年 東京國光社)는 大關克가 창간호의「婦女の道德」의 언설에서 여성의 도덕을 안내하기 위해서 창간되었고, 이 잡지가 세상 여성의 거울이 될 것을 기대하고 있다.「女性」(明治44年)이라는 잡지는 부인문제의 해결에 기여하기를 기대한다는 谷本富의 창간호의「婦人問題の種相」의 언설에 잘 드러나 있다.

膝頭の前に突、右左右と膝を引合せて、両手を膝の前へ双べ、静かに頭を下げて、大指の上に鼻のあたるほどを、よろしとす。

有佳齊「女礼諸言」『女鑑(메이지 24년 1号)』

3.2 여성을 감추는 방식

여성을 감추는 방식으로는 남성이 대표가 되고, 여성을 남성에 종속시키는 형식이다. 공장에서 여공(女工)들을 묘사한 장면이 나오는데, 여기에서 여성은 말이 거칠고 소란스러운 부정적인 존재·모습으로 다루어지고 있다. 그리고 남자들이 주동이며, 여성들은 남성에 따라가는 종속적인 대상으로 묘사하고 있다.

静子は庶務課に這入ってからは、直接女工達と一緒に働いていないから、口汚い彼等の嘲罵をよく知らなかった。ところが女工達が賃金問題で罷工示威などをやり出した時から、彼女にもだん／＼噂が聞こえて来た。

(p.52)「つつましき愛」細田民樹『女性』1-1(明治44年)(밑줄 필자)

입이 거친 그들의 욕설·조매를 잘 몰랐다

ねえ、長沼さん、あなたもうす／＼は御存じだけれど、あの女工連の騒ぎが妙な工合に発展しちまったんですよ。をかしな話ですがね、憎みや嫉みが加はると、人間ってものは何を言い出したり、しでかしたりするか、全く恐ろしいですよ、尤も女工連の騒ぎだって、そら、眉間に傷のある色の黒い男工がいるでせう、あれが煽動を始めたといふんですがね……。

(p.57)「つつましき愛」細田民樹『女性』1-1 (明治44年)(밑줄 필자)

특히 여공(여성노동자)들의 소란스러움, 그것 봐 눈썹 사이에 상처가 있는 피부가 검은 남공(남성노동자)이 있지

이처럼 상기 기술에서 남성이 주축이 되고 여성은 남성을 따르는 종속적인 역할을 수행하고 있음을 이해할 수 있다. 사회의 질서와 평화를 유지하기 위해서는 여성은

순종이 필요하고 현재(당시) 일본에서 적당하다고 생각하는 남성의 언설[9]에서 볼 수 있듯이 여성을 감추고, 남성에 따르는 종(從)의 개념으로 이해가 된다.

여성 강조와 대비되는 여성 감추기 방법은 잡지 지면상에서 여성의 존재나 역할이 무시되고 그다지 다루어지지 않는 방식이다. 남성과 대등하게 다루지 않는 그 대표적인 사례로는 신문의 경우, 사회면에서 사건 사고 등의 경우 주로 남성의 성명이 사용되고 여성은 그 배후에 숨겨져 다루어진다는 점이다. 여성은 사회적인 장면에서 잘 보이지 않는 존재로 되어 버리고, 무엇인가를 대표하는 것은 남성이다는 인식이 무의식중에 내재되어 있다. 결국 사회의 대표 및 중심은 남성이고 여성은 남성에 종속되는 존재로 인식이 되어 점차 그러한 인식이 강화된 것이다[10]. 그것을 잡지의 언설에서 확인할 수 있었다.

3.3 남성과 구별되는 방식

남녀 구별을 강조하는 방식이다. 小川直子는「男女の別を正しうすべし: 남녀 구별을 바르게 해야 한다」『女子文壇』1－1 (明治 37年: 1904년)에서 아래와 같은 의견을 피력하고 있다. 현재, 남녀 구별 없이 지내는 현실을 개탄하면서 여성들이 행동을 삼가는 게 좋다고 주장하고 있다. 여성은 남성과 구별되는 것이 당연하기 때문에, 여성 쪽에서 행동을 조심하고 여성스럽게 해야 한다는 것이다.

> 今の世男女事を共にする習ひなれば、いよ／＼益々男女の別を正しうせまほしきわざなりけり。(中略)さればおのれの願ひは、男女の別をただしうしてたとひ同じ所に事をとるとも大事をはかるとも、対う座は三尺をへだてて、恭々敷心の底を清う澄まして、万の物を授けうくるにも同じくは手より手に直ぐにせずといふ斗にあらまほしくおぼゆるなり。されど今の世を見渡すに、いづくを見るも男女共に交らう事にしあれば、立ちならびては肩と肩行ちがふには、袖などのすれあふ斗近くよりつ

9) 島田三朗「時代の要求する見たる美点」『婦人世界1-1(明治39年)』参조.

10) 신문에서 여성을 표현하는 방식에 대해서 구체적으로는 田中和子, 諸橋泰樹編(1996:38 -47)을 참조할 것.

つ、ともすればよそ目いかがとおぼゆる折もあるぞかし。 (pp.5-6)

또한, 여성을 지위나 업적으로 다루지 않는다. 남성은 큰 거래의 상업을 할 수 있으나, 여성은 여자대학을 졸업하여 소매상점 정도가 남성의 도움 없이 여성 스스로 힘으로 할 수 있다는 정도로 인식하고 있다.

여성이 동경에서 유학하는 데 위험성이 있다는 기사가 있다. 그 이유는 여성이 타락의 길로 빠질 수 있다는 것이지만, 남성에게는 그러한 유학 반대의 언설은 보이지 않는다. 이하, 여학생 유학에 관한 주의(경계) 및 인식에 관한 전 제국대학 총장 山川健次郎(やまかわけんじろう)의 언설을 소개한다.

近頃よほど問題になっていることであるが、妙齢の婦人を何等の監督もない東京へ出して、勉強をさせるといふことは実に危険なことといはねばならぬ。自由を以て世界に鳴っているアメリカの婦人でさへそんなことはやらぬ、(中略)それに悪い小説などがあって婦人の心を誘惑するのであるから、堕落をせぬのは寧ろ不思議といっていい位、堕落は当然の結果である。子女を都会に遊学(ママ)させやうといふ親達はよく／＼考へてみねばならぬ。

(婦人世界 1-1, 明治39年 pp.62-63)

최근 상당히 문제가 된 것이 있는데, 아무런 감독도 없이 도쿄에 보내고 공부시키는 것은 실로 위험한 일이라고 말하지 않을 수 없다

상기의 기사는 여성이 감독자 없이 혼자 동경에서 유학 생활 하기에는 환경적으로 타락할 수 밖에 없다는 사정을 말한다. 남성 지식인의 입장에서 그 당시 여성의 사회적 상황, 여성 차별의 인식을 드러내고 있다.

이상에서 살펴본 것처럼, 남녀 구별, 직업, 유학 등에서 여성은 남성과 구별되는 다른 가치 기준이 엄연히 존재함을 확인할 수 있었다.

4.『青鞜』에 나타난 성차 표현

본 장에서는 젊은 층의 성차 표현을 살펴보기 위해서 젊은 층이 등장하는 메이지 시대 잡지『青鞜』(明治44年:1911년)의 희극을 조사하여 그 당시 주된 성차 표현을 고찰하고자 한다.『青鞜』를 선정한 이유는 여성이 만든 월간잡지로 근대 부인문제를 다루고 있으며, 희곡 대본이 젊은 남녀의 언어 모습을 잘 표현하여 성차 연구에 좋은 조건을 갖추고 있기 때문이다.

부인 문예사상지『青鞜』는 青鞜社의 기관지이다. 青鞜(せいとう)사원 중에서 가장 두드러진 삶을 살아온 2명은 平塚らいてう(1886년－1971년, 일본 사상가, 평론가, 여성해방운동가, 본명은 明子：はるこ, 일본여자대학교 졸업)와 그녀의 뒤를 이은 주최자 伊藤野枝(1895년－1923년, 우에노 고등여학교 졸업, 일본 부인 운동가, 여성해방운동가)이다<그림 참조>.

『青鞜』창간호에 실린 잡지 주최자 平塚(ひらつか)らいてう의 아래의 글은 일본 최초의 여권 선언이면서 부인 해방의 상징이 되었다.「元始女性は太陽であった(태초 여성은 태양이었다)」

「元始、女性は実に太陽であった。真正の人であった。」
今、女性が月である。他に依って生き、他の光によって輝き、病人のような蒼白い顔の月である。(中略) 女性はかくも力なきものだろうか。
否々、真正の人とは―

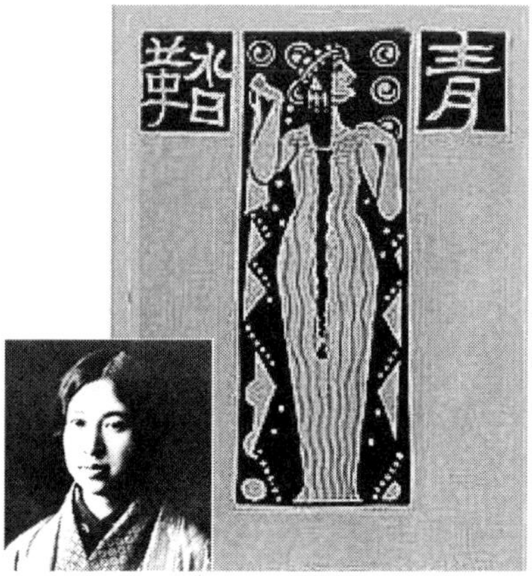

<『青鞜』>의 창간호 표지와 [青鞜]의 主宰者인 平塚明子
「日本の歴史13 明治』(1977) 研秀出版 p.149 참고.

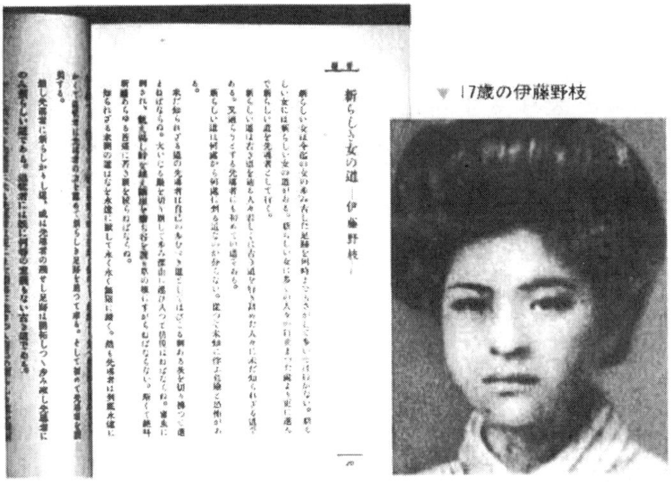

<17살의 伊藤野枝> [青鞜]에 수록된 伊藤野枝의 논문:
새로운 여자의 길(新しき女の道)『日本の歴史13 明治』(1977)硏秀出版 p. 151 참고.

青鞜社의 여성들은 세상의 호기심을 모았다. 메이지 시대는 현모양처가 시대 여성상의 모델이었다. 그러나, 메이지 시대 새로운 여성들은 남성들이 만든 세상에 사는 것이 아니라 스스로 자기 자신의 삶을 살려고 하였다. 새로운 여성「新しい女」는 현모양처의 모델을 거부하고 일본 최초의 여권 신장, 부인 해방의 상징이 되기도 했다. 일본 여성에게 있어서 근대의 출발점이 된 것이다.

「新しい女」라는 말이 처음 사용된 것은 1912년 봄 무렵이다. 이 무렵 여성 금지의 연극의 세계에 松井須摩子, 森律子 등의 여배우와 여성만의 문학 잡지 [青鞜]를 창간하게 된다. 이러한 움직임을 언론에서「新しい女」라고 불렀다[11]. 메이지 후기에 소위 새로운 여성들, 특히 青鞜社의 여성들은 요시하라(吉原)에서 놀았다는 기사가 있을 정도로 당시의 사람들에게는 충격이었다. 이후 신문 기사에 '새로운 여성'을 술을 마시고 노는 불량한 모습으로 도덕 파괴라고 간주하게 되었다. 그리고 새로운 여성은 남성이 만든 법률, 도덕을 파괴하고, 또한 새로운 여성은 과거와 같이 살지 않는

11) 井上文字「青鞜の新しき女性」『硏秀版日本の歷史13明治』1977, p.148.

다는 기사 등이 나오게 된다. '부인 문제'의 특집을 내는 등 青鞜 잡지가 일본 부인, 여성의 전통을 해친다는 이유로 내무성에서 발매를 금지하게 된다. 전통적인 윤리, 도덕 관념에서 벗어난 새로운 여성들은 언어에서도 외래어 사용, 어려운 한어 사용, 여성 특유의 문발 표현「よくてよ」「いやだわ」사용 등이 특징적이다.

金水敏(2007)의 지적처럼 근대여성어의 중요한 기반의 하나인 '女学生ことば'(여학생의 말)임을 고려하여, 본 연구에서도 젊은 층의 등장 인물에 초점을 맞추어 성차 표현을 분석하기로 한다.

荒木郁子(あらきいくこ)[12]의 劇曲「陽神(ようしん)の戯(たわむ)れ: 태양신의 유희」(明治44年 : 1911년)의 등장 인물은 주로 젊은 층이다 <표 2>.

<표 2>

時雄 : 학생(22세) 男
浦子 : 時雄의 약혼녀(18세) 女
守也 : 회사원(33세) 男
美子 : 守也의 아내(24세) 女
百合姫, 第一侍女, 第二侍女, 第三侍女

<표 2> 등장 인물의 인간관계를 보면, 時雄와 美子가 서로 좋아하는 내연의 관계이다. 두 사람의 대화에서 성차 표현의 차이를 살펴보자.

美子 : (毛布の上に座る、多少感情の譲歩を示す。) 何だかねえ、道々呼吸が詰まりやしないかと心配しましたの、あんまり駆けた故かも知れませんわね。私苦しかったのですわ、もうそれは大変に。

時雄 : 左様でしたか、僕はちっとも知らなかった。そんな時は何時でも僕に云って下さらなくては不可ません。でないと気が附かずに、ずん／＼歩いてし

12) 메이지 시대 소설가(1888년-1943년)로 青鞜社 사원이 되고 메이지 44년에 青鞜 창간호에 戯曲「陽神の戯れ」를 발표한다. 다이쇼 3년 작품 '불의 딸(火の娘)'에서 새로운 시대 자유분방한 여성상을 그렸다.

まって、後から頭が痛くなったり、胸がむかついたりしては困りますからね。(覗込むように)今でも未だ不快んですか。

여기에서 보면 美子가 자신을 지칭하는 일인칭대명사는 私이고, 상대방인 時雄에게 [貴方, 時雄さん]이라고 부르고 있다. 종조사를 보면, [の, わね, だわ, わ, ねえ, のよ] 등을 사용하며, 감동사는 [ああ, ええ], 경어표현으로는 [お一なさる：お送りなさるのですか]를 사용하고 있다. 회사원의 아내인 젊은 여성 美子가 좋아하는 상대방 학생인 時雄에게 공손한 경어표현을 사용하고 있음을 알 수 있다. 美子의 종조사의 사용을 보면, 전형적인 메이지 후기 여성어의 실태를 잘 보여주고 있다.

반면, 남성의 時雄의 경우, 일인칭대명사는 僕(안심하고 편안한 장면에서 私도 사용함)이고, 상대방 美子를 부를 때는 [貴女, 美子さん]이라고 부르고 있다. 종조사의 사용을 보면, 여성처럼 다양하지 않고 [か, ね, え] 정도가 사용되고 있다. 감동사는 촉음 [つ]가 들어가 강한 어조로 [えっ, あらっ]이 사용되고 있으며, 경어표현은 [お一なさい：お預けなさい, お一になる：お喜になる]의 사용이 보인다. 남녀 모두, [おつもり(美子), お心(時雄)]라고 말하며, 미화어적인 의미로 접두어[お]가 화자의 품위와 교양을 나타내고 있음을 알 수 있다.

여성 간의 대화에서 특징을 보자.

젊은 여성끼리의 대화, 학생 時雄의 약혼녀 浦子가 회사원 守也의 부인인 美子에게 종조사 [わね, わ, ね] 등을 사용하는데, 특히 젊은 여성 사이에서 정의표현(종조사 및 감동사)이 다용되고 있음이 특징적이다[13].

(一口飲みて)おやつ此所は陽の山ですわね、陽の山ですわね。美子さん。美子さあん。(第二の侍女の肩に手をかけ)ね美子さん私は恨みはしないわ、又そんな筈はないけれどもね、貴女自分に自分を偽っては被来しやらないでせうね、自分を偽ると

13) 메이지 20년대 소설 三宅花圃(明治21年)의 「藪の鶯」에는 여학생(女生徒)들이 감동사를 다용하는 등 젊은 여성어의 특성을 볼 수 있다. 현대 일본어에서 맞장구치는 표현(あいづち)을 다용하면서 상대방과 담화의 흐름을 만든다는 水谷信子(2001)의 주장이 메이지 시대 젊은 여성들의 언어생활에도 그러한 경향은 찾아 볼 수 있다. 즉, 여성이 남성에 비해서 감성적 표현을 많이 사용하는 특징을 보인다.

いふ事は、一番怖ろしい事ですわ。(浦子→美子)

그리고 여성 간의 대화에서 百合姫와 시녀(侍女)의 대화를 보면, 시녀의 경우는 나이가 있어서인지 에도어의 흔적을 보인다. 문말표현에 [ーござります], 그리고 [ーます]의 공손 형태인 [ーまする]의 형태가 대화체에서 보인다[14]. 특히「ーまする」의 형태를 문장체에서 사용하는 것이 30년대 여성 잡지의 언설에서 보이는데, 예를 들어「婦人世界」(明治39年)의 게재된 기사에서 소설가 幸田露伴과 일본여자대학 교수인 浮田和民씨는 문말을「ーでありまする」체로 하는 것이 특징적이다.

若し日本の婦人に長所美点ありやと問ふ者あらば、私(わたくし)は大いに有りと答へたいのでありまする。浮田和民「欧米に比類なき美点」

「婦人世界」(明治39年)

然るに、日本婦人は古来感情を節制するのを美徳と考へる傾向があったやうですがこれは自他共に幸福なことで、確かに日本婦人の美徳であるまする。幸田露伴「美はしき日本婦人の特色」

「婦人世界」(明治39年)

그리고 형용사의 [ーう音便] 형태도 보이는 등 아주 공손한 표현이 사용되고 있다. 또한, 侍女가 百合姫를 지칭할 때 [ー様]의 형태를 취하고 있으며, 경어표현 [おーになる]의 사용도 보인다. 이처럼 상대방인 百合姫에 대하여 정중하고 격식을 차린 말투가 여성어(부인어)의 특성으로 보인다. 이것은 侍女의 입장에서 보면, 상하관계에서 오는 사용의 측면과 동시에 侍女라는 사회 계층의 역할어(직업의 특성)의 기능이 있다고 생각할 수 있다[15].

14) 메이지 30년대 중반의 소설 内田魯庵著「社會百面相」(明治35年)에서「-ござります」는 귀부인, 중학교 선생부인 등이 극히 제한적으로 공손한 장면에서 사용하고 있다. 그리고「-まする」는 古物家와 같은 중년 이상의 연령층 남성 사이에서 사용하고 있으나, 메이지 40년대 소설, 예를 들어 夏目漱石의 작품을 보면「-ござります」와 함께「-まする」도 거의 보이지 않아 이러한 표현이 점차 쇠퇴하게 됨을 알 수 있다.

15) 役割語에 대해서 구체적으로는 金水敏(2003:205)을 참조할 것. 役割語度는 金水敏(2003:67-69)에 상

此様に、好う出来ましたのを私共許りで拝見致すのは、誠に惜しいやうに思ひまする。(何か思い出したやうに)姫様、今宵は十五夜のこと、この雲模様では、雨などにはなりさうにもムりませぬ。久しぶりで皆の者をお召しになりましては如何でムります。面白いお話を致しまする、

(第一侍女→百合姫)

그리고 아래의 侍女끼리의 대화에서, [ーまする]와 형용사의 [ーう音便] 형태 등은 [ーござります]와 더불어 중년 여성, 중년 부인들의 역할어로서의 성격이 강함을 알 수 있다. 이하, 예문을 들어 두자.

その折りには、私がもう面白い、それは／＼誰れも知らない変わったお話をいたしまする。

(第一侍女→第二侍女)

それならば私は、それは／＼面白い、誰れも聞いたことのない音楽を奏でまする。

(第二侍女→第一侍女)

ほんに太い奴原。つかまへて、戒めてやっても宜しうムいます。

(第二侍女→第一侍女)

한편, 百合姫의 말투에서는 당시 젊은 남성어의 특성을 보이고 있는데, 아래와 같이 나이가 어린 浦子(18세 時雄의 약혼녀)와의 대화를 보면 알 수 있다. 百合姫가 浦子에게 말을 걸면서 상대방을 부른 때는 격식을 차리고 고풍스런 접미어「どの」를 사용하였으나, 종조사「ぞ」, 단정의 용법「ぢゃ」, 동등 이하 상대방을 지칭하는 이인칭대명사「汝(そなた)」 등의 사용에서 격의 없이 상대방을 대하고 있음을 알 수 있다.

술되어 있다. 役割語에 대해서 어떤 특정의 말투(어휘, 어법, 인토네이션)를 들으면, 특정의 인물상(연령, 성별, 계층, 시대, 모습, 풍모, 성격 등)을 떠올릴 수 있을 때, 혹은 어떤 특정한 인물상이 제시되면 그 인물이 진정으로 사용할 것 같은 말투를 떠올릴 수 있을 때, 그러한 말을 '役割語'라고 부른다. 일본어의 다양한 총체를 파악하기 위해서는 기존의 位相, 位相差의 관점에서 보는 것만으로는 불충분하여 役割語의 관점을 도입하여 분석하는 것도 고려할 필요가 있다.

百合姬의 화자의 인물상의 특성과 상대방이 젊은 층이라는 요인이 작용된 결과로 남성어적인 표현이 사용된 것으로 보인다. 이하, 예문을 들어 두자.

> (両手に百合の花束を持ち立ち上り)浦子どの、汝の道は開けて居りますぞ、汝の心の糸は、今静かに解けましたぞ。さ、此の花を両手に持って妾のあとを、ついてお出でなされ。(花束を浦子に渡す)天は真を取りあげて下さるのぢや。
>
> (百合姬→浦子)

5. 맺음말

이상으로 본 연구에서는 메이지 시대 여성 잡지를 대상으로 여성잡지는 여성을 어떻게 표현하고 있는가? 여성을 표현하는 방식을 크게 3가지 유형으로 분석하였다. (1) 여성을 강조하는 방식 (2) 여성을 감추는 방식 (3) 남성과 구별되는 방식 등으로 분석하였다. 여성 잡지를 젠더의 관점에서 분석하여, 여성 잡지에 투영된 언설에서 여성의 사회적 역할, 지위, 부인상(婦人像), 가족관, 가치관 등을 파악할 수 있었다. 남성과 구별되는 여성에 관한 정형화된 표현 유형을 젠더의 관점에서 분석함으로써 근대 일본어의 특징을 이해하는 데 도움이 되었다.

그리고 4장에서 다룬『青鞜』에 나타난 성차 표현에서 구어체 희극에 나타난 여성어의 실태를 고찰하여, 남성과 구별되는 메이지 후기 여성어의 특성을 이해할 수 있었다. 이러한 연구는 종래 소설에서 다룬 성차 표현의 내용과 구별된다.

종래, 메이지 시대 소설을 대상으로 한 성차 표현의 연구 성과가 다수 존재하는 상황에서 메이지 시대 다양한 여성 잡지에 나타난 언설과 희극의 대본을 젠더의 관점에서 고찰한 연구 등 종합적인 자료의 비교 분석이 향후 과제로 남는다. 이러한 연구가 완성될 때, 비로소 젠더의 관점에서 본 근대 일본어의 실태 파악 및 규명(糾明)과 판명(判明)에 가깝게 다가갈 것이다.

参考文献

池田一秀編集『日本の歴史13 明治』(1977)研秀出版

井出祥子(1979)「大学生の話しことばにみられる男女差異」『文部省科学研究費 特定 研究「言語」ベンダ版中間報告昭和54』

遠藤織枝(2002)「男性のことばの文末」『男性のことば·職場編』ひつじ書房 pp.33-45

遠藤織枝·尾崎喜光(1998)「女性のことばの変遷－文末·コト·テヨ·ダワを中心に－」『日本語学』17-5 明治書院 pp.56-79

尾崎喜光(1999)「女性専用の文末形式のいま」『女性のことば·職場編』現代日本語研究 会編 ひつじ書房 pp.33-58

金水敏(2003)『ヴァーチャル日本語役割語の謎』岩波書店

金水敏編(2007)『役割語研究の地平』くろしお出版

熊谷滋子(2009)「ジェンダー認識の変化－新聞投書を利用して－」『ことば』30号 現代 日本語研究会 pp.51-63

小林美恵子(1999)「自称·対称は中性化するか？」『女性のことば·職場編』現代日本語研究会編 ひつじ書房 pp.113-137

_________(2009)「授業談話データベースによる実態調査 －文末形式の「中性化」の様相－」『ことば』30号 現代日本語研究会 pp.64-81

小松寿雄(1988)「東京語における男女差の形成－終助詞を中心として－」『国語と 国文学』65-11 pp.94-106

鈴木英夫(1998)「現代日本語における女性の文末詞」『日本語文末詞の歴史的研究』佐々木峻·藤原与一編 三弥井書店 pp.139-164

田中章夫(1999)『日本語の位相と位相差』明治書院

田中和子·諸橋泰樹編(1996)『ジャンダーからみた新聞のうら·おもて－新聞女性学入門－』現代書館

土屋信一(1965)「話しことばの中の漢語」『言語生活』169号

坪井美樹(2007)「現代日本語における性差の源流－明治期の資料と言説」『日本近代 学研究』18輯 韓国日本近代学会 pp.5-13

寺田智美(2000)「明治末期の女性語について－夏目漱石の小説にみえる「絶対女性語」の考察－」『早稲田大学日本語研究教育センター紀要』13号 pp.169-187

_______(2001)「明治末期の男性語について－夏目漱石の小説にみえる「絶対男性語 の考察 」－」『早稲田大学日本語教育研究センター紀要』14号 pp.201-219

_______(2002)「夏目漱石の小説にみえる「相対男性語」－女性が使用する場合を中心に－」『早稲田大学日本語教育研究センター紀要』15号 pp.179-197

_______(2003)「夏目漱石の小説にみえる「相対女性語」－男性が使用する場合を中心に－」『早稲田大学日本語教育研究センター紀要』16号 pp.143-159

中島悦子(1999)「疑問表現の様相」『女性のことば·職場編』現代日本語研究会編 ひつじ書房 pp.59-82

中村桃子(2007)『『女ことば』はつくられる』ひつじ書房

中野信彦(1991)「江戸語における終助詞の男女差－女性による「な」の使用について－」『国語と国文学』68-4

房 極哲(2004)「東京語における終助詞の男女差－「わ」と「な」の使用を中心に－」『日本語文学』20輯 韓国日本語文学会 pp.29-46

_______(2006)「『小公子』における女性語について－終助詞の用法を中心として－」『日本学報』69輯 韓国日本学会 pp.39-52

_______(2010)「近代日本語와 女性語 -情意表現을 중심으로」『日本語教育』53 輯韓国 日本語教育学会 pp.127-140

益岡隆志·田窪行則 (1992)『基礎日本語文法改訂版』くろしお出版

水谷信子(2001)「あいづちとポーズの心理学」『言語』30-7 大修館書店 pp.47-51

森野宗明 (1991)「女性語の歴史」『講座日本語と日本語教育10』明治書院 pp.225-248

任利(2005)「明治30年代の小説における性差と文末表現」『日本語と日本文学』40号 筑波大学国語国文学会 pp.1-15

Vanbaelen,Ruth(2003)「性差マーカーの「自然さ」ー小説文の会話文と実際の会話との比較ー」『日本語と日本文学』36号 筑波大学国語国文学会 pp.54-67

김귀순(2011) "젠더와 언어" 한국문화사

3.2 메이지 30년대 소설의 성차

−'役割語'의 관점에서−

1. 들어가기

본 연구는 근대 일본어 성차(性差) 연구의 일환으로 메이지 30년대 소설의 성차에 대해서 '役割語'의 관점에서 고찰하고자 한다.

일본어는 여성어가 발달된 언어로 여성어 연구는 사회언어학자들의 주된 관심사 중 하나이다. 최근에 젠더(Gender)의 관점에서 연구 성과가 현대 일본어를 중심으로 활발하게 이루어지고 있다. 그러나, 현대 일본어의 원류가 되는 근대 일본어를 보면 종조사를 제외하면, 남녀 차이의 관점에서 여성어의 연구가 거의 이루어지지 않고 있다[16]. 근대 일본어, 즉 메이지 시대의 남성어 및 여성어에 대한 연구는 현대 일본어의 성차를 이해하는 데 매우 중요하다.

성차가 인칭대명사, 종조사, 감동사 등 어휘나 정중체 등 문체에 잘 나타난다. 일반적으로 助動詞「だ」를 사용하지 않은 형식은 여성적 표현이고, 「だ」를 사용하는 형식은 남성적 표현이 된다. 益岡・田窪(1992 : 222-225)에서 언어의 남녀 차이는 보통체나 반말체에 잘 드러나지만, 연설이나 강연 같은 정중한 문체나 격식 차린 말이 사용되는 장면에서는 언어상 남녀의 구별은 이루어지지 않는다. 이러한 점을 고려하면, 일상적인 보통체의 문장이나 반말이 등장하는 소설의 회화 부분을 분석 대상으로 하는 것이 남녀의 자연스러운 담화를 얻고 젠더 분석에는 좋은 자료가 될 것이다.

본 연구에서는 메이지 시대 소설을 젠더의 관점에서 조사하여 근대 일본어에 대하여 고찰한다. 근대 일본어를 젠더의 관점에서 고찰하는 이유는 메이지 시대가 성차가 명확하고 현대 일본어 성차의 원류(源流)라고 생각했기 때문이다. 이에 대해서 坪

16) 근대 일본어 종조사에 대한 선행연구로는 小松(1988)森野(1991)中野(1991)鈴木(1998)遠藤・尾崎(1998)寺田(2000)(2001)(2002)(2003)任利(2005)房極哲(2004)(2006)(2010) 등이 있다.

井美樹(2007), 金水敏(2007)를 인용하면 아래와 같다.

現代日本語に見られる性差のあり方は、明治期に成立したものと考えられる。

坪井(2007 : 5)

人称代名詞と文末終助詞の性差は、明治期とりわけ明治10年代から30年代にかけて成立したものである。(中略)この現代日本語における性差表現の源流の姿を、当時の女性の言葉づかいに関する言説と小説資料との中に見ることとする。

坪井(2007 : 7)

歴史的に見れば、今日の男性語、女性語の基盤は、明治時代、近代日本の出発後ほどなくして築かれた。男性語の重要な基盤の一つが「書生語」である。(中略)また近代女性語の重要な基盤の一つは、

「女学生ことば」である。金水(2007 : 102)

상기 인용에서 알 수 있듯이 메이지 시대의 소설을 대상으로 서생의 말 (書生ことば)과 여학생의 말(女学生ことば)을 고찰하는 것이 젠더 연구에 중요한 출발점이 된다고 말할 수 있다.

2. 근대 일본어 젠더 연구의 현상(現狀)

한편, 메이지 시대의 나쓰메 소세키(夏目漱石) 소설에 나타난 남성어와 여성어 연구로는 寺田智美 (2000) (2001) (2002) (2003)의 일련의 연구(주로 절대 여성어, 절대 남성어 문말표현 연구)가 있다[17]. 그리고 房極哲(2004)(2006)(2010) 房極哲 · 李夏子(2005)에서는 근대 일본어 여성어 연구의 일환으로 종조사 및 정의표현(情意表現)에 중점을 두고, 메이지 20년대 30년대 특정 작품(「小公子」「藪の鶯」「社會百面相」 등)을 대상으

17) 寺田의 일련의 연구 성과에 따르면, 여성어에서 여성다움은 특정 문말표현에 강하게 의존하고, 남성어에서 남성다움은 특정 문말표현에 의존하지 않는 경향이 있다고 말하고 있다.

로 각각의 작품에 나타난 여성어에 대하여 고찰하였다.

종래의 선행연구의 흐름 속에서 주목받는 연구로 中村桃子(2007)이 있다. 여기에서는 '여성어(女ことば)'를 젠더의 시점에서 고찰하고 있다. 그러나 中村의 연구도 '남성어와 여성어'가 어떻게 사용되고 있는가에 대해서는 상세하게 논하고 있지 않다. 中村(2007)을 제외하면 젠더의 시점에서의 고찰이라고 보기 어렵다. 또한, 그 연구 성과도 메이지 30년대에 관해서 말하면 충분하다고 말할 수 없는 상황이다.

메이지 시대의 젠더 연구에서는 서생의 말(書生ことば), 여학생의 말(女学生ことば)와 같은 젊은 층의 말을 먼저 조사할 필요가 있다. 그리고 사회적 지위가 높을수록 여성어가 명료하다는 사실을 고려하면, 당시의 부인의 말(奥様ことば)을 조사해야 할 것이다. 여성어의 전형을 잘 나타내는 'お嬢様ことば', 'お姫様ことば' 등도 고찰해야 한다. 즉, 사회언어학적으로 상류층 여성(사회지도층 부인, 따님, 공주와 같은 신분이 높은 집단에 속한 여성)들의 언어를 고찰해야 할 필요가 있는 것이다.

3. 젠더의 연구 방법과 역할어(役割語)

'男言葉', '女言葉'라는 일본어 젠더 규범과 메이지 시대의 언문일치체(言文一致体)의 젠더에 관해서 고려할 필요가 있다. 남성우위의 사회에서 여성은 경체(敬体) 문장이 적절하며 부드러운 말이나 경어 사용이 절실히 요구된다. 소위 비정중체 문체로 도쿄 야마노테(山の手) 말에 근거한 '女言葉·男言葉의 문체'도 고려해야 한다.

최근, 사회언어학 연구 분야에서 여러 가지 연구 방법이 이용되고 있는데, 특히 시사하는 바는 金水敏가 제안한 '役割語(역할어의 개념은 화자의 사회계급이나 직업 등의 요소가 언어 사용구별에 중요하고 현실세계의 언어와 작품속 세계의 언어와는 차이가 존재한다는 사실이 중요한 포인트 임. 역할어 정의의 상세는 金水敏(2003:205) 참조[18])의 개념

18) ある特定の言葉づかい(語彙·語法·言い回し·イントネーション等)を聞くと特定の人物像(年齢､性別､職業､階層､時代､容姿､風貌､性格等)を思い浮かべることができるとき、あるいはある特定の人

이 있다. 비록 현대 일본어를 설명하면서 이용한 개념이지만, 이 개념은 근대 일본어의 남성어와 여성어의 분석에도 유효한 척도가 될 것이다. 본 연구에서는 메이지 시대 남성과 여성은 사회에서 그 역할이 다른 부분이 많다고 판단했기 때문에 성차의 연구에서 역할어의 개념을 도입한다.

金水敏(2007:2)는 소설과 같은 픽션에서 역할어가 유효하게 이용되며, 그 이유는 등장 인물의 성격 매김의 일환으로 역할어가 사용된다는 점이다. 그리고 역할어로서 남성과 여성의 말투의 차이에 대해서 다음과 같이 말하고 있다.

> 役割語としての男性と女性の話し方の違いは広く日本人に共有されており、従ってさまざまな作品に便利に利用されている。(中略)ただし、男性、女性にもさまざまなヴァリエーションがあり、それぞれの類型に従って、微妙に異なるスタイルが使い分けられているという点に注意すべきである。例えば男性専用語の一人称代名詞「ぼく」と「おれ」には、かなり明瞭なイメージの差がある。金水(2007:101)
>
> 단, 남성 여성에도 다양한 바리에이션이 있고 각각의 유형에 따라서 미묘하게 다른 스타일이 구별되어 사용된다는 점에 주의해야 한다.

金水敏의 역할어에서 중요한 지표는 인칭대명사 또는 그에 대신하는 표현 및 문말표현이다. 따라서 역할어로서 인칭대명사, 문말표현을 조사하여 여성어와 남성어를 분석하는 것이 중요하다. 이에 대해서 坪井(2007 : 12)에서도 지적한 것처럼, 메이지 시대 종조사「わよ」「のよ」와 같은 것도 현대는 '女性語'라는 역할어로 존재하고 있다. 즉, 실제의 젊은 여성들의 자연발화에서는 거의 사용하지 않더라도 의식적으로 여성다운 말투를 사용하려고 할 때, 혹은 소설과 같은 허구세계에서 화자가 여성

物像を提示されると、その人物がいかにも使用しそうな言葉づかいを思い浮かべることができるとき、その言葉づかいを「役割語」と呼ぶ。「役割語度」는 어느 문체(話体)가 특징적인 성질의 화자를 연상시키는 정도를 말한다. 이것에 의하면 표준어는 役割語度가 0인 문어체, 役割語度가 1인 사적인 구어체(남성어, 여성어)사이와 그 주변에 분포하는 말(話体, 文體)이다. 본 연구에서 역할어도의 기준은 기본적으로 金水에 따르며, 특정 계층에 특징인이 사용하는 언어형식이 다른 계층의 언어형식과 달리 명확한 경우, 역할어도가 높은 것으로 판단한다.

이라는 사실을 표하고자 할 때, 성차 표시(性差マーカー)로서 역할을 하는 도구로 도움이 되는 것이다.

본 연구의 연구내용을 소개하면, 문말표현, 정의표현(종조사, 감동사, 감탄사) 한어(漢語)표현, 인칭대명사, 관사(남성관사, 여성관사) 등이 주된 분석 대상이 된다. 이러한 표현들은 남성어와 여성어가 명확히 구별된다. 따라서 남성어 및 여성어로서 메이지 30년대의 실태를 파악하여 근대 일본어 남녀 차의 형성에 대해서 구체적으로 그 양상을 고찰하게 된다. 여기에서는 內田魯庵의 중, 단편소설「社會百面相」에 나타난 남성어 및 여성어를 중심으로 고찰한다[19]. 그리고 논리의 전개상 필요에 따라서, 메이지 30년대 전후의 소설을 분석하고자 한다.

4. 고찰

4.1 메이지 시대 여성 잡지와 젠더

먼저, 소설의 성차를 살펴보기 전에 그 당시 여성이 처한 사회적 지위, 교육적 여건, 제반 환경 등을 엿볼 수 있는 것으로 여성 잡지에 나타난 여성에 관련된 언설에 주목하고자 한다. 메이지 34년 1월 5일 발간된「女学世界」창간호 발간사에 毛利安子(もうりやすこ)씨는 아래와 같이 여자 교육이 남성 및 어린이 교육에 비해 뒤쳐져 있음을 지적하고 있다.

我が国今日男子及び小児の教育に比して女子の教育は大に劣れりと言はざるべからず。最近の統計に拠ると中学校の数は公立私立あわせて百五十七、高等女学校の数は公私合わせて、僅かに二十六に過ぎず。学生の数は中学校が五万二千六百七十一、高等女学校が六千七百九十九也。(中略)英国にては、男女殆んど優劣なきに、我国にては女性男性の八分の一に過ぎず。その懸隔も亦甚しと云

19) 소설「社會百面相」에 대해서는 房(2010:130-132)을 참조할 것.

ふべし。何ぞ女子教育の振はざるや。(p.2)

당시의 여성 잡지는 현모양처의 여성상을 여성의 본분으로 여기며, 가정생활의 기반 및 가정주부의 역할에 대해서 계몽적인 성격을 지니고 있다. 각 여성 잡지 창간호의 발행사를 보면 쉽게 이해할 수 있다. 예를 들어, 「婦人世界」(메이지 39년 1월 3일 발행)의 창간호 발간사에 다음과 같은 기사가 보인다.

「婦人世界」は、舊来の女徳思想の偏狭に落らず、又欧米の女権思想の極端に流れず、諸姉が家庭を中心とする點に於いては良妻賢母たらんことを望むと同時に、家庭生活を基盤として、その性能に適当せる社会的活動をなさんことを望み。従て又此思想の実現に向かつて力を致さんことを期す。(p.3)

또한, 「婦人世界」는 남자들에게 옛날의 낡은 사상을 타파하고 더욱더 여성의 지위, 세력을 공평하게 하는 소개자가 되기를 기대하고 있다. 그리고 각 여학교의 공평한 비판자가 되길 기대하고 있다. 즉, 학교의 교육방침 교수법 및 학생 간의 예법 등에 관하여 매우 공평한 비판자가 되기를 원하고 있다.

이상의 언설에서 살펴본 것처럼, 당시 여성의 사회적 지위 및 교육적 여건은 남성에 비하면 상당히 미약한 존재였다고 추정된다. 특히 남성어 여성어가 구체적으로 어떻게 나타나는가? 이에 메이지 시대에 발행된 소설의 대화문을 조사하여 분석할 필요가 있다.

4.2 메이지 시대 소설과 젠더

현대 소설의 회화문과 실제의 회화를 비교하면, 소설에서는 성차 표현을 많이 사용한다는 점을 지적하고 있다(Vanbaelen, Ruth (2003)). 尾崎喜光(1999 : 33−58)에서는 현실의 일상 생활에서 절대적인 여성 전용 형식이 사용되는 것은 일본인이 생각하는 것 이상으로 드물고, 오늘날 남성과 여성의 말투(대화법)의 차이는 일상 회화에서는 극히 작다고 말하고 있다. 메이지 시대에는 현대와 달리 구체적으로 어떠한 상황인가?

메이지 21년 三宅花圃「藪の鶯」를 살펴보면, 여학생들이 감동사를 다용(맞장구치는 표현을 다용[20])하는 등 메이지 20년대 젊은 여성어의 특성을 볼 수 있다. 예를 들어, 아래와 같은 '女生徒(여학생)'끼리의 대화를 들어 보자.

相澤　「オヤ斎藤さんがほんとの事をいったの。ここにカステイラがあるワ。ぢゃア是を上げやう。」

宮崎　「ああら現金もんだこと。」

相澤　「だってサブスタンスを見ないでは。斎藤さんはライヤアだから。」

斎藤　「うそ。人を罵詈(ばり)してひどいこと。」

宮崎　「マアそんなことは閑話休題として。こちらへいらしってめしあがれヨー。」

(여학생 4 인은 서로 카스테라를 먹으면서)

相澤　「オヤオヤもうなくなりさうだ。」

斎藤　「ナニよくってヨ。あしたは服部さんは御帰なさるのだもの。なくなったってイイワ。」

服部　「エエいくらでも召上がれ。私はあしたのシッソンの処を少しみておきたうござりますから。失礼ヨ。」

(藪 pp.50–51)

당시 감동사「おや」「あぁら」「おやおや」와 종조사「わ」「てよ」「こと」등을 여학생들이 어떤 의미에서 역할어의 성격을 지니는 일종의 여성 전용 표현으로 사용하고 있음을 알 수 있다[21]. 메이지 시대 여성어로 사용된「てよ」「こと」도 전후에는 거의 사

20) 水谷信子(2001)에 따르면, 회화에서 일본인은 [あいづち(맞장구 표현)]를 다용하면서 상대방과 공동으로 하나의 담화의 흐름을 만든다고 한다. 감성적 표현을 여성이 많이 사용하는 경향이 있고, 특히 젊은 여성(친밀한 사이)이 감동사, 감탄사 등을 다용하고 있음을 지적하고 있다.

21) 메이지 시대 여학교에서 유행했던「てよ」「だわ」가 사용 초기에는 지식인들 사이에서 강한 비난을 받게 된다.

용하지 않게 된다. 감동, 감탄문에서 사용하는「てよ」「こと」를 金水(2003)은 [女性語から出てきた役割語:여성어에서 나온 역할어]=<お嬢様言葉の指標: 상류층 여성, 따님, 오조사마 말의 지표>로 보고 있다. 이처럼 여성들 사이에 유행한 역할어는 점차 사용이 쇠퇴하여 현재는 그 모습을 감추게 되었다. 그리고 젊은 여성들이 罵詈(ばり : 매리, 남을 사납게 욕함), 閑話休題(かんわきゅうだい : 한화휴제, 쓸데없는 이야기를 그만두고 본론으로 다시 돌아감)와 같은 어려운 漢語의 사용도 짐작할 수 있다[22].

또한, 그 당시 젊은 지식인 여성들에게 외래어가 다용되고 있음을 아래의 용례에서 확인할 수 있다.「社會百面相」에서 시어머니가 며느리(新妻君 · 高等官夫人)에게 말하는 장면이 있다. 아래에 그 내용의 일단을 소개해 두자. (밑줄은 필자)

> 三十近くなつて紅い蹴出しを締めて桃割に結つてる奥さん方さへある、其くせ口を利かせると漢語やら英語やら妾達(わたしたち)には解らない難しい事を云つて、影で聞いてると男だか女だか解りやアしない—
>
> (『社會百面相』 pp.128－129「新妻君」)

이것은 메이지 30년대 초기의 젊은 여성(적어도 젊은 지식인 부인층)들이 어려운 '漢語'나 '외래어'를 사용하고 있어서 화자가 남성인지 여성인지 구별이 되지 않는 언어생활의 실태를 방증하고 있다. 그리고 정중한 문장에서 외래어의 다용도 눈에 띄는데 이것은 당시 지식인들의 문체로 예스러운 정중한 말에서 漢語, 외래어의 다용 등을 짐작하게 하는 부분이다.

다음으로 남성 서생의 예를 들어 보자. 서생 간의 대화를 보면, 메이지「一読三歎当世書生気質<坪内逍遥>」(明治18年)에서도 인칭대명사는 僕(ぼく)와 我輩(わがはい)를 주로 사용하며, 외래어의 다용이 당시의 남성 지식인들 사이에서도 유행하고

---

22) 현대의 구어체에서 한어(漢語)사용의 실태를 조사한 土屋信一(1965)의 조사가 있다. 여기에서도 편안한 장면 그리고 정중한 장면 모두 한어의 사용 비율은 남성 쪽이 여성보다 상당히 높다는 것을 알 수 있다. 이러한 점에서 일본어에서 한어적인 표현은 남성적이고 和語(순수일본어)는 여성적인 것임을 알 수 있으며, 평소 일본인이 의식하고 있음을 이해할 수 있다. 그러나, 메이지 20, 30년대 여성들이 어려운 '漢語'를 사용하기 시작하여 남녀의 역할어로서 기능이 높지 않다고 볼 수 있다.

있음을 말해 주고 있다.「藪の鶯」의 女生徒(여학생) 간의 대화에 비하면, 감동사의 사용[예: ヤア, コウツト]이 적고, 남성의 종조사로 강한 화자의 주장「ぞ」와 단정의 語氣를 강하게 하는「わい」등을 젊은 층에서 사용하고 있다. 이하, 용례를 들어 두자.

(宮) 「僕(ぼく)かネ。僕ハいつか話をした。ブツク(書籍)を買ひに。丸屋までいつて。それから下谷の叔父の所へまはり。今帰るところだが。尚門限ハ大丈夫かネエ」

(須) 「我輩(わがはい)のウヲツチ(とけい)でハまだテンミニツ(十分)位あるから。急いで行きよつたら。」

(中略)

(須) 「宮賀。いかんぞ。モウ六時を打たぞ。我輩(わがはい)のウヲツチハおくれてをるワイ」

(宮) 「エ待たまへ。向ふのうちの時器(とけい)を見るから。ヤア彼家の時器でハ。モウ六時を。四分過て居らア。これやア困つたネエ。如何しやう」

(須) 「イイサ。実ハ我輩ハ。証書を持ちよるから。コウツト。まづ本日だけハ。君(きみ)と連名にして。遅刻届をだして置いて。君の本証書ハ。明日あらためてだせバえいサ。」

(宮) 「エ。夫じやア。君ハけふ後れる積で居たのか。」

(書生p.64)

상기의 문장은 서생인 須河(すがわ)와 宮賀(みやが)와의 대화이다. 특히, 작가인 坪内逍遙가 말하기를 서생인 須河의 말투는 어느 지방의 방언인가 이상하게 생각하는 사람이 있을지 모르나, 어느 특정 지방의 방언이 아니라 서생 사회에서 행해지는 잡박(雜駁)한 사투리 말투로 생각해야 한다고 말하고 있다[23].

다음은 메이지 30년대 중반「社會百面相」<内田魯庵>(明治35年)에 등장하는 동료서생(정치가 지망생과 소설가 지망생)끼리의 대화 장면이다.「おれ」「ぼく」「きさま」「き

23) 作者曰く須河の言語ハ如何なる地方の言語なるかと不審をいだく人もあるべしこハ何處の方言と定まりたるものにあらず書生社會に行はるる駁雜なる轉訛(なまり)言語と思ふべし(p.63)

み」등 인칭대명사의 사용이 서생들 간에 격의 없는 대화를 잘 나타내고 있다. 특히, 역할어의 관점에서 주목하면「書生」이나「新学士」들이 사용하는「ぼく」「わがはい」,「老俗吏」가 사용하는「わし」, 그리고「古物家」가 사용하는「てまへ」등의 1인칭 대명사는 역할어의 지표가 된다. 그러나 2인칭대명사의「きみ」「きさま」「おまへ」「あなた」등 경우는 등장 인물 중 다양한 사회 계층에서 많이 사용하고 있으며, 상대방 간의 상하관계, 친소관계 등 인간관계가 밀접하게 연관되어 있어서 역할어도로는 설명하기 어려운 측면이 있다. 즉, 역할어도가 낮은 표현인 것이다.

「はッはッ、減らず口を叩きくさる。汝(きさま)の懸賞小説も久しいもんぢや。一度当選つたといふ事ぢやが、俺(おれ)と交際つてからは猶だ当選らんぞ。」

(社会p.13)

「はッはッ、僕(ぼく)は大に君(きみ)と説が異う。君は小説を能く知らんから一と口に戯作と言消してしまうが、小説は科学と共に併行して人生の運命を……」

(社会p.13)

또한「社會百面相」에 보이는「학생」과 젊은 층「新学士」「若紳士」의 예를 보자. 친한「학생」간에「きさま」를 사용하고,「新学士」는「我輩」와「きみ」를 사용하고 있다. 법률을 공부한「若紳士」끼리의 대화에서 역할어도가 높은「我輩」가 사용되고 있다.

「富山、汝(きさま)も女色組だから話にならない、」「汝は級の中で比較的勇気があるが女学生のけつを覘うやうでは猶だ話にならぬ。宜しかナ、富山、今の社会はハイカラ空気が充満して我々学生社会にまで及ぼしおる。(中略)女義大夫の争をするとは情ない奴(やつ)だ。富山、汝だけは頼もしく思ったが、ややともするハイカラ染みた所為をする。」

(社会pp.10-11)

「調戯云ちやア不可エ。併し我輩(わがはい)常に高利貸(アイス)と交渉して苦しめられるから云ふぢやアないが、臺湾へ行くのはドッとしないし、と云って高等官試験に及第する見込みはないし、(中略)なにしろ教授や舎監に信用を失った我輩如きは社会へ出る段となると頗る閉口する。そこで君(きみ)、ーーー」

(社会p.76)

종조사, 인칭대명사, 감동사 이외에 웃음소리에서도 남녀의 차이는 있으며, 단정 표현의「ぢゃ」의 경우와 복합동사를 만드는 [동사 연용형+くさる(やがる)] 도 남성의 표시로 역할어의 기능을 담당하고 있다. 즉, 젊은 남성끼리의 격의 없는 사이에서 상대방을 비방(하대)하면서 사용하는 경우가 된다.

한편, 여성의 웃음은 [オホホホホッ(社会 p.136)女学者(上)]으로 웃음 표현의 음성적인 역할어(가타가나표기)로 타인을 의식하지 않고 품위 없이 웃는 웃음도 보인다. 여성의 웃음소리는「ほほほ」(예를 들어,「三四郎」에서 여학생 'よし子'의 웃음, 여성 웃음의 대표형식이다[24].「社會百面相」에서 남성의 웃음소리는 [はッはッ], [ふッふッふッ]이다.

「オホホホホッ、妾(わたくし)が気取つてるなら下田歌子さんだつて中島歌子さんだつて皆さん気取つてるんです」

(社会 p.136)(女学者：鰕茶袴→若い女：お召の束髪)

그렇지만,「女学者」는 기본적으로 젊은 여성에게 정중한 말을 사용하고 있다. 아래의 용례는 손아래의 젊은 여성에 대하여 상담하는 장면이다. 여기에서「仰しやる」「なさる」등 경어 동사를 사용하고 있다.

「妾(わたくし)、女子大学と仰しやるから英文学科だと思ったらーー尤も貴姉(あなた)はお幹さんと違って奥様学問をなさるンだから女子大学で結構でせうが、家政学とは随分思切ってるのネエ。」

(社会 p.133)(女学者：鰕茶袴→若い女：お召の束髪)

---

24) 여성 웃음[ほほほ(平仮名의 표기쪽이 부드러운 인상, 여성스럽게 수줍게 웃음)]에 대해서 구체적으로 小林千草(2007 : 30-41)를 참조할 것.

상류층 부인은 여성어가 명확한데, 그 예로「貴婦人」의 경우를 들어 보자.「貴婦人」은 남성 신문기자에게 접두사「お, ご」를 다용하고, 경어 형식(존경 표현「おーになる」, 겸양어, 존경어 등)을 사용하면서 공손하게 말한다.

「かう申すと生意気のやうですが、実は今の貴婦人達は、中には立派な方もいらつしやいますが、随分素性の能くない方が沢山ございますから、お良人の御出世遊ばしたに伴れて威厳が附いたやうですが、根が無教育な見識も何にも無い方のお揃ひですから、実を申上げるとお話しにならないのです、」

(社会 p.111)

그리고「訪問記者」가「貴婦人」에게 취재하는 장면으로 방문기자인 남성이「貴婦人」에게 접두사「お, ご」를 다용하고, 경어 형식(존경표현 おーになる)을 사용하면서 공손하게 말한다.

「でございますと、お楽みを兼ねて社会の利益をお計りになる、誠に結構なご趣意でございますナ。如何にもお説の通り空論は何等の効もありませんから、貴婦方上流の御婦人が卒先して女の品位を高めるやうなお手本をお示しになるのが何よりで、」

(社会 p.111)

결국, 접두사「お, ご」및 경어 표현 등은 상층 계층에서 성차 구별 없이 사용하고 있으며, 남성어와 여성어의 역할어로서 기능을 그다지 담당하고 있지 않음을 알 수 있다. 그리고 노인들의 언어 즉, 노인어가 역할어로서 구별이 명확하다.

아래의 용례는「老俗吏」가 아들「幹夫(みきを)」에게 충고하는 말이다.

「俺(わし)は此の通り時代遅れの昔し者だから大久保彦左衛門流義に従七位勲八等の判任官を榮としておるが、汝(おまい)は俺(わし)と違って普通教育も受けてるし、法律経済の片端をも心得てるし、まだまだ之から働かうといふのだから成るべく志を大きくして俺(わし)のやうな腰弁当連に生涯を終らぬやうに心懸けて呉れ。」

(社会 p.245)

「社會百面相」에 사용이 보이는 '我輩' 'わっし' 'おら' 'おい' 'おいら' '拙者' 등은 메이지 후기의 작품부터 점점 나타나지 않게 된다. 이러한 인칭대명사는 金水敏가 말하는 소위 '役割語度'가 높은 표현이 된다. 예를 들어 「精神家」「老作家」「老伯爵」 등 노인층에서 사용하는 말은 점차 그 사용 영역이 좁아지게 되어 소멸의 길에 이르게 된다.

한편, 메이지 20년대 젊은 여학생들 사이에서 유행한 종조사 「わ」를 30년대 장년의 남성 「老俗吏」가 사용하는 경우가 주목된다. 메이지 20년대 남성 지식인들이 당시의 젊은 여성들이 사용하는 「わ」를 비난하였는데, 30년대 중반에는 나이 든 남성들이 사용하고 있었다는 점이 특이하다. 또한, 「老俗吏」의 부인은 아들에게 「おまへさん」이라고 부르고 있다. 즉, 연장자인 부인 역시 에도어를 사용하고 있다. 즉, 메이지 30년대 중반 무렵까지는 중년 부인 여성들은 「おまへさん」「おまいさん」을 사용하고 있어, 에도어의 흔적이 2인칭대명사에 남아 있음을 알 수 있다. 문말표현에 「ござります, ござんす」 등이 남아 있는 경우도 「女学者」와 같은 상층 여성 역할어의 좋은 예가 된다. 이하, 용례를 들어 두자.

「俺(わし)は何と云ってもお情けの地方(いなか)高等官よりは一省の古狸と云はれて気楽に放縦をする方が宜しいワ。判任官々々々と此頃の生意気な二才共は飯炊男のやうに軽蔑するが、判任官も俺(わし)位になると学校出の参事官や政党出身の勅任官の事務の師範役だ。」

(社会 p.244) 「老俗吏」→「幹夫(みきを) ; 息子」

「お前(まへ)さんの気象だと二十円の月給位とお思ひだらうが、勤仕(つとめ)をするのは月給を取るばかりぢやない、之も矢張(やっぱり)修業の一つだから……」

(社会 p.246) 「老俗吏の夫人」→「幹夫(みきを) ; 息子」

「ですけれどもお幹さんのやうに全然出来ない人は仕方が無いが、貴婦(ぁなた)は日一と通り文学も履ってシエークスピーアを暗誦したンだから全(まる)で廢めてしまうのは押惜うござんすネエ。」

(社会 p.134)(女学者：鰕茶袴→若い女：お召の束髪)

또한, 젊은 남학생이 사용하는「わ」에 대해서 보면 서생 간의 친밀한 관계에서 가벼운 주장이나 가벼운 확인의 기분을 표하고 있다[25].

「商人は儲さへすりやア些と位人に迷惑を掛けても関はんのだ。(中略)今でも猶だ其根性が失せないから大きな詐欺や賭博の欺瞞をやつて実業家だと仰しやいますワ……」

(社会 p.19) (内田魯庵「社会百面相」(明治35),(貧書生)

이어서 문말표현 형식에 대해서 살펴보자.「古物家」주인은 조동사「ーます」의 옛 형태인「ーまする」를 사용하고 있다.「でがす」「でごあす, でごはす」등의 문말표현 형식은 남성 특히 노인층이 사용하는 형식으로 그 사용자가 적으나, 역할어의 기능을 담당하고 있다고 볼 수 있다. 다음의 용례는「古物家」주인과 60대 손님인「愚得大人」과 대화이다.

「イヤ全く疑ひもなき確実の物でがす。大人は手前(てまへ)だと何でも軽蔑なさるが、擇りすぐって珍奇の品が二十幾點、手前が所蔵品は詰まらないものでごあすが、他は皆元禄専門家の秘蔵物でごはすから……」

(社会p.252)(古物家→客(愚得大人))

---

25) 여성이 사용하는 종조사「わ」에도「주장을 나타낼 때」(美禰子→三四郎)나「기분 나쁨을 전달할 때」(美禰子→三四郎) 등은 문장을 완곡, 부드럽게 하는 기능은 없다.「今下すつても仕方がないわ.」(夏目漱石「三四郎」(明治41년 p.253) 美禰子는 三四郎에 대해서 말을 내뱉듯이「仕方がないわ」라고 말한다. 이와 같이 美禰子는 종조사「わ」를 효과적으로 사용함으로써 자신의 심경「기분이 나쁘다는 표시」를 하고 있다.

「宜うがす、一番骨を折って見ませう。併し活きてる美術品でごはすから御助才はありますまいが廉くお引取にならうとすると忽ち飛んで逃げまする……」

(社会p.254)(古物家→客(愚得大人))

金水敏의 역할어의 지표를 참고하면 표준어의 경우가 역할어도가 0이고, 역할어도가 높은 경우가 젠더가 명확하다고 말할 수 있다. 따라서, 문말표현에서도 노인층이 사용하는 경우는 역할어도가 매우 높은 형식으로 볼 수 있다. 이러한 역할어도가 높은 문말표현 형식은 메이지 30년대 이후 점차 소멸되고 메이지 40년대 夏目漱石의 작품에는 거의 등장하지 않게 된다. 또한,「女学世界」의 內田魯庵의 작품 연재소설「古情人」에서 시골의 노인(渡守の老爺)이「でがんす」를 사용하고 있으며, 방언적 요소가 있는 역할어도가 높은 형식이 된다. 이 경우, 1인칭대명사는「わし」를 사용하고 있다. 용례를 들어 두자.

「私(わし)の家でがんす」(p.88)

「古物家」가 사용하는 조동사「まする」의 경우,「婦人世界」(메이지 39년 1월 3일)의 창간호를 보면, 作家인 幸田露伴과 일본여자대학 교수인 浮田和民는 문말표현을「まする」로 하여 문장 전체가 아주 정중한 말투이다[26]. 또한,「女学雜誌」(58호 메이지 20년 4월 2일)에서 대학교수 穗積陳重가 고등여학교에서 연설할 때, 여학생에게「まする」체를 사용하고 있으며 동시에「であります」「ござります」체의 연설문과 혼용하면서 사용하고 있음을 알 수 있다. 이러한 점을 생각하면, 중년 이상의 남성들이 정중하게 사용할 경우에 문장체 및 구어체(연설문)에서 사용하고 있다고 볼 수 있다. 한편, 여성의 경우는 평상시 侍女끼리의 대화나 시녀(侍女)가 百合姬에게 공손하게

---

26) 日本國語大事典(p.1072) まする(助動)：「まらする」「まいする」から「ます」に変化する中間の形.現代語では, 仮定形「ますれ」とともに, 改まった, 文語的ないい方として, 終止形連体形に用いることがある.(当世書生気質<坪内逍遙>八「淺草の由緣(ゆかり)の方(かた)へにげまする)

말할 때, 「ございます」, 「ございまする」와 「まする」를 혼용하여 사용하는 예가 메이지 말기 희극에서 보이는 점이 주목된다. 아래에 예를 들어 두자.

「然るに、日本婦人は古来感情を節制するのを美徳と考へる傾向があったやうですがこれは自他共に幸福なことで、確かに日本婦人の美徳でありまする。」

(婦人世界.幸田露伴「美はしき日本婦人の特色」p.21)

「日本婦人の驚くべき自制力。(中略)自制力が強いから従って無口でPatienceで、そうしてDignity(品位)を保ってゆく所は、正しく日本婦人の美點として世界に誇ることが出来るであらうと私は信じて居りまする。」

(婦人世界. 浮田和民「欧米に比類なき美點」p.25)

「又実利主義に偏し婦人を男子の使役物の如く心得て、臺所に追込み置く計りでも随分困りまする。(下略)」

(女学雑誌.穂積陳重「女学生に告ぐ」p.145)

「先程、姫様の泉のお酒を掬うて居るものがありました。それは見知らぬ男でございまする。」

(青鞜.荒木郁子「喜劇陽神の戯れ」p.72)

지금까지 살펴본 것에서 작가 内田魯庵은 房(2010:139)에서 지적한 것처럼, 어떤 의미에서 보면 작품에서 만들어진 인위적인 성격과 당시 시대상이 반영되어 있고 특히 '정의표현'이 다용된 점은 '性差表現'으로 감정적인 표현이 많은 여성어의 특성과도 관련이 있다고 말할 수 있다.

5. 맺음말

본 연구에서는 메이지 시대 소설 자료를 통하여 남성어와 여성어의 사용실태를 역할어의 개념을 도입하여 젠더의 관점에서 고찰하였다. 그 결과, 상층계층(貴婦人,

女学者), 학생, 서생, 그리고 노인층(古物家, 老俗吏) 등에서 명확한 남녀차를 확인할 수 있었다.

역할어로서 기능이 강한 어휘(1인칭대명사 특히, 「あたし」, 「我輩」「わし」「わっし」「おら」「おい」「おいら」「手前」「拙者」 등의 1인칭대명사는 역할어의 지표가 된다. 그러나 2인칭 대명사는 상대방 간의 인간관계가 밀접하게 연관되어 있어 역할어로 설명하기 어려운 측면이 있다. 그리고 정의표현 등은 역할어도가 낮은 것이 많다. 역할어도가 높은 종조사는 [(女性) 「わ」「のよ」「てよ」「こと」, (男性) 「ぜ」「ぞ」], 감동사는[(女性) 「あら」「おや」, (男性) 「おい」「やあ」] 등이 있다. 문말표현 형식, 웃음 등에서도 남녀 구별하여 사용하고 있음을 알 수 있다. 한편, 노인층에서 사용하는 역할어도가 높은 문말표현 형식(「でがす」「でげす」「でがんす」「でごは(あ)す」「ござんす」「ござります」「ござる」) 등은 메이지 후기에 쇠퇴하여 현대 일본어로 이어지지 못하는 점도 주목된다. 이 부분은 언문일치와 관련이 있을 것으로 생각되지만, 구체적인 검토는 향후 과제로 삼고자 한다.

반면, 접두사 「お, ご」 및 경어표현 등은 역할어로서의 기능을 담당하지 못함을 지적할 수 있다. 그리고 젊은 지식인 여성도 어려운 '漢語'를 사용하는 등 '漢語' 및 외래어의 사용 역시 역할어로서 기능을 담당하지 못하고 있다고 말할 수 있다.

参考文献

遠藤織枝(2002)「男性のことばの文末」『男性のことば 職場編』ひつじ書房 pp.33－45

遠藤織枝 · 尾崎喜光(1998)「女性のことばの変遷－文末 · コト · テヨ · ダワを中心に－」『日本語学』17－5 明治書院 pp.56－79

尾崎喜光(1999)「女性専用の文末形式のいま」『女性のことば · 職場編』現代日本語研 究会編 ひつじ書房 pp.33－58

金水敏(2003)『ヴァーチャル日本語役割語の謎』岩波書店

金水敏編(2007)『役割語研究の地平』くろしお出版

黑岩比佐子(2008)『明治のお嬢さま』角川選書 441

小林千草(2007)『女ことばはどこへ消えたか？』光文社

小松壽雄(1988)「東京語における男女差の形成－終助詞を中心として－」『国語と 国文学』65－11 pp.94－106

鈴木英夫(1998)「現代日本語における女性の文末詞」『日本語文末詞の歴史的研究』佐々木峻·藤原与一編 三弥井書店 pp.139－164

田中章夫(1999)『日本語の位相と位相差』明治書院

土屋信一(1965)「話しことばの中の漢語」『言語生活』169号

坪井美樹(2007)「現代日本語における性差の源流ー明治期の資料と言説」『日本近代 学研究』18輯 韓国日本近代学会 pp.5－13

寺田智美(2000)「明治末期の女性語についてー夏目漱石の小説にみえる「絶対女性語」の考察ー」『早稲田大学日本語研究教育センター紀要』13号 pp.169－187

________(2001)「明治末期の男性語についてー夏目漱石の小説にみえる「絶対男性語 の考察 」」『早稲田大学日本語教育研究センター 紀要』14号 pp.201－219

________(2002)「夏目漱石の小説にみえる「相対男性語」女性が使用する場合を中心にー」『早稲田 大学日本語教育研究センター紀要』15号 pp.179－197

________(2003)「夏目漱石の小説にみえる「相対女性語」男性が使用する場合を中心にー」『早稲田 大学日本語教育研究センター紀要』16号 pp.143－159

中村桃子(2007)『「女ことば」はつくられる』ひつじ書房

中野信彦(1991)「江戸語における終助詞の男女差－女性による「な」の使用について－」『国語と国文学』68－4

水谷信子(2001)「あいづちとポーズの心理学」『言語』30－7 大修館書店 pp.47－51

房 極哲(2004)「東京語における終助詞の男女差－「わ」と「な」の使用を中心に－」『日本語文学』20輯 韓国日本語文学会 pp.29－46

_______(2006)「『小公子』における女性語について－終助詞の用法を中心として－」『日本学報』69輯 韓国日本学会 pp.39－52

_______(2010)「近代日本語와 女性語 －情意表現을 중심으로」『日本語教育』53 輯 韓国日本語教育学会 pp.127－140

房極哲 · 李夏子(2005)「『藪の鶯』における女性語－いわゆる情意表現を中心に－」『日本語文学』24 韓国日本語文学会 pp.33－46

益岡隆志·田窪行則 (1992)『基礎日本語文法改訂版』くろしお出版

森野宗明 (1991)「女性語の歴史」『講座日本語と日本語教育10』明治書院 pp.225－248

任利(2005)「明治30年代の小説における性差と文末表現」『日本語と日本文学』40号 筑波大学国語国文学会 pp.1－15

Vanbaelen, Ruth(2003)「性差マーカーの「自然さ」ー小説文の会話文と實際の会話と の比較ー」『日本語と日本文学』36号 筑波大学国語国文学会 pp.54－67

3.3『社會百面相』의 敬語 表現과 敬語 動詞「いらっしゃる」

1. 들어가기

본 연구는 메이지 시대 근대 일본어를 특징짓는 대표적 경어 표현 중에서 尊敬의「お−になる」「お−なさる」「お−なする」와 謙讓의「お−する」「お−いたす」「お−申す」「お−申し上げる」등을 조사하여, 메이지 30년대 중반의 경어 표현 용법을 고찰하고자 한다. 본 연구를 통해서 이들 경어 표현의 용법을 상세히 기술하여 근대 일본어에서 현대 일본어로 이어지는 용법의 변화 과정을 규명하고자 한다. 그리고 경어 동사「いらっしゃる」의 용법에 대해서도 검토하고자 한다. 특히, 그 당시「いらっしゃる」의 어떠한 용법이 주로 사용되었고, 존경 표현 형식「お−になる」「お−なさる」「お−なする」등과는 어떠한 구별이 있고, 그 사용법이 남녀 간에 어떻게 다른지 젠더, 언어적 성차(性差)의 관점에서「いらっしゃる」의 대우 가치에 대하여 논하고자 한다.

2. 선행 연구와 문제의 소재

본 연구의 목적은 종래의 선행 연구에서 메이지 시대 경어 표현과 관련하여 연구 성과가 충분하지 않았고, 특히 언문일치 과정에서 문말의 경어 표현 처리가 어려웠던 점[27]을 고려하여 언문일치 이후인 메이지 30년대 경어 표현을 고찰하는 데 있다.

27) 島村抱月「言文一致と敬語」(明治33年:1900년)에서는 공적인 문장에서 적절한 경어 처리의 어려움과 동시에 소위 보편적 평등적 경어의 결핍을 언문일치에 있어서 제일의 난점으로 들고 있다. 그리고 坪内逍遥「言文一致について」(明治39年)에서도 언문일치의 과정에서 가장 어려운 점은 경어와 어미(ことばじり)라고 지적하고 있다.

본 연구는 메이지 30년대 중반 근대 일본어의 주요 경어 표현과 경어 동사에 대해서 사회언어학적인 관점에서 분석하기로 한다. 이러한 연구를 통해서 궁극적으로 이들 경어 표현이 현대 일본어로 이어지는 이행, 변천 과정을 이해하는 데 도움이 될 것이다. 한편, 메이지 시대 경어 표현에 대해서, 田中(2001:629)는 다음과 같이 서술하고 있다.

近世語から受けついだ敬語の表現形式が衰えて、新しい敬語の言いまわしが一般化してきたことも、明治の語法の特色の一つに数えることができる。その代表的なものは、尊敬の「オーニナル」と、謙譲の「オースル」である。

상기에서 알 수 있듯이 본 연구가 초점을 두는 메이지 시대 대표적인 경어 표현「お(ご)ーになる」「お(ご)ーする」의 형식(새로운 경어 형식)을 조사하여, 특히 메이지 30년대 중반의 실태를 파악함으로서 현대 일본어로 이어지는 이행, 변천 과정에 대하여 시사점을 줄 것이다.

그리고 경어 동사「いらっしゃる」「うかがう」등도 막부 말기에 성립되어 널리 사용되는 시기는 메이지 이후이다. 메이지 20년대 무렵부터는 다양한 문말표현이 발달하게 된다. 특히, 질문이나 명령, 영탄 등의 표현으로는 예를 들어 다음과 같은 것이 있다.

「居ないノ？」「出来なくッテ？」「いらっしゃッテ！」「お呉れッテバ」「ひどい人だコト！」など。(田中2001:630)

이러한 표현은 화자의 표현 의도를 문말의 인토네이션(intonation)이나 프로미넌스(prominence)에 의존하고 친밀한 사이에서 이들 표현이 활발하게 사용된다. 그래서 선행 연구에서도 주로 메이지 시대 문말표현 특히, 종조사의 연구, 性差의 관점에서 문말표현 형식을 논한 경우가 많다. 본 연구에서 다루는『社會百面相』의 경우도 房極哲(2000, 2002), 任利(2007)가 있으나, 주로 종조사, 인칭대명사, 문말표현 형식을 성

차의 관점에서 다루고, 대우가치 등에 대하여 논하고 있다. 또한, 일찍이 에도어 및 에도어의 연장선상에서 경어에 대하여 小松(1971)(1974)(1985)辻村(1968) 등의 연구가 있고, 中村(2011)에서 메이지 20년대「小公子」의 경어 표현을 상세히 다루고 있으며, 水谷(2005)는 경어 동사「いらっしゃる」의 의미 영역에 대하여 메이지에서 현대까지의 변천을 논하고 있다.

그러나, 상기의 선행 연구에서 메이지 30년대의 다양한 경어 표현에 대해서는 상세한 고찰이 보이지 않는다. 따라서, 본 연구는 선행 연구에서 등한시했던 메이지 30년대 경어 표현과 경어 동사에 대해서 고찰하여, 근대 일본어 경어 표현과 경어 동사「いらっしゃる」에 대하여 사회언어학적인 관점에서 기술(記述)하고 새롭게 해석(解析)하고자 한다.

3. 자료 "社會百面相" 및 연구 범위

3.1 자료 "社會百面相"

본 연구에서 다루는 자료『社會百面相』은 메이지 시대 사회 비평 소설로 단편 35편, 중·단편 7편 그리고 부록 등으로 구성되어 있다. 저자 内田魯庵(うちだろあん)의 35세인 메이지 35年(1902年) 6月 東京 博文館에서 刊行되었다. 博文館에서 간행되기 이전에 잡지 [太陽]과 [太平洋]에 연재된 소설이다. 이 소설은 그 당시 사회생활의 실상을 이해하고, 당시의 사회 각 계층에서 활약하는 다양한 사람들의 언어생활상을 파악하는데 귀중한 자료이다. 그리고『社會百面相』은 사회 각 계층의 인물이 등장하기 때문에 경어 표현의 실태를 조사, 파악하는데 유익한 자료가 된다[28].

작가 内田魯庵이 쓴「破垣(やれがき)」가「文芸倶樂部」게재되지만, 내무대신(内務大臣)으로부터 미풍양속을 저해하는 이른바 '풍속회란(風俗壞亂): 풍기 문란'의 이유로 발매 정지된다. 발매 정지가 된 그날 저녁(메이지 34년 1월 4일) 작가는 이러한 풍속

28) 자료"社會百面相"에 대한 상세한 내용은 房(2010)을 참조.

회란의 이유가 부당하고, 자신에게 최대의 치욕을 안겨다 준 것으로 믿고서 망연한 자신의 심경을 내무대신 및 행정당국의 담당자와 세상에 호소하고 있다. 즉, 작가는 풍기 문란의 결정에 대해 납득이 되지 않고, 야비(野卑)하고 외설적인 언어를 사용하지 않았다고 주장하면서 자신의 작품 속의 언어관을 다음과 같이 언급하고 있다.「「破垣(やれがき)」発売停止に附き当路者及江湖に告ぐ」

敢て当路者諸君に問はんとす、公等は自ら顧みて此『破垣』に挿さめる野卑猥褻の言語を決して用ふる事なきや。我は平生より最も野卑猥褻の言語を嫌ふが故に小説を作るに当って地の文章に於ては常に深く自ら謹む。之に由て決して罪せらるる事なきを信ず。唯だ書中の人物の対話を活写せんとすれば勢ひ今の実際に使用せらるる言語を其ままに寫さざるべからず。乞ふ、今の縉紳が日常使用する言語を聞け。渠等は自ら称して「俺(おれ)」と云ひ僅かに一級下れる物を呼ぶに「汝(きさま)」を以てし自らの妻を称して「嬶(かかあ)」と云ひ、其他小説の対話を活描する場合の他は引証するだに躊躇する野卑猥褻なる言語を平然として使用して憚らざるなり。我が小説の対話を物する時に於てすら猶ほ大いに謹みて実際よりはよく美くしく作るを常とす。

(p.538 밑줄은 필자)

단지 작품 중 인물의 대화를 적으려고 하면 지금 실제로 사용되는 언어를 그대로 사용하지 않을 수 없다.

내가 소설의 대화를 쓸 때조차도 크게 삼가하여 실제보다 더 아름답게 쓰는 것을, 항상 그렇게 했다.

상기의 인용에서 内田魯庵의 언어관을 조명해 보면, 적어도『社會百面相』의 대화문은 소설이지만 현실 언어의 실상을 여실히 반영한 귀중한 자료라고 해석할 수 있다. 특히, 상기 인용의 밑줄 친 부분처럼, 회화문의 경우는 실제 언어 생활에서 사용하는 일상어보다 아름답게 집필하려고 노력했다고 볼 수 있다. 그러나, 이것은 전반적으로 일반 소설에 나타나는 언어의 특성이기도 하다. 또한, 内田魯庵은 지금의 시대어(時代語)는 매우 속되고 음탕하며 난잡(卑俚猥雜)하기 때문에 소설가는 항상 언어 표현을 고민하면서 인내하고 집필해야 한다는 생각을 지니고 있었다. 이와 같은 견해를 종합해 보면, 그가 스스로 말한 것처럼 소설가이지만 지금의 사회, 시대상, 인간 행동 등을 묘사하는데 언어에 신경을 쓰지 않을 수 없다는 점이다.

3.2 연구 방법

다음은 연구 방법에 대하여, 자료 속에 나타난 경어 표현과 관련된 용례를 중심으로 생각해 보자. 연구 대상인 자료『社會百面相』에 존경, 겸양의 경어 표현이 나타난「高等官秋棄学士」와「伯爵令嬢千鶴」간의 대화 일부를 소개해 두자.

(1) 大方私(わたくし)を中傷して貴嬢(あなた)やお父様の御信用を失くなさうと企んだのでせうが、しかしお嬢さん、爾んな根も葉も無い捏造説を御信用なすッて私(わたくし)をお叱りになるといふは憚りながらお恨み申上げます。先日もお話しました通り私は極頑固な変人で、大学に在ました時は勿論大学を出ましてからも役所の宴会にすら臨んだ事がございません。

(p.103 [閨閥(下)],「高等官秋棄学士」→「伯爵令嬢千鶴」)

상기의 대화에서「(某省高等官)秋棄学士」가「伯爵令嬢千鶴」에게 매우 공손한 경어 표현을 사용하고 있다. 존경 표현으로「お叱りになる」와「御信用なする」을 사용하고 있으며, 겸양 표현으로「お恨み申し上げる」「お話する」의 형식을 사용하여 상대방「伯爵令嬢千鶴」에게 격식을 갖추어 대하고 있다. 또한, 이러한 경어 표현과 호응하여 대우 가치가 높은 일인칭대명사「私(わたくし)」와 이인칭대명사「あなた」를 사용하여, 화자 31세인「高等官秋棄学士」가 지식인으로서의 자신의 품위를 유지하면서 상대방「伯爵令嬢千鶴」에게 예의를 갖추며 대하고 있다.

다음은 여성인「伯爵令嬢千鶴」가「高等官秋棄学士」에게 경어 동사「いらっしゃる」와「なさる」「なする」「くださる」 등을 사용하고 있지만, 기분이 좋지 않고 서먹서먹한 문맥 장면에서 상대방에게 심적인 거리를 두는 역할을 경어 동사가 담당하고 있다(용례(2)(3)). 존경 표현으로는 남성「高等官秋棄学士」와 달리「おーなさる」형식의 사용이 보인다(용례(4)). 이하, 용례를 들어 두자.

(2) 爾(さ)うでせうとも貴郎(あなた)は艶治郎(いろをとこ)で在らッしやるから奥さん方やお嬢さん方が八方からお話を仕掛けますからね。

(p.104 [閨閥(下)],「伯爵令嬢千鶴」→「高等官秋棄学士」)

(3) 貴郎(あなた)、愚(ばか)になさいますね?

(p.104 [閨閥(下)],「伯爵令嬢千鶴」→「高等官秋棄学士」)

(4) 矢張東京に在てお浮れなさる方が好いんでせう。

(p.102 [閨閥(下)],「伯爵令嬢千鶴」→「高等官秋棄学士」)

상기의 두 사람의 대화를 통해서 메이지 30년대 중반 경어 표현 실상의 일부분을 파악할 수 있었다. 특히, 성차의 관점에서 보면 경어 동사의 경우 여성이 많이 사용하는 경향이 있다. 그리고 여기에서 남성이 사용하는「おーなする」와 여성이 사용하는「おーなさる」의 대우 가치의 차이를 생각할 필요가 있다[29].

(5) ですけれでも惜いぢゃありませんか。お忘れなすったなら猶更英文学科へお入ンなすったら宜さそうなもんですね。

(p.134 [女学者(上)],「女学者」→「若い女」)

본 연구에서는『社會百面相』에 등장하는 사회 각 계층 등장인물의 경어 표현 사용을 특히, 성차, 장면, 문맥에서 인간관계 등을 종합적으로 고려하여 조사한다. 이

29) 아래의 예문 용례(5):「女学者(30, 31세 정도)」가 손아래「若い女」(젊은 여자 25, 26세 정도)에게 사용하는「おーなする」의 존경 형식이 보이고, 이 형식은 남녀 공용의 경어 표현이기 때문에 성별에 따른 구별이 기준이 되지 않는다. 그러나, 여성끼리의 사용에서 그것도 손아랫사람에게 사용하는 용례에서 대우 가치는 그다지 높다고 볼 수 없다. 따라서, 남성이 사용하는「おーなする」의 쪽이 대우 가치가 높다고 생각된다. 남성의 경우, (高等官)秋棄学士」가「伯爵令嬢千鶴」에게「御信用なする」을 사용하고 있는 용례(1)를 참조할 것.

러한 조사, 분석을 통하여 그 당시 중심이 되는 경어 표현의 실체를 파악함과 동시에 현대 일본어 경어와의 차이를 파악할 수 있을 것으로 기대된다.

이하, 4장에서 경어 표현 형식이 포함된 용례를 중심으로 경어 표현(존경, 겸양표현) 및 경어 동사「いらっしゃる」에 대하여 상세히 고찰해 보자.

4. 경어 표현 및 경어 동사

4.1 존경 표현

小松(1971:324)는 에도어의 특색을 나타내는 것으로「いらっしゃる」「おーになる」「おーだ」가 있다고 한다. 특히,「いらっしゃる」와「おーになる」는 에도 후기부터 생긴 것이고,「おーだ」만이 에도 전기부터 에도어에 있었던 것으로 추측된다.

辻村(1968:260−261)에 따르면,「おーになる」형식은 에도 말기에 일상 대화에도 점점 사용되게 되지만 총체적으로 말하면 용례는 적다. 그 시대에는「おーだ」(お出でだ) 및「おーなさる」(お書きなさる)형식이 주류를 이룬다고 한다.

메이지 20년 무렵이 되면, 예를 들어 末廣鐵腸(すえひろてっちょう)의 정치소설『雪中梅』(1886년, 메이지19)에서는 오늘날과 같은 말투가 여기저기 보인다. 이 무렵「おーになる」형식의 일반화 단계를 인정해도 좋을 것이다. 그러나, 坪内逍遙(つぼうちしょうよう)의『当世書生気質』(1885년−1886년, 메이지18−19)나 二葉亭四迷(ふたばていしめい)의『浮雲』(1887년−1890년, 메이지20−23)에서는「おーになる」가 거의 보이지 않고,「おーだ」「おーなさる」가 사용되고 있다. 그리고 若松賤子(わかまつしずこ)의 번역소설『小公子』(1890년, 메이지23)에서도「おーなさる」가 많이 사용된 점을 고려하면, 메이지 20년대에는 작품이나 작가의 성향에 따라「おーになる」사용이 제한적이다. 시간이 흘러 메이지 40년대가 되어서야「おーになる」형식이「おーなさる」형식을 능가하게 되고, 夏目漱石(なつめそうせき)『三四郎』(1908년, 메이지41)에서는 현저하게「おーになる」가 많아지고 현대어에 가깝게 된다.

본 연구에서는『社會百面相』의 경어표현 중에서「おーになる」형식을 조사하여,

작품 속에 출현하는「おーなさる」「おーなする」형식과 비교하여 어느 정도 경어 사용의 차이가 있는지, 다시 말해서 메이지 30년대 중반 경어 형식의 역할 분담에서 어떠한 차이가 나타나고 있는지 그 실상을 파악하고자 한다[30]. 이하, 경어 표현이 사용된 문맥 상황(사용자의 성별, 사회계층 및 화자와 청자 간의 상호 인간관계, 장면) 등을 고려하면서 용례를 검토해 보자.

4.1.1「お(ご)ーになる」

이하,「お(ご)ーになる」의 용례를 들어 두자.

(6a) ですから父と一緒に一度高砂伯爵の許へ行らッしゃいと申上げたのは左も右く伯爵に会ってお置きなさるが貴郎(あなた)のお利益(ため)になるからです。

(p.177[猟官(中)]お秀；中学校先生夫人(23,24才) → 夫(36,36才))

(6b) 貴郎(あなた)がお帰りになる少し前に帰りました。

(p.177[猟官(中)]お秀；中学校先生夫人 → 夫)

(7) 貴処(あなた)が出獄なすつてから洋行なすつたお財は誰がだしました。貴処(あなた)の選挙の 費用を出した上に親類縁者から恩顧の者を頼んで貴処に投票をさせた恩人は誰です。高浪さん、豈夫(よも)やお忘れになりますまい。

(p.313[鉄道国有(5)] お嶺 → 高浪 崩(代議士))

(8) 真実にお口が悪いッたら学士さんになつたら一層悪口がお上手になつた。

(p.82[新学士]煙草屋の女；富ちやん(24, 25才) → 二人の新学士)

(9) 爾ういふ意味ぢゃアない。貴嬢(あなた)のやうに揚足をお取りになると弁解が出来なくなる……

(p.104 [閨閥(下)], 秋棄学士 → 伯爵令嬢千鶴)

(10) 貴嬢(あなた)の旦那様も来年は悪口がお上手になりませう。

(p.82[新学士]新学士 → 煙草屋の女；富ちやん(24, 25才))

30) 본 자료에「おーだ」「おーです」형식의 사용도 있으나, 본 연구에서는 존경 표현의 중심인「おーになる」「おーなさる」「おーなする」를 집중적으로 분석하기 위해 다루지 않기로 한다.

(11) でムいますと、お楽しみを兼ねて社会の利益をお計りになる、誠に結構な御趣意でムいますナ。

(p.111 [貴婦人(上)] 訪問記者 : 雜誌記者 → 貴婦人)

남성의 경우,「雜誌記者」,「高等官学士」,「新学士」 등이 [おーになる]의 존경 형식을 상대방 여성에게 사용하고 있는 점이 주목된다(용례9−11). 여성의 경우는「中学校先生夫人」이 남편에게,「お嶺」가「代議士」에게「煙草屋の女」가「新学士」에게 각각 남성에게 [おーになる]의 존경 형식을 사용하고 있다(용례6a, 6b, 7, 8). 이처럼 이성 간에서 사용되고 있다는 점이 주목을 끈다. 구체적으로 용례의 사용 장면을 보면서 존경 표현의 대우가치에 대하여 검토해 보자.

「お秀(中学校先生夫人(23, 24才)」가 남편의 취직 문제(獵官運動)로 친정 어머니와 아버지에게 상의, 청탁한 것에 관해서 남편(夫; 35, 36才)과 나누는 대화이다(용례6a, 6b). 남편의 경우는 부인「お秀」의 이러한 행위를 마음에 들지 아니하고, 아내는 남편에게 현재의 중학교 교사보다 관료(官員)가 되어 출세하길 바라는 마음을 전하고 있다. 부인이 남편을 설득시키는 장면에서 화제의 중요성을 고려하여, 경어 표현「お(ご)ーになる」을 사용하고 있다.

「お嶺」가 여동생「お岸」의 남편인 국회의원(代議士)「高浪 崩」에게 '철도국유안'에 대하여 청탁하는 과정에서 주고받는 대화 장면이다(용례7).「なする」라는 경어 동사의 사용,「あなた」사용, 그리고 [おーになる]의 존경 형식이 함께 사용되어 화자「お嶺」가 상대방「高浪崩」에게 의뢰, 청탁의 장면에서 예의를 갖추면서 대하고 있다.

「煙草屋の女(24, 25才)」와 오랜 단골 손님인 두명의「新学士」와의 대화에서 서로가 [おーになる]의 존경 형식을 사용하고 있다(용례8, 용례10). 장면상 격의 없이 지내며 손님인「新学士」가「煙草屋の女」에게「富ちやん」「貴孃(あなた)」「お前(まへ)」라고 이인칭대명사 및 호칭이 장면에 따라 변하고 있다. 즉, 이 중에서 [おーになる]의 경우에는 이인칭대명사「あなた」가 사용되어 가장 공손하게 대하고 있다. 평소에는 [おーになる]형식을 사용하지 않던「新学士」가 상대방「煙草屋の女」에게 문맥에서 심리적 거리를 두고 싶은 경우, [お一になる]형식을 사용하고 있다(용례10). 이 경우는 「秋葉学士」→「伯爵令嬢千鶴」에서 사용된 존경의 의미 [お一になる]가 아니고, 상대방과 거리를 유지하기 위하여 선택된 것이다.「高等官秋葉学士」는「伯爵令嬢千鶴」에게 [お取りになる](용례9)와 아래(4.1.2)에 제시하는 [御-なさる] 형식(용례16)을 사용하여 상대방을 존중하는 태도를 짐작할 수 있다. 이상의 용례에서 살펴 본 것처럼 [お一になる]는 남녀 모두 대우 가치가 높은 존경 형식이라고 말할 수 있다.

4.1.2「お(ご)一なさる」「お(ご)一なする」

이하,「お(ご)一なさる」「お(ご)一なする」의 용례를 들어 두자.

(12) 真箇に妾(わたし)だつてトツテて了つたワ。貴婦(あなた)が又意地が悪く淑女会の幹事の横道男爵の何だのとお紹介(ひきあは)せなさるから猶更まごまごしちまつてお酒の酔も何も醒めッちまつたワ。

(p.114[貴婦人(下)]男爵夫人→貴婦人)

(13a) 何処でお遇ひなすッたの？

(p.175[猟官(中)]お秀；中学校先生夫人(23,24才)→夫)

(13b) そりやア無理はありませんワ。父が貴郎(あなた)の御身分を心配して御出世なさるのを喜ぶのは道理ですワ。

(p.175[猟官(中)]お秀；中学校先生夫人(23,24才)→夫)

(14) 貴婦(あなた)、規則書を御覧なすつて一一無論お入りなさるンだから御覧なすッたでせうが、妾(わたくし)、あの課目表を見たら馬鹿々しくなりましたワ。

(p.132[女学者(上)] 女学者 → 若い女)

(15) えエ、妾しは腹立ッぽうですから一一ですけれども腹も立ちまさアネ。少と言過ぎるかも知れませんが、貴所(あなた)が今日まで御出世なすつたのは半分は妾(わたく)しどもでお世話したからだと申しても可いで せう。

(p.313[鉄道国有(5)] お嶺 → 高浪(代議士))

(16) 鞆島の奥さんのやうな他(ひと)を讒誣中傷するを何とも思はない人の言ふ事を

御信用なさるといふはお恨み申上げる。

(p.104 [閨閥(下)], 「高等官秋棄学士」→ 伯爵令嬢千鶴」)

메이지 30년대 중반『社會百面相』에는「おーになる」이외에도「おーなさる」「おーなする」「おー遊ばす」 등의 존경 형식의 사용이 보이는데, 20년대『小公子』와 같은 다양한 이형태는 소멸하게 된다. 메이지 20년대 언문일치[31]를 거치게 되고, 특히, 30년대 중반에는「おーなさる」「おーなする」의 양 형태가 존재한다[32]. 시간이 흘러 40년대가 되면 夏目漱石의 작품에서 보듯이 존경 표현은「おーになる」가 담당하게 된다. 특히 여성의 동일인물에 대하여「おーなさる」「おーなする」의 양 형태가 공존하여 용례(13a, 13b)처럼 사용되고 있는데, 용례(13b)「おーなさる」쪽이 대우 가치가 높아 보인다. 그러나, 남성의 경우에는 용례(16)과 앞(3.2)에서 제시한 용례(1)의 경우를 비교해 보면, 동일 인물 간의 대화에서 용례(1)에 사용된「おーなする」가 [御信用なすッて]의 뒤에 문말표현 [お恨み申上げます]에서 알 수 있듯이 대우 가치가 높아 보인다. 따라서, 남녀의 사용에서 대우 가치의 차이가 있다고 해석할 수 있다.

메이지 시대『当世書生気質』(메이지18−19년)에서는 전체 용례「なすっ」(32예)이고,「なさっ」은 용례가 보이지 않는다. 辻村敏樹(1968)의「おーになる」의 고찰에서 坪内逍遙가 극작자류(劇作者流)를 언어면에서 벗어나지 못함을 지적하면서「なさっ」보다도「なすっ」쪽이 한층 극작적인 기호에 부합한 것이라고 보고 있다.『当世書生気質』에서「なすっ」을 전용한 것이 그 당시 상황을 어느 정도 반영한 것인지는 비슷한 시기의『小公子』(메이지 23년)의 상황과 비교해 보면, 각각의 작품의 성향에 따른 차이라고도 해석할 수 있다.

---

31) 언문일치체(言文一致體)를 실현하는데 문말 경어 표현의 처리 과정이 필요했으며, 그 처리가 상당히 어려운 것도 사실이다. 특히「小公子」는 번역자인 若松賤子가「です」「ます」体를 사용하였다. 그리고 구어체에서 등장인물의 사회적 계층, 위상을 고려하고 화자와 청자 간의 인간관계와 장면 등을 염두에 두면서 번역하는 과정에서 다양한 경어 표현의 이형태가 존재한다.

32) 한편, 小松(1974:257)에 의하면,「なさる」의 연용형은「て」「た」와 접속할 때 에도어(江戸語) 이래「なさっ」「なすっ」의 두 형태가 있다. 小松(1974:257)에서「なさる」의 연용형에 대해서「なすっ」은 에도어의 한 특색을 언급하고 있다. 이것은 주로「なすっ」를 사용하지 않는 가미가타어(上方語)에 대한 특색이었다.

예를 들어. 中村(2011 : 122−127)에서는 「お一なさる」의 이형태(異形態)인 「お一なする」에 대해서 『小公子』의 용례를 분석하고 있다. 『小公子』에 「なすっ」는 전체 11예(문어문(非대화문):5, 대화문6)이고, 「乳母メレ」, 「エロル夫人」, 「セドリック」3인이 사용하고 있다. 한편, 「なさっ」의 용례는 전체 10예(문어문6, 회화문4)로 사용자는 주인공 「セドリック」와 그의 어머니(母)이다. 두 용례 모두 사용이 적으며, 「なすっ」「なさっ」두 형태의 사용 기준이 보이지 않는다고 논하고 있다. 특히, 『小公子』에는 「なさる」의 다른 이형태로 「なする」이외에 「なはる」「なせい」「なさるる」가 사용되어, 다른 작품에는 보이지 않는 번역소설 『小公子』만의 특징적인 점이다.

메이지 30년대 중반 『社會百面相』의 사용 양상에서 남성의 경우 사용이 적고, 거의 여성들이 사용하는 존경형식 「お一なさる」「お一なする」라고 말할 수 있다. 「お一なさる」의 여성사용을 보면 용례(12)(13b)(14)이고, 「お一なする」는 용례(13a)(15)이다. 이처럼 여성의 사용이 주된 용법이고, 남성의 경우에는 용례(16)의 「お一なさる」존경형식이 보이는 정도이다. 즉, 「高等官秋棄学士」가 「伯爵令嬢千鶴」에게 공손하게 예를 갖추고 말할 때 사용하는 정도이다.

『小公子』가 번역된 메이지 20년대에는 메이지 전기와 후기를 구별하는 중요한 시기로 메이지 전기에는 에도어의 흔적, 여운이 많이 남아 있다. 그리고 메이지 후기가 되면서 메이지 40년대부터 다이쇼(大正)시대에 현대 일본어, 동경 표준어가 확립되게 된다. 그러한 의미에서 메이지 35년의 『社會百面相』의 존경 표현을 보면 메이지 후기의 양상이 보이면서 「お一なさる」의 여성 사용이 주된 흐름이 된다.

한편, 『社會百面相』에는 「お一遊ばす(お＋動詞連用形(名詞)＋遊ばす)」의 존경 형식을 20대의 젊은 여성이 사용하고 있으며, 「お一なさる」와 대우가치가 비슷한 느낌이다. 동일 인물의 「お一なさる」 (용례13b)[御出世なさる]와 「お一遊ばす」 (용례19)[御出世遊ばす]의 사용을 비교해 보면, 대우 가치의 차이를 느낄 수 없다.

아래의 용례에서 알 수 있듯이 처음 만나서 자기를 소개하는 과정에서 「加壽衛(20대 여성;바이올리니스트(Violinist))」가 가난한 書生인 「春村(洋服紳士)」에 대하여 「お一遊ばす」의 표현을 사용한다(용례17). 그리고 의뢰하는 과정에도 「お一遊ばす」의 사

용이 보이는 점과 상층부인「男爵夫人(28, 29세)」이「貴婦人(35, 36세)」에게(용례18),「中学校先生夫人(お秀:22−23세)」가 남편「乾坤一(35, 36才)」에게(용례19) 각각 사용하고 있는 점 등으로 미루어 보아 메이지 30년대 중반까지 20대 젊은 여성(주부)들이 사용하는 대우 가치가 높은 존경 형식이라고 말할 수 있다.

(17) 妾くしこそ何卒(どうぞ)、此通り自転車へ乗るお転婆ですが、何卒(どうぞ)お嫌ひ遊ばさずに……

(p.444[破調(上)]加寿衛；20代女性バイオリニスト→ 春村；洋服紳士)

(18) まだ妾(わたし)の男爵夫人の方が宜いでせう……オホ、、、ッ、貴婦(あなた)は博士の奥さんだもんだから、新華族だといふと馬鹿になさるが、貴婦(あなた)だつて必と今に伯爵夫人か子爵夫人におなり遊ばすサ。

(pp.117-118[貴婦人(下)]男爵夫人(28, 29才) → 貴婦人;新開令夫人(35, 36才))

(19) 実家の父も今度は貴郎(あなた)が御出世遊ばすだろうと大変喜んでるさうで今日母が容子を聞きに来ました。

(p.176[猟官(中)]お秀；中学校先生夫人(23, 24才) →夫;乾坤一(35, 36才))

4.2 겸양 표현

4.2.1「お(ご)ーする」

이하,「お(ご)ーする」의 용례를 들어 두자.

(20) 骨が折れるといふ事もム(ござ)いませんが、実は内幕を明白にお話すると誠にお恥ずかしいのですが、多い会員の中には随分理屈の解らない奥さん方がありまして、他人様の悪語を云ふやうですが真箇に困るんです。

(p.112 [貴婦人(上)]貴婦人→訪問記者：雑誌記者)

(21a) 夫ですから今年三十一才になるまで全く女といふものを知りません位で、お邸へ出て貴嬢(あなた)や貴嬢のお母様とお話するより外女と口を利いた事はム

(ござ)いませぬ。

(p.103 [閨閥(下)],「高等官秋棄学士」→「伯爵令嬢千鶴」)

(21b) 私(わたくし)も是非とも御一所にお伴したいのですが、生憎役所の事務が整理きませんので一一一

(p.102 [閨閥(下)],「高等官秋棄学士」→「伯爵令嬢千鶴」)

(22) 御覧の通りの武骨者で、自分の情(こころ)を円滑にお話しする術を知らない、(と春村は厳然と更たまつて「それですから少しも腹蔵なく明らさまに告白します。全く以て貴嬢(あなた)に惚れました。」)

(p.449[破調(中)]春村;洋服紳士(貧乏書生) → 加寿衛;20代女性バイオリニスト)

小松(1985)에 의하면, 겸양어를 만드는 형식으로 에도어에서는「お一申し上げる」「お一申す」「お一致す」등이 있었지만, 후에「お一する」형식이 생기고 메이지 이후는「お一する」형식을 다용하게 된다고 한다.

상기의 용례(21a, 21b)에서 보면,「お一する」는 남성「高等官秋棄学士」가「伯爵令嬢千鶴」에게 공손하게 대하는 장면이다. 특히, 일인칭대명사「私(わたくし)」를 사용하고 문말에「ございます」와 같은 정중한 '丁寧語' 표현이 사용되어 상대방을 배려한 화자 자신의 교양, 품격이 겸양 표현에 담겨져 있는 느낌이 강하다. 그리고 용례(22)는「春村;洋服紳士(貧乏書生)」가「加壽衛;20代女性バイオリニスト」에게 반하여 고백하는 장면에서 [お話しする]라고 겸손하게 자신의 감정을 전달하고 있다. 여성의 경우, 용례(20)처럼 상류층 부인인「貴婦人」이 외부의「방문기자(雑誌記者)」에게 [お話する]의 겸양 표현을 사용함으로써「貴婦人」으로서의 교양과 자신의 품위를 유지하고 있다.

이처럼「お一する」형식은「高等官秋棄学士」「洋服紳士(貧乏書生)」「貴婦人」등이 사용하고 있는데, [お話する]가 주로 사용되는 점과 상대방이 이성으로 친밀한 사이가 아닌 점이 특징적이다. 즉, 소원한 관계의 상대방에게 예의를 갖추며 자신의 교양을 유지하면서 대화하는 경우에 겸양 표현「お一する」형식이 효과적으로 사용되고 있다.

4.2.2 「お(ご)ーいたす」「おー申す」「お(ご)ー申し上げる」

이하, 「お(ご)ーいたす」「おー申す」의 용례를 들어 두자.

(23) 妾(わたくし)も御挨拶致さうと思つてましたが、頻りに鞍馬のお嬢様と親(なか)よくお話しのやうに見受けましたから……

(p.100 [閨閥(上)鞍馬法学士夫人 → 秋葉学士]

(24) 貴郎(あなた)にお話し申すと復た理屈を仰しやるから黙つてましたが、先々月高砂伯爵に願つて伯爵から浦安侯爵へお話になつて、機会があつたら必ず奈何にかして下さるやうに仰しやッたさうです。

(p.177 [猟官(中)]お秀；中学校先生夫人(23,24才) → 夫)

(25) 何ですね、五円や十円位、貴処方(あなたがた)にお貸し申すのは銀行へ預けて置くやうなもんです…

(p.81 [新学士]煙草屋の女；富ちやん(24, 25才) → 二人の新学士)

(26) いや、貴嫂(あなた)に理由をお話し申しても可いが、何を申してもお腹立ちでお聞入れにならんから……

(p.313 [鉄道国有(5)] 高浪 崩(代議士) → お嶺

(27) 先生、鱶澤さんが見えました。御不在だと申しましたが、お帰りまでお待ち申すと云って動きません。

(p.195 [代議士]書生 → 代議士)

용례(23)은 상층부인인 「鞍馬法学士夫人」이 원유회(園遊會)에서 「秋葉学士」를 만나 서로 인사하려고 하였으나, 여의치 못해 벌어진 상황을 설명하는 장면이다. 인사의 장면은 화자의 공손함이 요구되기에 「お(ご)ーいたす」라는 겸양적인 표현이 사용되고 있다[33].

「お秀；中学校先生夫人(23, 24才)」이 남편 「夫」에게 [お話し申す]라고 아주 겸양

33) 「法学士夫人」의 일인칭대명사 妾(わたくし)의 사용에서도 화자 자신의 겸손한 태도 및 상류층 부인의 교양이 높은 정도를 짐작할 수 있다.

적으로 말하며(용례24), 동시에 경어 동사(仰しやる, くださる)를 사용하여 문맥 전체에서 화자의 격식성을 짐작할 수 있다. 이처럼 부인이 남편에게 겸양 표현과 존경의 경어 동사를 함께 사용하여 화자 자신의 겸손한 여성상을 적절히 나타내고 있다. 담배 가게의 여성「煙草屋の女(24−25세)」이 두 사람의 신학사「新学士」에게 [お貸し申す](용례25) 이외에도「お迎えになる」「お上手になる」와 같은 [おーになる]형식과「ーてらっしやる」「行らッしやる」등 함께 사용하여 매우 공손하게 대하고 있다. 이처럼 겸양 형식「おー申す」는 존경 형식과 함께 사용하여 여성 화자가 상대방 간의 인간관계를 고려하여 상대방을 존중, 배려하는 느낌을 문맥에서 엿볼 수 있다.

「高浪崩(代議士;국회의원에 해당)」가 아내의 언니「お嶺」에게 [お話し申す]형식을 사용하여 공손하게 대하고 있다(용례26). 이 경우에도 존경 형식인「お聞入れにならんから」와 같은 [おーになる]와 함께 사용하고 있다. 상기 남성의 용례(26)(27)에서 지식인 계층인 代議士와 書生이 상대방(상하관계에서 윗사람)에게 겸손하게 자신의 입장을 설명하는 장면에서 겸양적인「おー(動詞連用形)申す」가 선택되고 있는 점이 여성의 사용과 다른 점이다. 그리고「お(ご)ー申し上げる」[34]의 사용은 매우 적으며, 4.1.2.의 용례(16)에 제시한 것처럼 남성인「高等官秋棄学士」가「伯爵令嬢千鶴」에게 격식을 갖추고 있으나,「おーする」「おー申す」에 비해 그 사용에 제한적이다.

4.3 경어 동사「いらっしゃる」

경어 동사「いらっしゃる」의 경우, 小松(1971 : 346)와 中村(2011 : 189−190)水谷(2005) 등의 연구가 있다. 선행 연구를 검토해 보면,「いらっしゃる」는 후기 에도어에서는 대우 가치가 높고 용례는 많지 않다. 그리고 에도 말기가 되면 다용되고 보조동사(ーてある) (ーている)의 용법이 생기게 된다. 특히 水谷(2005)에 의하면, 경어동사

34) 보통 경어의 분류에서 겸양어A에 해당되어, {~申し上げる} ~에 해당되는 인물(보어)를 높이는 겸양어A이다. 반면, {~申す}는 ~에 해당하는 인물을 높이는 것이 아니라, 단지 듣는 이에 대해서 정중하게 말하여 주어를 낮추는 겸양어B로 구별한다.

「いらっしゃる」는 메이지 시대부터 현대까지 <行く> <来る> <いる>를 의미 영역으로 하는데, <来る> <いる>의 의미로는 二葉亭四迷 이후 메이지, 다이쇼(大正), 쇼와(昭和)의 작가들은 거의 대부분 사용하고 있다고 한다[35].

여기에서는 『社會百面相』에 보이는 「いらっしゃる」의 의미 영역을 조사하여, 메이지 30년대 중반의 사용상황을 살펴보고 어느 사회계층에서 어떠한 용법이 주된 용법이며, 어떠한 대상에게 어느 정도의 대우 가치(경의)를 나타내고 있는지를 상세히 고찰하고자 한다.

또한, 「いらっしゃる」의 사용에서 남녀의 성차가 보이는지도 검토하고, 경어 동사 「いらっしゃる」가 다른 존경 표현 형식 「お一になる」「お一なさる」「お一なすする」 등과 어떠한 차이가 있는지 고찰하도록 한다. 이하, 용례를 들어 두자.

(28a) *貴処(あなた)*が婦人雑誌の記者で在(い)らつしやいますか、能くお尋ねくださいました。

(p.108 [貴婦人(上)貴婦人→雑誌記者])

(28b) 斯う申すと生意気のやうですが、実は今の貴婦人達は、中には立派な方も在らつしやいますが、随分素性の能くない方が沢山ムいますから、

(p.111 [貴婦人(上)貴婦人→雑誌記者])

(29) 男爵(とのさま)が芸妓(げいしゃ)をつれて大磯へ行らしつたもんだから、夫で気が揉めて真剣になれないだワ。

(p.115 [貴婦人(下)貴婦人→男爵夫人])

(30a) ですから父と一緒に一度高砂伯爵の許へ行らッしやいと申上げたのは左も右く伯爵に会ってお置きなさるが*貴郎(あなた)*のお利益(ため)になるからです。

(p.177 [猟官(中)]お秀；中学校先生夫人(23,24才)→夫；乾坤一(35,36才))

(30b) 貴郎(あなた)は気楽ばかり云つてらッしやるが妾(わたくし)は歯痒くてなりま

35) 水谷(2005)에 따르면, 1940년대 이후 출생한 작가들이 「いらっしゃる」를 <行く>의 의미로 사용하는 경우는 현저히 줄게 된다. 현대 일본어에서는 <行く>의 의미로 「いらっしゃる」를 거의 사용하지 않는다고 볼 수 있는데, 이는 존경을 나타내는 경어 조동사 「れる」의 정착 시기와 관련이 있을 수 있다.

せん、(中略)左に右く貴郎は政治経済を勉強なすッた亜米利加の学士で、殊に高砂伯爵といふ後見がありながら、自由党の壮士上りさへ勅任官になる此節がら御自分で卑下して引込んでらッしやるてのは……

(p.179 [猟官(中)]お秀；中学校先生夫人(23,24才)→夫；乾坤一(35,36才))

(31) お母さんが、爾うかい、容子(やうす)を聞きに行らしッたかい。

(p.176 [猟官(中)]夫；乾坤一(35,36才)→お秀；中学校先生夫人(23,24才))

(32a) えエ／＼、御勘定なんぞは何時でも宜しうムいます。あら、最う帰り？憎らしいよ、玉突へ行らッしやるんでせう。玉突の花ちやんは別嬪ね？

(p.83 [新学士]煙草屋の女；富ちやん(24, 25才)→二人の新学士)

(32b) 呀(おや)、尾之道さんが惚れてらッしやるといふのは奈何にお美しいお嬢様でせうね一何処のお嬢様？、

(p.82 [新学士]煙草屋の女；富ちやん(24, 25才)→新学士；尾之道)

(33) だつて無理ぢやアありませんか。貴郎(あなた)は勝手に女狂ひをなさる。(中略)そりやア立派なお邸のお嬢様でお育ちなすつた奥様方は人形のやうにチンと冷して殿様が浮気をなさるのを温和しく見て在らッしやるでせうが、妾(わたし)のやうな無教育な悪婆摺は爾うは行きませんよ。

(p.56) [(精神家(下)]精神家夫人(才)→夫(40代))

(34) 貴姉(あなた)は奥様学問に身を入れて在らつしやるから……

(p.135[女学者(上)]若い女(25,26세 정도)→女学者(30,31세 정도))

(35) 惚れて下さる方は妾(わた)くし大好き。けれども貴郎(あなた)のやうな手数の掛るオツクウな惚れ方は之からはお止しなさい。出雲の神さまが退屈して欠伸をして在らッしやりますよ。……

(p.453 [破調(中)]加寿衛；20代女性バイオリニスト→春村；洋服紳士)

(36a) 所詮(どうせ)此暑いのに腕車(くるま)だつて昼中(ひるなか)歩けやしませんワ。久し振りだから夕方まで遊んでらッしやいよ。

(p.122 若い主婦((22, 23세 정도))→新妻君；高等官夫人(22, 23세 정도):女学校同窓))

(36b) 先(ま)ア其様な事を云はずにお着換えなさいよ。

(p.122 若い主婦((22, 23세 정도))→新妻君 ; 高等官夫人(22, 23세 정도):女学校同窓))

(37) あら、そんな事迄知つてッしやるの。オホホホホッ、真箇に油断がならない。

(p.73) [(教育家(下)]女中→風通紳士)

(38) 帰朝したら、三年目にかーーーはッはッはッ、既う三年留学の辞令を請取つて了へば得手に帆を揚げる才子で在らッしやるから……

(p.71) [(教育家(下)]風通紳士→洋服紳士 ; 青年教育家)

상기의 용례에서 알 수 있듯이 여성 화자「貴婦人(용례28a)」,「中学校先生夫人(용례30a, 30b)」,「젊은 여성: 若い女(용례34)」,「20代女性 바이올리니스트(용례35)」,「담배가게 여성: 煙草屋の女(용례32a, 32b)」 등이 경어 동사「いらっしゃる」를 사용하는 경우, 공통적으로 이인칭대명사「あなた」를 사용하고 있는 점이 주목된다. 여기에서「いらっしゃる」의 높은 대우 가치를 짐작할 수 있다. 그 당시 이인칭대명사로서 대우가치가 가장 높은「あなた」와 호응하여 사용함으로써 문맥 전체의 공손도(恭遜度, 丁重度)를 엿볼 수 있다.

한편, 대등한 인간 관계에서 사용된 경우를 보면, 예를 들어 용례(36a)의 여학교 동창생으로 20대 초반에 결혼한 젊은 부인 간의 대화로 명령형의 형태에 종조사 'よ'가 붙은 [らッしやい+よ] 형식이 사용되어, 당시 젊은이의 말로 상대방에게 부드럽게 권하고 있음을 알 수 있다[36].

그러나, 용례(35) 20代「女性바이올리니스트加壽衛」가「洋服紳士春村」에게 [お止しなさい]라고 말하고 있는데,「加壽衛」는 작품 속에서 정숙하지 않고 예절이 없으며 성에 개방적인 젊은 여성으로 묘사되어 있는데, 이와 같은 인물상을 생각하면 상대방「洋服紳士春村」(노골적이고 솔직한 성격의 소유자로 가난한 書生인「春村」가「加壽衛」라는 젊은 여성에게 반하였음)와는 소원한 관계, 즉 친족이 아닌 이성 간의 외부인이므로 다소 거리를 두는 명령법이 사용된 것이다.

---

36) 또한, 이 두 젊은 여성간에 [お着換えなさいよ](용례36b)처럼「お(動詞連用形)+なさいよ」의 형태로 명령형에 종조사 よ를 접속하여 사용하는 점이 젊은 여성들에게는 상대방에게 명령을 완화하여 권유하는 인상을 주고 있다.

용례(30a, 30b)「お秀；中学校先生夫人(23, 24才)」이 남편에게, 그리고 용례(33)「精神家夫人」이 남편에게「一ていらっしゃる」를 사용하면서 상대방에게 정중하게 대하고 있다. 즉, 아내가 남편에게「一ていらっしゃる」의 보조동사 형식으로 사용한 경우는 상당히 높은 대우 가치를 엿볼 수 있다. 그러나, 젊은 남성의 경우, 學生(書生) 간의 대화에서 學者인 羽川를 비평하면서 보조동사「いらッしやる」가 빈번하게 사용되고 있다. 아래(용례39)는 한 문장에서 6개의 보조동사「いらッしやる」가 사용되어 学者인 羽川 선생에 대한 대우 가치는 보조동사「ている」와 같은 정도로 짐작할 수 있다. 이것은 문말표현이 [だ体]이고, 문맥에서 羽川와 같은 인물을 사회에서 필요 없는 존재라는 표현에서 보듯이 엄하게 혹평하는 것에서 알 수 있다.

(39) 労働神聖論をふり廻して職業に貴賤高下は無いと仰しやる先生が懐手をして無駄飯を喰つて在らッしやる、用も無いのに綱曳車を乗回して在らッしやる、美衣美食して貴族を気取つて在らッしやる、尊大に構へて我々書生を軽蔑して在らッしやる、僕婢を奴隷待遇して殿様顔をして在らッしやる、加之も裏店の貧乏職工が病に餓えて死に掛つてるを平気に知らぬ顔をして在らッしやる。労働が神聖なら神聖の労働を敢えてしない遊食の民は即ち社会の屑だ、羽川君の如きは最も無用なる社会の屑だ……

(pp.23-24[労働問題(上)]学生風(書生)同士)

경어 동사「いらっしゃる」는 <行く:가다> <来る:오다> <いる:있다>를 의미 영역으로 하는데,『社會百面相』에서 용례를 살펴본 결과, 대부분이 <いる(在る): 있다>의 용법이다(용례28a, 28b, 33, 34, 35, 38). <行く: 가다>의 용례도 비교적 적었으며, 그 사용도 주로 부인들이 남편에게 사용하고 있다(용례30a). 그리고 젊은 여성「煙草屋の女；富ちやん(24, 25才)」가 두 사람의「新学士」에게(용례32a), 부인끼리의 대화인「貴婦人」이「男爵夫人」에게 사용하는 경우가 있다(용례29). 이렇게 보면 여성끼리, 혹은 아내(여성)가 남편(남성)에게 사용하는 <行く:가다>의 존경어이다. 그리고「いらっしゃる」의 <来る: 오다>의 용례가 보이지 않는 점도 주목된다. 결국,『社會百面相』에서 경어 동사「いらっしゃる」의 주된 용법은 <いる(在る)>의 의미로 사용되었고, <行く>의 의미로 사용하는 경우는 주로 여성(부인층)이라고 말할 수 있다.

5. 맺음말

이상,『社會百面相』의 경어 표현과 경어 동사「いらっしゃる」의 용법에 대하여, 특히 성차의 관점에 비중을 두면서 고찰하였다. 고찰의 결과, 메이지 30년대 중반의 존경 표현「お(ご)ーになる」「お(ご)ーなさる」「お(ご)ーなする」「おー遊ばす」, 겸양 표현「お(ご)ーする」「お(ご)ーいたす」「おー申す」「お(ご)ー申し上げる」등에 관하여 상세한 기술(記述)을 할 수 있었다. 그리고 경어동사「いらっしゃる」의 주된 용법에 대해서도 그 실태를 파악할 수 있었다.

메이지 35년 당시의 주된 존경 표현은「お(ご)ーになる」「お(ご)ーなさる」이고, 겸양 표현은「お(ご)ーする」「おー申す」이었다고 말할 수 있다. 한편, 경어 동사「いらっしゃる」의 주된 용법(의미 영역)은 <いる(在る)> 와 <行く>의 의미로 나누어져 있다고 해석할 수 있다.

본 연구는 메이지 30년대 근대 일본어에서 현대 일본어로 이어지는 경어 표현 변천의 흐름을 이해하는 데 일조할 것이다. 그리고 젠더, 언어의 성차(性差)의 관점에서 경어 표현 및 경어 동사의 대우 가치를 해석하는 단서를 제공할 수 있으리라 기대된다. 아울러, 향후 새로운 자료를 보완하고 사회언어학적인 관점에서 철저히 고찰하여, 근대 일본어의 경어 사용에 대한 새로운 해석(解析)을 시도할 생각이다.

参考文献

小松壽雄(1971)「第5章近代の敬語Ⅱ」『講座国語史 第5巻 敬語史』大修館書店

小松壽雄(1974)「一讀三歎当世書生気質」の江戸語的特色」『論集日本語研究15 現代 語土屋信一編』有精堂所收

小松壽雄(1985)『江戸時代の国語 <江戸語>』東京堂

田中章夫(2001)『近代日本語の文法と表現』明治書院

辻村敏樹(1968)「「おーになる」考」『敬語の史的研究』東京堂

中村夫美(2011)『明治期待遇表現の研究ー若松賤子訳「小公子」を中心としてー』仁荷大学大学院博士学位請求論文

房 極哲(2000)「「社会百面相」における文末表現形式ー諸形式と社会階層との関わり」『日本学報』45 韓国日本学会

房 極哲(2002)「「社会百面相」における一, 二人称代名詞ー待遇表現の観点からー」『日本学報』51 韓国日本学会

房 極哲(2010)『近代日本語の待遇表現の研究 社会言語学的な観点からー』J&C

水谷美保(2005)「「イラッシャル」に生じている意味領域の縮小」『日本語の研究』第1巻 4号 (国語学通巻223号) 日本語学会

任利(2007)「「社会百面相」の文末形式に見られる性差ー女性性·男性性の表出 と言語形式の選擇ー」『日本語と日本文学』44 筑波大学国語国文学会

任利(2009)『「女ことば」は女が使うのかしら？ーことばにみる性差の様相ー』ひつじ書房

3.4 인칭대명사 변천과 근대 일본어 인칭대명사 再考

1. 들어가기

본 절에서는 일본어 인칭대명사의 변천에 대해서 주로 젠더, 성차(性差)의 관점에서 고찰한다. 일본어 인칭대명사는 다른 언어보다도 다양하다. 특히, 인칭대명사를 성차의 관점에서 분석할 경우 그 특징은 현저하다. 小松(2002)에 의하면, '일본어 인칭대명사의 특징적인 체계는 고대 일본어에서 계승된 것이 아니고, 중세 이후에 발달한 것이다'라고 한다. 즉, 역사적으로 보면 중세 이후에 인칭대명사가 발달했다고 볼 수 있다. 그리고 근세에 들어오면 인칭대명사가 상당히 복잡하고 현재와 같은 인칭대명사의 체계가 메이지 시대인 근대에 들어와 완성되게 된다.

인칭대명사는 상황에 따라서 사용이 구별되고 상대방 간의 거리를 적절하게 유지하는 중요한 역할을 담당한다. 에도어(江戸語)의 인칭대명사의 상황은 塩沢(1998)을 참조하면 일인칭대명사는 약 40 종류에 이른다. 물론 여기에는 방언이나 극소수 사회계층만이 사용하는 인칭대명사도 다수 포함되어 있다.

다양한 인칭대명사는 에도 시대를 거쳐 메이지 시대 후기에 급격히 줄었고, 현대 일본어에서는 매우 간소화되었다. 인칭대명사는 사용자의 연령, 성별, 사회계층, 교양도(教養度)라는 화자의 속성이 강하게 영향을 미치는 것은 분명하다.

종래의 小島(1974), 小松(1996)(1998)(2000)선행 연구가 에도어의 연장선상에서 메이지 시대의 인칭의 형성에 대해서 논하고, 인칭이 에도어에서 동경어(東京語)로 어떻게 변화했는지라는 문제 의식에서 논하고 있다. 이와 같은 선행 연구의 결과를 토대로 하여, 본 절에서는 근대 일본어의 인칭대명사의 사용 실태를 중심으로, 성차와 사회계층을 분석의 척도로 하여 고찰한다.

그리고 메이지 이후 인칭대명사가 어떠한 영향으로 어떻게 변천되어 현대 일본어에 이르게 되었는지를 생각해 본다. 그리고 종래의 연구가 성차를 비롯한 사회언어학적 관점에서 분석을 등한시 해 온 점을 상기하면서 일본어 일, 이인칭대명사의 변천에 대해서 기술하고자 한다.

2. 중세 및 근세의 인칭대명사

小松(2002)에 의하면, '헤이안(平安) 시대까지 인칭대명사는 사실상 'われ' 하나인 상태이다'라고 한다. 근세에 들어와서 상당히 복잡한 양상을 나타낸다. 중세의 작품인 『徒然草(つれづれぐさ)』는 가마쿠라(鎌倉時代) 시대 말기(1330년−1331년경?)에 성립된 수필집이다. 여기에 자칭인 일인칭대명사로 자주 사용되는 것은 'わ(れ)'이었다. 'われ'의 복수형인 'われら'가 사용되는 경우도 있다. 그리고, 상대방을 지칭하는 이인칭의 경우는 'きみ'가 있지만, 극히 용례가 적고 '주군(主君)'의 의미의 명사로 사용되는 경우가 많다. 이하, 용례를 들어 두자.

○「又、我も誠しからずは思ひながら、人の言ひしままに、鼻のほどおごめきて言ふは、その人のそらごとにはあらず」(第73段)

○「我こそ山賊よ」(第87段)

○「我等が生死の到来、ただ今にもやあらん。それを忘れて物見て日を暮す、愚かなる事はなほまさりたるものを」(第41段)

○「ふたつもじ牛の角もじすぐなもじゆがみもじとぞ君はおぼゆる」(第62段)

○「いかに殿原、殊勝の事は御覧じとがめずや。無下なり」(第236段)

『徒然草』에 사용되고 있는 '君' '殿原(とのばら)'는 존경을 동반한 호칭이지만, 'わぬし' 'おのれ'는 친밀함이나 상대방을 내려 보는 기분을 동반한 말로 사용되고 있다[37].

37) 西尾寅弥(1974 : 164)참조.

○「さらば、おのれが思はんやうに付けて参らせよ」(第66段)

상기의 문장에서 이인칭대명사로 사용된 'おのれ'는 藤原家平(岡本關白)이 요리 '매(御鷹飼)'를 관장, 담당하는 부하 下毛野武勝에게 명령하는 장면에서 사용한 말이다.

한편, 중세를 지나고 근세에 들어오면『徒然草』에 보이지 않던 자칭의 'それがし' 'おれ' 'わらは' 등이 근세 西鶴(さいかく)나 馬琴(ばきん)의 작품에 나타나게 된다. 특히, 西鶴의 작품에서는 중세의『徒然草』에 비해서 훨씬 다양한 인칭대명사가 사용되고 있다. 'それがし'의 경우는 주로 상급 무사들이 사용하는 남성의 일인칭대명사로 두 작가의 작품에 보인다.

鈴木(1973 : 127−144)의 조사에서 확인된 근세 인칭대명사(自称, 對称)을 열거하면, 아래<표1>과 같이 매우 다양함을 확인할 수 있다.

<표1>【「西鶴와 馬琴의 작품 속에 나타난 인칭대명사」】

西鶴의 작품	일인칭대명사(自称)	おれ、こち、拙者、其方、それがし、みづから、みども、わがみ、わたくし、われ、われこと、われら。
	이인칭대명사(対称)	ありさま(あれさま)、おこと、お手前、お主さま、おのれ(おどれ)、お前さま、かたさま、貴様、きみ、御自分、こなた、そち、そなた、其方、なんぢ、われ。
馬琴의 작품	일인칭대명사(自称)	おのれ、それがし、やつがれ、予(よ)、わがみ、わくら、わなみ、わらは、われ、われら。
	이인칭대명사(対称)	いまし、うし、おこと、御身、きみ、御辺、諸君、そ、そこ、足下、そなた、な、なんぢ、なんだち。

이렇게 보면 근세는 중세에 비하여 인칭대명사의 현저한 차이를 보이고 있으며, 그 숫자가 매우 증가하고 인칭대명사의 체계가 확립되면서 다양화되는 시기라고 보아도 무난할 것 같다. 상기 <표1>에서 'おのれ'의 경우는 일인칭과 이인칭 모두 사용되고 있는 점이 주목 된다.

어떠한 요인으로 인칭대명사가 생성되고 소멸되는가? 그 이유를 어디에서 찾을 수 있는가? 인칭대명사의 변천을 사회언어학적인 관점에서 조명해 볼 때, 사회계층과 성차(性差)를 기준으로 논하는 것이 매우 중요하다고 생각된다. 예를 들어, 근세의 西鶴의 작품에 보이는 'おれ'와『浮世風呂』에 보이는 'おれ' 그리고 메이지 시대를 거쳐 현대일본어에서 사용하는 'おれ'의 변천을 성차의 관점에서 살펴보면 매우 흥미롭다.

근세 西鶴의 작품을 보면, 현대일본어에서 남성이 주로 사용하는 것과 달리 남녀 구별 없이 'おれ'를 사용하고 있어서 여성의 사용이 특이하다고 볼 수 없다.『浮世風呂』에서도 하층의 여성들은 'おれ'系를 사용하고 있는데, 상대방이 남성인 경우 'おれ'를 사용하고 있다.

이하, 용례를 들어 두자.

○「私もうつくしき子を生んでから、お家へ姥に出ました。(中略)。男なしぢやに。ほんにおれは、生れ付きこそ横ぶとれ、口ちひさく髪も少しはちぢみしに」(好色五人女、巻1、乳母사용)

○「おれはくるみあへの餅をあく程」(好色一代男、巻6、遊女사용)

○「わたくしも十六になります」((好色五人女、巻4、お七→吉三郎：十六歳)

○「わたくしは十六になります」((好色五人女、巻4、吉三郎→お七：十六歳)

○「コレ、此人はや。おれが先へ来たものを」(浮世風呂、二編巻之上、お三味→ながしの男)

西鶴의 작품에서 유모(姥：乳母)와 '遊女(太夫)' 'お七'가 'おれ'를 사용하고 있다. 그리고 유모의 경우, 'おれ'를 '私'와 함께 사용하고 있다. 그러나. 근세 후반부터는 'おれ'의 여성 사용은 거의 사라지고 메이지 시대를 거쳐 현대에서는 남성이 대등한 관계나 손아랫사람에게 사적(私的)인 장면에서 사용하고 있다. 근세에 젊은 남녀(お七→吉三郎)가 서로 사랑을 하기 시작하면서 나눈 대화에서 'わたくし'를 서로가 사용하여 정중한 의미로 사용한 일인칭대명사로 자기 소개 장면에 나오는 현대 일본어와 유사하다고 볼 수 있다.

式亭三馬(しきていさんば)의『浮世風呂』(1809년:文化6년)는 후기 에도어를 있는 그대로 묘사하는 데 노력하여 성공하고 거의 모든 계층, 직업, 연령, 성별, 기질 등이 작품에 잘 반영되어 있다. 小島(1974 : 191)가『浮世風呂』를 조사한 결과를 성차의 관점에서 정리해 보면, 일인칭대명사 'おれ'는 남성 사용자와 여성 사용자의 화자와 청자의 패턴을 보면 대등한 인간 관계에서 남녀 15:10, 상위의 사람이 하위사람에게 남녀 5:2, 비매(卑罵, 욕하는 말)의 의미로 사용은 남녀 2:1의 수치의 결과가 있다. 이와 같은 결과를 보면 'おれ'는 후기 에도어에서 여전히 여성의 사용이 많이 남아 있다. 그리고 'わたくし' 'わたし' 소위 'わ系'는 대우 가치가 높은 반면, 'おれ' 'おいら' 등의 여성 사용은 동등한 인간 관계나 손아랫사람에게 사용하여 화자의 존대(尊大, 거만하고 잘난 체함)를 나타내고 있다. 결국, 에도어의 'おれ'는 현대 일본어 남성들이 사용하는 용법과 유사한 부분이 있다고 볼 수 있으나, 여성의 경우는 하층에서 사용하는 말이 근대로 가면서 사라지게 된다.

한편, 이인칭대명사의 경우 방향을 나타내는 말에서 온 'こなた' 'そなた' 등의 여성 사용이 근세에는 상대방에 높은 대우 가치를 지니고 있었다. 메이지 시대에는 그러한 모습이 보이지 않는다. 'こなた'의 경우,『日葡辭書』(1603년 일본예수회간행)에 의하면, Conata 'コナタ(こなた)こちら。また、私。また、上(Cami)では、尊敬すべき人と話す場合に、あなた(第二人称)を意味する(p.145)'라고 되어 있듯이 일인칭 및 이인칭의 의미로 사용되고 있으며, 이인칭의 경우 상당히 높은 대우 가치를 지니고 있음을 알 수 있다[38]. 이처럼 인칭대명사 'こなた', 'そなた', 'そなたさま'도 메이지 시대에는 그 모습이 보이지 않고「あなた, お前(まへ)さん, お前(まへ), おまい」등이 주로 사용된다.

○「<u>こなた</u>を抱いて寝にきた」 (好色五人女、巻4、お七→新発意에게 사용 : 16세)

38) 한편,『日葡辭書』에 Sonataソナタ(p.572)는 상대방을 지칭하는 대칭의 의미로 'あなた' 혹은 '貴殿'의 의미로 사용되고 있으며, 방향을 나타내는 그 쪽 방향(そちらの方向)을 나타내고 있다.

○「そなたさまにも、にくからねばこそ、よしなき文給はりながら、かく身をひやせしは誰がさせけるぞ」　(好色五人女､巻4､お七→吉三郎：十六歳)

상기의 용례는 상당히 정중하게 원망하는 대화 장면에서 'お七'가 상대방 '吉三郎'을 'そなたさま'라고 부르고 있다.

3. 근대의 인칭대명사

房極哲(2010:219)의 <표2>을 참조하면, 메이지 시대(明治時代)의 인칭대명사의 전체적인 사용 경향을 성별의 관점에서 확인할 수 있다. <표2>에서 알 수 있듯이 메이지 시대의 일인칭대명사에서 여성의 경우,「ワタシ系」로 집중되는 것은 명확한 사실이다. 한편, 소설과 달리 '라쿠고(落語)'의 경우 이인칭대명사의 다양성은 흥미롭다(房極哲(2010:229)<표3>참조). 이것은 '라쿠고'라는 장르의 성격에서 온 것. 즉, 한 사람이 여러 사람 역할을 하면서 이야기를 흥미 있게 전개하는 방식과 그 당시의 시대를 반영하는 것으로 나누어 생각할 수 있을 것이다. 언어의 관점에서 보면, '라쿠고'를 듣는 사람의 반응을 생각한다는 점이 중요하다. 이것은 결국 청중의 관심을 끄는 것이기 때문에 언어에 생동감이 있어야 한다. 따라서, 인칭대명사 사용의 경우에도 그 당시 화자가 사용할 것 같은 인칭대명사를 사용할 수 밖에 없다.

<표 2>【 남녀차에 따른 일인칭대명사 사용 실태 】

性別 / 時期	男女共用	女性専用	男性専用
明治初期	わたくし、わたし、わし、わちき、わっち、おいら	わたい	こちとら、おれ、おら、ぼく(僕)、わがはい(我輩)、われ、せっしゃ(拙者)、せつ(拙)、愚老
明治後期	わたくし、わたし、われ	あたし	わし、おれ、おら、ぼく(僕)、わがはい(我輩)、せっしゃ(拙者)

<표 3>【 라쿠고(「落語」)의 일인칭대명사, 이인칭대명사 】

性別 / 時期	女性	男性
明治22年	わたし (あなた、おまへさん、 おまへ、おまい、おめへ)	おら、おれ、おいら、おひら、わっち、わたし、わたくし、 てまい (あなた、おまへ、おめへ、おめへさん、おまはん、てめへ)
明治35年 明治36年	×	おれ、わっち、わっし、わっちゃ、わし、わたし、わたくし (あなた、あなたさま、おまはん、おまへさん、おまいさん、 おめえさん、おまへ、おめへ、おまい、きさま)

여기에서 ‘라쿠고’에 나타난 일인칭대명사에 대해서 살펴보자. ‘라쿠고’의 대부분이 동경어의 형성 과정에서 어법의 변천을 연구하는 데 이용 가치가 높은 자료이다. 山本正秀(やまもとまさひで)는 園朝(えんちょう) 작품에 대해서 신문기자의 글(用字)에 대한 보필(補筆)이나 속기사의 가필(加筆) 등 수정하는 것은 문제가 되지 않은 정도라고 보고 있다. ‘라쿠고’ 자료는 메이지 후기 구어체 문장 자료로서 가치가 높은 것으로 생각된다. 라쿠고가(落語家)의 속기가 신문에 게재(人情噺(にんじょうばなし) 속기)되기도 하고, 『百花園』을 비롯한 연예(演藝) 속기 전문 잡지가 탄생한다[39]. 특히, 三遊亭園朝(さんゆうていえんちょう)은 창작의 재능이 뛰어나고 많은 人情噺(にんじょうばなし)(주로 부모 자식, 부부 간의 인간의 애정을 묘사한 이야기)를 남기고 당시 폭발적인 반응을 일으켰다. 이하, 예를 들어 보자.

<남성>

○「取っても遣うが乃公(おれ)の身体が利かなく成ッちまった。」(鰍沢雪の酒宴(かじかざわゆきのしゅえん、(明治22)亭主の伝三朗→お熊 · 妻)

○「何うも此は有難うございやす、エエ、私(わちき)やア此方の家へ来て、何時でもおにばなを御馳走になるのが、楽しみでございやす。」(木火土金水(明治35)八五朗→隠居)

○「何よ云やがる、私(わっし)の家ぢゃア眼目出度いんだよ。」(年ほめ(明治36年)竹さん→若い者 · 松太郎)

39) 佐藤喜代治編(1977)『国語学研究事典』「落語」항목 참고. pp.824-825

<여성>

○「夫では妾(わたし)の飛び込む井戸を掘ってください。」(乾物箱(明治22)旦那の妻→夫 · 旦那)

<표3>은『百花園』과『文芸倶樂部』에 게재된 '라쿠고'를 대상으로 조사한 결과이다. 메이지 22년의 작품 4개와 메이지 35년과 36년의 작품 2개로 합계 6개의 결과이다.

<표3>을 보면, 일인칭대명사는 남성에 사용이 많고「おれ系」와「わ系」에 집중되어 있다. 남성이 사용하는「おれ」「わっし」가 사용된 문맥을 보면, 조동사 [~ちまう][40]나 [～やがる] 등이 사용된 점으로 미루어 대우가치는 높지 않은 것 같다. 또한, 한어계, 혼종어계의「僕」「拙者」「我輩」등이 나타나지 않아서 당시 소설의 결과와는 다르다.

한편, '라쿠고'의 특성일지 모르지만, 여성 등장인물이 드물어 인칭대명사의 성차를 논하기 어렵다. 단, 여성의 경우 일인칭대명사는「わたし」만이 사용되는데, 이인칭대명사는 상대방에 따라 다양하게 선택되고 있음을 알 수 있다. '라쿠고'의 특성상 웃음을 요소로 하기 때문에 당시 일상적인 언어와 다소 차이가 있을 수 있다. 그리고 관객의 연령층이 높은 것과 관련이 있을 수 있다. 따라서, 인칭대명사의 사용에서 당시 같은 시대의 소설보다 고풍스러운 말투가 사용된 것 같다. 화자의 속성 중에서 등장 인물의 연령이 중요하게 작용한 것으로 보인다. 그러나, '라쿠고'의 표현에 대한 특징을 젠더의 관점에서 파악하게 위해서는 보다 많은 자료를 찾아 분석하는 것이 과제로 남는다. 이 부분은 별도의 기회에 논하고 싶다.

인칭대명사의 경우 보통의 인간관계에서 일인칭과 이인칭의 사용이 특별한 장면의 전환이 없는 한, 정해진 인칭대명사를 사용한다. 따라서 메이지 시대의 소설 자료를 조사한 결과를 토대로 보면, 대체로 아래<표4>와 같은 일인칭대명사와 이인칭대명사의 공기관계(共起關係)의 경향을 파악할 수 있다. <표4>는 메이지 시대 소설에 등장하는 인칭대명사 사용자의 성별 및 주된 사회 계층을 정리한 것이다.

---

40) 이덕배(1999)에서 '메이지 시대 ちまう와 ちゃう는 연령과 성별에 관계없이 널리 사용했던 것을 알 수 있다. 그리고 ちゃう보다는 ちまう의 사용범위가 훨씬 넓었으며, ちまう는 교양 정도에 상관없이 일상적으로 사용된 반면, ちゃう는 교양 층에서는 그다지 사용하지 않았다는 점을 알 수 있다.

<표 4>【 남녀차에 의한 일인칭대명사의 사용 실태 】

一人称代名詞	性別	사용자의 주된 사회계층	二人称代名詞와 共起關係
わたくし	男女	中上層	あなた, おまへさん
わたし	男女	中上層	あなた, おまへ(い)さん, おまへ
あたし	女	上層과 下層	あなた, あんた, おまへ
わちき, わっち	男女	下層(前期)	あなた, おまへさん, おめへさん, おまへ
わたい	女	下層(前期)	あんた, おま(前)はん
わし	男	上層(高年層 : 後期)	おまへさん, おまへ, おまい, きさま, そくか, そこ, きこう
おれ	男	모든 계층	おまへ, おめへ, おまい, きさま
おら, おいら	男女	下層(高年層 : 前後期)	てめへ, おめへ
僕(ボク)	男	中上層	あなた, あんた, おまへ, きみ
我輩(ワガハイ)	男	上層(高年層 : 後期)	きみ, きこう, きさま, おまい
拙(セツ)	男	下層(前期)	あなた
拙者(セッシャ)	男	上層(高年層 : 後期)	きみ

사용자의 성차 및 사회 계층을 기준으로 인칭대명사의 사용 실태의 경향을 확인할 수 있다. 여기에서 메이지 시대 일인칭대명사의 경우 공통적으로 말할 수 있는 것은 메이지 초기의 하층 계급의 여성(주로 하녀, 기생(芸妓) 등)이 사용하였던 'わちき' 'わっち' 'わたい' 'おいら' 등은 메이지 후기에는 쇠퇴하였음을 알 수 있다.

메이지 30년대 무렵의 젊은 지식인 계층이 중심이 되어 사용하던 일, 이인칭대명사는 'わたくし' 'わたし(주로 여성, あたし : 여성전용)' 'わし' 'おれ(男性)' 'ぼく(男性)' 'あなた' 'おまえ' 'きみ(男性)' 등이 현대 일본어 인칭대명사의 근간을 이루게 된다. 근대 'ぼく'의 경우, 메이지 초기에는 무사 그리고 후기에는 서생 사이에 사용하고 있다.

'おれ'에 비하면 신분이 높은 사람들이 사용하고 있다고 볼 수 있다. 이하, 젠더의 관점에서 성별로 나누어 메이지 시대의 일인칭대명사의 대표적인 용례를 들어 주자.

<남성>

「わちき」

○ 「私(わちき)を見るとおいらんが野図八さん浮さんと同伴かへと次の間へかけだしてきなすツたから私(わちき)がいちばんだまをくらハせてヘイ浮さんハいまさめや」

(安愚楽鍋, 野幇間(32, 3才)→客)

「わっち」

○ 「それに私(わつち)の方の太夫元さんハめつぽう方寸が廣大から顔見世でも仕初でもわき町よりハ一倍氣を入れて櫻を植えてもしみつれな樹ハ植込まねへからおのづから櫻に光りが出てサ」

(安愚楽鍋, 芝居者→客)

「おいら」

○ 「商兵衛さん牛肉は横濱のことだが此家のハずいぶん食えるねへおいらア知己だけ亭主が並より氣をつけて極新しいのを食ハせるからはじめての牛店なンぞへハめつたにいらねへヨ」

(安愚楽鍋, 商法個(31, 32才)→商法家, つれの男)

「僕」

○ 「君牛肉ハ至極御好物とすゐさつのう仕るが僕(ぼく)なぞも誠実賞味いたすでござる」

(安愚楽鍋, いなか武士→隣のさむらい)

○ 「勿論僕(ぼく)は筆で飯を喰ふ考は無い。」

(社會百面相, 書生同士(小説家志願者→政治家志願者))

「我輩」

○ 「四民同一自主自立の権を給ハり苗字帯劍袴でも洋服でも馬でも馬車でも勝手次第たとへ空乏困迫の我輩(わがはい)たりとも往時の我輩にあらず」

(安愚楽鍋, 新聞好きの男→つれの男)

○ 「我輩(わがはい)も随分盡力して見たが、何處にも據ない情實があつてノウ」

(社會百面相, 校長先生→若紳士)

「おれ」

○ 「オイオイ友先生コレサおれにばかりしやべらして猪口ハどうするのだナ」

(安愚楽鍋, あくぬけした男(34,5才)→二人づれ)

○ 「ハハア、そうか、おれは貴様に親切なのか?」

(小公子, 侯爵→フォントルロイ)

○ 「俺(おれ)はさる機密筋からの電信で買いに掛かつたのだから請合つて儲ける。」

(社會百面相, 失意政治家→自分の妻)

「わし」

○ 「俺(わし)なぞは名よりは實を取れで平凡な高等官になるよりは判任官の上席の方が結構だ。」

(社會百面相, 老俗吏の父親→息子)

「わたくし」

○「へへエそれハ結構なことでございますわたくしなどもよい年になりますまで肉食ハけがれるものとおぼえましてとんと用いずにおりましたが、」

(安愚楽鍋, 町人→士)

○「私(わたくし)も既から淑女会の事を伺ひに出ませうと存じておりました、」

(社會百面相, 雑誌記者→貴婦人)

<여성>

「わちき」

○「そりやアちつと訳があるのサ今までおまへにもはなさなかツたが私(わちき)やア十五のとしにちやんが相場とかにまけて母親とわちきをおきざりにして脱走してしまつたらうじやアないか」

(安愚楽鍋, 茶店女(18,19才)同士;ころ→ひき)

「わっち」

○「おころさん私(わつち)をそんなはすツ葉だとおおもひか此せうばいじやア人のあらすそをいふのハ極しらうとだハネ」

(安愚楽鍋, 茶店女(18,19才)同士;ひき→ひき)

「わたくし」

○「私(わたくし)は子供の為に誠に気遣はしく御座り升。」

(小公子, エロル夫人→ハヴィシャム)

○「妾(わたく)し、あの課目表を見たら馬鹿々々しくなりましたワ。」

(社會百面相, 女学者→若い女(5,6,才年下))

「わたし」

○「あら、妾(わたし)鱈尾さんと何も関係がありやアしないワ。」

(社會百面相, 女中→風俗紳士)

○「それんばかりの物を洗ふのはわけが無いから、わたしがするよ。」

(雁, 高利貸の妾;お玉→女中;お梅)

「あたし」

○「ナニあたしの針箱が通りみちに。オヤ又よぶヨ聞こえてゐらア。ドーレ。」

(藪の鶯, 清,下女→お貞,主人)

○「妾(あたし)なんぞは姉さん、贅澤ぢやアありませんワ。」

(社會百面相, おそよ(妹)→織衛(25才),資産家夫人)

田中(1999 : 94)는 도쿄의 중류 계층을 핵으로 근대어의 계층이 형성되고 쇼와(昭和) 초기까지는 이러한 계층차가 강하게 남아 있다고 지적하고 있듯이 일인칭대명사도 중상류 계층에서 사용하는 형식이 근간을 이룬다. 더욱이 메이지 후기가 되면, 여성의 인칭대명사의 경우는 현저히 줄어들고 결국 대우 가치가 높은 인칭대명사로 사용이 집중되어 'わたくし' 'わたし' 'あたし'가 주를 이루게 된다. 이렇게 줄어든 이유는 표준어 정책의 과정 및 교과서(당시의 문부성이 발행한 『尋常小学讀本』, 『小学國語讀本』 등 국정국어교과서)에서 대우 가치가 낮은(다시 말해 품위 없는 말) 인칭대명사 및 특수계층에서 사용하는 인칭대명사는 등장하지 않아 서서히 생명력을 잃게 되었다고 생각된다. 즉, 인위적인 측면이 있고 당시의 소설에도 이러한 사실이 반영되어 나타난 것이다.

한편, 남성의 경우 여성에 비해 다양한 인칭대명사가 소설에서 보인다. 대우 가치가 높은 인칭대명사에 집중되지 않고 다양하게 나타난다. 그러나, 남성의 경우도 메이지 30년대 소설 内田魯庵(うちだろあん)이 쓴 시대 비평소설인 『社會会面相』(明治35年)에 등장하는 '我輩(わがはい)' 'わっし' 'おら' 'おい' 'おいら' '拙者(せっしゃ)' 등은 메이지 후기부터 점점 등장하지 않게 된다. 이와 같은 인칭대명사는 金水敏(2003:67−69)가 말하는 소위 '役割語度[41]'가 높은 표현이 된다. 예를 들어, '정신가(精神家와 代議士 : わがはい)' '노작가(わっし)' '노백작(おい)' 등 특수한 사회 계층에서 사용하는 말은 점차 그 사용 영역이 좁아지게 되어 소멸의 길에 이르게 된다.

이인칭대명사의 경우도 'お前(まえ)さん' 'おめえさん' 'おめえ' 'おまい' 'きさま' 'きこう' 등은 메이지 후기에는 서서히 소멸되어 사용이 줄어들게 된다[42]. 결국, 이인칭대명사는 'あなた' 'きみ(男性)' 'おまへ' 'おまい' 등의 사용이 주가 되게 된다.

41) 役割語度는 어느 문체(話体)가 특징적인 성질의 화자를 연상시키는 정도를 말한다. 이것에 의하면 표준어는 役割語度가 0인 문어체, 役割語度가 1인 사적인 구어체(남성어, 여성어)사이와 그 주변에 분포하는 말(話体, 文體)이다.

42) 「お前(まえ)さん, おまへさん」「お前(めえ)さん, おめへさん」系는 메이지 전기에는 남녀 모두 하층에 사용이 보이지만, 메이지 후기가 되면 남성의 사용은 거의 없고 하층 및 고연령층의 여성들이 사용하고 있으며 대우가치도 떨어지게 된다. 상세는 房極哲(2000) 참조할 것.

특히, 이인칭대명사의 경우 남녀 모두 메이지 시대에는 'おめえ'의 쇠퇴와 더불어 'あなた'의 다용이 두드러진다. 이하, 대표적인 이인칭대명사의 용례를 성별로 나누어 들어 두자.

<남성>

「おめへさん」

○「おめへさんのめへだが人間は腹がとくなくッちやア人はつかはれやせん」

(安愚楽鍋, 芝居者→旦那)

「おめへ」

○「どうしたつてかうしたて。お前(めへ)のめへだがの。おめへのとこのおはねさんがの。例の後家の家へきやアがつて。」

(薮の鶯, 車夫→馬丁)

「あなた」

○「はア、貴處(あなた)のやうに熱心に聞いて下さると僕も説教の仕甲斐があります。」

(社會百面相, 牧師→青年の信者)

「おまい」

○「汝(おまい)も永年連添つてるから最う少と貧乏を苦にしないで平氣になれさうなもんだナ。」

(社會百面相, 失意政治家→妻)

「きみ」

○「君(きみ)氣がついてゐますか。あの建物は中々旨く出來てゐますよ。」

(三四郎, 野々宮→三四郎)

「きこう」

○「貴公(きこう)にも種々都合があるぢやろうが、貴公(きこう)と我輩とは二十年來の關係ぢやから ……」

(社會百面相, 教育家,校長先生→出版業者)

「きさま」

○「汝(きさま)は自慢ばかりしおるが一度當選つた事は無いぞ。」

(社會百面相, 書生同士;政治家志願者→小説家志願者)

<여성>

「おまへさん」

○「アラ厭なネ、私(わたし)とお前(まへ)さんと寝れば、人が色だと申します。」

(眞景累ヶ淵, お園,女中→新五郎,使用人; 元武士)

○「お前(まへ)さんは見附けない女中さんだが、どこから買ひにお出だ、」

(雁, 肴屋のお上さん→女中,梅)

「あなた」

○「何を仰しやいます、多助を遣つて良人(あなた)どうなさいますえ。」

(鹽原多助一代記, 元武士の妻,お清→夫,鹽原)

○「妾(あたし)なんか、貴客(あなた)どうせ人三化七ですもの、關係者なんぞ有りやアしませんワ。」

(社會百面相, 女中→風通紳士)

「おまへ」

○「ネエおはねどんおまへのまへだが伊賀はんといふ人もあんまりひけうなひとじやアないか」

(安愚楽鍋, まじりみせの娼妓(おいらん)→お茶屋の女中)

○「きいち、お前(まへ)先ア何處へ行つたんだい?」

(社會百面相, 地方有志夫人,お嶺→きいち,息子)

「おまい」

○「奈何してツて卿(おまい)、卿(おまい)も茫然してゐね……」

(社會百面相, 中学先生の母親→中学先生夫人,娘)

「あんた」

○「貴婦(あんた)また奈何して朝ッぱらからお酒なんぞ飲んだの?」

(社會百面相, 貴婦人→男爵夫人)

메이지 초기의 仮名垣魯文(かながきろぶん)의 골계본(滑稽本)[43] 『安愚楽鍋(あぐらなべ)(明治 4－5年)』의 인칭대명사 대부분은 에도 후기의 것이 많고, 그 사용이 주로 하층에서 사용하던 인칭대명사를 중심으로 줄어들게 된다. 즉, 'わちき' 'わっち' 'おいら' 'こちとら' 'おめへ' 등이 보이지 않게 된다. 그리고 메이지 종반인 40년대 작품 夏目漱石(なつめそうせき)의 『三四郎』(明治41)를 보면, 젊은 지식인이 사용하는 인칭대명사 'わたくし' 'わたし' 'ぼく' 'おれ' 'あなた' 'きみ' 'お前(まえ)'가 중심이 되어 현대 일본어와 거의 유사하게 된다.

4. 현대의 인칭대명사

현대 일본어에서 인칭대명사의 사용보다는 '친족명사'나 직책명 등으로 상대방을 부르는 경우가 많다. 이미 알려진 바와 같이 일찍이 문부성 발행 「これからの敬語」(1952년 5월)에서 알 수 있듯이, 전형적인 인칭대명사의 소개 지침, 즉 표준적인 지침이 인위적으로 문화청(정부 기관)에 의해 정해져 있는 것도 사실이다. 여기에서도 인칭대명사의 숫자는 매우 간소화되어 있다. 예를 들어, 자신을 지칭하는 일인칭대명사의 경우 원칙적으로 남녀 모두 'わたし'를 표준형으로 하고 있으며, 정중한 경우는 'わたくし'를 사용하도록 지침을 밝히고 있다. 상대방을 지칭하는 이인칭대명사의 경우도 'あなた'를 표준형으로 하고 있다. 그리고 'ぼく' 'きみ'는 소위, 친한 사이의 용어로서 일반적으로 표준의 형태인 'わたし' 를 사용하기를 장려하고 있다. 'おれ' 'おまえ'도 장차는 표준 형태인 'わたし' 'あなた'를 사용하기를 유도하는 등 표준형으로 간소화의 방침을 정하고 있다.

인칭대명사를 <간소화의 방향>으로 정하고 유도하여, 그 권고하는 방향으로 변

---

43) 에도 후기, 文化·文政期(1804～1830)를 중심으로 이루어진 소설의 일종으로 에도의 상인(町人)의 일상 생활을 취재하여 주로 대화를 통해서 인물의 언동(言動)의 골계(滑稽)를 묘사했다. 「東海道中膝栗毛」「浮世風呂」「浮世床」 등이 대표적이다.

화해 갈지는 모르지만. 어찌 되었든 문부성(국가)의 언어 정책의 지침이 있다는 사실에서 언중들은 <간소화의 방향>을 의식은 하게 될 것이다. 그것의 옳고 그름을 판단하는 비판 의식이 없이.

현재에는 일인칭대명사 'わたし' 'わたくし' 'ぼく' 'おれ' 'わし' ('じぶん') 이인칭대명사 'あなた' 'あんた' 'おまえ' '君(きみ)'('おたく')가 주가 되어, 성별, 장면, 친소관계 등을 고려하여 상대방에게 적절한 인간관계를 유지하면서 사용하고 있다. 여기에 현대 소설을 예를 들어 두자. ●는 여성, ○는 남성화자임. 이하, 용례를 든다.

●「だから私は真剣に心配してるのよ」

○「でもね」 「たしかに君の言うとおりかもしれないけれど、僕はキリンのお産だって見たことないし、鯨が泳いでいるところだって見たことがない。」

(村上春樹「カンガルー日和」1991 p.48)

○「君、いくら家事が苦手だからって、米くらい、新しいのをちゃんと炊きなさいよ。古い米だったんじゃないの?」

(吉本ばなな「おかあさーん」2006.p.123)

근래 초, 중학교 여학생들 사이에 성차 구별 없이 'ぼく(僕)'를 사용하는 경우도 있다. 그러나, 사회인 즉, 성인이 되면 여성이 'ぼく'를 사용하지 않고 'わたし'로 사용을 전환하게 된다. 그리고 'ぼく'는 'おれ'와 함께 남성의 일반적인 일인칭대명사로 자리매김하게 된다[44]. 예를 들어, 金水敏(2000)에 의하면, 현대 젊은 남성 대학생은 'おれ' 'ぼく' 'わし' 'わたし' 'わたくし' 등의 형식을 장면에 따라서 각각 나누어 사용하는데, 'おれ' 'わし'는 면접이나 대학교수에 대해서 一例도 사용하지 않아 사적(私的) 생활에서 대학 친구나 가족에 대해 'おれ' 'わし'가 많이 사용된다고 한다.

학교 교육 및 현대 문학 작품에 나타나는 인칭대명사는 큰 틀에서는 차이가 없으나, 사회언어학적인 호칭 사용의 실태조사를 보면, 간혹 고풍스러운 문장이나 연령

44) 金水敏(2000)에 의하면, 'ぼく' 'おれ'의 구별에서 양어 모두 私的으로 사용되지만, 좀 더 私的인 느낌은 'おれ'라고 말하고 있다.

층이 높은 연배들에게는 메이지 시대에 사용되었던 호칭이 존재하는 것도 사실이다. 예를 들어, '我輩(극히 드물지만 '문어문'에 나타남)' 'わし' 등이 그 예가 된다.

한편, 현대 일본어에서 경어 사용에 대한 사용법에 오류가 많다는 응답이 많은 것은 일본어에 오류가 많다고 생각하는 사람의 비율이 많은 것과 맥을 같이한다. 문화청 문화부 국어과에서 2008년 조사한 결과(平成19年度國語に關する世論調査 : 平成20年3月調査) 의하면, 제1위의 응답(복수 응답임)은 일본인 67.1%는 경어 사용법에 오류가 있다고 응답하고 있다. 그리고 제2위로 젊은 층의 말에 60.4%가 혼란하다는 응답을 나타내고 있다. 여기에서 젊은이의 말에 혼란이 있다는 것은 인칭대명사의 혼돈도 포함되어 있다고 생각된다.

최근, 여학생들 사이에 보통은 'わたし'로 자신을 지칭하는 것이 대부분이지만, 여학생 상호 간에 'ぼく' 'わし' 'おれ'로 말하는 경우도 있다. 이것을 언어 사용이 바르지 않다고 부정적으로 보는 사람(어른)들이 있으나, 면접이나 공식적인 자리에서는 사용하지 않기 때문에 큰 문제가 되지 않는다는 견해도 있다. 이와 같이 일본어 인칭대명사는 개인의 속성이나 상대방, 장면 등에 따라서 변화하는 것으로 매우 복잡한 양상을 띠고 있다.

5. 맺음말

본 절에서는 인칭대명사의 변천에 대해서 고찰하였는데, 특히 젠더, 언어적 성차의 관점에서 보면 근세의 많은 어휘가 근대에 들어오면서 여성에게 매우 <간소화>, <표준화>의 형식이 이루어져 문학 작품 및 교과서 등에 나타나게 된다. 메이지 전기는 에도어 영향이 많이 남아 있으나, 메이지 시대 30년 중반 이후 인칭대명사의 체계가 형성되어, 오늘날 현대 일본어 인칭대명사의 근간을 이루게 되었다는 것을 확인할 수 있었다.

또한, 남성의 경우는 여성에 비해, 인칭대명사 종류의 다양성을 지적할 수 있다. 특

히, 근대를 거쳐 현대에는 남성의 경우에도 간소화되었다고 말할 수 있다. 근대의 경우, 남성어는 여성어에 비해서 예의 바름(정중함)의 규범으로부터의 일탈에 관한 사회의 허용도가 남성은 여성보다 높다는 점. 바꿔서 말하면, 여성은 예의 바른 표현, 대우 가치가 높은 인칭대명사가 중요시되었다. 그러나, 현대에 오면서 젊은 층을 중심으로 여성어의 변화가 일인칭대명사에도 나타나고 있지만, 근저에 있는 여성스러움을 대변하는 완곡하고 정중한 자칭 표현인 'わたくし''わたし'의 사용에는 변함이 없다고 생각된다.

参考文献

金水敏 (2000)「役割語探求の提案」『国語論究8国語史の新視点』明治書院 pp.311-351

______(2003)『ヴァーチャル日本語役割語の謎』岩波書店

小島俊夫 (1974)『後期江戸ことばの敬語体系』笠間書院

________(1974)「洒落本·滑稽本·人情本の敬語」林四郎 · 南不二男編集『近世の敬語/敬語 講座4』明治書院 pp.161-199

小松寿雄(1996)「江戸東京語のアナタとオマエサン」『国語と国文学』73-10東京大学国語 国文学会 pp.61-73

________(1998)「キミとボクー江戸東京語における対使用を中心にー」『東京大学国語 研究室創設百周年記念国語研究論集』pp.667-685

________(2000)「オレ·ソチ·ソナタ·ワッチ·ワタイー明治東京語女性人称形成の一考察ー」『国語語彙史の研究十九』和泉書院 pp.1-16

小松英雄 (2002)「いわゆる敬語の乱れの根源をさぐるー動詞句コンプレッスから人称代 名詞への移行ー『日本研究19号』韓国外国語大学外国学綜合研究 センター 日本研究所 pp.1-10

塩澤和子(1998)「『古今集遠鏡』における一人称代名詞」『文芸言語研究言語編』34号 筑波大学文芸·言語学系紀要 pp.1-39

田中章夫(1999)『日本語位相と位相差』明治書院

西尾寅弥(1974)「徒然草·方丈記の敬語」林四郎 · 南不二男編集『中世の敬語/敬語講 座３』明治書院 pp.135-176

鈴木丹士郎(1973)「西鶴馬琴の敬語」林四郎 · 南不二男編集『近世の敬語/敬語講座4』明治書院 pp.125-160

房 極哲(2000)「明治期の二人称代名詞「アナタ」「オマヘサン」「オマヘ」その諸形と 性差 との関わり」『日本語と日本文学』31号 筑波大学 国語国文学会 pp.15-26

_______(2010)『近代日本語の待遇表現の研究ー社会言語學的な観点からー』제이앤씨

文化庁文化部国語課 (2008)『平成19年度 国語に関する世論調査日本人の国語力と 言葉遣い』ぎょうせい

3.5 메이지 초기 소신문(小新聞)과 근대 일본어
-문말표현 형식의 성차(性差)를 중심으로-

1. 들어가며

일본어 연구에서 대우표현 연구는 연구자에게 큰 주목을 받아 왔다. 그 결과, 대우표현에 관한 연구 성과도 많이 있다. 그러나, 근대 일본어 중 특히 메이지 초기를 대상으로 한 연구는 불충분하다. 또, 종래의 연구는 사회언어학적 관점을 역사적 연구에 적극적으로 활용하지 않았던 것으로 생각된다.

선행 연구의 대부분은 주로 소설을 조사 대상으로 하고 이른바 경어의 제 형식이 가지는 대우 가치의 등분을 사용자의 경의의 정도나 상대방과의 신분 차이에 의해 고정적으로 파악해 기술하는 연구이다. 그러나, 메이지 시대와 같은 신분 제도의 격변 시대에 대우표현의 실태나 변화의 파악에는 성차(젠더)를 비롯한 사회언어학적 방법을 적극적으로 도입할 필요가 있다.

따라서, 본 장에서는 사회언어학적 관점에서 메이지 초기의 소신문(小新聞)에 나타난 근대 일본어 대우표현의 양상과 그 변화에 대해 고찰을 시도한다. 이와 같이 메이지 초기의 소신문의 투서란(필요에 따라서 신문란도 넣는다)에 주목함으로써, 메이지 초기의 대우표현 실태를 실증적으로 밝힐 수 있다고 생각된다.

선행 연구에서는 메이지 시대의 문학 작품(주로 소설)을 조사 대상으로 근대 일본어 연구가 행해지고 있는 것 같다. 메이지 시대 신문을 대상으로 한 대우표현 연구는 필자가 조사한 바에 따르면, 그다지 보이지 않는다. 당시의 신문을 조사 대상으로 한 선행 연구를 대략적으로 소개하면, 용어조사(국립국어연구소 1959)와 문체적 성질(山本正秀 1965), 어휘조사(進藤 1981, 2004), 신문독자층을 중심으로 한 자료의 특질에 주목한 연구(山本武利 1981), 소신문과 대신문에 보는 조동사「です」의 양상에 대해(長崎 2000, 2001), 메이지·다이쇼 시대 신문의 가나즈카이(仮名遣い:かなづかい) 개혁

을 실행해 가는 과정을 논한 연구(井口 2009) 등이 있다. 또, 소신문의 투서란을 독자와 커뮤니케이션의 관점에서 고찰해 어떠한 역할과 의미를 담당하고 있는지에 대해 논하고 있는 土屋(1992)의 연구가 있다.

이러한 연구의 흐름 속에서 中村(2007)에서는「여성어」을 젠더의 시점에서 고찰하고 있다. 특히 中村(2007)에서는「여성어」이데올로기의 역사적 형성 과정에 주안을 두면서 논하고 있다. 예를 들면,「여학생 말」도 실제로 일상적으로 사용되고 있는 말이 아니다.「여학생 말」이란 소설이나 지식인의 논평에 의해 만들어진 '언어이데올로기'인 것이다. 즉, 메이지 시대의「여학생 말」은 여학생 자신이 사용했기 때문에 자연스럽게 성립한 것이 아니라, 메이지의 근대화, 국민화, 자본주의, 소비의 발달, 언문일치에 의한「국어」의 성립 등을 배경으로 생긴 '언어 이데올로기'라고 말했다. 그러나, 中村의 연구에서도「여성어」가 어떻게 사용되고 있는지의 점에 대해서는 상세히 언급하고 있지 않다. 그리고 中村의 분석 자료에서도 신문을 젠더의 관점에서 직접 조사하지 않았다.

이상에서 살펴본 선행 연구는 中村(2007)를 제외하면, 젠더의 시점에서 고찰이라고는 볼 수 없을 것이다. 또, 그 연구 성과도 메이지 초기에 관해서 말하면 충분하다고는 할 수 없다. 따라서 메이지 초기를 대상으로 한 사회언어학적 관점에서 소신문의 대우표현을 향후, 계속 연구해 나갈 필요가 있다고 생각된다.

2. 자료와 연구 방법

2.1 자료 소신문(小新聞)

본 연구에서 메이지 초기의 소신문을 조사 대상으로 한 것은 당시의 이른바 대(大：おお) 신문(예를 들면, 정론을 주로 하고 인테리층 독자를 대상으로 한 신문으로서 대표적인「도쿄 니치니치신문: 東京日日新聞」「유빙호치신문: 郵便報知新聞」「초야신문:

朝野新聞」「요코하마 마이니치신문: 横浜毎日新聞」 등)과는 달리, 소신문은 잡보 중심의 편집을 실시하며 구어체로 쓰여진 기사가 많아 일반 대중용의 신문이라고 생각된다. 소신문은 일반 사람들에게 알기 쉽게 하기 위해, 숫자 이외는 기본적으로 총 읽는 법(ルビ를 붙임)으로 하였다. 메이지 초기는 아직 한자 한어 시대이기 때문에 한자 한어의 지식이 없는 사람들에게는 읽는 법은 매우 도움이 되기 때문에 소신문에서는 이러한 배려로부터 총 읽는 법의 형식을 취했을 것이다.

소신문 중 발행 당시의 『요미우리신문: 読売新聞(이하, 『読売新聞』으로 함)』에는 다음과 같은 기사가 있다. 다음 기사에서 알 수 있듯이 『読売新聞』은 여성(부녀)을 주된 독자층으로 상정하고 있는 것, 신문 독자들에게 담화 같은 구어체 투서를 바란다는 점에서 젠더의 관점에서 여성의 연구에 매우 적당한 조건을 갖추고 있다고 할 수 있다.

> 此新ぶん紙は女童(おんなこども)のおしへにとて為になる事柄を誰にでも分るやうに書てだす趣旨でござりますから耳近い有益ことは文を談話のやうに認て御名まへ所がきをしるし投書を偏に願ひます(読売新聞 明治7年11月2日(第一号、しらせ))。[45]

> 이 신문은 여자 아동들의 가르침에 도움이 되는 내용을 누구라도 알기 쉽게 쓰는 취지이므로 귀에 익숙한 유익한 문장을 담화와 같이 인정하여 이름과 주소를 밝혀 투서해 주길 오로지 바랍니다. (読売新聞 明治7年11月2日(제1호, 알림))

여기에서 소신문에 대해서 그 언어 자료의 특징과 메이지 초기를 조사한 이유를 서술한다. 지식인을 대상으로 한 대신문에서는 한문을 훈독하고 일본어 어순에 따라 가나를 섞어서 쓴 문장, 소위 '漢文書下し文(かんぶんかきくだしぶん:한문을 가나와 섞어서 씀)'이 주였다. 이에 대해 소신문은 한문을 모르는 일반 서민에게도 아는 일상적인 말씀, 즉 '속담 평화:俗談平話'라는 문체로 쓰여졌다. 『가나요미신문:名讀新聞, 이하, 『仮名讀新聞』으로 함』(메이지 9년 8월 23일 수요일 제 147호)의 '仮名讀新聞私則'

---

45) 5호, 9호, 10호, 11호도 거의 같은 내용의 기사이지만, 9호 이후에서는 담화를 속화(이야기)로 하는 것이 특징이다.

에는 다음과 같이 쓰여 있다.

> 当新聞ハ元来俗談平話がことゆゑ理屈めいた論文ハ残らず没書に致します
> 但しむづかしい事でも俗語に和らげ婦女童蒙に解る文は此限にあらずです

이 신문은 원래 俗談平話이기 때문에 논리적이고 딱딱한 논문은 남김없이 몰서(沒書)로 합니다. 단, 어려운 것이라도 속어를 부드럽게 하고 부녀(여성), 아동(어린이)들이 이해할 수 있는 문은 이원칙에 적용되지 않는다.

상기의「仮名讀新聞私則」의 방침에서도 알 수 있듯이 부인이나 아이들이 알기 쉬운 구체체 문장을 신문에서는 장려하였다. 아울러 그러한 글(문체)로 투서하기를 바라고 있었던 것이다. 동시에 투서에 대해서도 지면의 사정상 가급적 짧게 이해하기 쉬운 글을 쓰도록 하는 방침이었다. '속담평화(俗談平話)'라는 문체는『読売新聞』의 창간과 더불어 초대편집장인 鈴木田正雄(1845−1905)가 중심이 되어 만든 문체이다. 이것은 서민의 일상어의 말에 가까운 문장이다.『読売新聞』이 이와 같은 '속담평화'의 문체로 성공하자 잇달아 다른 신문이 창간된 것이다.

2.2 소신문(小新聞)의 투서란과 메이지 초기

먼저, 메이지 초기 소신문의 특성에 대해서 살펴보자. 山本(1965)를 참고로 하면, 메이지 12년 이후 소신문의 담화체는 감소하는 상황에 있다. 또, 進藤(1981)에도 소신문의 초기에 나타나는 담화체의 문장도 메이지 4−5년 안에,「−なり, −けり」식의 문어문에 침식되지만, 그 이유에 대해서는 독자층의 확대가 목적인지 신문사 측에 어떤 사정이 있는지 분명하지 않다는 견해를 제시하고 있다. 어쨌든 메이지 중반이 되면 소신문도 대신문과의 차이가 없어지게 된다[46]. 따라서, 메이지 초기 쪽이 구어체 실태 파악에는 좋은 시기라고 판단된다.

46) 이에 대해서, 森銑三(1969:277) 明治東京逸聞史 2 를 참조. 러일전쟁 이후는 신문이 전국적으로 퍼지고 신문사끼리의 경쟁이 격렬해지면서 이른바 대신문의 기사가 평이화되어, 소신문과의 구별이 없어지게 된다.

土屋(1992)을 참고하면, 메이지 7년 창간부터 메이지 13년까지 집계한 결과, 투서란에 투서한 투서자(投書者), 기고자(寄稿者)의 연령층은 10대부터 70대까지 폭넓게 되어 있어 연령층에 의한 편향은 없다. 다만, 투서자의 성별은 거의 남성이 차지하고 있으며 전체의 상시 단골 투서자 89명 중, 여성은 불과 2명이었다[47].또, 투서자의 출신 계층은 무사 계층 출신자와 상인 계층 출신자로 크게 이분되고, 소신문 독자의 중심은 상인층(평민 계급의 지식인 식자층)인 것을 알 수 있다[48].

어쨌든, 소신문의 <투서란>은 모두 구어체가 아닌 점과 상시 단골 투서자가 남성이 많다는 자료적인 제약은 있지만, 구어체가 많고 속담평화(俗談平話)라는 구어체를 받아들여, 당시 인기 있는 신문이었다고 말할 수 있다. 또한, 당시의 소신문 발행부수[49] 등에서 현대에 비할 정도는 아니지만, 사람들 사이에서 읽히고 돈이 없는 서민은 신문이 비싸서 살 수 없기 때문에 신문을 돌려 읽는 습관마저 있었던 것이다.

이러한 사실에서 알 수 있듯이 소신문은 당시 매우 영향력이 있는 언론이었다고 생각된다. 신문 발행의 당초는 3 신문 모두 격일제로 발행되었지만, 그 후 일간이 되었다. 매일 발행하는 것에 대한 많은 독자로부터 환영받은 점(독자로부터 일간지로 하도록 촉구하고 있는 투서도 있었다)은 각 신문의 수많은「기서(寄書), 보내온 글」「투서」가 말해 준다. 예를 들면, 다음과 같은『仮名讀新聞』메이지 9년 8월 17일 목요일 제 142호의 투서와 메이지 9년 8월 21일 월요일 제 145호의 투서가 있다.

昨日けふまで待詫た新聞紙の摺出しもいよいよ毎日に成たのは久しい願ひのかなよみや五願ほどきとお祝ひをたらはぬ筆に一寸一ト言「かく日が日毎に成りし嬉し

47) 小新聞三紙(讀賣, 仮名讀, 繪入)단골 투서자가 전체에서 차지하는 비율은 전체 투서자 3, 721명 중 89명으로 2.4%에 불과하다. 그러나, 전체 투서자 중 상시 단골 이외에는 여성도 많았을 것으로 짐작된다.

48) 土屋(1992)참조할 것. 土屋(1992)의하면, 투서자의 직업을 보면, 투서자의 59명 중, 무사 계층 17명, 상인 계층 18명, 하층민 7명, 농민 2명, 불명 15명이다. 무사 계층 출신자의 대부분은 문필업(문장가), 즉 신문 관계 내지 극작가, 혹은 관리이다.

49) 山本武利(1981 : 402)참조. 메이지 9년 소신문의 발행 부수를 보면, 読売新聞(4, 352, 554), 仮名讀新聞(2, 210, 550), 東京繪入新聞(1, 030, 448) 등으로 상당히 많이 발행된 것을 알 수 있다. 또한, 土屋(2002 : 55)에 따르면, 메이지 9년 東京府의 한 호당 발행 부수는 大新聞 12, 612, 小新聞 26, 430部라고 한다. 여기에서도 당시 소신문이 많이 읽힌 것을 알 수 있다.

さは忘らりよものか忘られぬ記者も教へを實にしてエエ諭すへ」

(明治9年8月17日木曜日第142号, 爲永美知女)

어제 오늘까지 손꼽아 기다린 신문지 인쇄도 드디어 매일 하게 되어 오랜 소원이 이루어짐

仮名文字ハ必らず皇国民の愛尊むべきより思ひよられけむかな垣うしさまに仮名読と号け俗談平話のいろは新聞をものされしより婦女童蒙を始め我日の本ハ更なり外国人までも愛悦ぶハこよなき誉れ〔ドツコイ余り堅過タ〕さて皆さんのお待兼一日置も毎日と成りましてお得意様も五満足誠に目出鯛／＼とお祝ひ序に頼みます

(明治9年8月21日月曜日第145号, 琴通舎康樂)

여러분들의 손꼽아 기다림으로 격일제가 매일 하게 되어

상기에 제시한 투서를 보면, 『仮名讀新聞』은 '평이한 문체'라는 성격에서 일반인들에게 선호된 언론이었던 것은 확실한 것 같다. 이상에서 서술한 소신문의 여러 특징을 고려하면, 소신문은 메이지 초기의 대우표현 연구에는 좋은 자료라고 정리할 수 있다. 즉, 소신문은 이하와 같은 성질을 가지고 있는 당시의 유력한 언론이었다고 생각된다.

(1) 문체적인 측면에서 구어체가 많이 사용되고 있는 점
(2) 신문 투서자의 (성별에 의한 편향은 있지만) 다양한 연령층, 사회계층이 있는 점
(3) 일반 서민, 평민과 부녀 독자층으로부터 인기가 있던 신문

지금까지 살펴본 것처럼, 소신문의 「투서란」은 독자 참가의 장으로서 인기가 있었고 구어체가 많이 포함된 것을 알 수 있다. 이와 같은 의미에서 소신문의 「투서란」은 메이지 초기의 현실의 구어 자료가 적은 상황 속에서 당시의 언어생활을 파악하는 단서의 하나로서도 매우 중요할 것이다.

2.3 연구 방법

연구 방법에 대해 살펴보자. 본 연구에서는 대우표현이 주된 조사 대상이 되기 때문에 소신문의 투서란(기서, 기고)의 기사를 중심으로 분석한다. 그리고, 필요에 따라서 구어체를 포함하고 있는 <신문란>도 다루기로 한다. 조사 항목은 대우표현 가운데 핵심을 이루는 문말표현(종조사도 포함), 인칭대명사, 경어 표현, 접두사(お, ご)가 붙는 어휘 등도 분석 대상이 된다. 투서자가 어떤 말과 어떠한 수법으로 자신의 의견이나 사건(기사)을 묘사하고 어떻게 표현하고 있는지에 대해 살펴보자.

따라서 본 연구에서는 선행 연구 성과를 바탕으로 메이지 초기의 소신문(특히 발행 부수가 많은)의 대표적인 세 가지(『読売新聞』(메이지 7년 11월 2일 창간), 『平仮名繪入新聞』 뒤에 『東京繪入新聞』으로 바뀜(메이지 8년 4월 17일 창간), 『仮名讀新聞』(메이지 8년 11월 1일 창간)을 조사한다. 조사 범위는 소신문의 특징과 구어체를 고려하여, 메이지 10년 이내(발행부터 4~5년 이전)에 발행된 것으로 한다. 소신문은 다음과 같다.

○ 『読売新聞』 明治7年11月2日(1号)—12月28日(29号)

*2, 3, 4, 6호는 결호.

○ 『平仮名絵入新聞』 明治8年4月17日(1号)—5月8日(11号)

*1, 2, 8, 9호 투서란 없음(2호에는「雑話(はなし)가 있다」)

○ 『仮名読新聞』 明治9年8月13日(140号)—9年10月2日(180号)

이상의 자료인 소신문의 특징과 소신문의 투서란을 근거로 이하에서는 사회언어학적 관점, 특히 젠더로 보는 소신문(제3장)과 근대 일본어의 대우표현의 실태(제4장)에 대해서 고찰한다. 이와 같은 고찰을 통해, 소신문의 투서란은 대우표현 연구에 효과적인 자료라는 점을 알 수 있다. 아울러 근대 일본어 대우표현의 실태와 변화를 파악할 수 있을 것으로 기대된다. 또한, 소신문에 투서한 성별은 기본적으로 이름(본명 또는 통칭)으로 판단한다. 그러나, 가명을 사용하거나 성별을 달리 할 수도 있을 것이다. 이에 대해서 본 연구에서는 일단 보류해 두기로 한다. 그렇지만, 당시의 신문에 가명이나 타인의 이름을 사용하는 것을 금지하는 기사로부터 추측해 보면 투서는 기본적으로 본명이었다고 생각된다[50].

그리고 신문에서는 편집자의 의도가 반영되기 쉽기 때문에 어디까지 "투서"에 편집의 의도가 관여하고 있었는지는 구체적으로 알 수 없지만, 문장의 길이에는 제약이 있어 약간의 수정을 가했음을 당시 신문 기사에서 알 수 있다.

3. 성차로 보는 메이지 시대 소신문

3.1 신문과 성차

우선, 신문을 젠더의 관점에서 보면, 남녀평등 사회인 현대의 신문에서도 남성과 여성을 대등하게 취급하고 있다고는 생각되지 않는다. 신문이 처음 생긴 시대에 신문에는 여성이 별로 등장하지 않았다. 여성의 존재는 무시되는 경향이 있었다. 그 원인은 도대체 어디에 있는가? 메이지 시대와 같이 남성 중심의 사회에서는 남성이 가지는 의식의 보수성이나 신문 제작 프로세스 등 남성이 중심이 된 사회의 구조가 영향을 끼쳤을 것이다. 이에 대해서는 다양한 이유나 시대 배경이 있다고 생각된다. 적어도 언어 연구의 관점에서는 사회언어학적인 (엄밀하게 보면 젠더 관점에서) 고찰에 주목할 필요가 당연히 나온다.

中村(2007:120)에서는 초기의 수신 교과서는 남녀의 구별을 강조하고 남자의 말투에 대한 규범에 가세하여 여성의 언어 사용에는 더욱 엄격한 규범을 부과하는 것으로 특징지어진다고 말하고 있다. 中村(2007)에서 알 수 있듯이, 메이지 초기에는 여성에 대한 엄격한 언어 규범을 교과서라는 권위를 가지고 있는 언설에 의해, 젠더화는 한층 더 진행되고 있었을 것이다. 이것은 메이지 시대의 여훈서(女訓書)의 언설[51]이 반영된

50) 「仮名讀新聞(177号, 明治9年9月28日)」의 투서에는 가명이나 타인의 이름으로 하는 것에 대한 다음과 같은 기사가 있다. 신문 조례 제 8조에 필자 가명을 사용할 때는 금옥(禁獄, 구속) 30일 벌금 10엔, 타인의 이름을 빌리는 사람은 금옥(구속) 70일 벌금 20엔, 아아 무서운 일(하략). 이러한 점으로 미루어 당시 투서는 기본적으로 본명이었을 것으로 짐작된다.

51) 中村(2007 : 111－119)에 상세하게 서술되어 있음.

것은 아닌가? 간략하게 설명하면, 많은 여훈서에 일관되게 언급되고 있는 것은 여자(부인)는 언어(말, 글)를 신중하게 하고 많이 말해서는 안 된다. 즉, 다언의 금지와 교양을 중요시하고 있다. 여훈서의 내용은 '여성의 말하는 방법'을 당시 여성상인 현모양처라는 이미지와 합치해 여성다운 말을 규범으로 한 것이다. 당시 여성 교육을 지배한 것은 이른바 '현모양처주의'였다. 고등여학교령(高等女学校令: 여성에 필요한 중등교육을 실시할 목적으로 고등여학교에 관해 규정한 칙령)에 의해, 제도를 확립한 여학교 교육의 내용은 가정을 지키는 것에 있었다.

한편, 메이지 시대 계몽사상가, 교육자인 中村正直(なかむらまさなお)는 현모양처주의 교육에 대해 종래(남존여비의 생활 질서에 부합하는 여성를 키우기 위한 교육)와는 다른 견해를 나타내고 있다. 그는 영국의 어머니들처럼 남성에 뒤쳐지지 않는 높은 교양과 넓은 지식을 갖춘 교육을 주장했다[52]. 이처럼 메이지 시대에 수많은 여훈서가 등장하게 되었다. 그 언설의 핵심인 '말에 대한 삼가 및 조심스러움'이 교양이 있는 여성의 규범적인 언어 행위에 어떠한 형태로든 지배된 것이다.[53]

또한, 『平仮名繪入新聞』(2호, 明治8年4月19日 「雜話」欄)에는 노인과 딸의 대화로 「女大学」나 「女今川(おんないまがわ)」라도 읽고서 여성의 길을 지키는 것이 좋다고 하는 다음과 같은 기사가 있다.

「女大学」の著者が男であるからどうせ男のつごうよく、女には適切でない。男女相談してできた本があれば、それを必ず読む。

'女大学'의 독자가 남성이므로 어차피 남성의 사정에 좋게, 여성에게는 적절하지 않다. 남녀 상담하여 만든 책이 있다면 그것을 반드시 읽는다.

---

52) 岡滿(1981 : 30)를 참조할 것.

53) 그러나, 한편으로는 메이지 30년대가 되면, 젊은 여성의 사이와 젊은 부인 층에서는 어려운 한어나 영어나 외래어를 사용해서 남녀의 구별이 되지 않는 말투/표현도 있었다. 이는 당시 유행한 말에 대해 젊은 여성들은 사회규범과는 별도로 자신의 언어생활에 역동적인 자세를 취한 것을 엿보게 하는 것이다. 시어머니가 젊은 아내(新妻君 · 고등관 부인)에게 말하는 장면이다. 예를 들면, 다음과 같다. 忌な風が流行るもんだね.(中略) 三十近くなつてい蹴出しを締めて桃割につてる奥さん方さへある, 其くせ口を利かせると漢語やら英語やら妾達(わたしたち)には解らない難しい事を云つて, 影で聞いてると男だか女だか解りやアしない— 밑선은 필자)(『社會百面相』 pp.128-129 「新妻君」)

즉, 여훈서라는 것은 남성의 시점에서 쓰여졌기 때문에 적어도 젊은 여성의 관점에서 보면 적합하지 않은 내용이 있었다는 인식이 있다. 다음 절에서는 당시 여성의 사회적 위치에 대해 살펴보자.

3.2 여성의 사회적 위치

여성에 대한 당시 남성의 생각을 나타내는 하나의 사례를 소개하자. 메이지 시대는 부인이 안경을 쓰는 것조차 비판받은 시대이다. 즉, 안경은 지식인처럼 보이기 때문에 여성에게는 근시가 아닌 한 사용 금지 기사도 있었다. 즉, 여성은 지식인이라는 이미지로부터 먼 존재이며, 지식인처럼 행동해서는 안 된다는 당시의 남성 중심 사회의 일면을 엿볼 수 있다.

> 婦人が眼鏡したのは、品あしきように見える。近眼でない限りは、眼鏡をかけて学者ぶることはやめて貰いたい。
>
> (東京逸聞史1 : 186､明治23年6月21『女学雑誌』「女子の眼鏡」)
>
> 부인이 안경을 쓰는 것은 품위가 없는 것처럼 보인다. 근시가 아닌 한, 안경을 쓰고 학자인 것처럼 하지 않았으면 한다.
>
> 메이지 23년 6월 21일 "여학잡지" '여자의 안경'

본 연구에서는 메이지 시대에도 어떤 이유나 시대 상황이나 배경 등에 따라서 남녀에 의한 언어 사용의 차이는 어떠한 형태로 신문에 나타나고 존재할 것이라는 전제하에 분석을 진행한다. 특히 당시 여성의 사회적 위치는 위의 '여자의 안경'에서도 추측할 수 있듯이 현대와 비교할 수 없을 정도로 미약한 입장이었다고 생각된다.

여기에서 여성의 사회적 위치의 한 측면을 반영하고 있는 기사를 소개하자. 『女学雑誌』(46호, 메이지 20년 5월)의 「여성의 여권 확장의 원계(遠計: 먼 장래의 계획)」는 여성의 초등학교 교사 증가를 다음과 같이 말하고 있다.

女権拡張の遠計は小学校教員を増加することにあることを信ずるもの也。

여권 신장의 장래 계획은 초등학교 교사를 증원하는 것을 믿는 것이다.

당시 초등학교 여성 교사는 남성에 비해 훨씬 적다. 「메이지 9년 도쿄부 관내 통계표」에 따르면, 도쿄의 경우 일본인 남성 교원은 1,690명, 여성 교원은 362명이다. 또, 메이지 20년 1월 15일 「일본의 초등학교 교원」의 집계에 의하면, 남성 교원은 92,706명, 여성 교원은 4,610명이다. 이 수치에서 알 수 있듯이 여성은 남성에 비해 한정된 사회 활동의 장소(공공의 장소가 적음)밖에 없었다고 생각된다. 그리고 여성의 직분은 전통적인 것(여성이 가정 안에서의 아내, 어머니로서의 역할) 이외에 사회 생활에서 교제, 공공의 사업에 참가하여 사회의 개화에 연결된다고 하는 언설도 볼 수 있다(「여학 잡지」(46호, 메이지 20년 5월)의 「여자의 직분」).

메이지 초기의 문맹률 조사 결과를 보면, 남성의 문맹률보다 여성의 문맹률이 낮은 것을 알 수 있다. 소신문의 성립 기반이 된 도쿄의 경우 "메이지 9년 도쿄부 관내 통계표" 따르면 여성의 문맹률은 70.8%, 남성의 문맹률은 81.0%이다. 여기에서는 문맹률의 조사에 관한 정보가 없지만, 「20세 이상 책, 글을 읽고 문자를 쓸 수 있는 사람」이라고 씌여 있다. 사회 계층별로 나누어 조사하고 있지만, 이를 보면 신분이 높은 여성(화족(華族), 사족(士族))의 문맹율이 높고 남성에 접근한 것을 알 수 있다. 즉, 상류 여성들은 글을 읽고 문자를 쓰는 경우가 남성과 비슷하다.

한편, 「문부성 연보」에 의한 각 현 문맹률에 의하면, 메이지 17년 시가현(滋賀縣)의 경우, 남성 91.61%, 여성 58.50%이며, 가고시마현(鹿児島縣)은 남성 33.43%, 여성 4.0%. 지역적인 격차와 조사의 방법 등 문제점(여기에서의 문맹률은 6세 이상의 인구 중에서 자신의 성명을 쓸 수 있는 비율)이 있다고 해도 지방의 여성이 신문을 읽는 것은 상당히 어려웠던 것으로 생각된다. 메이지 24년이 되면, 「도쿄부 통계서」에 의하면, 남성 100%에 대해, 여성의 배운 사람이 71.23%에 달해, 점차 여성들이 글을 읽는 능력은 향상되지만, 남성에 비하면 여전히 낮은 비율임을 알 수 있다.

이상의 언설에서 보듯이 여성의 사회적 위치는 남성에 비하면 상당히 미약한 존재였던 것을 알 수 있다. 요컨대, 메이지 사회의 남성은 <공공과 관련된 주요 존재[54]>, 이에 대해 여성은 그다지 <공공과 관련이 없는 순종하는 존재>라는 사회적 성차와 관련지어 언어를 생각할 필요가 있다. 그리고 상층의 여성 사이에서도 다양한 규제가 있어 자유로운 생활은 할 수 없었다고 생각된다[55].

그렇다면 언어의 측면에서는 구체적으로 어떻게 다루어지고 있는가? 그리고 그 차이의 이유나 배경(완전히 규명하는 것 자체는 난제이기 때문에 논자의 견해를 나타내는 정도에 그침)은 어디에서 찾을 수 있을까? 이하, 소신문에 나타난 대우표현을 보자.

4. 소신문(小新聞)에서는 여성어와 남성어를 어떻게 표현하고 있는가?

일반적으로 우리가 일상적으로 사용하는 말은 젠더에 바탕을 둔 사회의 지배 구조와 깊은 관계가 있다. 젠더는 다양하며 젠더는 변한다. 젠더 안에 사회 계층(직업)이나 연령 등 다양한 '여성다움(여성성)' '남성다움(남성성)'이 존재한다.

사회적 지위가 높은 여성일수록 여성어가 명료하다. 예를 들면 [お嬢様ことば: 영애, 따님, 아가씨의 말], [奥様ことば:부인어], [お姫様ことば:오히메/공주의 말] 등이다. 그리고 일반적으로 말하자면, 여성어에서 볼 수 있는 여성성은 단정하지 않고 명령하지 않거나 겸손, 미화, 정중화한다(金水敏 2007:101). 확실히 金水敏의 지적은 경향으로 말할 수 있을 것이다. 시대를 거슬러 이 지적에 부합하는지에 대해서, 각각의 항목에 따라 다를 가능성은 생각할 수 있다. 예를 들면, 성별에 따라 정중화하는 현

54) 坪井(2003)의 용어와 개념에 따라, 여기서는 헤이안 귀족 사회의 표기양식을 둘러싼 <젠더규범>의 본연의 모습을 사회적 성차와 관련지어 그 결과로 「男手」와 「女手」와 같은 명명이 되었다고 설명하고 있다. 자세한 내용은 坪井 (2003)을 참조.

55) 黒岩(2008 : 259)에는 메이지의 상류계급의 여성(영애, 아가씨, 화족의 딸)들이 자유가 없는 것에 대해서 다음과 같이 말하고 있다. 메이지 시대 상류계급의 여성들에게는 확실히 자유라는 것은 별로 없었다. 모든 것이 정해져 있어 의상도 학교도 그리고 결혼 상대 선택조차 본인의 자유가 없었다. 바로 '새장 속의 새(籠の鳥)'라고 부르기에 어울리는 상황이었다. 이와 같이 메이지 시대 상류계급에서는 「교양있는 여성으로서의 품위」가 있어 '영애, 따님, 아가씨(お嬢様)'로서 성장하게 되는 모습을 엿볼 수 있다.

상은 메이지 초기에는 어느 정도였는지, 현대 일본어에서는 어느 정도 변화해 왔는지?

이와 같은 현상을 시야에 넣고 다음에서는 화자의 젠더의 관점에서「소신문」에 나타난 대우표현 중, 문말표현 형식을 중심으로 고찰하고 싶다. 그리고 주목해야 할 인칭대명사와 경어 표현에 대해서도 다루기로 한다.

4.1 소신문과 근대 일본어 대우표현의 실태 - 남녀의 문말표현 형식

소신문의 문장은 구어체(언문일치 이후에 만들어진 오늘날의 구어체와 구별해, 담화체라고 부르는 학자도 있지만, 여기에서는 넓은 의미로 구어체라고 부른다)의 기사와 문어체(－なり, －けり)의 기사가 있지만, 본 연구에서는 젠더의 관점에서 대우표현의 연구이기 때문에 구어체를 중심으로 논한다. 구어체의 특징은 문말표현 형식에 강하게 나타나기 때문에 문말표현 형식을 중심으로 고찰한다. 그렇다면 문말표현 형식은 남녀별로 구체적으로 어떤 표현이 사용되고 있는가?

소신문에는 보통체(常体表現)와 경체표현(敬体表現)이 있지만, 보통체의 비율이 높다[56]. 구어체 문장은 문말을 아래의 용례(1a)~(13)과 같이「でござります」「でございます」「でござる」[57]「ます」「やす」「であります」「です」「でげす」「だ」(「といふ」의 형태로 끝나는 경우, 문중표현에서 구어체 형식이 사용되는 것은「だ체」에 포함한다. 신문의 보도에 객관성을 유지하지 위해「といふ」의 표현을 많이 볼 수 있다)「である」등 다양한 문말표현 형식을 사용하고 있다. 이와 같이 소신문은 구어체 즉, 문말표현 형식(종조사도 포함함)에 구어체의 표현을 사용한다고 하는 소위 문장의 구어화를 인식하고

---

56) 進藤(1981 : 312)에 따르면, 3신문(讀賣, 東京繪入, 仮名讀) 모두 보통체가 압도적으로 많은 80% 이상을 차지하고 있다고 한다.

57) 소신문에「でござる」는 약간 나타나지만, 杉本(1965)에서 말하는 이른바 '서생전문어'로서 메이지 10년대에 일반적으로 사용되고 있다. 초기의 소신문에도「서생을 생각하게 하는 계급의 남성」에 사용이 보여, 그 상황은 같다. 예를 들면, 거류지(きょりゅうち : 외국인 거주지)의 왕래로 너와 나의 이야기였다. (*신문란, 메이지 9년 8월 19일 仮名讀み 144호)와 같이. 그러나, 메이지 30년대의「사회백면상」(주 16 참조)을 보면, 서생에는「ござる」의 사용은 없어져, 代議士(국회의원), 노승(老僧), 노신사(老紳士), 교육가(教育家) 등 연배의 남성에게 사용이 한정된다.

「속담평화:俗談平話」의 문체[58]를 채택했기 때문에 인기가 있었다고 생각된다. 그러나, 소신문에서도「である(用例13) : 쓰는 이, 棄華於四郎」는 구어체를 문말에 사용하는 경우가 적었다.

辻村(1974 : 24)는「です」에 대해 "메이지 전기에는 그다지 진전을 보이지 않고, 후기가 되어 일반적으로 보급된 것이다"라고 하고 있다. 그러나「です」의 경우는, 투서란을 보는 한, 비교적 사용예가 많아 용례(7a)와 같이 신분이 낮은 유녀가 사용하고 있다. 남성의 경우, 연배의 사람 風也坊川柳 (川柳(せんりゅう : 정형시로 5, 7, 5 리듬으로 인정(人情)을 읊은 인간이나 사회를 풍자하는 시)의 川柳 작자이지만, 출신 계층은 에도 아사쿠사(淺草)의 상인으로 투서 당시의 직업은 담배 상인으로 용례 (7b)의 사용에서 볼 수 있는 등 대우 가치는 높지 않은 점, 언문일치 소설 이전의 메이지 초기에 세력이 있었다고 말할 수 있을 것이다[59].

또한, 소신문의「ござります」는「형용사의 우음편(ウ音便)」과 함께 사용되고 있어, 높은 대우 가치를 가지고 있었던 것 같다. 예를 들어, 용례(1b)는 상인의 가게에서 서생이 술을 살 때 영어를 사용하는 것에 대해서 투서자가 자신의 주장(주장문)을 하면서 비판하는 내용이다. (1c)는 상인 계급에서 남성이 자신의 생각을 말하고 있지만, 메이지의 말기 무렵까지 이와 같은 상인 계급에서는「でござります」의 사용이 관찰된다[60].

「ございます」의 경우, 용례(3a)와 같이 야마노테(山の手)의 평민의 남성이 사용하고 있지만,「お+형용사」의 형태와 함께 사용되고 있다. 그리고 용례(3b)와 같이 어부의 아들이 사용하는 등, 메이지 초기에는 하층의 남성이「ございます」를 높은 대우

---

58) 土屋(2002:67)에 의하면,「속담평화」는 메이지 초기에 일반적인 대화나 말씀, 오늘날의 구어를 가리키고 있던 말이었다고 한다.

59) 長崎(2001 : 90)에 의하면, 다른 정중한 문말 단정표현과의 비교에서는「でござります」「であります」에 비하면,「です」의 사용은 대신문, 소신문 모두 적고 당시는 아직 일반화에는 이르지 않았던 것 같다. 그러나,「です」의 활용형은 종지형이 대부분이며 활용은 아직 발달하지 않았지만, 투서란을 보는 한 하층 계급에서는「です」가 세력을 확보한 것으로 보인다.

60)「사회백면상」에서는 '귀부인' '중학교 선생 부인'과 '상인 대표'(남성)'가「ござります」을 각각 일례씩 사용하고 있다.

가치를 가지고 사용한 점이 주목할 만하다.

이하, 각 문말표현 형식의 용례를 든다.

(1a) 私(わし)は九尺二間に住んで居て裏店のやうすやそのほかよく知つております
ものでご御座(ござ)ります。

(細井倉四郎, 明治7年11月16日讀賣8号)

(1b) 日本人へハ日本の語で早くわかるやうに言ふが宜しうござります。

(屯田三左衛門, 明治7年12月28日讀賣29号)

(1c) 私(わたくし)ハ東京(とうけい)でハ一度も見ませんがそれハ山鳥の飛のに間違
でござりますまい。

(坂本町しほせんべいや, 明治7年12月26日讀賣28号)

(2) 西洋の国々でも婚礼や葬式の禮は重くしてあると申事ハ毎々うけたまはります
がなぜこのやうにお構がないので御座りましやう。

(篠本喜代女, 明治7年11月30日讀賣15号)

(3a) 私の娘ハお恥かしい事ながら芸者渡世で御座いますが,

(山の手の平民 應頼, 明治7年12月26日讀賣28号)

(3b) そうして親の名や自分の名も新聞へ出されて恥をかきますから所々のボッチ
ヤンたちも上げない
ほうがよろしう御ざいましやうわたくしのやうに親父にしかれれてハいけませ
ん。

(深川の漁夫のせがれ竹松, 明治7年12月8日讀賣19号)

(4) おさない時習ひましたを今思ひだしその意味をかいつまんで認めて見ましたが
こんなことでも新ぶんに出せるなら余白へ入れて下さいませんかと子細らしく
もお頼み申ものハ。

(松井久子, 明治7年11月20日 讀賣10号)

(5) 實に {池} の端の寶丹は金魚に迄功能があるとは {鰓(えら)} い良薬であります。

(横浜大和屋市, 明治9年8月18日仮名讀143号)

(6) オヤ夫は五大洲の内には聞か内が，何方に*有り升エ*。

(松廻家一光, 明治9年8月15日, 仮名讀141号)

(7a) 皆さん水瓶の柄杓ぢゃア*否です*よ。

(爲永里遊女, 明治9年8月15日, 仮名讀141号)

(7b) ハテねエアノ新聞が毎日に成って雨が降るといふ譯もねへもん*です*ねー。

(淺草風也坊, 明治8月19日, 仮名讀144号)

(8) 当日席上ハ文人墨客勿論で都管野の連中が弦聲を秦すといふからサゾ面白い事*でゲーせう*。

(＊新聞欄, 明治9年8月19日仮名讀144号)

(9) モシ魯文三イヤサ記者日々の*刷りだ*ナ。

(本町一丁目松廻家 一光, 明治9年8月18日仮名讀143号)

(10) 開拓使の長官黑田清隆といふかたハ今度御用にて大坂へ*行れるといふ*。

(＊新聞欄 明治7年12月18日讀賣24号)

(11) オヤおふかさんお前(まへ)当港へ出かけて來たのねエ「オヤオヤお鷹さん久し振た子*妾(わちき)*も鮫が橋近所ハ酷く嚴しくッて密賣(せうばい)が出來ないから濱へ出港たが」当地もなかなか嚴しくッて居留地を馬士附く事も*出來ない*ヨ。(おふかさん(女)→お鷹さん(女))

(＊新聞欄 明治9年8月18日仮名讀143号)

(12) 生質といふ言葉につき世間にハ運の善い悪いというものが有りますがこれも貧乏するのハ運の悪いといふのでハなく稼の足らぬ處が有るゆえで有りまた富貴に成るハ運のよいのでなく稼を十分にするゆえなれバ決して運次第の生れつきのといって気をおとしてハ*成りません*。

(柳ばし飄々子, 明治7年12月18日 讀賣24号)

(13) 此のあいだ上野へ花見の序に見に行きましたら花ハ咲ていましたがあれでハ大方今に枯る*であらふ*。

(棄華於四郎, 明治8年4月21日 平仮名3号)

또한, 소신문에 나타난「でげす」는「仮名垣魯無文(원문 그대로임)」(문어문: 定(さだ)めし深淵無量意味ある事と僕輩(わつちら)が信ずる所でゲスから, 仮名讀145号)와『仮名讀新聞』의 '신문란'의 회연(會延:연회)을 알릴 때, 'さだめし·サゾ~でげせう: 무릇 ~것이다' 처럼 남성이 사용하고 있다. 특히 용례(8)의「でげす」는 추량의 모달리티 형식으로서 현대어의「でしょう: ~이겠지」의 의미와 매우 비슷하다.「でげす」는 에도 말기부터 메이지에 걸쳐 게이샤, 찻집 여성 등이 주로 사용했다고 알려져 있지만, 소신문을 보면 메이지 초기에는 남성에게는 아주 드문 사용에 지나지 않는다.「でげす」에 대해서, 森銑三의『明治東京逸聞史 1』(1969)에 의하면, 메이지 말년의 도쿄에는 시타마치(下町: 서민들의 거주 지역)에서도 그다지 특수한 사람이 아니면 사용하지 않았다고 한다. 즉,「でげす」는 적어도 메이지 초년부터 메이지 말년에 매우 드물게 사용된다. 그 사용은 상당히 사용자가 제한되어 메이지 35년의「社會百面相」에는 여성에게는 사용을 볼 수 없었고, 노작가(老作者)나 고물가(古物家)와 같은 다소 오래된 말투를 사용하기 쉬운 고연령층의 남성들만이 사용하게 된다.

4.2 인칭대명사와 종조사, 기타 경어표현

다음으로 인칭대명사에 대해 보자. 신분이 높지 않은 여성, 친한 유녀끼리 사용하는 1인칭대명사 '妾 : わちき'와 남성이 사용하는 2인칭대명사 '汝 : てめへ, うぬ' 등은 허물없이 지내는 편안한 사이와 그러한 장면에서 사용이 보이고 '卑罵語(비매어 : 마이너스 대우, 욕설)'로 사용되고 있다. 예를 들어, 용례(11)와 용례(14), 용례(17)(화자의 남성이 화가 난 장면), 용례(18)(화자의 여성이 화나는 장면) 등이 있다.

이와 같이 메이지 초기의 소신문에서도 같은 시기의 名垣魯文(かながきろぶん)의 골계본(滑稽本) 소설『安愚樂鍋(あぐらなべ)』(메이지 4~5년)의 사용 상황과 대체로 일치한다. 즉,「わちき」의 사용자를 사회 계층에서 보면, 여성의 경우는 신분이 높지 않은 여성끼리, 기생(娼妓)과 찻집(茶店)의 여자들이 사용하고 있는 것을 알 수 있다(용례 15, 16)[61].「わちき」경우, 헤

61) 남성의 경우,『安愚樂鍋』에는「野幇間→客」「芝居者→客」이라는 인간관계에서「わちき」를 드물게 사용하고 있다. 예를 들어,「私(わちき)を見るとおいらんが野図八さん浮さんと同伴かへと次の間へ

본(J. C. Hepburn)의 『和英語林集成2, 3(明治5, 明治17)』에 동국의 유녀(遊女)가 하는 말이라고 서술하고 있는 바와 같이 메이지 초기까지 주로 게이샤(芸妓, 芸子)들이 사용했다. 그러나 메이지 후기 작품이 되면 그 사용을 볼 수 없게 된다[62]. 이하, 용례를 든다.

(14) イエサあるとも／＼アノ谷町一丁目の十五番地の妾(わちき)の居た隣家の後家さんに面白い話しがあるヨ。(おふかさん(女)→お鷹さん(女))

(＊新聞欄 明治9年8月18日仮名読143号)

(15) エエいやならわちきがのむからおよしひやでもいいからモウ一本そして生でたべるのざんすから

(まじりみせの娼妓同士、安愚楽鍋)

(16) そりやアちつと訳があるのサ今までおまへにもはなさなかツたが私(わちき)やア十五のとしにちやんが相場とかにまけて母親とわちきをおきざりにして脱走してしまつたらうじやアないか。

(茶店女(18、19才)同士;ころ→ひき、安愚楽鍋)

(17) 汝(てめへ)ハ去年一所になる時不都合があッたら如何でもならうと書附まで出したからハ今度自己(おれ)の面へ泥を塗ッた其言訳に自由に成ッて居ろと行成お千代さんを其処へ転がし懐中から鋏みを出してマアあらう事かナンボ散髪が流行だと言ッて前の毛をチョキ／＼有平床の夏刈のやうに剪んだが、

(粕谷助次郎(40代の男性)→お千代さん(34, 5才))

(＊新聞欄 明治9年8月18日仮名読143号)

(18) お前(まへ)ハ年の行かぬ者だと思てよくも／＼妾(わたし)を欺して、(中略)義理知らずとも不人情とも鬼とも蛇とも唱やうのない畜生野郎だ汝(うぬ)のおか

かけだしてきなすツたから私(わちき)がいちばんだまをくらハせてヘイ浮さんハいまさめや」(安愚樂鍋, 野幇間(32, 3才)→客)의 사용처럼. 飛田(1974)는『安愚樂鍋』의 인칭대명사를 사람의 신분 관계나 직업을 중심으로 고찰하고 있어 참고가 된다.

62) 房極哲(2006b)에서『安愚樂鍋』에는「わちき」의 사용 예가 남녀 모두 있지만, 메이지 20년대 이후의 작품에는 사용 예가 보이지 않는다고 했다. 또한, 메이지 35년의「사회백면상」에는 다양한 인칭대명사가 출현하지만, 여기에도 사용되지 않고 여성의 1인칭대명사로서「わちき」의 종언을 상징한다.

げで親の家にも居溜られず此横浜くンだりと馬土付いて居るのだ。

(岡田初五郎の二番娘(17才の田舎娘：おもよ)→文さん(男：26,7才の不動産勤務))

(＊新聞欄 明治9年8月18日仮名読143号)

여기서 주목하고 싶은 것은 용례(18)와 같이「汝：うぬ」가 2인칭대명사로서 사용되고 있다. 즉, 여성이 남성 상대를 짐승 같은 놈(畜生野郎)이라고 욕하면서 2인칭대명사「汝：うぬ」를 사용하고 있다. 仮名垣魯文이 창간한『仮名讀新聞』은 당시 골계가(滑稽家)가 잘 읽는다고 했지만, 익살맞고 멋있는 문장의 성격이 강했기 때문에 서민의 일상적인 구어체의 문체로 쓰여졌다. 예를 들어, 시골 출신(촌뜨기)의 '田舎娘'라는 교양과는 멀어져 있는 사람이 남성 상대에게 울부짖고 있는 장면에서 증오를 나타내는「うぬ」가 사용되고 있다[63].

이것은 당시 사회적으로 입지가 약한 여성의 입장을『仮名讀新聞』을 통해서, 특히 하층 여성의 언어생활을 있는 그대로 묘사했기 때문에 부녀 독자층에 인기가 있었다고 생각된다. 한편, 상층의 부인층에서는 '언어의 금기, 조심스러움'이 언어 행위에 지배되고 있어, 하층 여성처럼 남성 상대를 욕하고 비난하는 거친 2인칭대명사「うぬ」는 소신문에 나타나지 않는다.

「うぬ」와「わちき」처럼 주로 하층 계급에서 사용하는 경향이 강한 인칭대명사는 金水敏(2003：67-69)가 말하는 "역할어도" [어떤 話體, 文體가 특징적 성질의 화자를 상상시키는 정도]가 높은 말일 것이다. 이와 같은 인칭대명사는 메이지 30년대가 되면, 문학 작품에서 점차 모습이 사라지게 된다. 인칭대명사는 여성 쪽이 간소화, 통일화의 현상이 빨리 진행되어 메이지 41년 나쓰메 소세키의『三四郎』에서는 여성은

---

63)『安愚樂鍋』에는 남성이 사용하는「うぬ」가 1례 있다. 이것은 화자인 職人(40세 정도로 목수나 도장, 미장하는 모습)이 동료의 상대방과의 대화이다. 사용된 문맥을 보면 매우 거친 말투임을 알 수 있다. 예를 들어「あいつらのやうにかかアに人仕事をさせやアがつてうぬハ仕事から歸ッてくると並木へ出てやすみにでつちておいた塵取なんぞヲならべて賣りやアがるのだア.諸職人の俠言, 職人→仲間」처럼 職人(기능인) 자기 자신을 지칭하는 자칭으로 사용하고 있다. 또한, 같은 장면에서 2인칭대명사「てめへ」가 사용되어「うぬ」와 쌍을 이루고 있다.

대우 가치가 높은「わたくし」「わたし」의 사용이 주가 되어, 메이지 초기의「わちき」「わっち」「わたい」「おいら」등은 사용하지 않게 된다.

소신문에는「よ, のよ, え, ね, ねえ, さ, かな, な, なあ, ぜ, ぞ, かしら(ん)」등 종조사가 사용된다. 신문의 투서란은 그 성격상, 소설과 달리 화자의 감정을 나타내는 정의표현은 나타나기 어렵다. 소신문에서 소위「テヨダワ言葉」의 종조사「てよ」「だわ」와「わ」는 아직 보이지 않고 메이지 20년대 여학생 말(女学生言葉)의 출현을 기다리지 않으면 안 된다[64].

현대 일본어 종조사「かしら」는「かしらぬ>かしらん>かしら」의 역사적 변천이 있지만, 메이지 초기 소신문에는「かしらん」과「かしら」의 사용이 보인다(用例19, 20). 여기에서 적어도 메이지 초기에는 양어의 형태가 양립한 것을 알 수 있다.「かしらん」과「かしら」는 화자의 자신에게 자문하는 자문성이 강하지만 나타난 용례가 적다. 따라서 성별의 사용 경향은 단정할 수 없지만, 남성에게「常体＋かしら」의 사용을 볼 수 있는데, 여성은「敬体＋かしらん」이 보였다. 사용 예는 다음과 같다.

(19)またどの位大きく成るだらう横濱を背負てたつ積りかしら。

(東京浅草　蔵前の鱸七､仮名読155号　明治9年9月2日)

(20)アホノ私(わた)しも移りましたか知らん。

(東京人在港　青嘴囀人､仮名読173号　明治9年9月23日)

한편, 메이지 30년대『婦女新聞(ふじょしんぶん)』의 사설(예를 들어, 메이지 34년 1월 21일「婦人的」(37호), 메이지 34년 2월 4일「父と小兒」(39호) 등)에 다수 보이는「－まする」(丁寧의 조동사「ます」의 옛 형태의 종지·연체형)의 문말표현 형식은 메이지 초지 소신문에도 보이

64) 메이지 시대의「てよ」「だわ」에 대해서는 房極哲·李夏子(2005)와 房極哲(2006a)을 참조. 메이지 21년의『藪の鶯』(三宅花圃作)에 친한 여학생 사이에서「てよ」「だわ」의 사용을 볼 수 있지만, 당시 지식인 사이에서「女学生言葉」에 대한 비난이 강했다. 예를 들어, "よくつてヨ.あんまりこもつているから.炭素を追出してやるんだワ"(齋藤 →女生徒:여학생 끼리 대화, 藪の鶯)처럼. 특히, 여성어로서 감동, 감탄문으로 사용하는「てよ」「だわ」는 유행어에 대한 비판도 있다. 그러나, 여성어에 자체에 대한 비판이 많은 것은 여성어에 기대되는 사회 통념이 남성에게 기대되는 것(사회적 젠더)과는 다른 것이었기 때문이다.

는 점이 주목된다(용례21−24). 용례 (21)과 (23)의 '申しまする'와 '致しまする'를 보면, 특히 말하다(言う)의 겸양어 '申す'와 하다(する) 겸양어 '致す'에서「−まする」사용을 보면 알 수 있듯이 아주 정중하고 공손한 사용이「−まする」와 함께 사용되어, 문맥 전체에서 화자가 청자에게 상당히 높은 대우를 하고 있다고 볼 수 있다.

또한, 소신문의 용례(24)는「형용사의 ウ音便」과 함께 사용되고 있어, 남성의 경우는 매우 공손한 말투로「−まする」를 사용하고 있다. 메이지 35년경까지는 용례(25)와 같이 나이 든 남성에게「−まする」의 사용이 조금 보이고 상대의 손님에 대한 높은 대우 가치는 유지되고 있다. 이하, 용례를 든다.

(21) 世間、優柔不断の態度を指して常に是れを婦人的であると*申しまする*。

(婦人的､婦女新聞(明治34年1月21日))

(22) 何れの時代にも、新思想と舊思想との両極思想が*ありまする*。

(家庭の両極思想､婦女新聞(明治34年1月8日))

(23) 今日、我が日本の児童にむかって、父様は何ういふ人であるかと尋ねますと、大抵は皆恐い人だといふ答を*致しまする*。

(父と小児､婦女新聞(明治34年2月4日))

(24) 先達て私が浅草へ参詣をいたして仁王門の所まで参りますと大ぜい見物の人が居ますからおし　わけて見まするど箱の中に兎が三びき居ましたから、(中略)此の兎のすくない内ハよろしうございますが、

(無学校の教師井戸内蛙､明治7年12月8日読売19号)

(25) 宜うがす、一番骨を折つて見ませう。併し活きてる美術品でごはすから御助才はありますまいが、廉くお引受にならうとすると忽ち飛んで逃げまする……。

(古物家→六十代の客 · 愚得大人､社会百面相(明治35年))

한편, 소신문에는「お(ご)−になる」(*お用ひに成ッた*かと思はれる程の, 仮名讀142号),「お−なする」(妾等(わたくしども)*お記(かき)なすった*が, 仮名讀141号),「お−申す」(*お*

頼み申すハ, 仮名讀143号, すぐに御頼ミ申升(平仮名11号)와 용례(4)처럼. 皆様にお聞き申します, 讀賣28号),「お－動詞連用形＋なさい」(おあるきなさい, 讀賣19号), 敬語動詞「お目に係る」(旦那様にもねへさんにも*お目に係る*ことも有馬志鱒(ありましたら), 仮名讀141号)「致します」(怪我を致しますところを, 讀賣27号), 접두사「お」의 다용 등과 같이 경의가 높은 경어 표현이 메이지 초기의 소신문에 이미 사용되었다. 이러한 형식의 대부분은 메이지 20－30년대에 일반화가 진행되어 메이지 말기가 되면 자연스럽게 사용하게 된다. 특히「お－になる」와「お－申す」은 사용 예가 많아, 메이지 초기에 경어 표현의 대표적인 체계로서 사용자의 넓은 지지를 받은 것 같다. 즉, 메이지가 끝나는 무렵에는 현대 일본어 경어체계의 대표적인 형식들이 사용 화자의 다양성을 고려할 때, 사회언어학적으로도 이미 확고한 자리를 차지하게 된 것이다.

5. 나오며

이상, 메이지 초기의 소신문을 대상으로 젠더를 의식하면서 소신문의 투서란을 고찰했다. 소신문의 투서란은 대우표현 연구에 유효한 자료인 것과 소신문에 나타난 대우표현에 대해 문말표현 형식을 중심으로 고찰을 시도했지만, 불충분한 부분도 적지 않다. 본 연구에서는 문말표현 형식을 중심으로 전체적인 경향을 지적하는 데 그쳤다.

향후 연구를 좀 더 심층적이고 중층적으로 고찰하기 위해서는 소신문에 나타난 메이지 초기의 구어체와 문어체에 관한 명확한 성질의 차이나 당시의 상황 등을 제대로 파악할 필요가 있다. 그리고, 구체적으로 소신문에서 여성어와 남성어를 어떻게 표현하고 있는지는 추가 조사를 하고 사회언어학적 관점에서 상세하게 개별의 대우표현에 대해 고찰하는 것이 과제로 남는다.

또한 소신문의 분석 결과와 일부의 소설과의 비교를 시도했지만, 많은 자료(예를 들면, 소설이나 라쿠고(落語) 등의 자연 담화)와의 결과를 상세하게 비교할 필요가 있다. 이번에 극히 일부의 소신문을 조사한 한 구어체에서 문말표현 형식, 인칭대명사, 경어 표현으로는 메이지 초기 소설 자료의 사용 상황과 일치하는 부분도 많다는 것을 알았다. 그러나, 소신문의 보도성(전달성), 상업성이나 문체적인 특질로 보아 앞으로 연구가 축적되어야 한다. 남겨진 이러한 문제는 앞으로의 과제로 하고 싶다.

*본문 중에 나타낸 용례에 대해서, 표기, 구두점 등은 기본적으로 원문에 따르지만, 입력이 어려운 글자체는 현대가나표기법(現代仮名遣い)을 따랐다.

参考文献

井口佳重(2009)「明治・大正期における新聞の仮名遣い改革」『日本語の研究』第5巻2号 (『国語学』通巻237号)

岡満男(1981)『婦人雑誌ジャーナリズム』現代ジャーナリズム出版会

金水敏(2003)『ヴァーチャル日本語役割語の謎』岩波書店

金水敏編(2007)『役割語研究の地平』くろしお出版

黒岩比佐子(2008)『明治のお嬢さま』角川選書 441

国立国語研究所(1959)『明治初期の新聞の用語』国立国語研究所報告15

進藤咲子(1981)「第6章 明治初期の小新聞にあらわれた談話体の文章」『明治時代語 の研究 ―語彙と文章―』明治書院

________(2004)「明治10―11年の新聞のことば―「郵便報知新聞」を資料として―」『近代 語研究第12集』近代語学会編 武蔵野書院

杉本つとむ (1965)「轉換期の日本語―江戸から東京へ―」『近代語研究 1』武蔵野書院

田中和子・諸橋泰樹(1996)『ジェンダーからみた新聞のうら・おもて―新聞女性学入門―』現代書館

辻村敏樹(1974)「明治大正時代の敬語概観」『明治大正時代の敬語敬語講座 5』明治 書院

土屋礼子(1992)「明治初期小新聞にみる投書とコミュニケーション」『新聞学評論41』日本新 聞学会

________(2002)『大衆紙の源流 ―明治期小新聞の研究―』世界思想社

坪井美樹(2003)「男手・女手―「性差」による表記様式の分類―」『筑波日本語研究』 8号 筑波大学日本語学研究室

中村桃子(2007)『「女ことば」はつくられる』ひつじ書房

長崎靖子(2000)「明治初期小新聞に見る助動詞「です」の様相」『日本語科学』8 国立国語研究所

________(2001)「明治初期の大新聞に見る助動詞「です」の様相―明治初期の小新聞との比較から―」

「国文目白」44

房極哲·李夏子(2005)「『藪の鶯』における女性語－いわゆる情意表現を中心に－」『日本語文学』24 韓国日本語文学会

房極哲(2001)『明治期における待遇表現の社会言語学的研究』筑波大学大学院博士学位論文

______(2006a)「『小公子』における女性語について－終助詞の用法を中心として－」『日本学報』69輯 韓国日本学会

______(2006b)「明治期における一人称代名詞の社会言語学的研究」『日本語文学』第30 輯韓国日本語文学会

飛田良文(1974)「明治初期作品の敬語」『明治大正時代の敬語 敬語講座５』明治書院

森銑三(1969)『明治東京逸聞史１』平凡社 東洋文庫135

______(1969)『明治東京逸聞史２』平凡社 東洋文庫142

山本武利(1981)『近代日本の新聞読者層』法政大学出版局

山本正秀(1965)「第9章 小新聞談話体文章の実態と言文一致」『近代文体発生の史的研 究』岩波書店

4장

근대 일본어와 여성어

-젠더(Gender), 언어적 성차(性差)의 관점-

4.1 여성어의 역사와 근대 소설 속의 여성어

일본어에서 '남성어 여성어에 대한 규범의식'을 묻는 설문조사[1]를 보면, '여성은 정중하고 품위 있는 말을 해야 한다, 남성은 난폭하고 거친 말이 허용된다는 규범'에 대학생들이 쉽게 대답한다는 점이다. 현재도 남성어, 여성어에 대한 규범이 널리 공유되고 깊이 내면화되어 있다는 것을 말해 준다.

현대 일본어는 화자와 상대방의 속성에 따라서 언어 형식이 크게 다르다. 언어의 다양성을 만드는 요소로서 연령, 학력, 직업, 지역 등과 더불어 성차가 언어생활의 실태 조사에서 분석의 기준이 되는 것도 사실이다[2]. 이와 같이 성차에 대한 규범의식과 일본어는 성차가 있는 언어라는 공통된 인식이 있다. 우선, 근대 일본어와 여성어의 구체적 사례를 살펴보기 전에 여기에서는 여성어의 역사를 중심으로 개관하고자 한다. 나라(奈良)시대, 헤이안(平安)시대, 가마쿠라 무로마치(鎌倉·室町) 시대, 에도(江戸)시대, 메이지 이후 현대 순으로 간단하게 살펴보기로 한다.

여성어의 실태를 파악할 때, 성차의 관점에서 보면 문말표현 형식이 중요하기 때문에 일본어의 '丁寧語'의 역사를 간단하게 살펴볼 필요가 있다.「侍(はべ)り」,「候(そうろ)う」와 같은 '丁寧語'는 겸양어에서 온 것이다.「侍(はべ)り」는 헤이안 시대 초기에 겸양어에서 왔으며,「候(そうろ)う」도 헤이안 시대의 대표적인 '丁寧語'이다.「たまふ : 하 2단 활용」도 겸양어적 성격을 가지면서 '丁寧語'로서 사용된다. 무로마치 시대에는「ござる」「おぢゃる」「おりゃる」가 '있다'(「いる」,「ある」)의 의미로 사용되고 보조동사로서「まらする」가 보인다. 에도 시대에는「です」「ます」「なます」「やす」등의 어형이 생긴다. 이 중에서「です」「ます」가 현대로 이어지게 된다. 또한, 대칭대명사에 대해서 보면, 나라 시대에는「わけ」「な」, 헤이안 시대「なむち」등이 상대방을 하대(下待)하는 말로 사용된다. 가마쿠라 시대 이후에는「しゃつ」「おのれ」「てめへ」등이

1) 佐竹(1998) 참고

2) 井出(1982)「言語と性差」『言語』11-10

상대방을 하대하는 말로 사용된다. 메이지 시대에「てめへ」의 사용을 보면, 남성들이 상대방을 낮추면서 사용하고 있음을 알 수 있다.

일본어의 여성어 역사를 큰 흐름에서 간단히 살펴보자. 중세의 무로마치 시대 '女房詞', 근세의 에도 시대 '遊里語, 郭言葉', 근대의 메이지 시대 'お嬢様ことば(てよだわ言葉가 근대적 여성어와 [お嬢様言葉]의 起源)' '女学生ことば' 등으로 설명할 수 있다. 특히, 정중한 여성어는「宮中」→「武家」→「町人」의 경로로 전파된 것이다. 예를 들어, '武家'의 정중한 여성어는 궁중의 '女房詞'에서 유래하였고 에도 시대 '遊ばせことば'로 대표되듯이 상류층 상인들이 결혼 전에 무사 집에서 奉公하는 것이 확산되면서 '武家'의 여성어를 습득하게 되는 흐름이다. 근대의 여성어는 간략히 말하면, 여학생 말 '女学生ことば'로서 확산되었다. 메이지 시대 여성어는 근대에서 현대로 이어지면서 문말의 종조사「テヨ, ダワ」의 쇠퇴가 큰 흐름이다. 점차 여성 전용어는 감소하여 성차가 서서히 줄어들고 있다.

4.1.1 나라(奈良)시대의 여성어

나라 시대에는『古事記』,『日本書紀』,『万葉集』등에 많은 경어 표현이 보이기 때문에 경어 체계가 상당히 갖추어져 있다고 볼 수 있다. 그러나, '丁寧語'는 아직 발생하지 않았다[3].

나라 시대에는 이성 간에 경어적 표현, 예를 들면「君」를 대칭사(이인칭대명사)로 사용하는 경우의 대부분이 여성이 남성에 대한 사용이다. 眞下(1969:8)은 나라 시대 남녀의 언어에 대해서 "일반 대화에 사용하는 말에 남녀차가 있었는지는 아직 의문이고 설령 차이가 있더라도 극히 경미하고 따라서 강한 구별관은 남자에게도 여자에게도 발생하지 않은 것 같다"라고 하였다. 그렇지만,『万葉集』에 나타난 남녀의 성차에 대해서, 특히 이인칭대명사「きみ」는 여성이 남성에만 사용하고 남성이 여성에 대한 사용은 없었다[4].

---

3) 沖森卓也編(1989:101)

4) 佐伯(1936) 참조

이상에서 적어도『万葉集』가 성립한 무렵에는 일본어에 성차는 있었다고 말할 수 있다.또한, 상대어(고대어)의 시대에 히라가나를 '女手'하고 하는 것에서 알 수 있듯이 고대부터 남성과 여성의 언어 표현상의 구별(극히 제한적인 부분에서 구별)이 있었다고 생각된다.

4.1.2 헤이안(平安)시대의 여성어

헤이안 시대에는 남녀의 언어 사용이 명확하게 의식되고『枕草子』등에 그러한 기술이 보인다. 남성은 한어적 세계를 교양의 기반으로 하기 때문에 한어를 많이 사용하는 경향이 있고 한문 훈독어나 조동사「しむ」, 조사「すら」등 남성 전용어가 있었다. 반면, 여성은 우아하고 완곡한 말투가 좋다고 해서「和文」에 보이는 것처럼 '和語(고유 일본어)' 중심의 언어 사용으로 한어나 한문 훈독어의 사용을 피했다. 예를 들어, 부정의 조동사 已然形은 헤이안 중기 이후「和文」에서는「ね」, 한문 훈독에서는「ざれ」가 사용되었다.『源氏物語』에서도 예외는 있지만 모두「ね」가 사용되었다[5].

헤이안 중기 1017년 경에 성립된 清少納言(헤이안 중기의 여성 문학가)의 수필집『枕草子』에는 성차에 관한 설명이 보인다.

> ことことなるもの、法師の詞、男女の詞なり。げす(下衆)の詞には必ず文字あましたり。

위의 문장에서 헤이안 시대에는 언어의 성차가 있었음을 알 수 있다. 清少納言은 승려의 말을 일반인들의 말과 다른 것으로 보았다. 남성과 여성의 언어 차이를 인정하며 신분이 낮은 사람의 말과 귀족들의 말은 서로 다르다고 보았다.

『枕草子』에서 헤이안 시대에 정도의 차이는 있지만, 언어의 성차가 있다고 해석할 수 있다. 그러나, 國田(1964)에 따르면, 헤이안 중기 무렵에도 '女詞'가 있었다고 생각할 수 있으나,『枕草子』에 남성, 여성, 승려의 말의 차이에 대해서 쓰지 않아, '女詞'가

5) 沖森卓也編(1989:142-143)

확실하게 성립했다고 보기 어렵다는 견해를 밝혔다. 이와 같은 점을 생각하면, 『枕草子』가 간행된 시대에는 성차가 있었다고 볼 수 있으나, 부인들 사이에서만 사용되는 말(부인어)로서 특별하게 의식된 말(어휘)은 없었다고 해석할 수 있다.

이어서 『源氏物語』를 살펴보자. 遠藤(1997:10−11)에 의하면, 『源氏物語』에 등장하는 인물들의 언어의 성차는 상하 대우의 차이가 있는 것이 많지만, 성차는 고정되어 있지 않다고 한다. 또한, 遠藤(1997:27−29)에서는 『源氏物語』와 『枕草子』을 통해서 고찰한 결과, 문법의 측면에서 언어의 성차(어휘의 차이)는 보이지 않지만, 여성의 언어 사용, 대화에 대한 다양한 금기가 사회적으로 존재했다는 결론을 내고 있다. 예를 들어, 헤이안 시대의 '여성의 언어관'에 대해서 당시의 사회가 '여성어는 천천히 여유롭고 안정적으로 작은 목소리로 처음과 끝은 뚜렷하게 하지 않는 것이 좋고, 말이 빠르고 너무 명확하고 이지적(理知的)으로 말하는 것은 좋지 않은 것'으로 보고 있다. 또한, 여성이 남성의 말을 반박하거나 남성과 다투는 것은 매우 부끄러운 것이며, 미혼의 여성어는 짧은 것이 좋다는 인식을 나타내고 있다.

헤이안 시대에 한어를 회피하는 것이 여성어의 규범이라는 점은 『源氏物語』에서 한어를 사용하는 박사의 딸(博士の娘)의 말에서도 알 수 있다. 堀井(1990 : 31−32)에 따르면, 『源氏物語』[帚木(ははきぎ)巻]에서 한자를 초서로 쓰는 여성을 좋지 않게 생각한다는 점을 들고 있다. 즉, 당시 한어는 여성어가 아니라는 사회의 암묵적인 규범, 언어 규칙이 이후 오랫동안 여성어를 지배하고 있다고 볼 수 있다.

杉本(1997 : 149)는 『源氏物語』에서 紫式部(むらさきしきぶ)가 '학자의 딸'과 같은 사람은 특정의 여성어를 사용하게 하려는 의도로 여성에 적합하지 않는 한어를 사용한 것으로 해석하고 있다. 여기에서 알 수 있듯이 당시의 여성 지식인 계층에서는 서민 계층의 사람들과 달리 특별히 품격있는 말, 한어를 사용한 것으로 보인다.

坪井(2003)은 성차가 도입된 명칭(예를 들어, 헤이안 귀족사회에서는 한자를 真仮名(まがな) <男手>, 仮名(平仮名)에 의한 표기 양식이 <女手>)은 당시 표기 양식을 둘러싼 젠더 규범 모습을 그대로 당시의 실태로 생각하는 것은 오류라도 주장하고 있다. 즉, '한자' '가나' 각각을 사용하는 두 가지 표기 양식이 당시의 헤이안 귀족사회의 <남성=

공공과 관련된 주된 존재>對 <여성=공공에 관여하지 않는 종적인 존재>라는 사회적 성차와 연관되어 그 결과로서「男手」「女手」와 같은 명칭이 생겼다는 것이다.

결국, 사회에서 남녀에 의한 역할의 차이는 어떠한 형식으로든 <主從>의 구별이 존재하고, 그 결과 사회적 성차를 사람들이 의식하게 되고 표기 양식에도 그러한 <남녀 구별의 명칭: '男手'와 '女手'>명칭으로 나타난 것이다. 여성어에서도 한어를 사용하는 것은 신분이 높은 여성(박사, 학자의 딸과 같이 품격이 있고 교양있는 말을 사용하는 계층)이라는 특성을 의도적으로 반영한 결과로 해석할 수 있다.

4.1.3 가마쿠라(鎌倉) 무로마치(室町) 시대의 여성어

무로마치 시대에 궁중에서 사용된 '女房詞(にょうぼうし)'가 차츰 무사들 사이에서 사용되게 되고 에도 시대에는 상인(町人) 여성들에게도 사용이 확대된다.「しゃもじ」등「文字言葉」나 접두어「お」가 붙는 말이다. 이와 같은 여성어는 언어 습득 시기에 남자 아이들도 모방하여 유아어로 사용하게 된다. 예를 들어,「お菓子」「お茶」「おいしい」등이다. 이들이 차츰 일반어가 된 것이다.

12세기부터 17세기 초기까지 무사의 시대, 남성의 시대인 중세는 '女房詞'가 이 시기의 여성어의 중심이다. 여기에서는 '女房詞'를 중심으로 당시의 언어의 성차에 대해서 살펴보자.

'女房詞'에 관한 선행 연구는 國田(1964), 眞下(1969), 杉本(1985), (1997), 堀井(1988), 森野(1991) 등이 있다. '女房詞'가 언제 발생하여 사용하게 되었는지는 명확히 알기 어렵다. 그러나, 이들 선행 연구에서 보면, 처음은 무로마치 시대의 御所(天皇이 있는 곳)나 仙洞御所에 봉사하는 여성, 부인들 사이에서 사용된 것으로 일반 사회의 용어와는 다른 일종의 특별한 언어에 기원을 두고 있다고 요약할 수 있다.

먼저, '女房詞'의 최초의 문헌으로 알려진『海人藻芥』[6]에 따르면, 다음과 같은 내용이 있다.

6) 応永(おうえい)27년 1420년. 著者는 恵命院権僧正宣守. 3권. 가마쿠라 중기에서 무로마치 초기에 이르는 시기의 승들의 故實을 기록한 책이다. 여기에서 '女房詞'에 대한 기술이 보인다.

内裏仙洞ニハ、一切ノ食物ニ異名ヲ付テ召被事也。一向存知不者、当座ニ迷惑スベキ者哉。

飯ヲバ供御(ぐご)、酒ハ九献(くこん)、餅ハカチン、味噌ヲバムシ、塩ハシロモノ、豆腐ハカベ麦麺ハホソモノ松茸ハマツ、鯉ハコモジ鮒(ふな)ハフモジ……(下略)。

황거, 궁궐에서는 모든 음식물에 다른 이름을 붙여서 부른다. 그것을 전혀 모르는 사람은 그 자리에서 바로 상대방에게 폐를 끼치는 사람이 되는구나.

밥은 供御, 술은 九獻, 떡은 カチン, 된장은 ムシ, 소금은 シロモノ, 두부는 カベ, 麥麵(むぎこ : 우동, 소바 등)은 ホソモノ, 송이버섯은 マツ, 잉어는 コモジ, 붕어는 フモジ……(下略).

즉, 『海人藻芥(あまのもくず)』가 발행된 시대는 内裏仙洞의 부인들의 말이 무사 집안의 부인들 사이에 들어간 것을 알 수 있다. 杉本(1985:67)에 따르면, 부인들이 만든 이명(異名)에 대한 기술이 보인다. 『海人藻芥(あまのもくず)』에 이어서 『大上臈御名之事(おおじょうろうおんなのこと)』[7] 『お湯殿(ゆどの)の上の日記』[8] 등을 보면, 궁중이나 무사 집안에서 일하는 여관(女官: 조정, 궁중에서 일하는 여성 관인)들이 적극적으로 식료나 음식 등의 이명(異名)을 만든 것을 확인할 수 있다. 이와 같은 구별이 음식 계통과 관련이 깊은 이유는 식품명에서 오는 말들이 어감이 좋지 않은 것과 관련이 있을 수 있고, 여성들만이 사용하는 은어적인 속성도 포함되어 있다고 생각된다. 일종의 위상어(位相語)로서 제한된 여성 계층에서 사용된 전문 직업 어휘인 셈이다.

또한, 이와 같은 '女房詞'가 많이 사용되는 시기는 무로마치 시대이다. 『大上臈御名之事(おおじょうろうおんなのこと)』에 나타난 어휘들을 분석해 보면, 식료품 관련 어휘가 많고 약 1/4을 차지하는 것이 특정적이다[9]. 궁궐이나 무사 집안과 같은 매우 제한적인 상류 사회

---

7) 応永(おうえい)27년 1420년. 著者는 恵命院權僧正宣守. 3권. 가마쿠라 중기에서 무로마치 초기에 이르는 시기의 승들의 故實을 기록한 책이다. 여기에서 '女房詞'에 대한 기술이 보인다.

8) 작자, 성립연도 미상. 무로마치 중기 大上臘(궁중에서 일하는 여관, 부인 등)의 이름, 부인들의 복장, 화장, 태도, 유아명 등을 기록한 것으로 126어의 '女房詞'가 있다.

9) 궁중에서 일하는 女官의 일기로 천황의 일상을 중심으로 한다. 文明 9 년(1477년)부터 文政 9 년(1826년)까지 약 350년간의 일기이다. 특히 필자가 御湯殿(궁중의 욕실, 중세 이후 다이묘 등 다실에서 일하는 여성), 女官들이기 때문에 '女房詞'가 그대로 기재되어 있어서 여성어 연구에 매우 중요한 자료가 된다.

의 여성들은 '女房詞'라는 말로 다른 계층의 사람들과 언어를 구별하는 소위 특권적 지위의 표시로 해석할 수 있다[10].

'女房詞'가 어떠한 이유로 은어의 성격을 가지고 다른 이름으로 부르게 되었는가? 그 이유에 대해서 堀井(1990 : 34−35)는 다음과 같이 계층 간의 교류에서 생긴 현상으로 보고 있다. 일본의 남북조 시대부터 귀족 계급(公家: 조정에서 일하는 귀족이나 상급 官人)과 서민 계급의 접촉이 늘고 상하 계급의 생활 교류가 확대되자 서민들이 말하는 음식물이 귀족의 식탁에도 제공되게 된다. 따라서, 귀족들은 서민들이 사용하는 음식물의 명칭을 서민과 같이 부르는 것은 예의가 없고 품격이 없는 말로 생각하였다. 그래서 그러한 이름을 회피하고 다른 이름으로 부르는 경우가 많았다. 궁중에서 일하는 여성들 사이에서 이명(異名)이 점차 고정적으로 되고 '女房詞'를 형성한 것이다. 계층 간의 교류가 여성어에도 영향을 준 것이다. 계층 간의 교류와 더불어 계급 간을 구별하려는 의식, 움직임이 생기게 된다. 결국, 귀족이나 부인들은 서민과 다른 언어생활을 하였다. 아울러 이와 같은 신분의 구별 의식이 '女房詞'에 나타난 것으로 생각된다.

이상 살펴본 것처럼 가마쿠라 무로마치 시대에는 '女房詞'가 이 시기의 여성어의 실태를 말해 준다. 그러나 이와 같은 현상은 남녀차라기 보다 직업 차이에 바탕을 둔 특수한 신분 사회의 위상어(位相語), 직업 전문어인 것이다. 이와 같은 위상어는 에도 시대의 유녀어(遊里語(ゆうりご), 郭言葉(くるわことば))의 성격과도 일치한다.

4.1.4 에도(江戸)시대의 여성어

에도 시대 부인어(女房ことば)는 여성의 교양이나 예의, 도덕 교육을 목표로 간행된 조쿤쇼(女訓書)에 수록되어 차츰 여성들 사이에 확산되었다. 에도 중기에 간행된 『女重宝記(おんなちょうほうき)』(元祿5年 : 1692年)에는 '女房ことば'가 약 144어 수록되어 있다. 특히, '御所方の詞づかひなれ共地下に用事多し'와 같이 기술되어 있는 것처럼 그 당시에는

10) 眞下(1969:81-82)참조.

이미 '女房ことば'가 地下(じげ)階級[11]으로 서서히 확대됨을 알 수 있다. 또한, 여성어는 부드러운 것이 좋다는 지침이 있듯이 명확한 규범의식 및 언어 사용의 가이드 라인을 정하고 있다. 眞下(1969 : 108−109)에는 여성, 부인들에게 기준적인 언어 사용을 의식하게 하는 구체적인 사례가 제시되어 있다. 예를 들어, '女房ことば'로는 「子供をおさない, 供たちをお子たち, おきるをおひるなる, 人呼ぶをめす, のり物をおこし, あしをおみあし」 등이 있다.

또한, 남성어, 유행어, 그리고 '女房ことば'가 있고 특히 소녀들은 경직되고 딱딱한 표현의 사용을 피하도록 권장하고 있다. 만약에 여성들이 남성어, 유행어 등을 사용하면 '딱딱한, 무서운, 남성다운 표현'이라고 비판을 한 것에서 알 수 있듯이 규범적인 '女房ことば'의 사용을 권장하고 있다. 『女重宝記』에서는 남성어, 유행어의 사용을 배척하고 고전적인 '女房ことば'을 권장하여, 부인은 보수적이어야 하는 교육적 의도를 엿볼 수 있다.

여성어의 보고라고 하는 『御湯殿上日記(おゆどののうえのにっき)』(文明9年 : 1477年−文政 : 1826)는 궁중의 공적 일기이다. 상기 자료는 궁정의 여성들이 사용하는 문자나 여성어의 연구에 귀중한 자료이다. 궁정에서 여관(女官)들이 사용하는 어휘가 많이 나오며, 익숙하지 않는 식료품의 이명(異名)이 많다는 것을 알 수 있다. 직업어로서 은어의 속성을 지니며, 집단끼리의 관계를 긴밀하게 함으로써 동료 의식을 가지는 역할을 '女房ことば'가 담당하였다.

예를 들어, 술(酒)은 「九獻」이외에 「くく, こん, くもじ」, 밥(飯)은 「供御(くご)」이외에 「御くわくご, 御こわ」, 떡(餅)은 「かちん」이외에 「燒餅」「おやきカチン」, あづき餅 「へたへたの御かちん」 등이 있다. 서민 계급과 달리 신분이 높은 사람들 앞에서 조용하고 품위 있게 행동할 필요가 있어서 특히 여성어는 우아함, 품격, 완곡하게 표현하는 방식을 염두해 둔 것이다. 당시의 쵸쿤쇼나 일기와 같은 책에서 여성어의 모습은 여

---

11) 이에 대해서 森野(1991 : 234)는 품위 있는 여성어를 만들어 내는 것은 부인(女房) 집단에서 교양의 과시이고 우위 집단에 대한 언어 사용으로 자기를 확인하는 <identity의 보증>이라고 해석하고 있다.

성스러운 말을 의식하였다.

한편, 여성어를 만드는 방식에서 몇 가지 궁리를 한 것을 알 수 있다. 이에 대해서 遠藤(1997 : 56−58)에서는 7가지 유형으로 나누고 있다. 경의를 나타내는 접두어「お」를 붙이는 방식, 본래의 말에「もじ」를 붙이는 방식,「もの」를 붙이는 방식, 축약하는 방식, 한어를 피하는 방식 등이 있다. 특히, ③과 같이「もじ」를 붙이는 단어를「もじことば」라고 한다.

이하, 예를 들어 두자.

① 본래의 단어에 경의의 접두사「お」를 붙인다.「み」를 삽입하는 경우도 있다.
「いも→おいも」「湯→お湯」「さかな→おさかな」「足→おみあし」

② 본래 단어를 축약한다.
「たけのこ→たけ」「まつたけ→まつ」「まんじゅう→まん」

③ 본래 단어의 일부에「もじ」를 붙인다.
「髪→かもじ」「すし→すもじ」「たこ→たもじ」「肴→さもじ」

④ 본래 단어에서 연상한 말에「もの」를 붙인다.
「菜→青もの」「うどん→お長もの」「なべ→くろもの」

⑤ 색채, 형태, 성질의 특징을 파악한다.
「いわし→むらさき」「あずき→あか·おあか」「豆腐→かべ·おかべ」
「みず→おひや·おひやし」「そうめん→ほそもの·しらいと」

⑥ 본래 단어의 일부나 연상에 의한 단어를 겹친다.
「だんご→いしいし」「にぎやか→にぎにぎ」

⑦ 한어를 피한다.
「火事→あかごと」「金子(きんす)： 금 화폐→こがね」「銀子(ぎんす): 은 화폐→くろがね」

다음으로「遊女語·遊里語」에 대해서 간단히 보자.

유녀들의 말은 태어난 지방의 방언을 숨기기 위해서 사용하며 에도의 요시하라

(吉原)에서는 'アリンス(あります)' 'アチキ(私)'와 같은 말이 사용되었다. 이러한 말은 여성들이 만든 직업어, 은어이다[12]. 일반적으로 유녀어는 은어의 측면에서 이해하면 된다. 에도 시대 유녀들이 만든 '유녀어/유리어'는 유녀들이 손님에 대한 대우표현으로 사용한 것이 주된 용법이다. 이러한 이유로 '유녀어'는 경어 사용의 특징의 하나이기도 하다. 유녀어와 대우표현의 관련성에 대해서 山崎(1963 : 660)은 다음과 같이 주장하고 있다.

遊里ことばの待遇表現上の特徴は、客の身分階級の差別によって表現があまり変化していないこと、極めて上位の者に対しても、また多少下位の者に対してもアイマイな表現が行われていることである。これを普通社会の待遇表現の段階とはかなり異った機構になっている。(中略)化政期の特徴である遊里の特別表現も、幕末になると遊里のことばの特徴を失って、一般化している。

유리어의 대우 표현상의 특징은 손님의 신분 계급의 차별에 의해 표현이 그다지 변화하고 있지 않는 것, 매우 상위 사람에 대해서도 또 다소 하위의 사람에 대해서도 애매한 표현이 행해졌다. 이것을 보통 사회의 대우표현의 단계와는 매우 다른 구조이다. (중략)化政期의 특징인 유리의 특별 표현도 막부 말기가 되면 유리어의 특징을 잃고 일반화되었다. (밑줄은 필자)

山崎에 따르면, 유리어는 상대방의 신분에 그다지 좌우되지 않고 사용되며 유리 독특한 말을 형성하게 된다. 그러나, 시간이 흘러 에도 막부 말기가 되면 유리어의 특성을 잃게 된다는 점이다. 결국, 유리어는 에도에서는 일반인들에게 시민권을 획득하지는 못하게 된다[13].

그러나, 유리어도 일반어에 영향을 보면, 지역별로 차이가 있다. 外山(1977 : 158-159)에 의하면, 가미가타어(上方 : 쿄토, 오사카 지역)에서는 유리어의 영향이 현저하며,

12) 승전(昇殿 : 천황에 봉직하기 위해 허용된 청량전에 오를 수 있는 것을 말함)이 허용되지 않는 사람들, 계급으로 五位 이상의 계급을 말한다. 귀족으로 상급 귀족(公卿)이지만, 승전이 허용되지 않는 사람들이 있었다.

13) 堀井(1988 : 256) 참고.

에도에서는 미약하다고 논하고 있다. 에도어에서 일반인들에게 침투하기 어려운 이유로는 유리어가 유녀의 출신 지역을 숨기는 것이고 유녀 특유의 분위기를 자아내기 위해서 다양한 위상어를 도입/사용한 언어 자체의 특수성을 들고 있다. 구체적으로 보면, 「んす」系의 존경어(下さんす, さんす, んす, さしゃんす의 유형)은 가미가타에서는 널리 사용된 표현이다. 에도 전기 가미가타에서는 이미 일반 여성도 사용하며, 후기에는 일반 남성도 사용하기에 이른다. 이처럼 가미가타에서는 유리어 출자의 표현이 남녀 모두에게 널리 사용되어 유리어의 영향이 컸음을 짐작할 수 있다.

에도 시대에는 요시하라(吉原)의 유리어(遊里語, 郭言葉)처럼, 여성 집단 특유의 언어가 존재하였다. 「アリンス(あります)」「ザマス(ございます)」「ナマス(なさいます)」 등 「アリンス言葉」는 잘 알려진 사실이다. 유녀들이 자신의 출신 지역 방언을 숨기기 위한 은어적 성격이 있는 말로 일반화되지는 못하고 에도 말기에 쇠퇴하였다.

그리고 式亭三馬의 滑稽本『浮世風呂』(1809年~1813年)에는 '女房ことば'가 'お屋敷ことば'로서 武家의 하녀(女中)들이 사용한 것을 알 수 있다. 예를 들어, 밑줄 친 단어의 [杓子(しゃくし : 국자, 주걱)→おしゃもじ, 鮨(すし : 스시)→すもじ, 肴(さかな: 생선)→さもじ]와 같이 '女房ことば'가 武家의 'お屋敷'(무사들의 저택, 公家, 武家)에서 일반적으로 사용하는 품위 있는 말(大和詞)로 당시 이해어휘인 것을 알 수 있다. 이하, 용례를 든다.

おさめ「オヤオヤ、おしやもじとは杓子の事でございますよ。ヲホホホホ」
むす「おさめさん。ほんにかへ。私は又おしやべりの事かと思ひました。鮨をすもじ。肴をさもじと云ひだから、おしやべりもおしやもじでよいがネエ」
初「いかな事でもおまへさん。ヲホホホホ」
おさめ「やがてお屋敷へお上りだとわかりますのさ」
初「さやうさネエ。おしつけ御奉公にお上り遊ばすと、夫こそ最う大和詞でお人柄におなり遊ばすだ。(下略)」

三編巻之下「女中湯之遺漏」

이상에서 살펴본 바와 같이 에도 시대에 '女房ことば'는 여성들의 예의 규범이나 교양을 목표로 간행한 죠쿤서(女訓書)에 수록되어 있으며 유리어/유녀어가 일반으로 확대된 어휘도 있다. 에도 시대의 에도에는 여성적인 말투도 존재했지만, 현대어의 '여성어'에 나타나는 여성 전용 표현은 아직 나타나지 않았다고 말할 수 있을 것이다.

4.1.5 메이지 이후 현대의 여성어

메이지 유신 이후, 근대화를 서두르고 여성을 '현모양처'로 육성하려는 메이지 신정부의 여성 교육은 언어의 예절과 규범으로 일원화되고 여성 전체를 속박하게 된다.

遠藤·尾崎(1998)는 여성어에 대해서 현대로 변천과 현상을 분석하고 있다. 여기에서 변천의 부분은 성차가 현저하게 드러나는 문말표현 형식으로 제한하여 많은 소설 작품, 기사 자료 등을 조사하여 표현 유형의 다양성과 시간적 변화를 추적하고 있다. 또한, 현상의 분석에서 변천의 큰 흐름은「テヨ·ダワ」의 감소로 대표되듯이 여성 전용어 사용의 감소 흐름이기도 했다. 여기에 그 일부를 소개한다.

(1) 의문, 질문 표현은 에도 시대부터 메이지 초기에 걸쳐 유녀, 게이샤들이 사용한「え」「かえ」「だえ」가 가정 내에서 주부나 연장자가 손아랫사람에게 묻는「かい」「だい」로 바뀌었다.
(2) 영탄, 감동의 표현은 의문, 질문의 표현에 비해서 쇠퇴한 어가 적다.
(3) 원래 게이샤들의 말이었던「ダワ」(가벼운 영탄)은 메이지에서 쇼와 시대에 어느 시기의 작품 속에서도 다양한 여성들이 사용하고 있다. 즉, 메이지에서 쇼와 시기에 여학생, 영양(令嬢), 지위 높은 여성, 부인 등 상류층의 여성들이었는데 전후에는 서민의 여성들로 옮겨진다.
(4) 종조사「わ」의 사용률은 4명에 한사람 정도로 낮고 오히려 사용하지 않는 쪽이 많다.
(5) 남성의「な」의 사용률은 낮고 오히려「ね」쪽이 우세이다.

森野(1991:224)는 문말표현 형식「……わ」「……よ」「……ね」가 여성 특유의 언어사용의 표식으로 탄생하여 정착한 것은 메이지 시대에 들어와서다. 특히, 현대에서는 보통 자연스럽게 사용되는 이들「……わ」「……よ」표현도 당시에는 여성스럽지 않는 말, 정숙함이 결여된 예의 없는 말로서 비난하는 경우가 많았다고 한다.『浮雲』(明治20年 : 1887−1890)에서 등장인물의「わ」의 사용처럼, 메이지 20년 전후 주로 젊은 여성들이「わ」를 사용하게 되었다.

小松(1988)은 도쿄어의 남녀차가 언제쯤 형성되었는가에 대해서 종조사를 고찰한 결과, "東京語の終助詞の男女差は江戸語までさかのぼらないと, ほぼいえる"라고 하는 것에서 알 수 있듯이 도쿄어의 종조사 남녀차가 에도어까지는 거슬러 올라가지 않는다고 볼 수 있다.

그리고 鈴木(1998)에서는 메이지 이후 여성들이 어떻게 문말사(文末詞)를 사용했는지, 그 변천을 쫓는 과정에서 "明治期に入ると, 次第に女性特有のことばづかいが確率されて行き, 男性のことばとは違った体系が出來上がる"라고 하듯이 메이지 시대에는 남녀차의 확립되어 서로 다른 체계를 가지게 되었다고 말할 수 있다. 특히 종조사「わ」에 대해서는 여성 문말사의 중심을 이루게 되었다는 견해를 밝히고 있다.

寺田의 일련의 연구(2000)(2001)(2002)(2003)에서는 나쓰메소세키(夏目漱石)의 소설을 대상으로 문말표현를 절대 여성어, 절대 남성어(상대 여성어, 상대 남성어도 포함)로 나누어 계량적으로 처리 분석하고 있다. 이들 연구 성과에서 여성어의 여성스러움은 특정의 문말표현에 강하게 의존하지만, 남성어에서 남성스러움은 특정의 문말표현에 의존하지 않는 경향이 있음을 지적하고 있다.

이상의 연구에서 메이지 시대 여성어의 관점에서 요약하면 다음과 같다.

① 종조사에 대해서는 거의 대체로 여성어에 초점을 두고 논하고 있다.

② 도쿄어, 메이지 시대 종조사의 남녀차는 에도어까지 올라가지 않는다. 즉, 메이지 이후 남녀차가 형성된 것이다.

③ 메이지 20년 무렵에 여성(주로 젊은 여성) 특유의 종조사「わ」「よ」가 형성되었다. 그 당시에는 품위 없는 말로 비난의 대상이 되었다.

끝으로 전후 여성어의 변화를 보면, 1945년 일본이 폐망하고 급격히 사회 구조가 변했다. 1945년 대학의 남녀 공학 제도가 결정되고 교육 제도에서 기본적으로 남녀의 벽이 제거되었다. 남녀 학교의 구별이 지금도 있지만, '여학교'라는 분류는 사라지고 화족제도도 폐지되고 학습원(学習院)도 제도적으로는 보통의 학교와 큰 차이가 없다. 메이지 시대와 같은「お嬢様」라는 의미가 퇴색된 것이다.

전후의 여학생 말(女学生ことば)은 매우 일반화되어 <여성어>化가 진행되었다. 실제「~の」「~(だ)わ」등은 현재에도 여성 전용 표현으로 일상적으로 듣게 된다. 그러나,「~てよ」「~こと」등과 같은 표현은 거의 들을 수 없게 되었다. 그 결과「~てよ」「~こと」등은 관념적, 극화(劇畫)적인 <お嬢様ことば>로 흡수되게 된다[14].

현대는 여성의 교육권, 노동 조건 등 이른바 남녀 공동의 참여 사회에서 남녀 격차가 점점 좁아지고 있다. 따라서 여성 전용 표현, 여성어가 전체적으로 쇠퇴하고 있다는 점은 선행 연구에서도 지적한 바 있다. 현대 일본어에서 남녀차의 축소 현상 추세는 가속화 할 전망이다.

14) 金水敏(2003 : 163-164) 참고. 특히 여기에서「てよ」가 빨리 쇠퇴한 이유에 대해서,「てよ」는 의미적으로 애매함을 가지고 있어서 여분의 문법을 필요로 하는 매우 비효율적 표현이었기 때문으로 보고 있다. 반면,「~(だ)わ」는 문법적으로 단순하고 술어에「わ」를 붙이는 것으로도 문법에서 운용할 수 있기 때문에「てよ」보다 오랫동안 사용되고 있는 것으로 해석하고 있다.

参考文献

井出(1982)「言語と性差」『言語』11-10 大修館書店

遠藤織枝(1997)『女のことばの文化史』学陽書房

遠藤織枝・尾崎喜光(1998)「女性のことばの変遷」『日本語学』17-5

沖森卓也編(1989) 『日本語史』おうふう

金水敏(2003)『ヴァーチャル日本語役割語の謎』岩波書店

国田百合子(1964)『女房詞の研究』笠間書房

小松寿雄(1988)「東京語における男女差の形成ー終助詞を中心としてー」『国語と国文学』65-11

佐伯梅友(1936)『国語史上古編』刀江書院

佐竹久仁子(1998)「女ことば・男ことば規範をめぐって」『ことば』19 現代日本語研究会

杉本つとむ(1985)「あそばせとアリンスと江戸の女ことば」創拓社

__________(1997)『女とことば今昔』雄山閣

鈴木英夫(1998)「現代日本語における女性の文末詞」『日本語文末詞の歴史的研究』三弥井書店

坪井美樹(2003)「男手・女手ー「性差」による表記様式の分類ー」『筑波日本語研究』8号

寺田智美(2000)「明治末期の女性語についてー夏目漱石の小説にみえる「絶対女性語」の考察ー」『早稲田大学日本語研究教育センター紀要』13号

________(2001)「明治末期の男性語についてー夏目漱石の小説にみえる「絶対男性語」の考察ー」『早稲田大学日本語教育研究センター紀要』14号

________(2002)「夏目漱石の小説にみえる「相対男性語」ー女性が使用する場合を中心にー」『早稲田大学日本 語教育研究センター紀要』15号

________(2003)「夏目漱石の小説にみえる「相対女性語」ー男性が使用する場合を中心にー」『早稲田大学日本語教育研究センター紀要』16号

外山英次(1977)「敬語の変遷2」『岩波講座日本語4 敬語』岩波書店

真下三朗(1969)『婦人語の研究』東京堂出版

堀井令以知(1988)「男性の言葉と女性の言葉」『講座日本語と日本語教育1』明治書院

森野宗明(1991)「女性語の歴史」『講座日本語と日本語教育10』明治書院

4.2 근대 일본어와 여성어

–'情意表現'을 중심으로–

1. 들어가며

일본어 여성어 연구는 '女房詞'나 '遊女語'라는 '위상어(位相語)'의 관점에서 시작하여 현대는 사회언어학의 영향으로 폭넓은 여성어 연구로 발전했다고 말할 수 있다. 현대일본어에서 성차 (性差)를 논할 때, 보통 인칭대명사나 종조사를 포함하는 문말표현 형식의 어휘상 차이를 들을 수 있다.

본 절에서는 근대 일본어 여성어에 대해서 성차의 관점에서 소위 '정의표현(情意表現:감동사, 종조사, 간투조사 등을 말함)'을 중심으로 고찰한다[15]. 일본어는 여성어가 발달한 언어로 여성어 연구는 사회언어학자들의 주된 관심사 중 하나이다. 최근 젠더(Gender)의 관점에서 연구가 현대일본어를 중심으로 활발하게 이루어지고 있다. 그러나, 현대일본어 성차의 원류가 되는 근대 일본어를 보면, 성차의 관점에서 여성어 연구가 그다지 이루어지지 않고 있다. 특히, 감동사나 간투조사의 경우는 종조사에 비하여 그 연구가 그다지 활발하지 않다.

근대 일본어 즉 메이지 시대 여성어에 대한 연구는 현대 일본어의 성차를 이해하고 여성어를 파악하는 데 매우 중요하다. 본 연구가 근대 일본어를 성차의 관점에서 주목하고 여성어 연구에 초점을 맞추는 것은 일본어는 여성어가 발달한 언어이기 때문이다. 그리고 남녀차가 현대와 같은 형태로 되는 시기는 메이지 후기부터이며, 경어 및 대우표현 연구에서 필수 불가결하기 때문이다.

15) 田中(1999:28)에 의하면, '현대에서도 語法의 면에서 소위 '정의표현'은 특히 남녀차가 두드러진다'라고 말한다.

2. 연구 방법

일반적으로 일본어 여성어 특징은 '단정을 피하고 명령적이지 않고 자신의 생각을 상대방에게 강요하지 않는 말투'라는 특징을 가지고 있다. 반면, 남성적인 표현은 단정이나 명령을 포함하고 주장 설득을 하기 위한 표현을 많이 가진다[16]. 1970년대 80년대 언어표현의 성차를 남성우위 사회의 결과로 파악하는 모델과 사회화(socialization) 문화화(enculturation)의 결과라는 사회화 모델을 포함한 문화차모델로 생각할지는 매우 복잡하고 어려운 문제이다. 1990년대부터 'postmodern feminist approach' 에서는 말투의 스타일이라는 것은 반드시 성차에 기인하는 것이 아니라, 오히려 다종다양한 말투의 스타일이 병존한다고 생각하게 되었다(南(2009 : 264)).

본 절에서는 여성어의 특성을 인지하고 젠더(Gender)의 관점에서 근대 일본어 여성어 중에서 정의표현(情意表現)을 고찰하고자 한다. 여성성(女性性) 남성성(男性性)은 문맥에서 설명할 필요가 있기 때문에 소설의 문맥을 상세하게 파악하여 고찰하고자 한다. 中村(2002 : 28)는 현재, 미국 유럽 등의 서양의 '언어와 젠더연구'의 주류는 '주로 담화분석의 틀을 사용하여 구체적인 구어체 문어체의 대화, 문장을 공시적으로 분석하는 성별 인식(Gender identity) 구축의 연구이다'라고 말하고 있다. 이러한 점을 고려하면, 역사적 연구에서도 역시 담화분석, 문맥에 의존하는 상황 설명이 중요하다고 본다. 따라서 본 연구의 여성어 연구도 이러한 점을 시야에 넣고 분석하고자 한다.

---

16) 益岡·田窪(1992 : 222)

3. 선행 연구 및 성차의 現狀
-종조사를 중심으로-

메이지유신 후 근대화를 서두르고 여성을 '현모양처'로 키우려는 메이지 신정부의 여성교육에 언어 예절은 한곳으로 집중하게 되고 메이지 이후의 여성 전체를 속박하게 된다.

종조사의 전체적인 흐름은「テヨ·ダワ」의 쇠퇴로 대표되듯이 여성 전용어 사용 감소이다. 원래 에도 시대의 게이샤(芸者)들의 말이었던「ダワ」(가벼운 감탄)는 메이지에서 쇼와(昭和)에 이르기까지 다양한 여성들이 사용하였다.

특히 메이지 시대 정의표현 중에서 종조사에 관한 선행 연구가 많다. 최근 연구를 예로 들면, 小林(2007 : 274-286)의 연구가 있다. 소위 'テヨダワ言葉'[17]의 말투는 메이지 30년대 후반경까지 여학생들 사이에서 유행하였다. 예를 들어,『それから』(明治42)에 등장하는 三千代도「僻目でも何でも可くてよ」,「私もう歸ってよ」처럼「てよ言葉」를 사용하고 있다. 이러한 야마노테(山の手)의 상류부인, 'お嬢様言葉'는 쇼와 시대에 들어와서도 사용하였다. 또한, 縫(ぬひ)라는 딸이 바이올린을 켜는데, 叔父인 代助(だいすけ)가 문을 열어 그 장면을 보자「好くってよ」「知らないわ」라고 대답한다. 무엇인가 물으면 그 대답은 당시 여학생 말인「よくってよ」를 습관처럼 사용한다. 메이지 시대의 뒤를 이어서 쇼와 22년 太宰治『斜陽』작품의 어머니(太田靜子)「一大丈夫よ。なかなか死ぬものじゃないわよ。やさしいものだわ。いい所だとおっしゃるのだもの。」처럼 여성어 즉, 종조사를 다용하고 있음을 알 수 있다.

지금까지 메이지 시대의 종조사에 관한 주된 선행 연구는 小松(1988), 森野(1991),

---

17) 지금까지「てよ·だわ」에 관한 많은 선행연구가 있다. 메이지 시대에 간행된 많은 소설에 여학생 등장인물이 사용하는「てよ·だわ」는 품위가 없는 말로서 비판의 대상이 되었지만, 그 당시 널리 보급된다. 특히, 中村(2006)은「てよ·だわ言葉」를「女学生ことば」(메이지 30년대에 여학생의 표상으로 인지된 말투, 예:「てよ」「だわ」「のよ」「よ」등의 문말사와 漢語, 외래어의 사용으로 특징지워짐)로 간주하고,「女学生ことば」가 여학생의 언어실천에서 자연히 형성된 것이 아니고 메이지 근대화라는 정치과정에서 소설이나 식자(識者)의 평론에 의해 만들어졌다는 견해를 밝히고 있다.

中野(1991), 鈴木(1998), 遠藤·尾崎(1998), 寺田(2000)(2001)(2002)(2003), 任 利(2005) 등이 있다. 이들 연구의 주된 흐름은 현대일본어의 성차 즉, 문말표현(특히 종조사)에 보이는 성차는 메이지 시대에 형성되어 메이지 후반 무렵 정착했다는 점이다. 小松(1988)는 동경어의 남녀차가 언제쯤 형성되었는가에 대해서 관심을 가지고 특히 종조사에 대해서 고찰하여 '東京語の終助詞の男女差は江戸語まではさかのぼらないと, ほぼいえる'라고 말하고 있다. 그러나, 小松(1988)에서는 메이지 30년대에 관해서는 언급하지 않고, 30년대 언제 새로운 '文末辭'가 정착했는지에 관해서는 여전히 향후 과제로 남아 있다.

森野(1991 : 224)는 문말표현 형식「……わ」「…… · よ」「……ね」가 '여성 특유 말투의 표식으로서 생기고 정착되는 것은 메이지 시대에 들어와서다' 라고 말하고 있다. 현대에서 보통의 말투인「……わ」「……よ」도 처음에는 여성답지 않는 말, 정숙하지 못한 건방진 말로서 눈살을 찌푸린 경우가 많았던 것 같다고 논하고 있다. 鈴木(1998)는'明治期に入ると, 次第に女性特有のことばづかいが確立されて行き, 男性のことばとは違った体系が出來上がる'라고 하고서, 특히「わ」에 대해서 '여성의 文末詞의 중심을 이루게 된다'라는 견해를 밝히고 있다.

寺田(2000)(2001)(2002)(2003) 등 일련의 연구는 夏目漱石의 작품을 대상으로 문말표현를 절대 여성어와 절대 남성어(상대 남성어, 상대 여성어도 있다)로 나누어, 계량적으로 처리, 분류하고 있다. 寺田의 일련의 연구 성과에 따르면, 여성어에서 여성다움은 특정 문말표현에 강하게 의존하고 남성어에서 남성다움은 특정 문말표현에 의존하지 않는 경향이 있다고 말하고 있다.

이상의 선행 연구에 대해서 특히, 메이지 시대 종조사에 한정해서 간단히 정리하면 아래와 같다.

① 종조사에 대해서는 거의 여성어에 초점을 맞추어 논하고 있음.

② 東京語의 종조사 남녀차는 에도어(江戸語)까지는 거슬러 올라가지 않는다.
즉, 메이지 이후 남녀차가 형성되었다고 말할 수 있음.

③ 메이지 20년 무렵 여성 특유의 종조사「わ」「よ」가 형성됨.

④ 소위 'てよだわ言葉'의 말투는 메이지 30년대 후반까지 여학생들 사이에 유행.

그러나, 이들 선행 연구의 성과에서 특히 메이지 30년대 이후의 종조사에 관한 연구는 충분하다고 말할 수 없다. 메이지 30년대가 현대일본어 성차의 형성에 있어서 매우 중요한 시기임[18]은 명확하지만, 그 시기의 성차에 관한 언어사용 실태에 대한 연구의 여지가 남아 있다. 향후, 면밀하게 기술해 가지 않으면 안 된다. 그리고 성차의 연구에는 남녀의 사용차뿐만 아니라, 언어 형식의 의미 용법 특히 대우가치와 관련하여 고려할 필요가 있다.

메이지에 이어서 쇼와 40년 무렵까지 소설 작품에서 종조사를 통하여 여성어를 쉽게 파악 가능하다. 또한, 필자는 이전에 주로 메이지 20년대의 작품에 나타난 종조사 및 감동사, 감탄사 등 일부의 작품을 통하여 성차를 중심으로 고찰한 적이 있다(房極哲·李夏子2005, 房極哲2006). 본 연구는 종래의 연구 성과를 이어서 메이지 30년대 작품인『社會百面相』(明治35年)에 나타난 정의표현을 고찰하여 궁극적으로 근대 일본어 여성어의 실태를 명확히 하고자 한다.

4. 여성의 '정의표현' 사용

'감동사'나 '종조사' '간투조사' 등 소위 '정의표현(情意表現)'은 남녀차가 분명하다. 田中(2001:631)에 의하면, 이러한 종조사 간투조사에 의한 '정의표현'의 발달이 메이지 시대의 근대어법을 특징짓고 있는데 메이지 35년『社會百面相』에는 어떻게 나타나고 있는가?

『社會百面相』에 등장하는 '横道男爵夫人'(貞子, 28~9才 도박도 하고 아침부터 술을 마시는 예절이 없는 여성으로 등장)과 외국(서양)에 체류 경험이 있는 품위 있는 '新

18) 任利(2006)에서 메이지 30년대는 성차표현의 성립기라고 말하고 있다.

開令夫人'(富子, 35~6才)즉, '貴婦人'과 '숙녀회(淑女會)' 여성 회원 간의 대화가 당시의 여성어 실태를 잘 보여주고 있다. 아래에 그 일부를 소개하고자 한다.

○「否エ、真箇に如何かしてるのよ。這般に負けた事は二三年以来有りやアしないワ。最う紙入れも何も空つぽうになつて仕方が無いんですけれども、余り口惜しいから、ねエ奥さん、此指環(と金剛石居入りを抜いて)を抵当に少し貸して頂戴な、最う一と勝負したいんですから……」

(男爵夫人→新開令夫人·貴婦人)

○「そりやア貸しても上げますが子、今日はお止しなさいよ。婦人雑誌の記者にお酒に酔つた顔を見られたんだもの、縁起が悪いワ。所詮碌な事は無いワ。けれどもねエ、奈何して名人の貴婦(あんた)が二百貫なんて負けたんでせう。必と貴婦(あんた)は、」라고 의미 있는 미소를 띄우면서 남작부인의 얼굴을 보고, 「男爵が芸妓を伴れて大磯へ行らしつたもんだから、夫で気が揉めて真剣になれないだワ。」

(新開令夫人·貴婦人→男爵夫人, 貴婦人(下) p.115)

상기의 인용에서 특히, '정의표현'(종조사, 간투조사)과 이인칭대명사 등을 보면, 당시의 전형적인 여성어 모습을 이해할 수 있다. 즉, 당시 여성들이 사용하는「のよ, よ, わ, だわ, ねエ」등의 종조사가 성차 표시로 다용되고 있음을 알 수 있다.

한편, '貴婦人'이 잡지사의 '婦人雑誌記者(訪問記者)'인 남성과 인터뷰에서 '숙녀회'에 대한 의견 교환이 있다. '숙녀회'에도 여러 부류의 여성이 있어서 반드시 여성스럽지 않는 여성도 포함되어 있다는 점. '숙녀회'는 중등 이하의 부인도 참여할 수 있고, 상하 구별 없이 동등하게 교제하고 여성의 마음을 가능하면 고상하게 하려는 모임이다라는 취지의 인터뷰 내용이 있다. 인터뷰 중에서 아래와 같은 내용이 주목을 끈다.

○「女書生のやうに生意気でなく一一一女らしく品よく高尚にしたいと思つてます……

(貴婦人→婦人雑誌記者(訪問記者)､貴婦人(上) p. 110)」

여기에서도 당시의 '女書生(おんなしょせい)'은 품위를 지키는 모습으로 묘사되어 고상한 여성상을 이해할 수 있다. 이것은 언어적인 측면이 강하며 남성 '書生'의 경우는 하숙집에서 머물면서 부인론 사회론 등을 논하는 소위 건방진 모습으로 '男爵夫人'이 남성 '書生'을 비판하는 내용도 보인다. 당시 '현모양처'의 교육이 젊은 여성 '女書生'들에게 침투되고 현실 속에서 귀부인들이 '숙녀회'(귀부인의 社交倶樂部)의 모임을 만들고 '倶樂部'와 같은 처음부터 놀이 모임과는 다른 차원 즉, 고상한 모임을 생각한 것이다.

이하, 감동사, 간투조사, 종조사로 나누어 상세하게 여성어 실태를 살펴보자.

4.1 감동사(感動詞)

이하,『社會百面相』에 나타나는 감동사 중에서 절대 여성어(4.1.1)와 남녀공용어(4.1.2)로 나누어, 그 사용이 특징적인 감동사를 중심으로 여성이 어떻게 사용하고 있는지 분석하고자 한다.

4.1.1 절대 여성어

「アラ」와「オヤ」양어가 절대 여성어로 사용되고 있다. 먼저「アラ」가 사용된 문맥과 어떠한 의도로 사용되었는지 살펴보자. 이하, 용례를 든다.

「アラ」

○「あら、妾(わたし)鱈尾さんと何も関係がありやアしないワ。あの方は、大海屋の鮫子さんと御親類筋だワ。」

(女中(24−5才)→風通紳士、(教育家(下))pp.72−73))

○「あら嫌だワ、あんなお老爺さんに。妾(あたし)なんか、貴客(あなた)、どうせ人三化七ですもの、関係者なんぞ有りやアしませんワ。」

(女中(24−5才)→風通紳士、(教育家(下))p.73))

「アラ」는 절대 여성어로서 종조사「ワ」와 일인칭대명사「わたし, あたし」등 당시의 여성들이 많이 사용하는 여성어적인 성격이 강한 표현과 함께 사용되고 있다. 房極哲(2010 : 322) '感動詞「アラ」が「女性らしさ」を反映している標識としてごく自然に用いられ, 女性同士の間でよく使用が見られる' 라고 메이지 20년대 소설을 조사한 결과를 지적하고 있다. 놀라거나 감동할 때 여성들이 사용하는「アラ」는 사회 계층과 연령에 관계없이 사용되고 화자와 상대방 간의 친밀함이 반영된 것으로 보인다. 상기 용례에서도 (장면은「風通紳士」가「女中」를 비꼬며 말하자「女中」이「風通紳士」에게 말한다)「女中」이라는 여성 하인이「風通紳士」에게「アラ」라는 감동사를 적절히 사용함으로써 자신의 놀란 감정을 상대방에게 적절하게 전달하여 원활한 담화 수행에 매우 효과적인 표현이라고 생각된다.

「オヤ」

「呀(おやッ)」

(男爵夫人→貴婦人과 婦人雜誌記者(訪問記者), 貴婦人(下) p.113)

'貴婦人'이 '婦人雜誌記者(訪問記者)'를 '男爵夫人'(貞子夫人)에게 소개시키는 장면으로 술에 취한 '男爵夫人(28~9세)' 본인의 모습이 부끄러워 수치스러운 표정을 짓고 놀라면서「おやッ」이 사용되었다.

○「呀(おや)、お惚気競べ、」

(女中(24~5才)→洋服紳士(青年 有望의 教育家)와 風通紳士、教育家(下)p.72)

상기 용례는 대화를 엿듣고 방문을 열면서 웃으면서 말하는 장면에서 사용된「おや」이다. 젊은 남자(청년 유망 교육가)가 여성 이야기를 하는 것을 듣고서 젊은 여자 하녀가「おや」라고 말하면서 의외의 상황을 마주할 때, 혹은 조금 이상하게 생각할 때 사용하는 감동사로 해석할 수 있다. 일반적으로 여성의 경우가 남성에 비해, 정의 표현 감정적 표현을 선호하여 사용하고 있는데, 특히 과장 강조표현이 많은 것과 정의적 주관적 표현이 많은 것은 여성어의 특성이기도 하다.

4.1.2 남녀 공용어

남녀 공용어로 사용되고 있는「ナニ(ナアニ)」「ハイ」「マア」에 대해서 살펴보자.

「ナニ(ナアニ)」

○「なアに気紛れですよ。之まで政党に関係しなかつたのですが、アメリカ時分のお友達の甲さんて方が何でも加入れとお勧めなすつたので偶然と加入つたンです。」

(お秀：中学校先生夫人→母親､猟官(上)p.174)

중학교 선생 부인 'お秀'가 어머니와 대화에서 사용한「なアに」이다. 젊은 아내(23~4세 정도)가 자기 남편을 출세시키기(약간 허풍스런 남편, 중학교 선생) 위해서 친정 어머니와 대화에서 사용한「なアに」에는 남성들이 사용하는 가벼운 부정의 의미가 아니고, 놀라운 기분을 나타내고 있다. 이 점이 당시의 남성들이 사용하는「なに(なあに)」와 구별된다.

이하, 용례를 든다.

「ハイ」

○「何を云ひおる。花が帰つたツてお前(まい)が席を外す必要は無い。下女が帰つたからツて奥さんが逃出す事があるかい。」

(精神家→妻､夫人)

「ハイお邪魔になつてはお気の毒でムいますから子。ハイ、お花は唯の下女とは違ひます。お部屋様でムいます。加之も殿様の御秘蔵の大切なお部屋様で……」

(精神家夫人→夫,精神家(下)p.55)

문맥 상황은 남편인 '精神家'가 다른 여자(하녀)와 바람을 피우고 놀아난 사실을 알고 언쟁하는 장면이다. 즉, '精神家夫人'인 아내가 남편의 여자 문제로 기분이 언짢은 장면에서 감동사「ハイ」가 사용되고 있다. 여기에서「ハイ」는 상대방 말에 대한 응답으로 긍정적인 의미라기보다는 상대방과 거리를 두는 효과를 나타내고 있다고 해석할 수 있다.

「マア」

○「先(ま)ア……」

(お秀；中学校先生夫人,23～24才→夫)(猟官(中) p.175)

중학교 선생 부인 'お秀'(아내)가「まあ」라는 감동사를 사용하면서 남편에게 냉소적으로 비웃는 장면을 연출하는 효과를 나타내고 있다.

○「先(ま)ア、貞子さんの病気にも困つて了う子」

(裏小路夫人→富子(貴婦人),貴婦人(下) p.118))

남작부인 '貞子'가 도박에 빠져 있는데 그것에 대해서 숙녀회 회원인 '裏小路夫人'이 '귀부인'과 대화에서 사용한「まあ」이다. '貞子'가 도박에 빠진 그 원인을 '귀부인'이 제공한 측면이 있기에 그에 대한 불평을 말하는 장면이다.

○「先(ま)ア　爾うです子、」

(貴婦人→婦人雑誌記者(訪問記者),貴婦人(上) p.110))

‘귀부인’이 미소를 머물면서 질문에 수긍하면서 ‘부인잡지기자’의 취재에 답변하는 장면에「マア」가 사용되었다. 이 경우는 부사로 사용되어 감동사의 용법과는 차이가 있다. 즉, 상대방의 기분에 일단 어느 정도 동의하면서 우선의 의미로 사용되기도 한다. 그리고 남녀 공용의「マア」이지만, 주로 여성이 사용하고 있는 것이 특징적이다.

4.2 간투조사(間投助詞)

종조사 중에서 간투조사로 사용되는 경우가 있는데 대표적인 것으로「さ」「ね」「ねえ」「の」 등이 있다. 이하, 중심 용례를 문맥 속에서 살펴보고 여성이 어떠한 의도로 이들 간투조사를 사용한 것인지 확인해 보기로 한다.

○「だからサ、汗汚点でも出来ると勿体無いからお着換えなさいてのよ。所詮用も何も無いンでせう。」

(若い主婦→高等官夫人､新妻君(上) p.122))

여학교 동창생인 젊은 22～23세 주부 ‘新妻君’이 결혼한 지 얼마 되지 않은 ‘高等官夫人’과 친숙하고 대등한 관계에서 일상적인 주부의 대화이다. 현대일본어와 마찬가지로 간투조사「さ」를 젊은 여성(주부)이 상대방에게 친밀함을 반영하여 가벼운 마음으로 사용하고 있음을 알 수 있다.

○「かういう偏人ですから子、妾(わたし)は最うとても出世の出来る気遣いは無いと断念めてるンです。」

(若い妻, お秀；中学校先生夫人, 23～24才, 娘→母親)(獵官(上)p.171)

결혼한 젊은 부인 ‘お秀’가 유학 가서 박사학위를 취득한 남편(중학교 선생)을 출세시키려고 탄식하면서 참을 수 없는 태도로 친정어머니에게 한 말이다.

○「それを子エ、裏小路の奥さん、」

(貴婦人→裏小路夫人、貴婦人(下)p.119)

'귀부인(35, 6세 정도)'이 숙녀회 회원인 '裏小路夫人(40세 가까운 부인)'에게 숙녀회의 문제에 대해서 말하고 있다. 그 내용은 회원 중에서 도박을 하고 (남작부인)술을 마시다가 술취한 모습이 '부인잡지기자'에게 발각되어 그것에 대한 설명을 하면서 「ねえ」를 사용하는 장면이다. 즉, 상층 중년 부인 사이의 대화에서 「ねえ」가 사용된 용례로 상대방의 주의를 환기시키는 역할을 하고 있다.

결국, 여성들이 사용하는 「さ」「ね」「ねえ」 등의 간투조사는 공통적으로 상대방에게 친밀함을 표시한다. 아울러 상대방의 주의를 환기시키는 역할을 하는 것으로 생각할 수 있다. 한편, 간투조사 「の」의 경우는 질문 확인을 나타내는 경우가 있다. 아래의 용례는 부부간의 대화로 40세 가까운 중년 부인인 '失意政治家夫人'이 '夫'에게 신경질스러운 표정을 짓는 대화에서 사용된 「の」이다.

○「貴郎(あなた)、奈何なさるの、五十円下すッたつて三月越溜つてる勘定ですもの、三分一だつて払へやしませんワ。」

(失意政治家夫人→夫、失意政治家(下)p.236)

4.3 종조사(終助詞)

메이지 시대의 종조사에 관한 선행 연구는 제3장에서 이미 언급한 것처럼 매우 많고 그 현상도 지적한 바 있다. 여기에서는 「よ」「わ」「ねえ」「のよ」에 대해서 당시의 여성들이 어떠한 의도로 이들 종조사를 사용했는지 성차에 초점을 맞추어 살펴보기로 한다.

이하, 「よ」의 용례를 문맥 속에서 살펴보자.

○「えツ、何です、黙つていられない処をぢつと堪へるのが女の道だと。妾(わたし)は其様な女の道は守れませんよ。貴郎(あなた)のやうな襤褸買がお好きで来る女来る女も手出しをなすッちやア、なんぼ好人物(おこころよし)の妾(わたし)だつて爾う／＼は黙つてられませんよ」

(精神家夫人→夫,精神 家(下)p.57)

상기 용례의 문맥 상황은 40대 남편인 '精神家'가 다른 여자와 바람을 피우고 외도하는 장면이다. 그래서 '精神家夫人'이 부도덕한 남편에게 자신의 주장을 펼치고 있는데, 정중한 형태인「ます体」에 종조사「よ」를 접속하여 사용하고 있다. 남성과 달리 여성은 자신의 주장을 강하게 표출하고 싶을 때, 정중한 표현형식에 종조사「よ」를 사용하고 있다. 이것은 명령 표현에서 남녀 차이가 있다는 점과 관련이 있다. 이러한 명령 표현의 경우도 여성은 예를 들어 보면, [お止しなさいよ.]처럼「お+동사연용형+なさい」라는 공손한 경어형식에「よ」를 붙여서 사용하는 점이 남성과 대별된다.

「わ」伯爵令嬢千鶴→高等官秋葉学士(문맥상황, 장면)'千鶴(ちづる)' 가 교제 상대인 秋葉(あきは: 31才로 여성과 놀기를 좋아함)에게 여자 문제로 신뢰하지 못하고, 즉, '伯爵令嬢千鶴(ちづる)'가 役所(관공서)에 근무하는 '高等官秋葉学士'에게 여자 문제를 추궁하는 장면이다. 이하, 용례를 든다.

○「弁解なんぞ聞きたかアないワ。」

(伯爵令嬢千鶴→高等官秋葉学士,閨閥(下) p. 104)

○「女の独立といふは如何にも立派だけれども、西洋人に叩頭をして漸と独立さして貰うンだから心細いワ。」

(女学者의 独言),女学者(下)p.138)

○「併し妾(わたし)はいくら財産があつてもお輝さんのエンゲージメントのやうな無学者の許へお嫁に行くのは御免だワ。」

(女学者의 独言),女学者(下)p.138)

위와 같이 말하면서 일부러 무뚝뚝하게 시선을 다른 방향으로 돌리는 문맥 상황이다. '伯爵令嬢千鶴(ちづる)'가 종조사「ワ」를 사용함으로서 상대방인 '高等官秋葉学士'에게 협조하지 않으려는 태도를 나타내고 있다. 여성이 교제 상대인 남성에게 쌀쌀맞게 추궁하는 심리적인 상태가「ワ」에 잘 반영되어 있다고 생각된다.

또한, '女学者'가 한숨을 내쉬면서 혼자 독백의 장면에서「ワ」의 사용이 보인다. 메이지 20년대 젊은 '女学生'들이 종조사「ワ」를 다용하여 森野(1991)가 지적한 것처럼 당초에는 여성답지 않는 말, 정숙함이 결여된 건방진 말로 눈살을 찌푸리는 경우가 많았다. 즉, 품위가 낮은 말로 교양층에서는 사용을 삼가해야 한다는 등 당시 지식인들의 빈축을 사고 비판을 받게 된다. 그러나, 메이지 35년 무렵에는『社會百面相』의 사용자를 보면, '女学者' '伯爵令嬢' '貴婦人' 등 상류 부인층에 침투하게 되어 점차 일반화의 길을 걷게 되어 현대일본어로 이어지게 되는 것을 짐작할 수 있다.

「ねえ」高等官夫人→若い主婦(여학교 동창 간의 대화이며 20대 젊은 주부 간의 대화임)에서 친구 집을 방문하여 서로가 처한 일상생활 환경에 대해서 이야기하며 '高等官夫人'이 눈살을 찌푸리며 말에 힘을 넣으면서 아래와 같이 말하고 있다.

○「真個に老人てものは口喧しくて仕様が無いの子ネ。」

(高等官夫人→若い主婦、新妻君(上)pp.122-123)

'女学者(30~31才)'와 젊은 여성(25~26才)간의 대화.

○「ですけれどもお幹さんのやうに全然出来ない人は仕方が無いが、貴婦(あなた)は一と通り文学も履つてシエークスピーヤを暗誦したンだから全で廃めて了うのは惜うム(ござ)んす子エ」

(女学者(30~31才)→若い女(25~26才)、女学者(上)p.134)

결국, 상기의 용례에서 상대방도 같은 생각이라는 전제하에 서로가 수긍하면서 말하는 장면에서 종조사「ねえ」를 사용하고 있음을 확인할 수 있다.

끝으로「のよ」의 경우를 살펴보고자 한다. 현대일본어에서「かしら」「わね」「のよ」등은 주로 여성이 사용하고 있다[19]. 메이지 20년대『小公子(메이지 23년 若松賤子의 번역 작품)』에는 남성의 사용이 있으며「のよ」「てよ」등은 메이지 시대 소설에서는 주로 여성들이 많이 사용하고 있다[20].『社會百面相』에 나타난 성별 사용의「のよ」를 보면, <표>에서 보듯이 여성이 7례, 남성은 1례로 주로 여성이 사용하고 있다. 그리고 아래의 용례처럼 친한 사이에 젊은 주부인 손님이 '高等官夫人' 주인한테 사용하여 상대방에게 가벼운 자기주장을 나타내는「のよ」로 해석할 수 있다.

○「宜いのよ、浴衣なんぞに着換えなくても、其様なにゆつくりしては在られないのよ。」

(若い主婦→高等官夫人､新妻君(上) p.122)」

<表>【「社會百面相」의 종조사 출현 상황(용례수)】

종조사 / 성별	ね	よ	わ	の	ねえ	さ	もの	のう	かい	のよ	な(なあ)	だい	てよ	もの(ん)か	わい	ぜ	ぞ	や	か	かしら	合計
여성	77	62	58	26	25	19	14	8	8	7	6	2	2	2	1	0	0	0	31	0	348
남성	64	37	18	25	3	48	6	18	27	1	289	14	0	9	6	32	31	3	104	1	736

19) 井出(1979)에 의하면,「かしら」「わね」는 100% 여대생이 사용하고 있으며,「のよ」는 97.2%가 사용하고 있다고 한다.

20) 房極哲(2010 : 343-344) 참조.

5. 맺음말

이상, 여성어에 초점을 두고 여성 화자가 어떠한 의도로 '정의표현'을 사용하고 있는가에 대해서 메이지 30년대 소설『社會百面相』의 문맥 속에서 고찰하였다. 고찰의 결과,『社會百面相』이 간행된 당시 소설 회화문에 나타난 각 계층 사람들의 대화, 특히 감동사, 간투조사, 종조사의 경우 명확한 성차를 보이고 있음을 지적할 수 있었다.

이것은 언문일치 확립 이후 당시의 소설에 새로운 젠더 규범을 반영하고 작가 內田魯庵은 작품 속에서 적절하게 새로운 젠더 규범을 묘사하였다고 말할 수 있다. 특히, '현모양처'라는 당시의 여성 교육이 상층 여성에게는 여성스러움을 강조하는 측면은 강했을 것이고 그 결과 여성에게 '性差 表現'이 과도하게 사용되었다고 생각할 수 있다. 이것은 또한 어떤 의미에서 보면, 작품에서 만들어진 인위적인 성격과 당시 시대상이 반영되어 있고 특히 '정의표현'이 다용된 점은 '性差 表現'으로 감정적인 표현이 많은 여성어의 특성과도 관련이 있다고 생각할 수 있다.

향후, 본 연구 결과를 토대로 다른 장르의 작품 및 시대를 확대 조사하여 근대 일본어의 여성어 실태를 상세하게 규명하고자 한다.

参考文献

井出祥子(1979)「大学生の話しことばにみられる男女差異」『文部省科学研究費特定研究「言語」ベンダ班中間報告昭和54』

遠藤織枝·尾崎喜光(1998)「女性のことばの変遷」『日本語学』17－5

小林千草(2007)『女ことばはどこへ消えたか？』光文社

小松壽雄(1988)「東京語における男女差の形成－終助詞を中心として－」『国語と国文学』65－11

鈴木英夫(1998)「現代日本語における女性の文末詞」『日本語文末詞の歴史的研究』三弥井書店

田中章夫(1999)『日本語の位相と位相差』明治書院

________(2001)『近代日本語の文法と表現』明治書院

寺田智美(2000)「明治末期の女性語について－夏目漱石の小説にみえる「絶対女性語」の考察－」

『早稲田大学日本語研究教育センター紀要』13号

_______(2001)「明治末期の男性語について－夏目漱石の小説にみえる「絶対男性語」の考察－」『早稲田大学日本語教育研究センター紀要』14号

_______(2002)「夏目漱石の小説にみえる「相対男性語」－女性が使用する場合を中心に－」『早稲田大学日本語教育研究センター紀要』15号

_______(2003)「夏目漱石の小説にみえる「相対女性語」－男性が使用する場合を中心に－」『早稲田大学日本語教育研究センター紀要』16号

中野信彦(1991)「江戸語における終助詞の男女差－女性による「な」の使用について－」『国語と国文学』68－4

中村桃子(2002)「「言語とジェンダー研究」の理論」『言語』31－2 大修館書店

_______ (2006)「言語イデオロギーとしての「女ことば」－明治期「女学生ことば」の成立－」『日本語とジェンダー』ひつじ書房 日本語ジェンダー学会編

房 極哲(2004)「東京語における終助詞の男女差－「わ」と「な」の使用を中心に－」『日本語文学』20輯 韓国日 本語文学会

_______(2006)「『小公子』における女性語について－終助詞の用法を中心として－」『日本学報』69輯 韓国日本学会

_______(2010)『近代日本語の待遇表現の研究－社会言語学的な観点から－』J&C

房 極哲·李 夏子(2005)「『藪の鶯』における女性語－いわゆる情意表現を中心に－」『日本語文学』24 韓国日本語文学会

益岡隆志·田窪行則(1992)『基礎日本語文法改訂版』くろしお出版

南雅彦(2009)『言語と文化』くろしお出版

森野宗明(1991)「女性語の歴史」『講座日本語と日本語教育10』明治書院

任 利(2005)「明治30年代の小説における性差と文末表現」『日本語と日本文学』40号 筑波大学国語国文学会

_____(2006)『現代日本語性差表現の成立に関する研究』筑波大学大学院博士学位請求論文

4.3 근대 일본어와 성차

- 여성어를 중심으로 -

1. 들어가며

메이지 시대에는 여성들의 인권이 상당히 열악한 상황이었다. 참정권[21]이 없는 것은 물론, 메이지 당시 정치연설회가 유행하던 시절에 여성들은 연설회에 참석하여 연설을 듣는 것조차 법으로 금지되어 있었다. 그리고 그 당시 '안경'에 대한 남성 중심의 인식, 언설(言說)을 볼 수 있다. 여기에서 여성은 '눈이 나쁘지 않은 한 안경을 쓰지 말아야 한다'라고 하여, 사실상 안경을 남성 전유물로 생각하고 있다는 점이다. 안경의 이미지는 지식인의 이미지이다. 그리고 '지식인은 남성이다'라는 등식이 성립되었기 때문에 여성이 지식인의 영역에 들어가서는 안 된다. 지식인처럼 꾸며서는 안 된다고 하는 남성 중심의 사고방식을 엿볼 수 있다.

메이지 후기에 새로운 여성들이 등장하여 여성들이 만든 부인 잡지도 등장하게 되는 등 변화의 움직임은 있었다[22]. '사민평등'으로 사회계층에서 표면상으로 평등의 움직임이 있었지만, 실제 생활에서 남성 중심의 사회로 여성들은 많은 규범적 제약이 있었다. 다언(多言)을 금기시하는 언설이 많았으며, 항상 여성스럽게 행동해야 한다,

21) 市川房枝(いちかわふさえ : 1893-1981)일본 여성의 참정권 운동의 중심 인물로 다이쇼(8년)에 平塚らいてう 등과 '新婦人協會'를 창립하였다. 치안경찰법 제 5조의 개정 운동을 하였으며, 여성 문제 연구의 선구자로 남녀 평등과 여성해방운동을 위해서 일생을 바쳤으며, 그녀의 활동과 정신은 오늘날 <女性と政治センター >로 이어지고 있다. 그녀는 여성의 참정권이 평등이고 평화로운 사회를 구축하는 열쇠라는 신념으로 여성 인권을 위해 많은 활동을 하였다. 즉, 「婦選は鍵なり」「平等なくして平和なし, 平和なくして平等なし」이다. 열람일: 2022년 2월 15일. 公益財団法人市川房枝記念會女性と政治センタ(ichikawa-fusae.or.jp) 참고.

22) 본 연구 3장 3.1젠더(Gender)의 관점에서 본 근대 일본어 부분의 <3.메이지 시대 여성 잡지에서 여성에 관한 언설(言說)>을 참고할 것. 예를 들어, 『青鞜』(明治44年:1911년)창간호에 실린 잡지 주최자 平塚(ひらつか)らいてう의 아래의 글은 일본 최초의 여권 선언이면서 부인 해방의 상징이 되었다. 「元始女性は太陽であった(태초 여성은 태양이었다)」의 글 참고.

현모양처와 같은 부인상 등은 남성 중심의 이데올로기가 만든 것이며, 당시 사회 전반적인 분위기였던 점은 부인할 수 없는 사실이다.

그러나, 신여성, 여학교를 다닌 여성들은 자신들의 사용하는 여성 특유의 유행어를 만들어 사용하기도 하였다. 물론 어려운 '漢語'와 '외래어'도 사용하면서 문말 종조사「てよだわ」와 같은 여성 특유의 문말표현도 사용하게 된다. 즉, 기성 남성 중심 혹은 여성에서도 귀부인 같은 전통적인 상류 계층의 시점에서 보면, 여성스럽지 못하다는 비판도 있었다. 남성들이 주로 사용하는 漢語와 어려운 외래어도 여성이 사용하는 것에 대한 남성 지식인들의 반감으로 해석할 수 있다. 또한, 지금은 현대 일본어 여성어의 대표적인 종조사「～わ」가 있지만, 메이지 20년대 여학생 사이에서 유행할 시기에는 비판의 대상이 된 말이다.「～わ」가 여학생의 말로서는 품격이 없는 말로 비난의 대상이 된다. 그러나, 메이지 후기가 되면 부인층에서도 사용이 확대되고 보편화되면서 비난은 곧 사라지게 되었다.

일본어는 남성어와 여성어의 차이가 눈에 띄는 언어이다. 이것은 한 작품의 대화 부분을 보더라도 말하는 사람이 남자인지 여자인지는 그 표현에 의해 곧바로 성차(性差)가 구별되는 것으로부터도 알 수 있다. 또, 일본어는 여성어가 발달한 언어이며, 남녀 차이가 현대와 같은 형태가 된 것은 메이지 후기가 되고 나서라고 한다. 메이지 유신 후의 근대화를 서두르고 여성을 현모양처로 키우려는 메이지의 신정부의 여성 교육에서 말의 예절은 한 줄기로 일원화하면서 메이지 이후의 여성 전체를 묶어 놓게 된다.

일본어의 여성어 연구는, 부인어(女房詞)나 유녀어(遊女語) 등 위상어의 관점에서 시작되어, 현대는 사회언어학의 영향으로 폭넓은 여성어 연구로 발전하였다. 현대 일본어에서 성차를 논할 때, 보통 인칭대명사나 종조사를 포함한 문말표현 형식에 있어서의 어휘상의 차이를 들 수 있다. 사용자의 성별에 따라 선택되는 언어 표현("남성어", "여성어")이 있고, "성차 마커" (단어를 사용하여 사용자의 성별을 구별할 수 있는 '언어 표현'를 "성차 마커"라고 한다. 예를 들어, 인칭대명사(僕, おれ, あたし), 종조사 (ーわ,

わよ, かしら, ぞ, ぜ) 등이 있다)라고 불리는 것이 위상어의 일종으로 파악되고 있다.

宇佐美まゆみ(2006:33)에 따르면, '언어와 젠더' 사이의 핵심은 결국 누가 실제로 '여성어'라는 것을 사용한다는 것이 아니라 '여성어'라는 총체를 형성하는 개개의 언어 현상(言語 事象)의 특징이 어떻게 되어 있는가 하는 점이며, 여성어라고 하는 총체 그 자체의 이미지가 다양한 언어 사회/문화에서 직접적 간접적으로 실제의 여성들에게 강요되고 있다는 사실이라고 한다.

田中(2001)는 종조사나 간투조사에 의한 정의표현의 발달은 근대어법을 특징짓는다고 한다. 메이지 30년대가 현대 일본어의 성차 형성에 있어서 매우 중요한 시기인 것은 말할 필요도 없다. 그러나, 그 시기의 성차에 관한 언어 사용의 실태에 대한 연구는 아직 불충분하다.

본 절에서는 이상을 근거로 하여 메이지 시대의 여성어의 실태 파악에 좋은 조건을 갖추고 있는『社會百面相』(메이지 35년)과 메이지 20년대-메이지 40년대 소설을 조사 대상으로 하고,「여성어의 특징이 어떤 것일까? 그리고 어떠한 점이 여성들의 언어생활에 영향을 주었는가를 고찰한다.

2. 여성어와 성차

遠藤·尾崎(1998)에서는 여성어에 대해서 고찰하면서 '근대에서 현대로의 변천과 현상의 분석'이 이루어지고 있다. 변천의 부분은 성차가 현저하게 나타나는 것으로 여겨지는 문말 형식을 중심으로 많은 소설 작품과 신문, 잡지 기사(記事) 자료로부터 조사해, 표현 유형의 바리에이션(Variation)과 시간적 변화를 보고 있다. 변천의 큰 흐름은 'テヨ·ダワ'의 감퇴로 대표되는 바와 같이 여성 전용으로 여겨지는 단어 사용의 감소 흐름이기도 했다.

여기서 일부를 소개하면 다음과 같다.

(1) 영탄·감동의 표현은 의문·문의(問いかけ)의 표현에 비해 쇠퇴한 어가 적다.

(2) 원래 게이샤(芸者)들의 에도 말기의 말이었던「ダワ」(가벼운 영탄)는 메이지에서 쇼와에 걸쳐, 어느 시기의 작품 중에서도 다양한 여성에 의해 사용되고 있다.

즉, 메이지 시대부터 쇼와 초기까지는 여학생·상류층 여성(令嬢)·지위가 높은 남편의 아내와 같은 상류 계층의 여성들이었지만, 전후는 서민의 여성들에게 옮겨가고 있다.

여성어 특징의 공통점은「남성에 비하면, 여성은 부드럽고 정중하게 너무 단정하지 않고, 동의를 요구하는 말투를 한다」라고 하는 것이며, 그 이상으로 중요한 것은 사회가 여성에게 그렇게 기대하고 요구하고 있다는 것이다. 그 특징의 공통점은 상대적인 방식을 취한 것이지만, 바꾸어 말하면 즉, '예의 바름의 규범으로부터의 일탈에 대한 사회의 허용도가 여성은 남성보다 훨씬 낮다'는 것도 있다(宇佐美まゆみ(2006:32)). 여기서 예의 바름의 규범을 언어 표현에서 생각하면 대우표현, 경어표현이 될 것이다. 따라서 경어표현에 배려해야 할 환경은 여성어가 남성어보다 절실하고 민감한 것으로 생각된다. 시대를 거슬러 올라가 근대 일본어에서는 어떤 모습이었을까?

그런데, 메이지 시대의 종조사에 관한 선행 연구는 많이 있다. 예를 들어, 小松(1988), 森野(1991), 鈴木(1998), 遠藤·尾崎(1998), 寺田(2000)(2001)(2002)(2003), 任利(2003)(2005)(2009), 房(2004)(2006) 등을 들 수 있다. 이들 연구 성과의 큰 흐름은 현대 일본어에서 성차, 특히 문말표현에서 보이는 성차는 메이지 시대에 형성되어 메이지 후반경 정착했다는 것이다. 寺田의 일련의 연구 성과에 의하면, 여성어에서 여성다움은 특정의 문말 표현에 강하게 의존하고, 남성어에 있어서 남성다움은 특정의 문말 표현에 의존하지 않는 경향이 있다고 한다.

이상의 선행 연구를 바탕으로 본 연구에서는 성별에 의한 언어차·언어 변종이라고 하는 것은 사회에 의해 남녀의 역할이 다르면, 그 사회 안의 남녀가 언어에 대해 취하는 태도가 다른 곳으로부터 생겨난다고 생각한다. 성차는 근대어법을 특징짓는 것으로 근대 일본어를 성차와 관련지어 천착(穿鑿)해 보는 것이 본 연구의 궁극적인 목적이다. 성차의 근간을 이루는 것은 여성어이며, 그 중에서 소위 정의 표현(종조사, 감동사, 간투조사)은 주목할 만하다.

3. 문학 작품 속에서 성차의 현상(現狀)

일본의 현대 소설을 읽다 보면, 바로 성별을 구분할 수 있다. 즉, 화자의 성별은 문장의 '성차 마커(성차 표시)'에서 알 수 있을 것이다. 다음에 소설의 일부를 보자. ○는 남성이고 ●는 여성이다. 이하, 용례를 든다.

○「生きていると思うよ。だって死んだっていう記事が出ないもの。死んだら死んだっていう記事が出るはずだよ。」
●「死なないまでも、病気をしてどこかに入院したかもしれないわよ。」
○「それにしても記事は出るさ。」
●「ノイローゼにかかって奥にひっこんでるんじゃないかしら。」
(中略)
●「だから私は真剣に心配してるのよ」
○「でもね」「たしかに君の言うとおりかもしれないけれど、僕はキリンのお産だって見たことないし、鯨が泳いでいるところだって見たことがない。」

(村上春樹「カンガルー日和」1991 p.48)

○「君、いくら家事が苦手だからって、米くらい、新しいのをちゃんと炊きなさいよ。古い米だったんじゃないの？」
●「ごめんなさいねえ、ほんとに悪いことしたわ、よしよし。もうこんなことは二度とはないからね、安心してね。」

(吉本ばなな「おかあさーん」2006.p.123)

● 「でもお嬢さんがおひとりで廻るのがおいやだったら、私も一緒について入ってあげますよ。」

(中略)

● 「ひとりで行くわ。」

(太宰治「斜陽」1947 p.42)

이상, 소설을 읽으면, 「종조사」「인칭대명사」「접두어(お)」 등 성차가 분명한 것을 알 수 있다. 井出(1979)를 참조하면, 「かしら」「わね」는 100% 여대생이 사용하고, 「のよ」는 97.2%가 사용한다고 한다. 소설에서 「僕」「君」의 사용자는 남성이고, 「わ」는 여성이라는 등식이 성립한다. 이와 같은 성차 구별 의식은 현대 일본어에서 일본인 모두가 인식하고 있다.

또, 다음에 나타내는 용례와 같이 「감동사」에도 성차는 확인할 수 있다.

● 「あら」「ほら」

「ほら、見て、袋の中に入ったわよ。」

(村上春樹「カンガルー日和」1991 p.54)

「ほら、あそこ。桜が満開です。」

(小川洋子「博士の愛した数式」2005 p.65)

「ほら、見て。カードの下の奥の方に、何かあるんでしょう。」

(小川洋子「博士の愛した数式」2005 p.243)

「あら、まあ、久しぶり。」

(吉本ばなな「哀しい予感」p.18)

「あらまあ、家出。」

(吉本ばなな「哀しい予感」p.18)

○ 「おい」「やあ」「おやおや」「よし」

「おい、笑いごとじゃ無いぜ。忠告するけど、馬鹿もこのへんでやめるんだな。

おれは、きょうは、用事があるんだがね。この頃、ばかにいそがしいんだ。」

(太宰治「人間失格」1948 p.87)

「おやおや、どうした。そんなに弱虫だとは知らなったぞ。挑戦する前にもう降参するのかい？」

(小川洋子「博士の愛した数式」2005 p.77)

「よし。ここで油断しては駄目だぞ。」

(小川洋子「博士の愛した数式」2005 p.59

여성은「あら」「ほら」「あらまあ」를 사용하며, 남성은「おい」「やあ」「おやおや」「よし」를 사용하면서 상대방에 대한 인식의 태도 및 자신의 감정을 나타내고 있다. 감동사의 사용은 상대방에 대한 친밀함 표시의 성격이 강하기 때문에 친하고 격의 없는 사이에서 주로 사용된다.

그리고 명령 표현 형식의 경우, 여성은 예를 들면,「どうぞ, お入りなさいよ。何？旅行歸りなの？」(吉本ばなな「哀しい予感」p.18)나「お行儀よくしなさい。赤ん坊じゃないんだから。」(小川洋子「博士の愛した數式」2005 p.76)처럼 {お＋動詞の連用形＋なさい＋(よ)}를 사용하고 남성보다 명령을 부드럽게 하고 있음을 알 수 있다. 한편, 남성의 경우는「ちょっと待ちなさい, ルート君」(小川洋子「博士の愛した數式」2005 p.75)처럼 {動詞連用形＋なさい}를 사용하고 있다. 益岡 · 田窪(1992 : 222)에 따르면, 일반적으로 여성적인 표현은 단정을 피하고 명령적이 아니라 자신의 생각을 상대에게 밀어붙이지 않고 말하는 등의 특징을 지닌다고 한다. 이와 같이 소설에서도 성차가 명료한 여성어적인 표현은 대화/발화를 완화시키는 언어 형식을 더해, 온전히 명령형을 사용하는 것이 아니라 정중한 명령 형태를 취하는 것이다.

그렇다면 왜 여성에게는 부드러운 말투(예를 들면, 단정의 조동사「だ」를 사용하지 않는다), 정중한 말투의 규칙이 사회에 요구되어 작품에 반영되었는가? 시대적인 차이는 어느 정도인가? 어떻게 변천하여 현대에 도달하고 있는지 흥미 있는 부분이다.

이상에서 서술한 것처럼, 여성의 언어 형식은 다방면에 걸쳐 여성은 남성과는 다른 형식을 사용하고 있다는 점을 쉽게 확인할 수 있다. 그럼, 시대를 거슬러 올라가 근대 일본어의 경우, 어떠한 모습이었는가? 이하, 메이지 시대의 소설 자료를 살펴보기로 한다.

4. 메이지 시대 여성어의 여성성(女性性)

우선, 여성어와 대비되는 남성어 중에서 거칠고 격의 없는 말투를 메이지 소설에서 보자. 아래는『社會百面相』(메이지 35년)의 학생끼리 나눈 대화로 학생들이 교사(ビリオド)를 비방하고 있다. 이처럼 젊은 학생끼리의 대화에서는 'だ体'는 아주 일상적인 대화이다. 이하, 용례를 든다.

「奴(やつ)は第一品行の善くない奴だ」

(内田魯庵「社会百面相」(明治35),(学生)p.4)

「むむ、本郷の下宿屋の下女だ。奴(やつ)が下宿している自分私通きやがつたのだ。」

(内田魯庵「社会百面相」(明治35),(学生)p.4)

「ビリオド奴(め)、今度は弱つたらう」「渠奴(きやつ)め学校を放逐されれば飯の喰ひあげだ。」

(内田魯庵「社会百面相」(明治35),(学生)p.6)

상기의 용례에 나타낸 바와 같이 남성끼리의 대화에서는 제 3자를 말할 때「奴(やつ), 渠奴(きやつ)ーめ, ーやがる」등 사용하고 있다. 이와 같은 표현은 매우 거친 말투로 제3자를 마이너스로 대우하고 있음을 알 수 있다. 이에 비해서 여성은 제3자를 화제로 할 때, 문맥으로부터 마이너스로 대우해도 되지만, 아래에 제시한 용례와 같이「이름」「이름+さん」「ー方」「명사」등을 사용해 대우하고 있다. 요컨대 남성과 같은

매우 거친 표현은 나타나지 않는다. 이하, 용례를 든다.

「処が坤一は偏人ですからね、妾達(わたしたち)の言ふことなんか中々聞いて呉れないのです。家へ入らッしやる坤一のお友達は皆さんズン／＼出世なさるから(下略)」

(内田魯庵「社会百面相」(明治35),(猟官p.172) 坤一の夫人：中学校先生夫人→お母さん)

「否え、お幹さんは国文学科ですが、妾(わたし)は家政学を志願しました。」

(内田魯庵「社会百面相」(明治35),(女学者(上)p.133) 若い女：お召しの束髪→女学者：蝦茶袴)

「あの方は学校で一番温和しくて、些と愚図で陰気だもんだから衆人に嫌はれたのです。」

(内田魯庵「社会百面相」(明治35),(新妻君(下))p.127) 新妻君：高等官夫人→姑)

「でも老人(としより)てものは細い事に気が付くから調法だッてぢゃアありませんか。第一妾(わたし)なんぞは出好きだから年寄が在ると留守居が頼めて宜いと思つて……」

(新妻君(上))p.123)若い主婦→新妻君：高等官夫人)

또한, 여성의 경우(여학생끼리의 경우)는 남성과 같은 거칠고 배려심이 없는 다소 난폭한 말은 사용하고 있지 않고, 다음의 예문과 같이 종조사「わ」를 사용하고 있어서 문장 전체를 여성스럽고 온화하게 표현하고 있다고 볼 수 있다. 이하, 용례를 든다.

「オヤ御仲のよいこと。あたしは亭主なんぞは。ほんとに／＼もちたくないワ」

(三宅花圃「薮の鶯」(明治21) p.56)

「此間も二時位迄おきていて。さうしてあんな低い点ですもの。いやになつちまつたワ。」

(三宅花圃「薮の鶯」(明治21) p.52)

「アラいやナこつたワ。だれが御嫁なんかに行もんか。」

(三宅花圃「薮の鶯」(明治21) p.53)

물론 여성이 사용하는 종조사「わ」에도「주장을 나타낼 때」(美禰子→三四郎)나「기분이 나쁨을 전할 때」(美禰子→三四郎) 등은 문장을 부드럽게 하지는 않는다. 미네코(美禰子)는 산시로(三四郎)에게 말을 내뱉듯이 '仕方がないわ:어쩔 수 없다'고 하고 있다. 이처럼 미네코는 종조사 'わ'를 효과적으로 사용함으로써 자신의 '기분의 나쁨'을 나타내고 있는 것 아닌가? 이하, 용례를 든다.

「何故でも、雲は雲でなくつちや不可ないわ。かうして遠くから眺めている甲斐がないぢやありませんか」

(夏目漱石「三四郎」(明治41)pp.97-98)

「一所に帰らうつてたつて帰れないわ。」

(夏目漱石「三四郎」(明治41)p.169)

「今下すつても仕方がないわ。」

(夏目漱石「三四郎」(明治41)p.253)

한편, 젊은 남성 학생이 사용하는「わ」에 대해서 보면, 아래의 예문과 같이 서생 간의 친한 대등 관계로 가벼운 주장이나 가벼운 확인의 기분을 표시하고 있다.

「商人は儲さへすりやア些と位人に迷惑を掛けても関はんのだ。(中略)今でも猶だ其根性が失せないから大きな詐欺や賭博の欺瞞をやつて実業家だと仰しやいますワ……」

(内田魯庵「社会百面相」(明治35)、(貧書生)p.19)

여기서 여성의 종조사「わ」의 특성을 성차의 관점에서 파악하기 위해서 메이지 시대 소설에 나타난 남성 사용의「わ」의 용례를 자세하게 보고 싶다.

「之から實地の處世學問が中々難しいワ。」

(「社會百面相」老俗吏→書生の息子)

「筆で飯を喰ふ考は無い?ふウむ、夫ぢやア汝(きさま)は一生涯新聞配達をする氣か。跣足で號外を飛んで賣つた處で一夜の豪遊の足にもならぬワ。」

「社會百面相」書生, 政治家志願者→書生, 小説家志願者)

「だから貰はないといふのだ。我輩餓死しても伯爵輩のお轉婆娘は決して娶らんワ。」

(「社會百面相」高等官学士→洋服紳士)

「如何にも新聞記者は無學のやうに思はれて我輩が皐月に合はす顔が無いワ。」

(「社會百面相」主筆記者→新入記者)

메이지 20년대에는 「わ」를 젊은 여학생이 사용하게 되어, 당시 지식인들의 빈축을 사게 되는 경우[23]도 있었다. 그 당시의 남성들 사이에서는 사용을 삼가하게 된 것은 아닌가? 그런데, 메이지 30년대 중반 이후가 되면 『社會百面相』의 조사 결과에서 확인할 수 있듯이 노인을 중심으로 'わ'가 사용된다. 그러나 그것도 오랫동안 계속되지 않고 메이지의 40년대가 되면 조사한 작품에서 종조사 'わ'를 남성이 사용한 것은 예도 거의 나타나지 않는다.

어쨌든 메이지 30년대 『社會百面相』에 등장하는 남성은 종조사 'わ'를 한 사람이 많이 사용하지 않는다. 이와 같이 남성이 사용하는 'わ'는 메이지 30년대에 일시적으로 유행하여 사용한 것으로 보이지만, 메이지 40년대에는 쇠퇴한 추이를 읽을 수 있다. 남성에는 사용자가 제한된 종조사 'わ'가 당시 여성 전용어로서 위상을 점차 확보하게 된 것은 메이지 시대 국민 작가라고 불리우는 나쓰메 소세키(夏目漱石)의 소설에서 쉽게 확인할 수 있다.

다음에, 여성이 사용하는 종조사 'わ'에 대해서 살펴보자.

종조사 'わ'는 森野(1991)가 지적한 것처럼, 메이지 20년 전후에 젊은 여학생들 사이에서 퍼진 것 같다. 鈴木(1998)에 의하면, 『金色夜叉』(전편과 중편)의 오미야(お宮)가 사용한 문말의 종조사로서 'わ' 'よ' 'の'가 상위 3위를 차지하고 있어서, 이를 근거로

23) 당시 종조사 「てよ」나 「だわ」 등이 품격이 없거나 듣기 거북하다는 지식인들의 비난은 전반적인 여학생 말, 유행어에 대한 비판일 것이다. 「わ」의 경우에도 마찬가지로 품격이 없는 표현으로 사용에 비난이 있다.

여성의 종조사로서 'わ'의 우위가 확립되는 시기를 메이지 30년대 초반 무렵으로 보고 있다. 이하, 다음의 예를 보자.

「ナニよくってヨ……お母さんに叱られやしないワ……」

(「五月鯉」錦子, 女学生→酒井光一, 元食客)

「餘り邪推が過ぎるわ、餘り酷いわ。」

(「金色夜叉」お宮→貫一)

「眞個に妾(わたし)だつてトツチて了つたワ。」

(「社會百面相」男爵夫人→貴婦人)

「妾(わたくし)、あの課目表を見たら馬鹿々々しくなりましたワ。」

(「社會百面相」女学者→若い女)

「あら、妾(わたし)鱈尾さんと何も関係がありやアしないワ。」

(「社會百面相」女中→風通紳士)

「毎日／＼人の來る度に差配人ぢやアないかと慄々しますワ。」

(「社會百面相」失意政治家夫人→夫)

위의 용례에서 사용자를 중심으로 보면, 종조사 'わ'의 사용은 메이지 20년대의 젊은 여성(여학생)이 중심이며, 森野(1991)가 지적한 것처럼 'わ'도 사용 초기에는 여성스럽지 않는 어리석은 말, 정숙함이 결여된 건방진 말로서 눈썹을 찡그리는 경우가 많았던 것 같다. 이러한 현상도 메이지 30년대가 되면 점차 바뀌어 상류 부인층에도 침투되어 사용하게 된다. 이와 같은 점을 생각하면, 종조사 'わ'는 메이지 20년대와는 다른 느낌(마이너스적 의미가 점차 사라지게 됨)을 나타내게 되어, 일반적으로 정착해 가게 된다. 여성들 사이에서 사용되고 있는 종조사 'わ'는 처음에는 일종의 유행어이었지만, 점차 사용 계층이 확대되어 상류 부인 층에 침투한 것으로 생각된다. 메이지 40년대의 용례를 보자.

「よくつてよ。知らないわ。」

(「三四郎」,よし子→野々宮)

「あら、あなたお手がよごれていますわ。」

(「雁」,お玉, 高利貸しの妾→岡田, 書生)

「お相撲さんでございますわ。」

(「寂しき人々」(第1幕),乳母→姑)

「どんな詰まらない事をでも、あなたは、これは愉快だと仰やるのだわ。」

(「寂しき人々」(第1幕),女学生→画家)

기본적으로 메이지 40년대는 메이지 30년대와는 바뀌지 않았고, 젊은 여성으로부터 나이가 든 유모까지 폭넓은 연령층에서 'わ'의 사용을 볼 수 있다. 'わ'의 사용 영역의 확대가 한층 진행되었다고 할 수 있다.

여기서, 'わ'의 사용 상황을 성차의 관점에서 주목해 비교해 본다. 여성의 경우, 사용 상대를 보면, 남성과는 달리 자신과 친한 윗사람에 대해서도 'わ'를 사용하는 점이 특징적이다.

또한, 여성에 비해서 남성은 종조사 'わ'의 사용 빈도에 차이가 있다. 남성은 'わ'를 한 사람이 같은 문맥·대화 속에서 많이 사용하는 일은 없고, 1례 혹은 2례 정도밖에 사용하고 있지 않다. 그리고 'わ'의 사용 자체도 대우가치가 낮은 장면(윗사람에 대해서 사용이 없는 점도 포함한다)밖에 사용할 수 없다는 장면의 제약이 있다. 즉, 남성의 종조사 'わ'의 사용환경은 특수한 장면 효과를 노린 문맥으로 우스꽝스럽거나 풍자, 반어 등 말하는 사람의 기분, 심경을 나타내는 경우에 한정적으로 사용하고 있다.

그리고「こと」에 대해서 보면, 여학생끼리는 가벼운 기분으로 많이 사용하고 있다. 그러나『소공자(小公子)』(메이지 23년, 와카마쓰시즈코:若松しづ子 역)를 보면,「こと」「とも」「もの」등 여성적인 표현으로 여성이 사용하는 경우는「です」,「ます」에 붙어서 사용하는 경우가 많다. 즉, 경어 표현과 함께 사용함으로써 단정적인 문장의 의미를 적절히 완화한 것으로 생각된다. 한편, 남성의 경우는「ーやがる」라고 하는 비속의

어감을 가지는 단어에 접속해 사용하기도 한다. 이것은 대화의 스트라테지에서 남녀 차이의 반영 중 하나이다. 여기에서 알 수 있듯이 남성은 마이너스 대우에 이들 종조사가 사용됨으로서 상대방에게 친밀감을 표시하고 있다. 이하, 용례를 든다.

「うそ。人を罵詈してひどいこと。」

(斎藤→相澤、三宅花圃「藪の鶯」(明治21) p.51)

「若様、よくお入りで御座いました、マアお見事な若様でいらしやいますこと！」

(町のある女(母らしい女)→セドリック)

「いたしますとも、／＼、何でもいたします。」

(ドウソン→セドリック、7回、甲)

「御領内の民たちも神様が何かの様に尊敬しているといふ噂が、ロリデール、パークに居てさへ聞え升もの。」

(ロリデール夫人→侯爵、11回、丙)

「ダッテ、いつでも悪戯斗りして居やがつたもの、」

(チック(男)→ホッブス、14回、乙)

한편, 젊은 남성이 사용하는 강한 주장을 나타내는「ぜ」「ぞ」등은 당시의 언어 규범·여성의 언어 사용에 대한 규범 의식을 감안하면, 여성에게는 사용하기 어려운 환경이었을 것이다.

「併し汝(きさま)が痩肱を張つて力んでも小説家ぢやア銭が儲からんぞ。」

(内田魯庵「社會百面相」(明治35)、(貧書生)p.16)

여기서『社會百面相』에서 상층부인의 대화를 보면, 당시 여성어의 전형적인 실태를 볼 수 있다. 이하, 귀부인과 남작부인과의 대화를 제시한다. 이와 같이 문학 작품에서는 '성차 마커/성차 표시'를 유효하게 사용하고 다용함으로써 당시 여성다운 말을 인위적으로 연출한 것이 아닐까 생각된다. 물론, 현실 세계에서 사용될 법한 말을 상정한 것은 말할 필요도 없다.

「そりやア貸しても上げますが子、今日はお止しなさいよ。婦人雑誌の記者にお酒に酔つた顔を見られたんだもの、縁起が悪いワ。所詮碌な事は無いワ。けれどもねエ、奈何して名人の貴婦(あんた)が二百貫なんて負けたんでせう。必と貴婦(あんた)は、」(中略)「男爵が芸妓を伴れて大磯へ行らしつたもんだから、夫で気が揉めて真剣になれないだワ。」

(新開令夫人·貴婦人→男爵夫人、貴婦人(下) p.115)

다음으로 감동사에 대해 살펴보자.

젊은 여성에게 감동사의 사용은 눈에 띈다. 예를 들어, 三宅花圃「藪の鶯」(메이지 21 pp.51－52) 여학생 4명(齋藤, 宮崎, 相沢, 服部)의 대화에서는 감동사의 사용이 많고「あぁ」「あぁら」「おや」「おやおや」「まぁ」「なに」「ええ」등 다양한 감동사를 볼 수 있다 <표: (방 2010:317) 참조>. 이와 같이 발화 도중에 적극적으로「맞장구」를 치면서 화자는 담화 전개를 능동적으로 컨트롤 할 수 있었던 것이 아닐까 생각된다.

또한, 정의(情意)적 주관적인 말이 많은 여성어의 특성과도 관련될 것이다. 여성의 감동사 사용 빈도는 남성의 약 2배 정도인 것도 주목할 필요가 있다. 당시 젊은 여성들이 감동사를 다용하면서 상대방과 대화를 원활하게 유지하고 자신의 감정을 솔직하게 전달하는 데 효과적으로 사용한 것으로 보인다.

이하, 여학생끼리 감동사가 사용된 용례를 제시한다.

「アアくるしい／＼」
「オヤ斎藤さんがほんとの事をいつたの。ここにカステイラがあるワ。ぢゃア是をあげやう」
「ああら現金もんだこと。」
「マアそんなことは閑話休題として。こちらへいらしつてめしあがれヨー。」
「オヤ／＼もうなくなりさうだ。」

「ナニよくてヨ。あしたは服部さんは御帰なさるのだもの。」

「エエいくらでも召上がれ。私はあしたレツソンの処を少しみておきたうござりますから。失礼ヨ。」

<三宅花圃「藪の鶯」(明治21)pp.51－52)>

〈表〉【「藪の鶯」의 감동사의 남녀별 사용】

(괄호안은 용례 수, 괄호 밖은 사용자 수)

感動詞＼性別	アラ	オヤ	オヤマア	サアサア	オヤオヤ	ムム	ヨー	エ	ナアニ	オイ	ヤア	ヒヤヒヤ	ウン	イヤ	エエ	アア	マア	ナニ	オオ	サア	合計
女性	3(3)	13(23)	2(2)	1(1)	5(9)	1(1)	2(2)	2(2)							2(3)	6(8)	3(3)	6(6)	1(1)	3(3)	14(67)
男性									2(3)	2(2)	3(3)	1(1)	2(2)	2(3)	2(2)	4(7)	3(6)	2(3)	1(1)	1(1)	12(34)

「アラ」

「あら、そんな事迄知つてッしやるの。オホホホホツ、真個に油断がならない。」

(女中(24−5才)→風通紳士、(教育家(下))p73))

「あら嫌だワ、あんなお老爺さんに。妾(あたし)なんか、貴客(あなた)、どうせ人三化七ですもの、関係者なんぞ有りやアしませんワ。」

(女中(24−5才)→風通紳士、(教育家(下))p.73))

「あらまあ」

「柴川さんて、△△学校の？、あら先ア呆れた。」

(女中(24−5才)→風通紳士、(教育家(下))p.73))

「オヤ」

「呀(おやッ)」

(男爵夫人→貴婦人と婦人雑誌記者(訪問記者)、貴婦人(下) p .113)

「呀(おや)、お惚気競べ、」

(女中(24~5才)→洋服紳士(青年有望の教育家)と風通紳士、教育家(下)p.72)

「オヤ斎藤さんがほんとの事をいつたの。ここにカステイラがあるワ。ぢゃア是をあげやう」

(女生徒同士：相澤→斎藤、三宅花圃「藪の鶯」(明治21) p.50)

「オヤ／＼もうなくなりさうだ。」

(女生徒同士：相澤→斎藤、三宅花圃「藪の鶯」(明治21) p.51)

男性○

「呀(おや)、大奮発だナ。汝(きさま)が土産を持て来ると低気圧が沖縄海邊に生じる。」

(学生同士、学生(下)p.9)

「ナニ(ナアニ)」

「なアに気紛れですよ。之まで政党に関係しなかつたのですが、アメリカ時分のお友達の甲さんて方が何でも加入れとお勧めなすつたので偶然と加入つたンです。」

(お秀：中学校先 生夫人→母親、猟官(上)p.174)

「ナニよくてヨ。あしたは服部さんは御帰なさるのだもの。」

(女生徒同士：斎藤→相澤、三宅花圃「藪の鶯」(明治21) p.51)

「ハイ」

「何を云ひおる。花が帰つたツてお前(まい)が席を外す必要は無い。下女が帰つたからツて奥さんが逃出す事があるかい。」

(精神家→妻、夫人)

「ハイお邪魔になつてはお気の毒でムいますから子。ハイ、お花は唯の下女とは違ひます。お部屋様でムいます。加之も殿様の御秘蔵の大切なお部屋様で……」

(精神家夫人→夫、精神家(下)p.55)

「マア」

「先(ま)ア……」

(お秀；中学校先生夫人、23~24才→夫)(猟官(中)p.175)

「先(ま)ア、貞子さんの病気にも困つて了う子」

(裏小路夫人→富子(貴婦人)､貴婦人(下) p.118))

「先(ま)ア爾うです子、」

(貴婦人→婦人雑誌記者(訪問記者)､貴婦人(上) p.110))

「先(ま)ア嫌だワ、妾(わたし)なんか写真ありアしないワ。」

(男爵夫人→新開令夫人､貴婦人(下) p.117))

「先(ま)ア呆れてしまう。あの人は根が芸妓だからネエ。あれで子爵夫人が呆れて了う。」

(新開令夫人→男爵夫人､貴婦人(下) p.117)

「マアそんなことは閑話休題として。こちらへいらしつてめしあがれヨー。」

(女生徒同士：宮崎→斎藤、 三宅花圃｢薮の鶯｣(明治21) p.51)

男性「先(ま)ア黙つてろよ。」

(書生同士(小説家志願者：亀井→政治家志願者：牛飼)､貧書生) p.13)

男性「やい亀井、何しおる？何ぢゃ、懸賞小説ぢゃーふッふッ、」

(書生同士(政治家志願者：牛飼 →小説家志願者：亀井)､貧書生) p.12)

男性「やア、片岡、奈何じやい？」

(書生同士(政治家志願者：牛飼→片岡(試験に合格していづれ官僚になる))､貧書生) p.19)

「まあ」는 여성의 사용(냉소나 상대에게 불평을 할 때 등)이 많지만, 남성의 경우는 명령형과 함께 사용하는 것이 특징적이다. 「やい」는 서생끼리의 대등 관계로 매우 격의 없이 말할 때 사용하고 있다. 이와 같이 거칠게 부를 때, 여성은 「やい」를 사용하고 있지 않다. 놀랐을 때를 깨달았을 때, 그리고 사람을 부를 때 「やア」를 남성만 사용하고 있다. 水谷(2001:47−51)에 의하면, 일본인은 「맞장구 표현:あいづち」를 다용하면서, 상대와 공동으로 하나의 대화 흐름을 만든다고 한다. 특히 메이지 시대의 젊은 여학생끼리의 대화에서는 「맞장구 표현」를 자주 사용하는 점이 남학생과 다르다. 이는 화자의 감정을 나타내는 '감성적 표현'을 선호하는 여성어의 특징이며, 담화의 전

개상 남녀의 감성적인 표시 방식에 차이가 있는 것과 관련될 것이다.

마지막으로 '간투조사'에 대해 설명한다. 여성이 사용하는 용례를 든다.

「だからサ、汗汚点でも出来ると勿体無いからお着換えなさいてのよ。所詮用も何も無いンでせう。」

(若い主婦→高等官夫人、新妻君(上)p.122))

「否エサ、爾ういふ仔細ぢゃアないがノ、今度冬の紋付を調へるッていふから今までのやうに余り華美な模様を附けない方が宜からうと思つてノウ。」

(姑→高等官夫人、新妻君(下)p.130)

「かういう偏人ですから子、妾(わたし)は最うとても出世の出来る気遣いは無いと断念めてるンです。」

(若い妻、お秀；中学校先生夫人、23~24才、娘→母親)(猟官(上)p.171)

「ですがネー。わたくしは夕べをかしな夢を見てヨ。福ちゃんがネ女になつて。私の兄の処へよめに来たいといいますから。」

(斎藤→女生徒、三宅花圃「薮の鴬」(明治21)p.46)

「少し無理ですがね、かう云ふなどどうでせう。可哀想だた惚れたつて事よ」

(輿次郎→三四郎と美禰子、夏目漱石「三四郎」(明治41)p.107)

「それを子エ、裏小路の奥さん、」

(貴婦人→裏小路夫人、貴婦人(下)p.119)

「貴郎(ぁなた)、奈何なさるの、五十円下すッたつて三月越溜つてる勘定ですもの、三分一だつて払へやしませんワ。」

(失意政治家夫人→夫、失意政治家(下)p.236)

상기에 나타낸 용례의 간투조사「さ」「ね」「ねえ」등은 상대에게 친근감을 표시하면서 주의를 환기시키는 역할을 하고 있다. 현대 일본어와 마찬가지로「さ」는 젊은 여성이 상대에게 친밀감을 담아 가볍고 편안하게 대화하는 장면에서 사용하고 있다. 예를 들어, 젊은 주부가 친한 고등관 부인에게 'だからサ'와 같이 말하면서 주의를 환기하는 것을 알 수 있다.

또한, 'さ'의 사용은 나이 든 시어머니가 고등관 부인에게 '否(いい)エサ'와 같이 사용하고 있다. 상하관계에서 사용하고 있는 것과 문맥에서 친족 간에 사용 등으로 보아서 상대방에게 격의 없는 경우 'さ'가 사용되고 있음을 알 수 있다.

「ね」,「ねえ」를 보면, 상층 부인 사이에서 상대를 부를 때, 상대방의 대화에 재촉/촉구하는 기분을 나타내는 때에 사용하고 있다. 젊은 여학생끼리 'ですがネー'와 같이 사용이 있다. 또한, 결혼한 딸인 중학교 선생 부인이 어머니에게 'ですから子' 그리고 輿次郎(よじろう)→三四郎(さんしろう)와 美禰子(みねこ)의 대등 관계에서 사용한 'ですがね'처럼 「です」와 함께 사용하는 특징이 있다. 이와 같이 「ね」,「ねえ」의 사용에서 알 수 있듯이 여성의 간투조사 사용에서는 친밀하면서도 상대방에게 공손한 느낌을 주는 것을 확인할 수 있다.

5. 맺음말

본 절에서는 근대 일본어의 사회언어학적 연구의 일환으로 성차가 분명히 투영되는 언어 형식 중 이른바 정의표현을 중심으로 여성어의 실태에 대해 고찰하였다. 특히 여성어에 초점을 맞추고, 여성 화자는 어떠한 언어 형식을 사용하고 있는지에 대해, 당시의 소설 자료를 통해서 고찰해 보았다. 고찰의 결과, 다음과 같은 것을 말할 수 있다.

(1) 성차 표현, 특히 정의표현이 많이 사용된 것은 감정적 주관적인 표현이 많은 여성어의 특성과 관련이 있다.
(2) 여성은 종조사, 감동사, 간투조사 등 이른바 정의표현을 적절히 사용함으로써 원활한 담화 수행이 가능해졌다고 생각된다.
(3) 언문일치 확립 이후 당시의 소설에서는 젠더 규범을 반영하여 작품 속에서 새로운 젠더 규범을 반영하여 묘사한 것이다.

(4) 젊은 여성이나 상층 부인층에는 성차 표현이 과도하게 사용되며, 이는 어떤 의미에서 작품의 인위적인 측면과 감정적인 표현이 많은 일본어 여성어의 특성과도 관련이 있다.

이상의 여러 사실을 생각하면, 메이지 시대에는 정의표현, 여성어가 확립된 시기이며, 특정 언어 형식에 강하게 의존한 것을 알 수 있다. 그 중심은 젊은 여성이나 상층 부인층에서 여성 전용 종조사를 비롯한 정의 표현이었다고 말할 수 있다.

앞으로 본 연구를 기반으로 다른 언어자료를 조사하면서 근대 일본어의 여성어 실태를 규명해 나갈 생각이다.

参考文献

井出祥子(1979)「大学生の話しことばにみられる男女差異」『文部省科学研究費特定研究「言語」ベンダ班中間報告昭和54』

宇佐美まゆみ(2006)「ジェンダーとポライトネスー女性は男性よりポライトなのか？」『日本語 と ジェンダー』ひつじ書房 日本語ジェンダー学会編

遠藤織枝 · 尾崎喜光(1998)「女性のことばの変遷ー文末·コト·テヨ·ダワを中心にー」l『日本語學』7-5 明治書院

小林千草(2007)『女ことばはどこへ消えたか？』光文社

小松寿雄(1988)「東京語における男女差の形成－終助詞を中心としてー」『国語と国文学』65-11

鈴木英夫(1998)「現代日本語における女性の文末詞」『日本語文末詞の歴史的研究』三弥井書店

田中章夫(2001)『近代日本語の文法と表現』明治書院

寺田智美 (2000)「明治末期の女性語について－夏目漱石の小説にみえる「絶対女性語」の考察－」『早稲田大学日本語研究教育センター紀要』13号

________(2001)「明治末期の男性語について－夏目漱石の小説にみえる「絶対男性語」の考察－」『早稲田大学日本語教育研究センター紀要』14号

________(2002)「夏目漱石の小説にみえる「相対男性語」－女性が使用する場合を中心に－ 」『早稲田大学日本語教育研究センター紀要』15号

________(2003)「夏目漱石の小説にみえる「相対女性語」－男性が使用する場合を中心に－」『早稲田大学日本語教育研究センター紀要』16号

中村桃子(2002)「「言語とジェンダー研究」の理論」『言語』31-2 大修館書店

_______(2006)「言語イデオロギーとしての「女ことば」ー明治期「女学生ことば」の成立ー」『日本語とジェンダー』ひつじ書房 日本語ジェンダー学会編

房 極哲(2004)「東京語における終助詞の男女差ー「わ」と「な」の使用を中心にー」『日本語文学』20輯 韓国日本語文学会

_______(2006)「『小公子』における女性語についてー終助詞の用法を中心としてー」『日本学報』69輯 韓国日本学会

________(2010)『近代日本語の待遇表現の研究ー社会言語学的な観点からー』J&C

房極哲·李夏子(2005)「『薮の鶯』における女性語ーいわゆる情意表現を中心にー」『日本語文学』24 韓国日本語文学会

水谷信子(2001)「あいづちとポーズの心理學」『言語』30-7 大修館書店

益岡隆志·田窪行則(1992)『基礎日本語文法改訂版』くろしお出版

森野宗明(1991)「女性語の歴史」『講座日本語と日本語教育10』明治書院

任利(2003)「終助詞「かしら」における男女差の形成」『筑波日本語研究』8号 筑波大学人文社会科学研究科日本語學研究室

____(2005)「明治30年代の小説における性差と文末表現」『日本語と日本文学』40号筑波大学国語国文学会

____(2009)『「女ことば」は女が使うのかしら?-ことばにみる性差の様相-』ひつじ書房

4.4 근대 일본어의 남녀차 형성

– 메이지 20년대~30년대 소설 및 신문의 성차를 중심으로 –

1. 들어가며

현대 일본어는 남녀의 역할 변화와 남녀의 사회적 지위의 변화, 사회구조, 사회제도 등의 변화라는 시대의 흐름에 의해 언어/말의 남녀 차이가 좁아지고 있다. 그러나 문말표현 형식을 비롯한 인칭대명사나 감동사, 종조사, 간투조사 등에 의한 이른바 정의표현(情義表現) 등에는 남녀 차이가 여전히 존재하고 있는 것도 사실이다. 현대는 다양한 매스미디어의 발달이 특징적이지만, 이들 매스미디어를 통해 언어의 남녀 차이를 쉽게 확인할 수 있다.

일상의 대화에 반영된 남녀차의 실태를 파악하기 위해서는 현대 일본어의 근간을 이루는 근대 일본어로부터 검토할 필요가 있다. 특히, 근대 일본어의 성차 표현은 현대 일본어의 성차 표현의 기원, 원류(源流)가 되고 있기 때문이다.

그래서 본 절에서는 '근대 일본어의 남녀차 형성'이라는 연구의 일환으로서 근대 일본어, 특히 메이지 시대에 초점을 맞추고 당시의 언어 자료를 조사해, 거기에 나타나는 남녀 차이에 대해서 고찰하고자 한다. 여기에서는 언어자료, 예를 들어 소설, 신문, 잡지, 교과서, 라쿠고(落語)자료, 연설(演說)자료 등 다양한 자료 중에서 소설과 신문자료를 다룬다. 다른 자료는 별도의 기회에 다른 논고에서 다루기로 한다. 구체적으로는 메이지 20~30년대 소설과 신문을 조사, 분석해 나가기로 한다.

2. 선행 연구와 연구 범위

메이지 시대의 성차 표현 연구 중에서 종조사에 관한 주된 선행 연구로는 小松(1988), 鈴木(1998), 遠藤·尾崎(1998), 寺田(2000) (2001) (2002) (2003), 房(2002), 任利

(2009) 등이 있다. 이들 연구 성과로부터 현대 일본어에 있어서 성차, 특히 문말표현에서 보이는 성차는 메이지 시대에 형성되어 메이지 후반경 확립된 것을 알 수 있다.

小松(1988)는 도쿄어의 남녀차가 언제 형성되었는지에 대해 종조사를 대상으로 고찰한 후, "도쿄어의 종조사의 남녀차는 에도어까지는 거슬러 올라가지 않는다고 말할 수 있다"라고 하고 있다.

그리고 寺田(2000) (2001) (2002) (2003) 등 일련의 연구는 夏目漱石의 소설을 대상으로 조사하여, 문말표현에 절대 여성어와 절대 남성어(상대 남성어, 상대 여성어도 있다)로 나누고 계량적으로 분류하고 있다. 寺田의 일련의 연구 성과에 의하면, 여성어에 있어서 여성다움은 특정의 문말표현에 강하게 의존하고, 남성어에 있어서 남성다움은 특정의 문말표현에 의존하지 않는 경향이 있다고 한다.

任利(2009)에서는 <여성성> <남성성>이라는 개념을 도입해 메이지 30년대 소설의 문말표현의 성차를 고찰하고 있다. 任利(2009)에 따르면, 현대 일본어에서 <여성성> <남성성>이 강한 언어 표현 형식은 메이지 30년대 소설에 이미 나와 있다고 한다.

한편, 주목되는 메이지 시대의 성차에 관한 선행 연구를 소개하면, 金水(2007), 坪井(2007), 房(2011) 등이 있다. 이하, 성차와 연관이 있는 주된 부분을 인용한다.

> 歴史的に見れば、今日の男性語、女性語の基盤は、明治時代、近代日本の出発後ほどなくして築かれた。男性語の重要な基盤の一つが「書生語」である。(中略)また近代女性語の重要な基盤の一つは、「女学生ことば」である。明治時代になって山の手に発生し、女学校を媒介として東京に広まっていったスタイルであり、典型的な語尾をとって「テヨダワことば」などとも言われる。(中略)女学生ことばに起源を持つ女性語の発する女性性のイメージは、そのような女子教育の変質とよく釣り合っている。即ち、断定せず、へりくだり、常に男を立てて、自分は背後に退いているという姿勢である。金水(2007 : 102)。

역사적으로 보면, 오늘날의 남성어, 여성어의 기반은 메이지 시대, 근대 일본의 출발 후 얼마 지나지 않아 만들어졌다. 남성어의 중요한 기반 중 하나가 '서생어(書生語)'이다. (중략) 또 근대 여성어의 중요한 기반의 하나는 '여학생 말(女学生ことば)'이다. 메이지 시대가 되면서 야마노테(山の手) 지역에서 발생해 여학교를 매개로 도쿄에 퍼져나간 스타일이며, 전형적인 어미를 취해 '테요다와 말(テヨダワことば)' 등이라고도 한다. (중략) 여학생 말에 기원을 가진 여성어를 사용하는 여성성의 이미지는 그러한 여자 교육의 변화와 잘 어울린다. 즉, 단정하지 않고, 겸손하며, 항상 남자를 세우고, 자신은 뒤로 물러나 있다는 자세이다. 金水(2007 : 102).

人称代名詞と文末終助詞の性差は、明治期とりわけ明治10年代から30年代にかけて成立したものである。坪井(2007 : 7)。

인칭대명사와 문말 종조사의 성차는 메이지 시대, 특히 메이지 10년대부터 30년대에 걸쳐 성립한 것이다. 坪井(2007 : 7).

現代日本語に継承された性差表現は、明治期に「若者言葉」として生まれたという自然発生的側面と、その後の日本社会におけるジェンダーのあり方に規定されて国語教育のなかでまた社会政策のなかで固定化され規範化されたという人為的側面との両面を持つものであったのである。坪井(2007 : 11−12)。

현대 일본어에 계승된 성차 표현은 메이지 시대「젊은이 말(若者言葉)」로서 발생했다는 자연 발생적 측면과 그 후의 일본 사회에 있어서 젠더 본연의 모습에 규정되어 국어 교육 속에서 또 사회 정책 속에서 고정화되고 규범화되었다는 인위적 측면과의 양면을 가진 것이었다. 坪井(2007 : 11−12).

明治期には情意表現、女性語の確立した時期であり、特定の言語形式、役割語の存在を確認することができた。その中心は若い女性(女生徒)や上層婦人や老人層の言葉における女性専用の終助詞をはじめとする敬語表現、人称代名詞、感動詞などであったと言える。役割語という観点から見ると、当時役割語度の高い言語表現、語彙などは明治終わりごろに衰退していくことが読み取れる。房(2011 : 23)。

메이지 시대에는 정의표현(情意表現), 여성어가 확립된 시기이며, 특정 언어 형식 역할어(役割語)의 존재를 확인할 수 있었다. 그 중심은 젊은 여성(여학생)이나 상층 부인이나 노인층의 말에 있어서 여성 전용의 종조사를 비롯한 경어표현, 인칭대명사, 감동사 등이었다고 말할 수 있다. 역할어라는 관점에서 보면, 당시 역할어도가 높은 언어표현, 어휘 등은 메이지의 끝 무렵에 쇠퇴해 가는 것을 알 수 있다. 房(2011 : 23).

이상의 선행 연구를 정리하면 다음과 같다.

① 근대 일본어의 성차를 논할 때, 문말표현 속에서 특히 메이지 시대의 종조사에 대해 설명하고 있으며, 일반적으로 여성어에 초점을 맞추어 논의하고 있다.
② 메이지 시대 도쿄어의 종조사의 남녀차는 에도어까지는 거슬러 올라가지 않는다. 즉, 메이지 이후 남녀 차이가 형성, 확립되었다고 할 수 있다.
③ 인칭대명사와 문말 종조사의 성차는 메이지 10년대부터 30년대에 걸쳐 성립했다.
④ 현대일본어의 성차 표현의 기원, 원류는 메이지 시대의 '書生語'(남성어)와 '女学生ことば'(여성어)에서 온다.
⑤ 여성 교육과 국어 교육은 당시의 성차, 성별 의식에 영향을 주고 있다.

이상에서 알 수 있듯이 메이지 30년대는 성차 표현의 형성 과정을 탐구하는 데 매우 중요한 시기라고 할 수 있다.

본 연구의 자료는 메이지 20년대~30년대에 간행된 소설과 신문이다. 소설의 성차에 대해서 많은 연구가 보이지만, 신문의 성차에 대해서는 별로 볼 수 없다. 그러나 신문과 젠더는 깊이 관여하고 있어 신문을 남녀 차이의 관점에서 조사할 필요가 있다. 齊藤正美(2009)에 따르면 '젠더(Gender)'라는 외래어는 일본에서는 1990년대에 들어와서 여성학 영역에서 많이 사용하게 된다. 그 후 90년대 중반 이후는 학술용어의 범위를 넘어 지방자치단체나 정부 등에 의해 남녀 공동 참가 정책영역에 있어서 적극적으로 도입되게 되었다고 한다. 또 신문 기사에 '젠더'가 활발하게 사용된 시기는 1997년~98년 첫 피크와 2001년 ~2005년 제2피크 때가 있다. 우파로부터 「젠더」에 대한 비판의 언설이 생긴 것과 그에 대해 페미니즘 측(남녀 공동 참가 행정)으로부터 반론이 늘어나고 있다. 어쨌든 최근 '젠더'는 사회언어학에서도 많이 사용하고 있다.

여기에서는 신문과 젠더에 대해 짧게 언급한다. 현대의 매스미디어(mass media)는 다양하지만, 미디어 유형별 업계 단체가 가지는 윤리 강령과 가이드라인이 있다. 예를 들어, 일본신문협회가 정한 '신문윤리요령', NHK에 의한 '일본방송협회 국내 프로그램 기준', 일본 민간방송연맹이 정한 '일본민간방송연맹방송기준'과 잡지 협회에 의한 '잡지편집윤리요령' 등 수많은 규정집이 있다.

그러나, 이러한 규정은 여성에 대한 표현에 관해서는 조금씩 주의를 기울여 왔지만, 여성의 인권이라는 관점에 관해서는 충분하다고는 할 수 없다. 여성과 성에 관해서는 여성의 인권을 침해하고 있으며 여성에 대한 차별을 조장하고 있는 책임에 대한 인식이 보이지 않는다[24].

시대를 거슬러 근대로 가면 현대와 같은 자주 규제가 아니라 국가가 언론을 규제하는 언론통제를 하고 있었다. 따라서 근대 신문에서는 인위적으로 만들어진 젠더가 있었을지도 모른다. 그리고 당시 여성의 인권과 남녀의 사회적 지위 격차 등을 생각하면, 근대 일본어의 남녀차는 현저했을 것으로 생각된다. 이런 것들을 시야에 넣고 메이지 시대 언론의 대표적인 신문을 대상으로 조사하여, 거기에 나타난 언어의 남녀차를 고찰할 필요가 있다.

3. 메이지 20년대~30년대 소설의 성차

본 절에서는 메이지 20~30년대 소설의 성차에 대해서 서술한다. 종래, 일본어에서 남녀차, 성차는「여성어」「남성어」라는 개념으로 설명해 왔다. 성차 표현의 연구는 절대 여성어, 절대 남성어의 분류가 중심이 되지만, 실제의 언어 운용의 본연의 모습을 문맥적 조건으로부터 생각하면, <여성성> <남성성>이라는 {정도의 차이}의 개념을 도입하여 기술하는 것이 유효하다고 생각한다. 예를 들면, 종래 여성어라고 하는 종조사「わ」가 인토네이션의 상승조의 경우는 여성이 사용한다. 그러나 하강조의 경우 남녀 공용이다. 즉,「わ」자체가 성차의 마커(マーカー)가 되는 성질을 포함하는 것과

24) 諸橋泰樹(2005 : 230-232)를 참고.

사용된 문맥이나 구문적 조건, 음성적 조건 등이 복잡하게 얽혀 있는 것을 생각할 필요가 있다.

그리고 메이지 30년대 內田魯庵著『社會百面相』(메이지 35년)의 문말표현 형식에는 남성이 사용하는「わ」「かしら」「のよ」등을 볼 수 있다. 이와 같이 <여성성>이 강한 종조사를 남성이 사용하고 있다는 점을 주목해야 할 것이다[25]. 이러한 형식의 남성의 사용에는 어떠한 특징이 있는지를 구체적인 여러 조건들을 문맥으로부터 검토해야 한다. 화자의 속성이나 장면 설정, 어떤 어조로 상대에게 발화하고 있는지, 폴라이트니스(politeness, 공손함)가 높은 언어 형식, 경어 형식과 어떻게 호응(共起)하고 있는지 등 다양한 점을 시야에 넣고 분석해야 한다.

이러한 분석을 바탕으로 근대 일본어의 남녀차 형성을 검토하는 것이 중요할 것이다. 필자는 담화 내용의 레벨에 따라 화자는 <여성성> <남성성>의 {정도의 차이}를 판단하고 '성차 마커'를 적절히 구분하는 대화 전략을 취한다고 생각한다. '성차 마커'는 어떤 경우에는 <남성성>의 강인함을 완화하는 수단으로서, 어떤 때에는 <남성성>을 강하게 하는 수단으로 이용된다.

이하, 메이지 시대의 소설과 신문에 나타난 남녀차를 문맥, 장면에서 조사해 분석한다. 남녀의 차이가 명료하게 나타나는 언어 형식은 문말표현 형식이기 때문에 종조사를 포함한 문말표현 형식과 그 주변, 예를 들어 경어표현, 인칭대명사, 감동사(感動詞)/감탄사(感嘆詞), 응답사(応答詞) 등을 고찰한다.

3.1 <여성성> <남성성>의 선택

여기서는 <여성성> <남성성>의 선택 메커니즘을 파악하기 위해 문맥, 담화 스타일을 검토해 본다. 다양한 언어 형식, 특히 남녀의 차이가 분명한 여러 언어 형식은 남녀 사이에서 어떤 역할을 담당하고 있는가? '성차 마커'로서 <여성성> <남성성>을

25) 房(2010)은 메이지 시대 소설『社會百面相』(메이지35년)를 조사하였다. 여기서 여성 화자는 정의표현(감동사, 간투조사, 종조사 등)을 문맥, 장면 속에서 어떤 의도로 사용하고 있는지 구체적으로 분석하였다. 분석 결과, 정의 표현에서 명확한 성차를 보이고 있음을 알 수 있다.

살펴보고 싶다. 남존여비의 사상이 강한 메이지 시대는 현대와는 다른 성차 표현 형식의 모습을 생각할 수 있다. 우선, 여성성, 남성성을 나타내는 표현의 종류와 작품 속의 대표적인 예문을 보자. 그리고 그 언어 표현의 선택 메커니즘에 대해서도 해석을 시도한다.

〈여성성, 남성성을 나타내는 언어 표현〉

○ 終助詞

「だわ」「わね」「てよ」「こと」의 <여성성>

「かな」「ぜ」「わい」「てな」「や」의 <남성성>

○ 感動詞

「あら」「おや」의 <여성성>

「おい」「やあ」의 <남성성>

○ 敬語表現

「お＋動詞連用形＋よ」의 <여성성>

「動詞連用形＋な」의 <남성성>

○ 文末表現形式

「でござんす」「でござります」의 <여성성>

「でござる」「でげす」「でがす」「ぢゃ」의 <남성성>

이하, 용례를 든다.

(1) 「男爵(とのさま)が芸妓(げいしゃ)を伴れて大磯へ行らしつたもんだから、夫で気が揉めて真剣になれないだワ。」

(「社会百面相」(明治35年),新開令夫人·貴婦人(富子夫人35―6才)→横道男爵夫人(28-9才),貴婦人(下))

「爾うばかりでもないですが、ですけれどもねエ、良人(うち)の女好きにも真箇に困つて了うの、大磯へ二人伴れてつてるのですとサ。」

(横道男爵夫人→新開令夫人·貴婦人(富子夫人),貴婦人(下)」

「仕方が無いワ。良人だつて御同前ですよ。口先ばかり西洋臭い事を云つて矢張こそそこ待合入りをするんですもの。妾(わたし)も西洋から帰りたては難しく云つて見ましたが、男の芸妓狂ひは世間一統だから仕方が無いと斷念めたの。ですが夫ぢゃア女は無味らないから、女も矢張負けない気で遊ぶのサ、」

(新開令夫人·貴婦人(富子夫人)→横道男爵夫人、貴婦人(下))

(2) 相澤「オヤ／＼もうなくなりそうだ。」

斉藤「ナニよくってヨ。あしたは服部さんは御帰なさるのだもの。なくなったつてイイワ。」

服部「エエいくらでも召上れ。私はあしたのレッソンの処を少しみておきたうムり升から。失礼ヨ。」

相澤「およし遊ばせヨ。御休みになるのだから。みておかないでもいいぢゃア有りませんか。」

宮崎「ホントニ服部さんのやうに勉強しては。体がつづかないでせうネー」

斉藤「あたしなんざア。御休みする処は見た事もないワ。」

(「薮の鶯」(明治21年)、女生徒同士、(明治21))

(3) 「イヤ全く疑ひもなき確實の物でがす。大人は手前だと何でも經蔑なさるが、擇りすぐつて珍奇の品が二十幾點、手前が所藏品は詰まらないものでごあすが、他は皆元祿專門家の秘藏品でごはすから……」

(「社会百面相」古物家→六十代の客·愚得大人、古物家)

(4) 「そりやア貸しても上げますが子、今日はお止しなさいよ。婦人雑誌の記者にお酒に酔つた顔を見られたんだもの、縁起が悪いワ。所詮碌な事は無いワ。けれどもねエ、奈何して名人の貴婦(あんた)が二百貫なんて負けたんでせう。必と貴婦(あんた)は、」

(「社会百面相」新開令夫人·貴婦人 →男爵夫人、貴婦人(下))

(5) 篠原「成程おあやしみもござりませう。僕が五年の洋行で得るところ。とはちと大袈裟のやうだが。マアそこのところ計りサ。オオなんだ氷が解けてもう残りずくなになつた。マア一杯やりたまへ。オイ船頭どこへか附て氷を二斥ばかり買てくれんか。」

(「藪の鶯」篠原勤→宮崎一郎)

宮崎「ときに篠原君。君が帰朝の後は早速何のお話しだろう。ネー斎藤君。御同前に祝筵にあづからうとたのしみにしているのだが。尊大人の御所労でまだそこどこではないのかネ。

「藪の鶯」宮崎一郎→篠原勤」

(6) 宮崎「ヤアこりやアいい處でお目に懸つて。お二人ぎりかネ。」

(「藪の鶯」宮崎一郎→葦男)

葦男「あの姉があまり内に計り居升から。すすめて同道いたしました。」

宮崎「ソリヤアいいご保養だ。篠原君僕のよくお話し申た。松島の秀子さんです。お秀さん此方は久しく洋行をなすって。こんだ技芸士の榮号を得て帰朝なすった。僕の親友で篠原さんとおっしゃるお方です。一寸お近付に」

상기의 용례(1)은 新開令夫人·귀부인과 남작부인(男爵夫人)과의 대화이다. 남작부인은 남편이 여성과 정사(情事)에 빠진 것에 대해서 자신의 심경을 손윗사람인 귀부인에게 털어놓고 있는 장면이다. 이와 같이 교양 있는 상층부인 사이에서 나누는 대화에서도 절대 여성어의 사용「だわ, ねえ」와「丁寧語(です)＋もの」의 사용이 특징적이다. 또한, 용례 (4)의「お＋動詞連用形＋よ」(お止しなさいよ)(그만하시죠)의 <여성성>에 있어서도 상층 부인의 완곡한 명령으로 볼 수 있다.

용례(2)는 4명의 여학생 친구끼리 음식을 먹으면서 말하는 장면이다. 즉, 부담 없이「감동사」(おやおや, ええ)「종조사」(てよ, わ)를 사용해 자신이 말하고 싶은 것을 솔직하게 표현하고 있다. 당시 문명개화의 풍조에서 자란 젊은 여성들은 어려운 '한어'와 '외래어'를 혼용하고 있지만, 특히 감동사, 종조사 등 이른바 정의표현(情意表

現)을 많이 사용해 젊은 여성어에서 성차 표현이 풍부한 것을 짐작할 수 있다. 그리고 그 중심은 절대 여성어인 점을 말할 수 있다. 또한, 젊은 여학생들에게는 1인칭대명사 'あたし'와 문말표현 형식「ござります」가 자연스럽게 사용되고 있다.

여기에서는 여학생끼리 사용하고 있는 문말표현 형식「ござります」와 경어표현「お＋遊ばせ」와 같은 대우가치가 높은 존경 표현의 사용은 주목할 만하다. 특히, 당시의 젊은 여성들 사이에서「ござります」「お＋遊ばせ」와 같이 오래된 예스러운 말투를 사용하고 있는 것은「여성다움」을 일부러 강조하기 위한 것이다라고 생각된다. 즉, 젊은「여성, 여학생」에 대한 사회적인 언어 규범을 작가가 의식적으로 반영시킨 측면이 있다고 말할 수 있다. 즉, 공식적인 장면(formal situation)을 염두에 둔 인위적으로 만들어진 젠더의 결과가 아닐까 생각된다.

용례(3)(5)(6)의 용례는 <남성성>이 강한 문말표현과 감동사이다.

용례(3)는 나이든 남성끼리의 대화로 고물가(古物家)가 60대의 손님·愚得大人에 대해 물건을 소개, 추천하고 있는 장면이다. 남성끼리의 대화에서 <남성성>의 문말표현「でがす」「でごはす」등이 사용되고 있다. 즉, 노인인 고물가의 고풍스러운 말투로서의 문말 표현이 선택되어 여성에게는 볼 수 없는 남성 전용의 형식인 것을 알 수 있다. 용례 (5) (6)의 <남성성>이 강한 감동사를 보면,「おい, やあ」는 젊은 남성끼리 사이에 인칭대명사 [僕와 君]가 쌍을 이루는 친한 관계에서 영탄의 기분이나 호소를 나타내고 있다.

그런데, 여성이 사용하고 있는 절대 여성어의 용례를 문맥에서 검토한 결과, 남성과 비교해 여성성이 강한 언어 표현을 여성이 사용하는 배경에는 다양한 이유가 있다고 생각한다. 개괄적으로 정리하면 다음과 같은 것을 말할 수 있을 것이다.

(1)「여성다움」을 강조하기 위해.
(2) 당시 유행하고 있던 유행어의 측면.
(3) 원래 여성은 정의 표현을 많이 사용하고 성차 표현이 풍부하기 때문.
(4)「여성」에 대한 사회적인 언어 규범을 작가가 의식적으로 반영시킨 측면.

예를 들면, 정중한 장면(formal situation)을 염두에 둔 결과. 즉, 「여성의 말하는 방식」의 이데올로기를 유지하기 위해 인위적으로 만든 작품에 반영시킨 결과.

이 밖에도 다양한 것이 얽혀 있지만, 남성어와 같은 존대 표현(尊大表現)이 없는 것과 강한 명령 표현을 피하고 싶어 하는 경향은 여성어의 특색의 하나이다. 그리고, 역할어적인 측면에 주목하면, 예를 들면, 감동, 감탄문에서 사용하는 「てよ」「こと」를 金水(2003)에서는 {여성어로부터 나온 '역할어'}=<お嬢様言葉의 지표>로 하고 있다. 이들은 젊은 여학생이 사용하는 역할어의 성격이 강하다고 할 수 있다.

이와 같이 보면, <여성성>이 강한 언어 표현은 어떤 의미에서는 역할어적인 성격을 가지고 있는 것은 아닐까? 즉, '여성'의 특성, 개성이 강한 표현일수록 역할어도가 높은 말이다. 메이지 시대의 언어 사회의 여성스러운 말투는 여성에게 강하게 의식되고 그 결과, 남녀 구별은 분명해진다. 그러한 남녀 구별 과정에서 특히 근대 일본어의 남녀차는 문말 종조사, 감동사를 중심으로 형성되었다고 생각된다.

그리고 문말 종조사의 경우, 메이지 20년대 「てよだわ」가 지식인들의 비난을 받거나, 여학생을 중심으로 「わ」가 다용되거나 한다. 당시는 여학생 말에 대한 비판이 강했지만, 그 중심은 문말 종조사이다. 그리고 메이지 30년대에는 여성 전용으로 여겨지는 단어의 사용 감소의 흐름과 연동하여 문말 종조사의 남녀 차이가 점차 형성되게 된다. 메이지 30년대는 일본어에 표준어가 생성되는 과정에서 남녀의 말투에 대한 언어 규범도 형성된 것은 아닐까 생각된다.

한편, 남녀 차이의 형성 시기의 추이, 변천의 모습은 각각의 언어 표현에 따라서 다르다. 예를 들어, 인칭대명사의 경우 여성의 「わちき」「わっち」「わたい」 등 이른바 'わ系'는 메이지 초기에는 사용이 보이지만 메이지 20년대 이후 쇠퇴했다. 대신 「わたし」「あたし」「わたくし」가 20년대 이후 확고한 지위를 차지하게 되었다. 게다가 메이지 시대 이인칭대명사는 「あなた」「おまへ」가 주를 이루지만, 고풍스러운 말을 하는 부인의 역할어적인 성격이 있는 「おまへさん」「おまいさん」는 메이지 40년대가 되면 쇠퇴해 간다. 그러나, 이러한 이인칭대명사도 메이지 30년대 중반까지 사용되고 있으며,

이인칭대명사의 남녀 차의 형성은 메이지의 끝 무렵이라고 생각할 수 있을 것이다.

3.2 <남녀차>의 정도 차이에 따른 사용

일반적으로 문말표현 형식은 절대 여성어, 절대 남성어는 적고, 양성에 사용되는 중립적인 형식이 많다. 이 중립적인 형식은 여성성이 강한 형식과 남성성이 강한 형식 사이에 위치하며 성차의 <정도의 차이>로 나눌 수 있다. 중립적인 형식은 성차가 별로 느껴지지 않는다. 즉, 성차가 약해졌기 때문에 그 <정도의 차이>는 작고 평상시 우리는 눈치채지 못한 채 중립적인 형식을 사용하는 것이다. 그러나 작가는 문학 작품에 등장 인물의 성별, 사회적 역할, 연령 등에 따라 '성차 마커'를 적절히 구분하는 대화 전략을 선택하는 것이다. 그 때, 성차가 현저한 <여성성> <남성성>이 강한 형식의 사용은 의식하지만, 그 이외에 예를 들어, 중립적인 형식은 성차를 그다지 의식하지 않고 자연스럽게 사용하고 있는 것은 아닐까? 작가는 어떤 때, 어떤 등장 인물에게 여성성, 남성성을 두드러지게 할 것인가? 그리고 어떤 때에 성차를 의식하지 않을 것인가? 그 배경에는 어떤 창작 의도(표현 효과)나 대화 전략이 관여하고 있는가? 그 사용의 메카니즘을 해명하는 작업이 남녀차 형성의 연구에 있어서 중요하고 빠뜨릴 수 없는 것이다.

이하, 남녀차 형성의 연구를 다양한 각도에서 분석하는 하나의 방법으로서 여기에서는 성차 표현의 사용 장면과 대화 전략을 검토해 보고 싶다.

3.2.1 <여성성>이 강한 언어 표현의 남녀 사용

○ 절대 여성어[26] : 「だわ」「こと」「のね」「わね」「てよ」

○ 절대 남성어 : 「かな」「だな」「ぜ」「ぞ」「わい」「や」

---

26) 여기서는 절대, 상대의 기준은 조사한 문학 작품(본 연구의 용례에서 다룬 작품)의 용례수가 된다. 예를 들면, 사용예가 여성에 한정되는 경우는 <절대 여성어>, 그리고 여성에 사용예가 비교적 많은 것은 <상대 여성어>이다. 그리고 남성의 경우도 여성과 같은 기준이다. 또한, 성차의 <정도의 차이>가 그다지 느껴지지 않는 경우, 즉, 남녀 거의 같은 사용의 경우는 중립적인 단어이다.

○ 중립적인 어 : 「よ」「ね」「さ」「かい」「かね」「だえ」

○ 상대 여성어 : 「のよ」「かしら」「て」「の」「わ」

「まあ」,「わたし」「わちき」「わっち」

「敬体의 命令表現＋よ」

○ 절대 남성어 : 「な」「かね」「かしらん」「だい」「だね」

「敬体의 命令表現＋な」

이하, 용례를 든다.

(7) 「筆で飯を喰ふ考は無い?ふウむ、夫ぢやア汝(きさま)は一生涯新聞配達をする氣か。跣足で號外を飛んで賣つた處で一夜の豪遊の足にもならぬワ。」

(「社會百面相」,書生同士(貧書生))

(8) 「なか／＼深切なことをいふな、ダガナ、兎に角、貴様(きさま)のになる時が来るは……貴様(きさま)はいつかしら、ドリンコート城主になるのだ、」

(「小公子」(明治23年),10回,甲,侯爵→セドリック)

(9) 「マア、なんちつたつて聞ねへのよ、ジャア、わたくし下りませう」

(「小公子」,9回,乙,ウィルキンス,馬夫→セドリック)

(10) 「お祖父さん、僕が来た始めての晩、二人仲が好くなきやアつて、いつたの覚へて入つしやるの？ お祖父さんと僕ほど仲の好い人はどこへ行たつて有りやアしませんわネ」

(「小公子」,11回,乙,セドリック→侯爵)

(11) 「成程、それでは殘念ですが、私(わたくし)も散步は罷めます。散步は罷めて是から歸ります。歸つてお待申して居ますから、後に是非お出下さいよ。宜いですか、お宮さん、それでは後にきッとお出なさいよ。誠に今日は残念でありますな。」

(「金色夜叉前編7」(明治30年),富山唯継·若旦那→お宮)

(12) 「オオなんだ氷が解てもう残りずくなになつた。マア一杯やりたまへ。」

(「藪の鶯」,篠原勤→宮崎一郎)

(8)의 용례를 보면 후작은 냉담한 상태로 세드릭에게 말한다. 房(2010:345)에 의하면, 메이지 20년대 「小公子」가 번역되는 시기에 「かしら」가 반드시 여성적 표현이라고는 말하기 어렵다고 한다. 「かしら」는 후작과 같은 연배의 교양 있는 남성에게도 사용이 보인다. 용례(9)는 어린 세드릭을 향한 대화로 마부가 「のよ」를 사용하고 있다. 또한, 용례(10)의 「わね」는 세드릭이 후작에 대해서 사용하고 있다. 여기에서 알 수 있듯이 이러한 종조사 「かしら」, 「のよ」, 「わね」 등은 어린 아이가 사용하거나 아이를 향해 말하고 있는 것이 특징적이다. 그리고 이러한 종조사는 현대 일본어에서는 주로 일반 여성이 사용하고 있다. 그러나 메이지 20년대 번역소설 「小公子」에서는 여성에게 사용이 보이지 않고 오히려 남성에게 사용이 있음에 주목해야 한다. 여기서, 왜, 아이를 위한 대화에서는 여성어가 사용되기 쉬운 것인가? 그 이유는 아이의 육아를 생각하면, 가정 내에서 아이와의 관계의 정도가 강한 쪽은 여성이었던 것과 관련이 있는 것 같다. 유아어의 경우, 영향을 받기 쉬운 언어 환경은 어느 쪽인가라고 하면 어머니였다고 생각된다. 따라서 어머니의 여성어의 특성이 아이의 말에도 흡수된 것은 아닐까 추측할 수 있다. 그 하나가 감정을 나타내는 종조사인 셈이다.

또한, 「敬体의 命令表現＋よ」의 명령 표현은 보통 여성에게 사용이 많다. 그러나, 용례(11)과 같이 남성도 사용할 때가 있다. 용례(11)는 젊은 남성(若旦那)이 'お宮'을 강하게 의식한 발언으로 대화의 장면상 매우 정중한 형식(Formality)을 의식하는 때이다. 이것은 상대에게 동조해, 협력을 얻고 싶을 때 사용된다. 상대에게 요망이나 소망의 기분을 전하고 싶은 담화의 전략이 작용된 결과라고 해석할 수 있다.

이상 서술한 것에서 문말 종조사를 중심으로 생각할 때, <여성성>이 강한 언어 표현을 남성이 사용하는 메커니즘은 아래와 같이 정리할 수 있다.

(1) 특별한 표현 효과(에둘러 비난, 풍자, 반어 등), 영탄의 뉘앙스를 가짐.
(2) 듣는 사람, 상대를 강하게 의식하는 담화(예를 들어, 어린이, 아이 대상), 장면.
(3) 대화의 전략에 있어서 남녀차를 반영시킬 필요가 있을 때.
(4) 비속의 어감을 가진 단어에 접속하는 경향이 있음.

3.2.2 <남성성>이 강한 언어 표현의 여성 사용

여기에서는 상대 남성어「だね」「なあに」「な」「だい」「敬体의 命令表現＋な」의 사용을 중심으로 생각해 본다. 이하, 용례를 든다.

(13) 「困った人だ子、人の悪語なんぞを云ふ間に自分も出世の蔓を捜したら宜ささうなものだのに、困者だ子」(中略)「奈何だ子、秀さん、今の中に思切って離縁を取って了つちやア……」

(「社会百面相」猟官(上)、母親→お秀(娘)：中学校先生夫人」)

(14) 「なアに気紛れですよ。之まで政党に関係しなかったのですが、アメリカ自分のお友達の甲さんて方が何でも加入れとお勧めなすったので偶然と加入ったンです。」

(「社会百面相」猟官(上)、中学校先生夫人：お秀→母親」)

(15) 「そんならこれからは岡村さんにさらつておもらいナ」

(「五月鯉3」(明治21年)、仙子·女學生·姉→錦子·妹)

「いやだハ岡村さんなんか。(岡村とハ執事の名)算術なんぞちつとも知りやしないで。

(「五月鯉3」、錦子·妹→仙子·女學生·姉)

「オホホホホホほんとうにさうだネーあの人ハ珠算バかしか出来やしないのだヨ。そして本を教へるのでも変な声をしてネー」

(「五月鯉3」、仙子·女學生·姉→錦子·妹)

(16) 「お嬢様少しお静かに遊バせナ」

(「五月鯉3」、下女→錦子(13−14歳くらい))

(17) 「私(わたし)は御母さん、貫一さんに合されないわね。だから若し適(ゆ)くのなら、もう逢はずに直と行ってしまいたいのだから、然う云ふ都合にしてくださいな。」

(金色夜叉前編7)、お宮·貫一の許嫁→母親)

용례 (13)의「だね(だ子)」는 어머니가 결혼한 딸에 대해서 사용하고 있다. 즉, 친족의 상대(身内 : ウチ로 자신의 가족이나 자신이 속한 집단 등)에게 사용된다. 이것은 <여성성>을 나타내기 위해 사용하고 있는 성차 표현이라기보다는 오히려 손윗사람의 화자로부터 친족인 손아랫사람의 상대에게 충고나 조언, 권유의 측면이 있는 것은 아닐까? 용례 (14)「なあに(なアに)」는 딸이 어머니에 대해, 제삼자(남편)에 대해 자신의 입장을 말하면서 <남성성>이 강한 형식을 사용함으로써 <여성성>을 약화시키고 있다. 이것은 어떤 의미에서 젊은 주부의 말로 '젊은이 말'의 양상을 보이고 있다.

용례 (15)에「な(ナ)」와「だね(だネー)」가 사용되고 있지만, 16세에서 17세 정도의 여학생의 누나가 13세에서 14세 정도의 여동생에 대해서 가벼운 조언의 마음을 전하고 있다. 특히 용례 (15)와 같이 여성이 사용하는「な」(お＋動詞連用形＋な)는 거리감이 없는 비교적 친한 여성 사이에서 사용된다. 용례 (16)은 하녀가 정중하게 말하면서 명령을 완화하는 효과를 노리는「ナ」로서 해석할 수 있다. 용례 (17)의 'お宮'가 어머니에 대해「くださいな」의 형태로 말하고 있지만,「敬体의 命令表現＋な」는「なさいな」「くださいな」등과 같은 형태로 약간 그 사용 남아있을 뿐이다[27].

이와 같이 여성에 있어서「な」의 사용은 경어 표현과 함께 사용하는 점이 특징적이다. 이는 담화의 전략에 있어서 남녀차가 반영되어 단정적인 말투를 피하거나 경어 표현에 배려하지 않을 수 없었던 환경은 여성이 남성보다 적극적/민감하였기 때문이다. 그 때문에 정의표현의 하나인 종조사「な」에 있어서도 남녀에 의한 대우 차이가 있는 것은 아닐까? 여성이 사용하는「な」는 다음과 같은 기능이 있다.

(1) 경어 표현과 함께 사용해 형식성(Formality)을 의식할 때,
명령을 완화시키는 효과가 있다.「敬体의 命令表現＋な」의 여성 사용.

(2) 젊은 여학생끼리의 친숙함을 반영하는 역할이 있다.
「お＋動詞連用形＋な」의 여성 사용.

27) 메이지 시대 여성이 사용하는 종조사「な」에 대해서는 房(2010:365 330)을 참조하면, 메이지 후기(40년대)가 되면 여성의「な」는 사용 범위의 좁음이 한층 더 진행되어 주로 명령 표현에만 붙게 된다.

다음으로 각 작품에 용례는 적지만, 「こと」「とも」「もの」등이 여성적인 표현으로 사용된다. 이들은 「です」, 「ます」에 붙어서 경어 표현과 함께 사용되는 경향이 있다 (용례 (18)). 이것은 화자의 상층 로리데루(ロリデール) 부인이 후작에 대해 단정적인 문장의 의미를 적절히 완화하는 측면이 있다고 생각된다. 한편, (19)와 같이 신분이 낮은 하층의 하녀는 혼잣말이나 상대에게 가볍게 묻는 기분을 나타내는 때에는 「基本型＋こと」의 형태가 사용된다.

그런데, 남성의 경우는 (20)과 같이 「ーやがる」라고 하는 비속의 어감을 가지는 말에 접속하여 격의 없는 편안한 장면에서 하층의 'チック'가 변명이나 이유를 말할 때 「もの」을 사용하거나 한다. 이것은 대화 전략에서 남녀 차이의 반영 중 하나라고 생각된다. 이하, 용례를 든다.

(18) 「御領内の民たちも神様が何かの様に尊敬しているといふ噂が、ロリデール、パークに居てさへ聞こ升<u>もの</u>。」

(『小公子』, 11回(丙)ロリデール夫人→侯爵)

(19) 「マアお嬢様の乱暴な<u>こと</u>」

(『五月鯉3』, 下女→錦子(13-14歳くらい))

(20) 「ダッテ、いつでも悪戯斗りして居やがった<u>もの</u>」

(『小公子』, 14回(乙), チック→ホップス)

4. 신문의 성차

신문의 언어 표현은 시대나 사건(이슈)에 좌우되기 때문에, 양의 차이만으로 언어 변화를 판단하는 것은 어렵다. 성차 젠더의 관점에서 보면, 언어 표현과 젠더의 문제에 있어서 신문 자체가 무관심이라고 할 수는 없다.

그리고 신문을 젠더의 시점에서 볼 때, 종래, 신문이 상정하고 있는 인간은 남성이다. 이것은 표준이 남성이며, 남성과 여성을 구별하여 취급하고 묘사하는 방법이 우리가 인식하지 못한 채 신문 지면에서 이루어지고 있다. 이와 같이 신문의 성차의 특성을 생각해 보면, 여성에 대한 고정적이고 차별적인 관념을 무의식중에 표출해, 조장시키는 표현이 신문 기사에 많은 것도 쉽게 상상할 수 있을 것이다.

현대 신문 기사에서는 여성을 남성과는 대등하게 취급하지 않는 표현 가운데 여성관사가 붙는 표현이나 스테레오타입 표현 등「여성 강조」의 표현에는 감소 경향이 인정된다[28] 徐·房(2010)에서는「朝日新聞」2009년 10월 1일, 15일 기사에서 여성 관사가 붙는 어휘를 조사했다. 현대일본어에서「女性」「女」「女子」「女流」가 붙는 말은 다른 개별 어휘수로 *女性*(36.2%), *女*(35.8%), *女子*(22.1%), *女流*(5.9%)의 순서이다. 남성 관사에 대해서는 언급하지 않았지만, 여성 95%, 남성 5%의 비율이 일반적이다. 여성을 강조하는 여성 관사의 사용으로 보면, 신문은 여성과 남성을 따로 다루고 있는 것이 분명하다.

그런데, 신문에서 여성을 남성으로부터 구별해 표현하는 주된 수법은 다음의 3가지를 생각할 수 있다.

(1) 여성을 강조하는 방법으로는 여성 관사, 여성의 역할 (여성의 직업어), 여성에 관한 스테레오타입(어머니다움, 여자다움 : 즉, 고정관념에 근거하는 표현)
(2) 여성을 숨김(남성이 대표, 남성에 종속된 표현), 남성의 이름이 가족의 대표.
(3) 여성에 대한 이중 기준 (여성과 남성의 다른 경칭 사용)

---

28) 田中·諸橋(1996)참조.

우선 여성관사가 붙는 말에는 女子, 女性, 女, 女流 등의 종류가 있다. 또 직업에 주목하면 직업에 남성 관사를 씌우는 '남성인 것'을 말하는 경우는 여성에 비해 적다. 그리고 여성의 가정 역할과 아내 역할을 강조하는 단어가 있다[29]. 여성은 가족이나 부부, 부모와 자식과 같은 사적 분야에서도 집과 연관된 역할과 남편과의 관계가 강조되어 표현된다. 「主婦」「婦人」「奥さん」이라는 말은 뿌리 깊게 습관화된 말이다.

다음으로 '여성 숨김'에 대해 보면, 여성 강조가 표현상에 겉으로 나타난 이른바 보기 쉬운 성차별 표현이라고 한다면, '여성 숨김'은 그 반대로 여성의 모습을 신문 지면상에서 보이지 않게 하는 형태로 남녀의 불평등적인 취급이라고 할 수 있다. 메이지 시대의 근대 신문에서는 '여성 숨김'의 경향이 매우 강하다. 즉, 여성에 관한 기사 내용이 현저하게 보이지 않는다.

마지막으로 여성에 대한 이중 기준으로서, 예를 들면, 기사 중에서 여성과 남성의 경칭의 구분이 다음과 같이 다르다. 특히, 남성의 「－氏」의 기사는 많이 보인다.

○ 女性 : －さん, －女史, －名 뿐임.

○ 男性 : －氏, 姓, 姓名.

여기에서는 근대 일본어에 있어서 남녀차 형성에 대해 신문을 통해서 고찰하려는 시도로서 대표적인 신문 중 「요미우리신문」, 「아사히신문」, 「도쿄일일신문」을 조사한다(메이지 29년 4월). 덧붙여 지면의 사정상, 신문의 성차에 대해서는 간단하게 설명한다[30].

29) 메이지 시대, 여성잡지에서 여성에 관한 언설(여성은 이렇게 있어야 한다고 하는 종래의 여성상을 강조하고 있는 언설)은 많이 볼 수 있다. 예를 들어, 여성잡지 '부인세계「婦人世界」(1 1, 메이지 39년)에 島田三朗의 여성 순종에 대해 다음과 같은 언설이 있다. "종순이라는 점은 오히려 제 생각으로는 오늘날의 일본에 있어서는 적당하다고 생각합니다. 사회의 질서와 평화를 유지하는 위해서는 무엇이든지 이렇지 않으면 안 된다. 이것은 여성의 순응성(domesticity)을 강조하는 것을 당시의 미덕으로 해석할 수 있다.

30) 신문에서의 구체적인 성차 표현의 분석에 대해서는 다른 기회에 재차 논할 생각이다. 여기에서는 일부분만을 소개한다.

근대 신문에 나타난 남녀 구별의 용례를 든다.

(21) 「東京盲唖学校にては昨日午前十時より卒業証書授輿式を執行したるが証書授輿に次で小西校長の告辞中川文部秘書官の大臣告辞(中略)嘉納高等師範学校長、秋月女子高等範学校長其他文部省官吏学校教員等五十余名なりき。」

(東京日日新聞,明治29年4月12日)

(22) 「先般来文部省に於て執行せられつつある中学教員検定試験の内、数学科の受験者ハ二百二十四名の所及第して尚ほ珠算試験に応じ得べきもの三十六名にして内女二人あり。」

(読売新聞,明治29年4月29日,雑報)

(23) 「米倉一平氏外数名ハ東京水力電気会社の電気を以て三島沼津の両地に電灯仮説の儀をその筋へ出願せしが右電灯ハ一箇に付き一ヶ月の電火量六十銭にて引受ける預定なりと」

(朝日新聞,明治29年4月7日,雑報)

(24) 「函館に於て開会すべき東北会ハ来る五月十日頃開会の事を決したるを以て同会幹事平島松雄目黒貞治山下千代雄の諸氏ハ右準備として本月下旬函館へ向け出発するよし」

(朝日新聞,明治29年4月7日,雑報)

상기에 나타낸 바와 같이, 여성 강조(여성 관사에 붙는 말:女子高等師範学校), 여성 숨김, 여성 구별의 예를 볼 수 있다. 조사한 분량에서 보면, 남성은 용례 (23)과 같이 {이름+씨:名前＋氏}와 복수 남성{이름+제씨:名前＋諸氏}의 용례 (24)가 압도적으로 많이 보인다.

한편, 여성에 대한 언급 자체는 거의 발견되지 않는다. 이것은 신문에서는 시사, 통신, 공적인 사건, 안내(발기인회, 총회), 공사 파견, 법률의 공포, 연설, 건의 등 주로 남성 중심의 사회나 화제, 장면이 신문 내용을 차지하고 있기 때문이다. 보통, 직업명은 남성을 나타내고 있지만, 여성의 경우는 용례 (22)와 같이 {女}를 나타내는 말이 붙게 된다. 이러한 사례는 근대 신문에서는 그다지 눈에 띄지 않는다. 이것은 현대와 달리 메이지 시대에는 전업 주부가 대부분이고 전문 직업이 있는 여성은 거의 없었기 때문일 것이다.

또한, 현대와 다른 '女男'이라는 말이 보이는 것도 특징적이다. 다음의 용례 (25)는 요코하마시 교육회에 관한 기사이다. 메이지 시대는 초등학교 교사의 경우, 여성 교사가 매우 적었기 때문에 남녀가 아니고 '女男'으로 한 것인가? 기사 내용의 남생(男生 그대로 인용함)과 여생(女生 그대로 인용함)의 표기가 보인다. 남자의 학생, 생도(生徒)를 그 당시에는 男生(だんせい)으로 여자의 생도를 女生(じょせい)으로 불렀다[31]. 女子의 生徒를 줄여서 女生으로 부르며, 아울러 女生徒도 사용되었다. 그리고 용례의 내용을 보면, 초등학교 고등과에서 남학생은 창가, 음악을 싫어하고 여학생은 체조, 체육을 싫어하는 당시 성별에 따른 교과목 선호의 실상과 차이를 짐작할 수 있다. 이하, 용례를 든다.

(25) 「小学校高等科男生(ママ)の唱歌を嫌ひ女生(ママ)の体操を嫌ふ原因及び其矯正策如何ハ討論の必要を見ずとて消滅次に市内公私立学校教員として五ヶ年以上勤務の人女男三十名へ奨励の為書籍及び西川春洞氏の書に成る額面一葉宛を同会より贈与し之にて一旦休憩」

(読売新聞、明治29年4月28日、雑報)

5. 맺음말

이상, 메이지 20~30년대 소설을 중심으로 근대 일본어의 남녀 차이의 형성에 대해 <여성성> <남성성>이라는 {정도의 차이}의 개념과 문맥, 담화 내용을 바탕으로 고찰했다. 또한, 근대 신문의 남녀 차이에 대해서도 조금이나마 살펴보았다. 분석한 내

31) 예를 들어, 소설 속에서 '日本医学校にはいって, 男生ばかりの間に交って'(森鷗外·青年)와 같이 '男生'(男子の生徒)으로 축약하여 사용하는 것이 보인다.

용은 다음과 같은 결론이 된다.

메이지 시대, 여성스러운 말투는 여성(젊은 여성, 젊은 주부, 상층 부인 등)들에게 강하게 의식되고 그 결과, 남녀 구별은 분명해진다. 그러한 남녀 구별 과정에서 남녀차의 형성 시기의 추이, 변천의 모습은 각각의 언어 표현에 따라 다르고 문말 종조사, 감동사 등 이른바 정의표현을 중심으로 남녀차가 명확하게 형성되었다. 그리고 남녀 차이의 정도 차이에 주목하여 <여성성>이 강한 언어 표현을 남성이 사용하는 메커니즘과 <남성성>이 강한 언어 표현의 여성 사용 메커니즘에 대해 생각할 수 있었다. 이와 같은 메이지 20년대~30년대 소설의 남녀 차이의 형성은 일반적인 언어생활에서 남녀 차이를 어느 정도 의식하는 것과 대화의 전략에서 남녀 차이를 반영시킨 결과라고 생각된다.

마지막으로 신문의 남녀 차이에 대해서는 여성 강조, 여성 숨김, 여성에 대한 이중기준으로 나누어 살펴보았다. 근대 신문은 여성을 다루지 않는 <여성 숨김>과 같은 여성의 모습을 신문지면에서 <보이지 않게 하는 수법: 남녀 비대등적(非對等的)인 취급>이 주류였다고 할 수 있다.

향후의 과제는 성차의 관점에서 다양한 구어 자료(落語, 雜誌 등)의 대화 전략을 상세하게 검토하는 것과 어휘 등을 계량적으로 조사하여, 근대 일본어의 남녀 차이의 실태를 규명하는 것이다.

参考文献

遠藤織枝·尾崎喜光(1998)「女性のことばの変遷－文末·コト·テヨ·ダワを中心に－」『日本語学』17-5 明治書院 pp.56-79

金水敏(2003)『ヴァーチャル日本語役割語の謎』岩波書店

金水敏編(2007)『役割語研究の地平』くろしお出版

小林千草(2007)『女ことばはどこへ消えたか？』光文社

小松寿雄(1988)「東京語における男女差の形成－終助詞を中心として－」『国語と国文学』65-11 pp.94-106

斉藤正美(2009)「女性学は何のためにカタカナ語「ジェンダー」を守るのか」『社会言語学』IX pp.139-173

鈴木英夫(1998)「現代日本語における女性の文末詞」『日本語文末詞の歴史的研究』佐々木峻·藤原与一編 三弥井書店 pp.139-164

徐微潔·房極哲(2010)「日中両言語の語彙に現れる性差について」『日本語教育』52 輯 韓國日本語教育学会 pp.81-94

田中章夫(1999)『日本語の位相と位相差』明治書院

坪井美樹(2007)「現代日本語における性差の源流－明治期の資料と言説」『日本近代学研究』18輯 韓国日本近代学会 pp.5-13

寺田智美(2000)「明治末期の女性語について－夏目漱石の小説にみえる「絶対女性語」の考察－」『早稲田大学日本語研究教育センター紀要』13号 pp.169-187

________(2001)「明治末期の男性語について－夏目漱石の小説にみえる「絶対男性語の考察 」－」『早稲田大学日本語教育研究センター紀要』14号 pp.201-219

________(2002)「夏目漱石の小説にみえる「相対男性語」－女性が使用する場合を中心に－」『早稲田大学日本語教育研究センター紀要』15号 pp.179-197

________(2003)「夏目漱石の小説にみえる「相対女性語」－男性が使用する場合を中心に－」『早稲田大学日本語教育研究センター紀要』16号 pp.143-159

中村桃子(2007)『「女ことば」はつくられる』ひつじ書房

中村夫美(2011)『明治期待遇表現の研究－若松賎子訳「小公子」を中心として－』(韓国)仁荷大学大学院 博士学位請求論文

房極哲(2010)「近代日本語와 女性語 -情意表現을 중심으로」『日本語教育』53 輯 韓國日本語教育学会 pp.127-140

______(2011)「近代日本語と性差－女性語を中心に－」『日本 近代学研究』33輯 韓国日本近代学会 pp.7-26

森野宗明 (1991)「女性語の歴史」『講座日本語と日本語教育10』明治書院 pp.225-248

諸橋泰樹(2005)「ジェンダーの視点からみたマス·メディアの仕組み」『ジェンダーの語られ方、メディアのつくられ方』現代書館 pp.211-236

任利(2005)「明治30年代の小説における性差と文末表現」『日本語と日本文学』40号 筑波大学国語国文学会 pp.1-15

____(2009)『「女ことば」は女性が使うのかしら？－言葉にみる性差の様相－』ひつじ書房

5장

한일 대조연구의 시도와 과제

5.1 한일 근대 여성어의 대조연구

— 개화기 신소설(新小說)과 메이지 시대 소설을 중심으로 —

1. 들어가며

일본어는 '남성어', '여성어'의 차이가 명확한 언어이다. 이것은 어떤 문학작품의 대화문을 보더라도 화자가 남성인지 여성인지 쉽게 구별할 수 있는 점에서 알 수 있다. 한국어의 경우, 일본어에 비하면 그 정도는 약하지만 성차가 있다. 소설에서 등장인물의 남성성, 여성성을 표현하기 위해 남성어 여성어가 다용되고 있지만, 실제 언어생활에서는 성차는 크지 않다는 지적[1]과 함께 최근에 성차가 축소(여성의 중성적 표현의 사용 증가)되어 가고 있다고 보는 견해도 있다[2]. 지금까지 일본어의 여성어에 대한 연구는 경어 연구, 대우표현 연구, 젠더(Gender) 연구 등의 분야에서 활발하다고 말할 수 있다. '일본어젠더학회'[3]가 있는 것을 보면, 여성어에 대한 관심은 날로 증가하고 있다. 그러나, 한일 양 언어의 대조연구, 역사적 연구에서는 그 연구 성과는 거의 보이지 않는다[4]. 더욱이 역사적인 연구 특히, 20세기 초기의 여성어에 관한 연구는 찾아보기 어려운 실정이다.

따라서, 본 연구는 지금까지 연구에서 소홀하였던 시대인 메이지 30년대 일본 근대 소설에 나타난 여성어를 고찰하고, 그 당시 한국 개화기 신소설(新小說)과 사회언

1) Ruth VANBAELEN (2003)을 참고.

2) 因京子(2003)에서는 만화 속에 보이는 젠더표현의 기능을 분석하고 있는데, 현대 여성의 말에는 중성적 표현이 많아진 점을 지적하고 있다. 小林(2007)에서도 중성화하고 있는 젊은이(여자 전문대생의 설문조사 결과:예, じゃん, ちがくねえ, ちげーよ 등)말의 문제점을 분석하고 있다.

3) '일본어젠더학회'는 2001년 설립되어「日本語とジェンダー」를 매년 1회 발행하여, 현재 20호까지 발행하였다.

4) 현대어에서 사회언어학적인 방법으로 한일 양 언어의 경어 대조연구 (주로 인칭대명사, 호칭, 문말표현 등)가 많이 있다. 예를 들어, 荻野他 4 人(1991), 홍민표(1996), 金順任(2005), 방극철(2006), 蟹江(2014) 등이 있다.

어학적, 대조언어학적 관점에서 대조 분석을 시도하고자 한다. 특히, 메이지 시대에 주목하는 이유는 현대 일본어의 원류를 메이지 20년대~30년대로 보기 때문이다.

2. 개화기 신소설(新小說)과 메이지 시대 소설의 문체

2.1 개화기 신소설과 문체

개화기 신소설에 등장하는 여성은 전통적인 조선 여성의 언어와는 다른 신여성의 언어상을 상정(想定)할 수 있다. 왜냐하면, 자유연애와 신교육을 받은 여성들의 모습을 신소설에서 찾을 수 있기 때문이다. 신소설의 주제가 계몽주의적 사상이 있기는 하지만, 신여성들에게는 전통적인 가족 윤리 가치관의 붕괴에서 알 수 있듯이 언어에서도 종래의 모습과 다른 점이 있을 것으로 생각된다. 신소설의 계몽성과 대중성을 고려하면, 그 당시의 언어생활을 파악하는 데 가치 있는 자료가 된다. 그리고 신소설의 내용은 신시대적 개화 사상을 담고 있어 새로운 서구 사상이나 문물을 나타내는 어휘가 많이 등장하고 있어, 개화기 근대 여성어 연구에 크게 도움이 될 것이다.

개화기 신소설의 서사 구조와 문체에 대해서 권영민(2002)를 중심으로 살펴보자.

> 개화계몽 시대의 서사 양식 가운데 대중적 기반을 가장 넓게 확대해 나아간 문학 양식이 신소설이다. 신소설은 한국문학사에서 서사 양식의 근대적 변혁을 보여주는 가장 중요한 징표에 해당하기도 한다. <u>신소설처럼 일상의 공간에서 이루어지는 모든 언술을 풍부하게 담론화하기 시작한 문학 양식은 그 이전에는 존재한 적이 없었다.</u> 이 같은 일상성의 구현은 바로 신소설이 서사 담론으로서 추구하고 있는 새로운 가치라고 할 수 있다. (권영민 2002:123) (밑선은 필자.)

> 개화계몽 시대의 신소설은 국문체를 서사적 문체로 정착시킨 대표적인 문학양식이다. <u>신소설은 국문체를 통해 일상적인 언어에서 가능한 모든 언술들을 특징적인 담론의 형태로 구현함으로써 내적인 대화의 공간을 확대하고 있다. 이 같은 표현 구조를 통</u>

해 신소설은 언문일치의 이상에 접근한 산문 문체의 근대성을 상당 부분 실현하고 있는 것이다[5].

신소설은 대사를 지문과 구분함으로써 화자의 어조와는 달리 등장인물의 개성적인 목소리를 그대로 살려내고 있다. 예를 들어, 소설 속에 등장하는 부부의 대화를 보면 각자의 입장과 성격을 어느 정도 짐작할 수 있다. 등장인물이 하는 말이 그대로 소설에 구현된다는 점에서 신소설의 부부의 대화는 젠더연구, 근대 여성어 연구에 있어서 매우 가치가 있고 흥미로운 자료가 된다.

신소설에서 주목되는 문체론적 징표는 '더라'체의 종결형과 함께 '-ㄴ다'체가 새롭게 등장한다는 점이다. 이 새로운 문장의 유형은 특정 장면의 객관적인 제시에 주로 동원되고 있으며, 인물의 행동이나 배경의 변화가 주는 직접적인 인상을 묘사하는 데에 쓰이고 있다. 이러한 특징은 개화계몽 시대의 신소설이 고전소설에서와 같은 설화성의 담론 구조를 벗어나고 있음을 말해 주는 것이다[6]. 한국 소설사에서 '-다'체라는 종결어미가 처음 등장한 것은 신소설에서부터이다. 신소설은 전대 소설의 '-더라'체에 새로운 어투인 '-다'체가 종종 끼여드는 양상을 보인다. 특히 서술자가 목격자로 등장하면서 시각적 묘사가 두드러지는 신소설 서두에서 '-다'체가 적극 활용된다[7].

본 연구에서는 신소설 초기는 메이지 후기에 해당되기 때문에 신소설 초기의 작품과 메이지 후기의 소설 작품의 대조 분석을 통해서 한일 여성어를 고찰하고자 한다. 신소설 초기의 작품으로는 이인직의 1906년 혈의누, 귀의성, 1908년 은세계, 치악산 등이 있고, 안국선의 1908년 금수회의록, 이해조의 1908년 빈상설, 구마검, 1910년의 자유종, 1911년 모란병, 화의혈, 구연학의 1908년 설중매, 최찬식의 1912년 추월색 등이 있다. ○ 조사자료:韓國開化期文学叢書1 新小說·飜案(譯)小說 (亞細亞文化社 1978年).

---

5) 권영민(2002:142)

6) 권영민(2002:142-143)

7) 국학자료원(새미), "문학비평용어사전, 상"(2006:427)참조.

본 연구에서는 이러한 신소설에 나타난 여성어를 조사하고 개화기 당시 여성어의 실태를 파악하여, 일본 메이지 시대 소설 속에 나타난 여성어와 대조 분석을 한다.

2.2 메이지 시대 소설과 문체

일본의 근대에서 메이지 신여성들은 종래의 현모양처의 여성상이 강조되는 이데올로기에서 서서히 탈피하여, 여성의 권리 신장과 젊은 여성의 언어에서 외래어 사용, 어려운 한자 사용 등 남녀 구별하기 어려울 정도로 변화해 가고 있다. 그리고「てよ, だわ」종조사와 유행어의 등장, 여성들의 언어사용에 대한 비판의 언설이 많은 것 등 당시 시대 상황에서 짐작하듯이 여성 언어에 일대 전환기를 맞이하고 있다.

일본 메이지 시대 소설과 문체(언문일치체)에 대해서 간단히 살펴보자. 서양문학론의 영향 하에 구체적으로 근대문학의 방향을 정립한 것은 쓰보우치쇼요(坪内逍遙)의『소설신수(小説神髄)』(明治18年)이다. 그는 금후의 일본 문학의 중심을 소설에 두고, 그 성격을 리얼리즘(寫實小說)[8]으로 정했다. 그 때문에 그는 전시대의 최대 작가 바킹(馬琴)이 高唱한 권선징악의 공리적 문학관을 강하게 부정하였다. 그리고 逍遙는 평론으로 미숙한 메이지 문학을 계몽했지만, 그 이상으로 창작에 열심이었다[9].

문단에 널리 알려진 것처럼 메이지 시대 소설에서는 언문일치[10] 운동의 시도가 보

---

8) 안영희(2011:19-20)은 한일 근대소설의 문체에 대해서 다음과 같이 서술하고 있다. 일본에서 리얼리즘의 이론을 최초로 수용한 坪内逍遙는 소설을 '있는 그대로 모사한다'라고 하고 일본 자연주의를 대표하는 田山花袋는 평면묘사로 '단지 본대로 들은 대로 접한 대로 쓴다'라고 하는 묘사론을 주장한다. 한편, '있는 그대로가 착각이라고 자각한 묘사론이 이와노 호메이의 일원묘사이다. 그것은 삼인칭을 사용하면서 내면을 치밀하게 그리는 고백체 소설기법과 관련되어 있다. 일원묘사는 한국 근대 초기의 소설작가인 김동인의 소설기법에도 보인다. 또한, 안영희(2011:130-136)는 이와노 호메이(岩野泡鳴)의『오부작』(1919)의 개작에서 주로 삼인칭'그'를 표시하고, 종결어미 'る(ㄴ다)'에서 'た'(ㅆ다)로 바꾸었다고 지적하고, 결국 삼인칭과 과거 시제가 근대소설을 특징짓는 가장 큰 특징이라고 할 수 있다.

9)『日本近代文学大事典第4巻事項』日本近代文学館編 講談社 pp.76-77.

10) 일본에서 언문일치가 거의 완성된 것으로 지목되는 시기는 메이지 30년대(1890년대 말부터 1900년대)이다. 한국의 경우, 언문일치체가 처음 제기된 것은 개화 계몽기 시대이다. 1894년 갑오개혁을 계기로 한문 중심으로 형성된 어문 생활에 변화가 생겨 국문을 본(本)으로 삼는다는 원칙이 천명되고 국문의 지위가 상승한다. 이광수와 최남선의 국한문체 주장은 한문의 폐해를 비판하고 국문을 중심으로 한 언

이고, 그 대표적인 작가로는 후타바데시메이(二葉亭四迷)와 야마다비묘(山田美妙)를 들을 수 있다. 메이지 22년 二葉亭四迷는『浮雲』에서 <だ> <である>체를 시도하고, 山田美妙는 신역사소설『武藏野』(메이지 20년)에서 <だ> <である>체,『蝴蝶』(메이지 22년)에서 <です, ます>체를 시도하였다. 이들은 언문일치의 선구자로 언문일치가 활발하던 시기, 시대적 요구에 적극적으로 응하게 된다. 여기서『浮雲』의 근대 소설의 가치와 문장에 대하여 문학사전의 내용을 잠깐 소개하고자 한다.

しかしいずれにせよ、「小説総論」のリアリズムによって明治文明のゆがみや知識人の苦しみを典型的にとらえたわが国初の近代小説としての価値は動かない。なお文章は三遊亭円朝、式亭三馬、ロシア文学などに学んだ言文一致体で、この点においても、後世に多大な影響をおよびした。

『日本近代文学大事典第3巻人名』日本近代文学館編 講談社 p.182

그러나 어쨌든「소설총론」의 리얼리즘에 의해, 메이지 문명의 왜곡이나 지식인의 고통을 전형적으로 파악한 일본 최초의 근대 소설로서 가치는 움직이지 않는다. 아울러 문장은 三遊亭円朝, 式亭三馬 러시아 문학 등에서 배운 언문일치체로, 이 점에서도 후세에 큰 영향을 미쳤다.

『日本近代文学大事典第3巻人名』日本近代文学館編 講談社 p.182

메이지 30년대 이후 언문일치 운동은 서양 문학을 접한 당시의 지식인들이 <話し言葉: 구어체, 말>와 <書き言葉:문어체, 글>의 거리를 줄이는 것을 주장한 운동이다. 이 언문일치에서 가장 어려운 부분이 문말표현이고 경어의 처리이다. 한편, 메이지 20년대 번역소설이 많이 등장하게 되는데, 예를 들어 二葉亭四迷역의 ツルゲーネフ(Ivan Sergeevich Turgenev, 러시아 소설가 쓰르게네프)作『あひびき』(1888, 메이지 21년),『めぐりあひ』(메이지 21년), 上田萬年역의 グリム(Brüder Grimm, 독일 동화 작가 그

문일치를 확립하기 위한 노력의 일환이었다. 이광수, 최남선을 거쳐 순국문의 언문일치라는 이상을 실현한 것은 '-다'체를 적극적으로 주장, 활용한 김동인이었다(문학용어비평사전(2006:436-438 참조). 결국, 한국의 경우는 김동인이 활약한 1920-30년대의 작품 속에서 언문일치 소설 (-다体)의 모습이 나타나고 있다. 이인직의 신소설에서 언문일치의 시도를 엿볼 수 있으나, 김동인 1919년 2월「약한자의 슬픔」(창조 창간호에 발표)이 한국어 언문일치의 본격적인 작품이라고 말할 수 있다.

림 형제, 그림)作『おほかみ』(1889, 메이지 22년) 등이 언문일치체를 시도한 구어체의 대표적 작품이다. 이러한 작품은 후세에 많은 영향을 끼치게 된다. 안영희(2011:127)은 근대 문체에 대하여, 당시 한일 양국에서 작가들의 노력에 대하여 다음과 같이 서술하고 있다.

> 작가는 외국의 영향을 받고 그것을 소화해서 새로운 언어 표현을 만들었다.(중략) 예를 들면 일본은 유럽의 언어에서 많은 영향을 받았고 조선은 일본어와 유럽의 언어에서 영향을 받았다. 근대 초장기 문학자들은 모국어와 외국어와의 상호 관련 속에서 새로운 근대문체를 만들었다. 이와 같이 한일 근대초기 문학자들의 언문일치 문장의 여러 가지 시도는 일본에서는 자연주의 문학자들에 의해 완성되고 한국에서는 김동인이 결실을 맺었다.

본 연구에서는 일본의 경우, 메이지 30년대의 소설『社會百面相』[11]을 주된 자료로 조사하고자 한다. 조사자료:『社會百面相』東京大学總合図書館藏本(明治36年10月:1903年 第三版). 이 소설을 조사 대상으로 하는 이유는 다음과 같다.

① 단편 30편, 중편 7편이 수록되어 있으며, 사회 각 계층의 다양한 인물이 등장.
② 젊은 층에서 노인 층까지 다양한 연령이 등장.
③ 작가 內田魯庵이 작품에서 언급했듯이 현실 세계의 언어를 사실적으로 묘사한 점.
④ 소설에서 대화체 문장이 많고, 표기 체계의 식별이 쉬운 점.
⑤ 한국 개화기 신소설(초기)과 대조하기에 적절한 시기인 점.

11) 우치다로앙(內田魯庵:うちだろあん:1868-1929)은 메이지 시대 평론가, 번역가, 소설가, 수필가로 널리 알려져 있다. 소설가로서 활동은 메이지 31년「新著月刊」에 발표한『くれの当八日』이 있고,「太陽」「太平洋」등에 연재한 작품을 메이지 35년 6월에『社會百面相』(博文館)이라는 단행본으로 간행하였다.『社會百面相』은 明治 30년대 전반기의 일본 사회의 각 계층의 제 모습(諸相)·세상(世相)·언어 실태를 매우 광범위하게 반영한 귀중한 언어 자료로 판단된다.

이와 같은 관점에서『社會百面相』에 나타난 메이지 30년대의 여성어를 새롭게 조명함으로써 근대 한일 여성어를 대조 분석하고자 한다. 이러한 대조 연구의 성과는 한일 양국의 경어 연구, 대우표현 연구, 여성어 연구에 크게 기여할 것으로 생각된다.

3. 근대 여성어의 대조 분석

본 연구에서는 현대 일본어의 성차 표현의 원류 모습을 메이지 30년대 소설 속에서 찾아보고자 한다. 또한, 분석의 범위는 성차가 두드러진 문말표현과 종결어미, 정의표현(종조사, 감동사, 감탄사 등), 가족 호칭과 부부 호칭, 인칭대명사 등을 중심으로 살펴본다. 쓰보이(坪井)(2007:5−6)는 각 레벨에 걸친 언어 사용상의 성차(性差)를 다음과 같이 크게 3가지 차이로 나누어 설명하고 있다.

(1) 담화상의 차이 (2) 문구조, 표현형식의 차이 (3) 어휘, 문법 형식의 차이.

상기의 (1)~(3) 중에서 현대 일본어에서 '남성어' '여성어'로 파악되는 성차(性差)는 (3) 어휘, 문법 형식의 차이 중에서 인칭대명사, 문말 종조사류가 현저하다고 지적하고 있다. 쓰보이(坪井)(2007:7)에서도 지적했듯이 인칭대명사와 문말 종조사의 성차가 메이지 10년대에서 30년대에 걸쳐서 성립했다고 보는 것이 일반적이다.

3.1 문말표현과 종결어미

예문 (1)은『社會百面相』에 나타난 상위 계층에 속하는 '精神家' 부부의 대화이다. 부인이 남편 '精神家'에게 {아주높임}에 해당되는「ございます」체를 사용하고 있다. 일본어「ございます」체는 그 당시 한국어의 '하소서체', '합쇼체'에 해당되는 것 같다[12].

12) 방극철(2010a:402)에서는 20세기 초기의 한국어와 일본어의 문발표현의 대응관계에서 한국어 7 등분

(1) お止しなさいよ、お花が歸つたらお酌なりと何なりとおさせなさい。お花のお酌で御酒を召したら嘸愉快でム(ござ)いませう。

(精神家夫人→夫)

다음 (2)은 중학교선생 부인이 남편에게「ございます」체와「ごーなさる」「おーになる」등 대우가치가 아주 높은 존경 표현을 사용하고 있다.

(2) 父が貴郎(ぁなた)の御身分を心配して御出世なさるのを喜ぶのは道理(もっとも)ですワ。(中略)ですから父も貴郎(ぁなた)の御身分を心配して高砂伯爵に願った位でム(ござ)います。

(中学校先生夫人→夫)

『귀의성(이인직:1906년)』에 나타난 예문 (3)은 상위계층인 김승지 부인이, (4)은 중간계층인 강동지 부인이 각각의 남편에게 한 대화의 예이다. (3) (4)에서 모두{예사높임}의 '하오체'를 사용하고 있다.

(3) 여보령감, ᄂᆡ가령감쇼원을, 푸러드릴터이니, ᄂᆡ ᄆᆞᆯᄃᆡ로ᄒᆞ시깃소 (鬼,p.64)

(4) 여보 자식에게, 저몹슬노르슬하고, 걱정이 아니된달ᄆᆞᆯ이오. 나ᄂᆞᆫ, 우리길슌의 ᄉᆡᆼ각을 ᄒᆞ면, ᄲᅢ가녹ᄂᆞᆫ듯ᄒᆞ오. 자식이라고ᄂᆞᆫ, 그것하ᄂᆞ ᄲᅮᆫ인ᄃᆡ, 금옥갓치, 길럿다가, 지금와셔 저러ᄒᆞᆫ신셰가되니, 그거시, 뉘, 탓이오. (鬼,p.3)

상기의 한일 양국의 부부 간의 대화는 남편이 아내와 여성("귀의성"춘천집=첩,『社會百面相』お花=下女)간의 문제로 언쟁이 벌어진 부분이다. 거의 유사한 장면이므로 양 언어의 문말표현, 종결어미의 등분(等分)을 짐작할 수 있다. 부인들이 남편에게 사용하는 여성어의 모습을 이해하기에는 좋은 비교 자료가 된다. 즉, 같은 상류층 부

일본어 4 등분으로 각각 나누고 있다. 한국어 7 등분은 다시 敬體 4 등분과 常體 3 등분으로 나누고 있으며, 敬體 중에서 '하소서체', '합쇼체'는 {아주높임}에 해당된다.

인이지만, (1)은 일본의 精神家 부인이 남편에게 {아주높임}의 문말표현을 사용하는 데 비하여, (3)은 한국의 김승지 부인은 남편 김승지에게 {예사높임}의 '하오체'를 사용하고 있어 그 차이를 알 수 있다.

그리고 부인이 '여보 령감'이라는 호칭을 사용하여 자연스럽게 남편을 부르며 남편에게 친밀감을 나타내고 있다. 현대 국어에서는 '하오체'와 '하게체'는 거의 사용되지 않는 경어법인데, 최근세국어 즉 20세기 초기에는 활발히 사용된 경어법이라는 것을 확인할 수 있었다[13]. 당시, 종결어미의 등분에서 가벼운 {예사높임}으로 '하오체'를 중, 상류 계층의 부인이 남편에게 사용하고 있음을 알 수 있다.

精神家 부인이 남편에게 문말표현은 정중하게「ございます体」를, 일인칭대명사는 당시 일반 여성들이 보편적으로 사용하는 'わたし'를 사용하고 있다. 반면, 한국의 김승지부인은 남편에게 문말표현(종결어미)는 가벼운{예사높임}인 '하오체'를 사용하지만, 일인칭대명사에서는 'わたし('ᄂᆡ' '내')', 'わたくし(제)'를 모두 혼용하여 사용하고 있다.

신소설에서 상위 계층의 부부지간에는 주로 '하오체'를 사용한다. (5)는 상위층 남편이 자신의 품위유지나 아내에게 양해 협조를 구할 때, 아내에게 공손한 표현을 사용하는 측면이 강하다. (6)(7) 일본어의 상층 남편 중학교 선생이 아내에게 '하오체'에 상당하는 표현보다 대우가치가 낮은 '해요체'정도가 사용된다. 즉, [기본형+종조사 형태]의 정도를 주로 사용한다. 이 점이 일본어와 다른 점으로 생각된다.

(5) 여보, 지ᄂᆞᆫ일이야, 말ᄒᆞ여 쓸ᄉᄃᆡ 잇소. ᄋᆞᆸ일이ᄂᆞᆫ 의논합시ᄃᆞ.

(김승지→부인) (鬼,p.64)

(6) 驚いたナ、御本人が一向知らない内に妻君が猟官運動をしおるとは卿(おまい)も今に鳥山夫人のやうに札附になるぞ、

(中学校先生(夫)→妻)

(7) 茶を注いで呉れ、湯呑に一杯だよ。

(中学校先生(夫)→妻)

13) 이경우(1998:43)

한편, 아내는 남편에게 사회계층과 상관없이 모두 '하오체'를 사용하지만, 중간 계층과 하위 계층의 남편은 아내에게 '해라체'를 사용한다. 이 점은 일본어와 유사한 듯하다. 그리고, 상층 부인이 하녀와의 대화는 남편과의 대화와는 사뭇 다른 양상을 보이고 있다.

(8a)의 김승지 부인이 '해라체'를 사용하고, (9)의 하녀인 점순은 김승지 부인에게 대우가치가 높은 '합쇼체'를 사용하고 있다. 마찬가지로 (10a)(10b)설자(하녀)도 정상 부인(상층의 軍醫婦人)에게 '합쇼체'로 대하고 있다. 또한 하녀인 점순은 부인을 '마님'으로 부르고 있으며, 자신은 '쇤네'라고 칭하며 겸양적으로 낮추어 말하고 있다. 그리고 [이댁]이라는 공손한의 상대(上待)접미사를 사용하고 있다. 문맥상 공손한 호칭과 겸양적인 인칭대명사 등이 문말표현 '합쇼체'와 호응하여 김승지 부인을 높여서 대우하는 것을 알 수 있다.

(8a) 아닛곱다, 그ᄶᅡ진년을 마마님이니, 별상님이니,ᄂᆡ압헤서ᄂᆞᆫ 그런소ᄅᆡ마러라. 네나, 그년이나, 상년은, 맛창가지지, 이후에ᄂᆞᆫ, 마마님이라고, 말고, 순쳔집이라고, ᄒᆞ던지, 강동지 ᄯᅡᆯ년이라고, ᄒᆞ던지, 그럿케말ᄒᆞ여라.

(鬼,p.77)(김승지부인: 상층부인→하녀, 점순)

(8b) 셜자야 네가 옥년이를 말도 ᄀᆞ르치고(仮名) 언문도 잘가라쳐쥬어라. 말을 아라듯거든 하로밧비 학교에 보ᄂᆡ깃다.

(血,p,40)(정상부인→하녀, 셜자)

(9) 마님...... 쇤네ᄂᆞᆫ, 오늘밤일지라도, 물에나ᄲᅡ져쥭던지, 다라나던지ᄒᆞ지, ᄒᆞ로라도, 이댁에 잇고시푼지아니합니다.

(鬼,p.76) (하녀,점순→김승지부인)

(10a) ᄂᆡ가 자근앗씨를 가르칠자격이되면 이ᄃᆡᆨ에와셔 ᄌᆞᆼ노릇하고 잇ᄀᆡ습닛가.

(血, p,40) (셜자→정상부인)

(10b) 월급은 더바라지아니하거니와(演劇場)연희장구경이ᄂᆞᆫ 자쥬시겨쥬시면 조케습니다.

(血, p,40) (셜자→경상부인)

(11)의 양복신사(洋服紳士)가 하녀(女中)에게 기본적으로 '－だ'体를 사용하고 있으며, (12)(13)의 하녀는 양복신사와 風通(ふうつう)紳士에게 '－だ体, －です体'를 병용하고 있다.

(11) 慾張ってるナ。汝(おまい)は身体(からだ)は細ッこいが慾の皮は中々突張ってるナ。

((社)教育家(下)､洋服紳士→女中)

(12) 貴客(あなた)方のお教育(しこみ)ですもの。学校の先生方や御本を作る方達は何故如斯なに慾張ってるんでせう。

((社)教育家(下)､女中→洋服紳士と風通紳士)

(13) あら、妾(わたし)鱈尾さんと何にも関係がありやしないワ。あの方は、大海屋の鮫子さんと御親類筋だワ。

((社)教育家(下)､女中→風通紳士)

(12)(13)의 하녀 계층 여성이 남성인 두명의 紳士에게「一です」체를 기조로 하지만,「一だ」체를 적절히 혼용하면서 당시 유행하던 종조사「わ」「だわ」등을 사용하여 친근감 있게 대하고 있음을 알 수 있다. 하지만, 남성은 이인칭대명사 'おまい'에서 알 수 있듯이 낮게 대우하고 있다[14]. 예문 (11)의 남성은 이인칭대명사 'おまい'에서 알 수 있듯이 하녀 '女中'를 낮게 대우하고 있다. 이것은 한국과 마찬가지로 하녀 계층의 사회적 신분에서 오는 상하관계의 사용으로 해석할 수 있다. 이상, 메이지 시대 소설『社會百面相』을 조사한 결과, 문말표현은 크게 4 등분 정도가 가능하다. 일본어의 경우, 메이지 30년 1900년대가 되면, 문체의 간소화가 진행되어 현대일본어와 유사하다. 그러나, 개화기 한국어는 20세기 초기에는 아직 문체의 정리 현상, 간소화는 진행되지 않은 것으로 보인다.

---

14) 메이지 21년의「藪の鶯」에는 '下女'가 주인 아주머니('お貞')에게는「一ござります体(a)」(한국어 하소서체에 해당)를 사용하고 있으나, '中働き下女'에게는「一ございます体(b)」(한국어 합쇼체에 해당)를 구별하여 사용하고 있다. (a)オヤ山中は出前でござりますが, (b)ナニもう十二時ではございませんか.)

3.2 정의표현(情意表現)

(14)는 하층 계급에서 복단어미가 금분에게 '여보게'(부부간 친밀감을 나타내는 '여보'보다 낮춤의 느낌)라는 감탄사의 호칭을 사용하고 있으며, '-네' '-나' 등의 '하게체'의 종결어미를 보면 알 수 있듯이 나이 든 손윗사람이 손아랫사람에게 {예사낮춤}으로 가볍게 사용하고 있다.

(14) 여보게 복단이커녕 아모것도 안이왓네. 오지도안이 힛지마는 왓기로 누가 뜻어먹나

(빈,p.11)(복단어미→금분)

(15) 누가 뜻어먹는다고힛소. 불러 오라시닛가, 물어 보앗지. 복단어머니는 공연히 남을 볼젹마다 들큰 들큰호네.

(빈,p.11)(금분→복단어미)

신소설에 나타난 호격의 감탄사로 '여보' '여보시오' '여보게' 등이 있으며, 사회 계층의 차이에 의해 쓰임이 다르게 나타나기도 한다. 응답의 감탄사로는 '오냐' '응' '예' 등이 있다.

(16a) 아씨 무엇을 호십쇼. 쇤네왓슴이다. 에그 진지 잡슈시네. 복단네 아쥬머니도 거긔계시구려.

(빈,p.11)(금분→화ㄱ동아씨)

(16b) 에그 우리듸 평양아씨말이오.

(빈,p.10)(금분→장서방)

(16c) 에그 씀쓱ᄒᆞ여라 큰수숟, 그러나그수ᄂᆞ셔 싱긴돈은 다 어듸두엇소.

(귀,p.114)(강동지부인→강동지)

(16d) 에구 짱감ᄒᆞ여라

(혈,p.5)(독백)

상기의 (16a)는 금분(하층계급)이 화ㄱ동아씨에게 '에그'라는 감탄사를 사용하고 있다. '에그' '에그머니'(23b)라는 감탄사는 부정적인 경우와 놀라거나 어처구니가 없는 경우에 사용하게 되는 데 주로 여성들이 사용한다. 특히 '합쇼체' '하오체'와 같이 사용된 점으로 미루어 정의표현은 종결어미의 등분에 구애받지 않고 사용이 자유로웠던 것 같다. 남성의 경우는 '에구'가 사용된다. 그리고 남녀 구별 없는 감탄사로는 'ᄋᆡ이고' '에그그' 'ᄋᆡ구구' '에그으'가 사용되고 있다.

금분(하녀)이는 '쇤네'[15]라는 겸양적인 대명사를 사용하면서 웃어른께 자기를 스스로 낮추고 있으며, 동시에 종결어미는 '합쇼체'(−ㅁ니다)를 사용하여 아주 공손하게 상대방 화ㄱ동아씨를 대우하고 있다. 존경의 형태소 [−시]가 사용되고 있는 것을 보면 역시 공손하게 상대방을 대우하고 있음을 알 수 있다.

감동사, 종조사, 간투조사 등에 의한 이른바 정의표현(情意表現)은 성차(性差)가 두드러진다. 田中(2001)은 종조사, 간투조사에 의한 정의표현의 발달은 근대어법을 특징짓는다고 한다[16]. 방극철(2011)에서 메이지 21년「藪の鶯」를 조사한 결과를 토대로 성차의 관점에서 새롭게 고찰하였다. 그 결과를 보면, 여성들이 사용하는 여성 전용의 감동사로는 'あら' 'おやまあ' 'さあさあ' 'おやおや' 'むむ' 'よー' 'え' 등이 있으며, 남성의 경우는 'やあ' 'やい' 'なあに' 'おい' 'ひやひや' 'うん' 'いや' 등이 있으며, 남녀 공용으로는 'まあ' 'ああ' 'ええ' 'なに' 'おお' 'さあ' 등이 있다. 이와 같이 근대 일본어는 개화기 한국어에 비하면, 성차가 명확하고 여성 전용의 감동사가 다양한 점이 특징적이다.

---

15) '쇤네'는 '소인+네(접미사)'의 형태로 '네' 자체가 웃사람을 높이는 접미사는 아니지만, '소인'이 자신을 낮추는 겸양적인 측면이 있다. 그리고 문말표현의 등분에서 '합쇼체'와 호응하여 사용되고 있어 전체적으로 자신을 겸손하게 하는 자칭으로 간주할 수 있다. '쇤네'는 '주로 하녀(종)들이 웃어른께 자신을 낮추어 말할 때 사용된다. 반면, 남성의 하인의 경우, '소인'을 주로 사용한다. 그리고 여성 하녀가 주로 사용하는 '쇤네'는 메이지 시대『社會百面相』의 女中이 사용하는(妾 : わたし, わたくし)에 대응된다고 볼 수 있다.

16) 水谷(2001)에 의하면, 회화에서 일본인은 あいづち(맞장구표현)을 다용하면서 상대와 공동으로 하나의 흐름을 만든다고 한다. 이러한 맞장구표현(소위 정의표현이 해당됨)의 다용은 일본인의 언어행동의 특색으로 한국인의 언어행동과 다른 점이다.

(17) あら嫌だワ、あんなお老爺さんに。妾(あたし)なんか、貴客(あなた)、どうせ人三化七ですもの、

(教育家(下)、女中→風通紳士)

(18) まア大変な持上げやう—— 正二位侯爵大勲位になるかも知れませんよ

(新妻君(上)、高等官夫人→若い主婦：女学校同窓)

『社會百面相』에서 (17)은 하녀(女中)가 風通紳士에게「あら」, (18)은 20대 전반의 젊은 기혼 여성(여학교 동창) 간의 대화에서「まあ」를 사용하고 있다. 여학교 동창끼리의 젊은 기혼 여성 간에 종조사「の」「のよ」「わ」「さ」등을 여성어로 사용하고 있는데(19)(20), 한국어의 경우 일본어처럼 이와 같은 여성 전용의 종조사(종결어미) 형식이 발달되어 있지 않다.

(19) 宜いのよ、浴衣なんぞに着換えなくても、其様なに裕然しては在られないのよ。

(20) 中々爾うは裕然しては在られないの、御免なさいよ。

(新妻君(上)、高等官夫人→若い主婦：女学校同窓)

일본어의 경우는 반복형, 복합의 형태가 많아 감탄사의 종류도 한국어에 비해 많다. 한편, 일본어에서 여성이 감동사를 다용하는 이유는 <여성 문장의 특징인 정의(情意)적이고 주관적인 단어가 많고, 과장이나 강조 표현이 많고 맞장구치는 표현을 자주 사용하기 때문>이다. 물론 일본어는 대화의 진행과정 속에서 상대방과 함께 담화를 함께 만들어 가는 '커뮤니케이션 스타일'이 있기 때문이기도 하다. 따라서, 호응사, 응답사가 많은 것이 이해가 된다. 반면, 한국어의 대화 스타일은 상대방을 말을 듣고, 존중하면서 암묵적으로 이해하기 때문에 응답사를 거의 하지 않는 것 같다. 상대방을 말을 잘 들어 주는 것이 무엇보다도 중요하다는 의식이 한국어에는 오래 전부터 있었던 것 같다. 그리고 메이지 시대 남성 중심의 사회로 인해, 오히려 여성은 여성스러움을 강조하는 성차 표현을 작가가 작품 속에 반영시킨 소위 '성차 이데올로기'의 결과라고 생각된다.

3.3 가족 호칭, 부부 호칭

신소설에서는 '가족 호칭'의 사용이 활발하고 다양하다. [가족 호칭]으로는 '아씨'(21) '마님'(23b) '령감'(22) '령감마님'(23a) '나리마님' '마마님' '마누라' '서방님' '아버님' '아버지' '어머니' '어머님' '부친' '모친' '망모' '어미' '아비' '부인' '남편' '아저씨' '아주머니' '아지머니' 'ᄯᅡ님' '아드님' '누님' '누의' '오라번이' '형님' '성님' '족하' '수씨(제수씨의 줄인말)' '당숙' '옵바' 등 매우 다양하다. '령감'의 경우, 나이 든 내외간에 아내가 남편을 높여 부르는 말이며, 남자 노인을 이르는 말이기도 하다. 그리고 정3품과 종2품의 관원을 이르는 말이며, '대감' 다음가는 인물이다. '마님'으로 부르는 경우는 비상위자인 하위 계급들이 장년 이상의 부인을 지칭한다. '마님'과 대비되는 것으로 '령감' '령감마님'(極上待語)이 있다. 한편, '아씨'의 대칭으로는 남성에게 '셔방님'이 사용되며, '셔방님'은 주로 결혼한 남성이지만, 아직 벼슬이 없어서 그 직함을 부를 수 없을 때 사용하고 시누이 남편이나 시동생에게도 사용한다.

신소설에 등장하는 등장인물 간의 친족어휘(가족 호칭) 사용을 살펴본 결과, '마님'은 하층 계급에서 장년 이상의 부인을 부르는 것인데, 상대방을 매우 높게 대우하는 것이다. 그 다음이 '마마님'이 되고 '마누라님'은 가장 낮은 단계가 된다(23b).

(21) 아씨 무엇을 ᄒᆞ십쇼. 쇤네왓슴이다. 에그 진지 잡슈시네. 복단네 아쥬머니도 거긔계시구려.

(빈,p.11)(금분:하층→화ᄀᆞ동아씨)

(22) 령감게서, 돈만업서보아라, 엇던비러먹을년이, 렬감게오깃ᄂᆞ냐.

(귀,p.78)(김승지부인→점순)

(23a) 령감마님을뫼온들, 쉰네, 도리에, 그럿케ᄆᆞᆯᄉᆞᆷ할수야잇슴니가…………

(귀,p.77)(점순→김승지부인)

(23b) 마님게서 그런말ᄉᆞᆷ을ᄒᆞ시면 쇤네ᄂᆞᆫ 아무 경황업습니다. 에그머니 그 원슈의 춘쳔마마님ᄒᆞ나ᄯᅢ문에 왼집안이 이럿케 난가 될쥴누가알앗쓰가

(귀,p.77)(점순→김승지부인)

(24) 우리아버지 어머니가 살아잇ᄂᆞᆫ쥴을알고 날을도로 우리집에 보내쥴것ᄀᆞᆺᄒᆞ면 아무데라도가고 아무것을시기더ᄅᆡ도 하깃소.

(血,p.34)(옥련:상층→일본군의)

메이지 시대 부부 호칭에 대해서 살펴보자. 일본어에서 사회 계층에 따라서 부부를 호칭하는 어휘가 다양하다. 森銑三은 1895년(메이지28년)4월 13일의「東京経済雑誌」의 기사를 들고서 당시 일반 가정에 널리 퍼진 '奥様(おくさま)'라는 호칭에 대해서 소개하고 있는데, 여기에서 사회 계층별 부부 간의 호칭 구별을 알 수 있다. 이하, 인용하면 다음과 같다.

夫を殿様、もしくは御前といえば、その妻を奥様という。夫を檀那様といえば、その妻を御深窓様という。御亭主といえば、おかみさんという。ちゃんといえば、おッかあという。必ず相対して乱れぬ習慣だったのに、近頃はこれを誤って、中流以上の家では、夫を檀那様といいながら、妻を奥様という。この場合は御深窓様べきだのに、かように誤る。

이처럼 이전에는 상류 사회만이 '奥様'라고 불렀는데, 지금은 하녀 계급까지도 '奥様'를 사용하여 여성들의 상층 지향 언어 의식을 짐작할 수 있다. 한국어의 경우는 '부인'이 가족 호칭은 아니지만 대화에서 남의 부인이나 3인칭의 일상적 용어로 많이 나타난 점이 일본어와 다른 점이다. 이하, 용례를 든다.

(25) 그 부인은 그 양녀 옥년이를 불상이 여겨셔 시집도 아니가고 잇다지. 에구 갸륵ᄒᆞᆫ 부인일식.

(血, p.48)(제 3인물)

(26) 여보 부인 쉬여 갑시다.

(마,p.18) (청자호칭)

3.4 인칭대명사

인칭대명사로는 일인칭은 '나' 'ᄂᆡ' '내'져' '제' '우리' '과인' '자기'가 이인칭(대칭)은 '너' '네' '자네' '당신' '너의들' '로형' 등이 사용되고 있다[17]. 개화기 국어의 표기 형태는 매우 다양하고 혼란스럽다. 개화기에는 교과서의 철자법이나 총독부의 '언문철자법' 및 "국어철자첩경"(1908년) 등이 있지만, 표기에 통일을 기하는 어려웠다. 예를 들어, 현대국어의 '가르치다'는 '가르치다' '가라치다' '가ᄅᆞ치다' '갈아치다' '갈오치다' '갈ᄋᆞ치다' 'ᄀᆞ라치다' 'ᄀᆞ르치다'(이하, 생략) 등 15가지의 표기형이 나타난다[18]. 한편, "귀의성"에도 다양한 표기형태가 나타난다.가령, '양반' '량반' '냥반' '령감' '렬감' '마누라' 'ᄆᆞ누라' '마님' 'ᄆᆞ님' '쇤네' '싄네' '내' 'ᄂᆡ' 등 친족명사 및 인칭대명사의 표기 혼용을 보이고 있다.

강규선(1997:148)은 개화기 한국어에서 상대어(上待語) 대명사가 발달하지 못한 이유에 대하여, 다음과 같이 말하고 있다.

> 계급사회의 엄격한 사회적 신분의 특징에 의해 개인의 개성, 의식이 발달하지 못하였기 때문에 가족 호칭, 관직명으로 부르는 것이 곧 높임의 대명사 발달을 늦게 한 원인이 될 것이다.

당시 계급사회라는 사회 구조가 인칭대명사의 높임(上待語) 의 표현이 발달하지 못한 이유로 해석하고 있다. 그러나, 개화기 한국어에서는 윗사람을 인칭대명사로

---

17) 메이지 시대 일본어의 표기형태도 매우 다양하며, 『社會百面相』에서도 예를 들어 이인칭대명사 'あなた'의 경우, 한자표기에는 [貴郎, 貴婦, 貴母, 貴處, 貴戶, 貴客, 貴姉, 貴孃, 貴女] 등 매우 다양한 모습을 보이고 있다. 또한, '貴婦'의 경우는 'あなた' 'あんた'의 가나 표기 형태가 있는 등 상대방과의 인간관계나 대우가치를 고려하여 사용한 것으로 보인다. 이인칭 'お前さん'의 경우도 'おまへさん, おまいさん' 의 표기 형태를 나타내고 있어, 화자와 상대방간의 친소관계가 반영된 대우가치의 결과로 해석할 수 있다. 일인칭의 경우, 'わし'의 경우도 남성의 [俺, 私]의 한자표기에서 화자의 연령이나 속성을 짐작할 수 있다. 여성의 'わたし', 'わたくし'는 [私, 妾]의 표기로 되어 있어, 역시 화자의 속성과 상대방 간의 대우가치와 상관관계를 맺는 표기 형태 시스템을 작가가 구축한 것으로 이해할 수 있으며, 개화기 국어의 표기와 다는 점이다. 즉, 메이지 시대 일본어 표기는 대우가치와 상관관계가 있으나, 개화기 한국어 표기는 대우가치의 정도성이 약해 보인다는 점이 대별된다.

18) 신중진 2007:19-20) 참조.

대하기에는 인칭대명사 그 자체의 대우 정도가 약하여 사용을 회피하고, 그 대신 관직명이나 가족 호칭으로 대체된 것으로 보인다. 신소설에 보이는 [관직명]으로는 '사도' '진사' '판셔' '호방비장' '부령' '참판' '나리' '나리마님' '대감' '대감마님' '령감' 등이 있다. 이러한 종적인 계급사회[19](양반, 상민, 천민계급)에서 발생한 호칭의 사용으로 상대(上待) 대명사의 사용은 점차 축소되었다고 볼 수 있다.

(27) 그것참, 이상훈일일세그려. ᄌᆞ네딕 마님이, 도라가시려고 환장하섯느베.

(鬼,p.84)(침모→김승지댁 하녀, 점순)

(28) ᄌᆞ네딕, 마님이, 보니시던가

(鬼,p.84) (침모→김승지댁 하녀,점순)

(29) 자네가, 가셔 뵈옵기로 니게 쓸디잇ᄂᆞ.

(귀,p.10) (춘천집→점순)

(27)(28)의 상대(上待)접미어, '-딕'과 함께 사용된 이인칭대명사 'ᄌᆞ네' 는 나이든 침모가 손아래 하녀에게 사용하고 있다. (29)는 김승지 소실 춘천집이 하녀 점순에게 사용한 '자네'이다. 이와 같이 개화기 한국어의 'ᄌᆞ네'는 여성들도 사용하는 이인칭대명사로 대우가치는 그다지 높지 않다. 언제부터 여성의 'ᄌᆞ네' 사용이 사라지게 되었는지는 향후 조사가 필요하다.

한편, 개화기 한국어 '자네'의 여성 사용에서 일본어의 경우와 비교해 보면, 비슷한 이인칭대명사로「おまへさん」이 있다. 모리 오가이(森鷗外)의 작품「雁(がん : 기러기)」(메이지 44年;1912년)에서 생선 가게의 주인 아주머니가 하녀(女中)인 '梅(うめ)'에게 'おまへさん'이라고 부르고 있다(30), (31). 현대 표준 일본어 대화문에서 'おまへさん'은 사용하고 있지 않지만, 메이지 말기까지 사용되었다. 주로 나이 든 여성이 손아

19) 계급사회가 뚜렷한 조선시대에서 양반 계급은 지체나 신분이 높은 귀족이나 관리들의 상류계급을 말하고, 상민(常民) 계급은 상, 공업, 농업, 어업 등에 종사하는 사람이고, 천민 계급은 제도상 가장 천대를 받은 종, 노비 등을 말한다. 한편, 신소설에서는 중간 계층인 중인(中人), 상민이 많이 나타나지 않는다.

랫사람에게 사용한 것으로 대우가치는 'あなた'에 비해 떨어지고 오히려 'おまへ'쪽에 가깝다. 반면, 신소설 "귀의성"에서 김승지 소실 춘천집과 침모가 하녀 점순에게 각각 '자네'를 常體인 '하게체'와 함께 사용하고 있다(27), (28)(29). '자네'는 현대 한국어에 남성 사용이 여전히 남아 있으나, 'おまへさん'의 경우는 현대 일본어에서 남녀 모두 사용이 사라진 점이 다르다.

(30) お前(まへ)さんは見附けない女中さんだが、どこから買ひにお出だ。

(雁(明治44年)、肴屋さんのお上さん→女中、梅)

(31) お前(まへ)さんお気の毒だが歸ってね、さうお云ひ、ここの内には高利貸の妾なんぞに売る肴はないのだから。

(雁(明治44年)、肴屋さんのお上さん→女中、梅)

(32) そんならお前(まい)さんのは買ひますまい。百年でも二百年でも一つ下駄をお履きなさい。

((社)投機(5), 資産家書生の母親·斧枝→廉藏)

메이지 시대 일본어 인칭대명사의 경우도 그 숫자의 축소로 간소화되는 경향이 있으나, 한국어와 비교하면 그 종류가 다양하다<표1>. 그리고 인칭대명사 자체가 예를 들어,「あなた」「おまへ」등이 에도시대에 비하면, 대우가치가 낮아지게 된다. 인칭대명사의 대우가치 하락으로 주로 여성에서 사용이 회피되어, 인칭대명사 숫자가 남성에 비해 여성이 적다. 여성의 경우, {아주낮춤}의 하대(下待) 표현이 작품에 적게 나타나는 것도 영향이 있을 수 있으나, 여성은 여성스러운 말을 사용해야 한다는 사회적 규범, 언어 습관 등이 작품에 반영된 측면도 간과할 수 없다. 또한, 여성은 남성에 비해, 전문 직업 종사자가 거의 없기 때문에 공적인 환경에 노출되는 경우가 적고, 다언(多言)을 금기시하는 남성 중심의 계몽주의적 사회 풍조 등도 인칭대명사 숫자의 차이에 영향을 주었다고 생각된다. 메이지 시대 여성이 연설회에 참석하는 것 조차 법으로 금기시하는 사정에서 알 수 있듯이 여성의 사회적 진출은 미약함은 언어 표현의 다양성 부분에서도 일정 부분 영향을 주었을 것으로 짐작된다.

<表1>【개화기 신소설과 메이지 시대 소설『社會百面相』의 일, 이인칭대명사의 대응관계】[20]

使用者 / 人称代名詞		男女共用	女性專用	男性專用
一人称代名詞	韓國語	나, 니, ᄂᆡ, 져, 제, 자기, 우리	(*쇤네)	소형, 소인, 과인
	日本語	わたくし, わたし	あたし(わたし)	わし, わっし, おれ, おら, おい, ぼく, わがはい, せっしゃ
二人称代名詞	韓國語	너, 네, 자네, 당신, 너희들		로형
	日本語	あなた, あんた, おまへ, おまい, おまへさん, おまいさん	(あんた)	きみ, きこう, きさま, そこ, そくか, てめえ

여성은 남성에 비해 일인칭대명사가 적다.「わたくし」「わたし」「あたし」의 3종류에 지나지 않는다. 이하, 여성들의 일인칭, 이인칭대명사, 문말표현 등과 共起關係(호응관계)를 고려한 대우가치가 높은 순{최상급대우}부터 낮은 순{하대(下待)}으로 자세히 살펴보자.

{최상급 대우}에 대해서 보면, 남성과 마찬가지로 일인칭, 이인칭으로 각각「わたくし」「あなた」가 사용되지만, 문말표현 형식은「でございます」가 주류를 이루고 있다. 이하, 용례를 든다.

(33) ですから父も貴郎(あなた)の御身分を心配して高砂伯爵に願つた位でム(ござ)います。

(獵官(中)、中學校先生夫人、お秀→夫)

(34) 貴郎(あなた)は氣樂ばかり云つてらッしやるが妾(わたくし)は齒痒くてなりません。

(獵官(中)、學校先生夫人、お秀→夫)

{경의포함 대우}의 경우를 보면, 일, 이인칭대명사「わたし」,「あなた」「おまへさ

20) 단, 괄호 안에 표시한 인칭대명사는 거의 여성 전용임을 나타낸다.

ん」「おまいさん」이 사용되어, 가벼운 대우가치(待遇價値)를 읽을 수 있다. '중학교선생부인(中学校先生夫人)'은 상대에 따라서 일인칭대명사를「わたくし」와「わたし」로 나누어 사용하고 있다. 즉, 남편에 대해서는「わたくし」를 어머니에 대해서는「わたし」를 사용하고 있다. 그러나, 이인칭대명사는 같은「あなた」를 사용하는 점에 주목하고 싶다. 이 경우「あなた」는 단계의 중층성를 엿볼 수 있고, 남편에 대한「あなた」는 {최상급대우}인데 비해서 어머니에 대한「あなた」는 {경의포함 대우}로 해석하는 것이 온당할 것이다.

개화기 한국어의 이인칭대명사 '당신'은 매우 드물게 나타나며, 대우가치는 그다지 높다고 볼 수 없다(35).

(35) 누가 당신다려 말을 말닛소. 나를 가지고트집가락을 ᄒᆞ닛가 말이지셰ᄂᆞᆫ 무슨셰가만소 ᄒᆞᆫ 반ᄒᆞ게셔.

(빈,p.12)(금분→복단어미)

다만, 삼인칭의 '화중주어'를 높이는 '당신'이 있다(36). 상대(上待)의 접미사 [−님]이 사용되고 문말표현 '하오체'가 사용되어 문맥상 대우가치가 높다고 볼 수 있다[21].

(36) 번연히 그밤을 팔아 돈양을 벌면 당신 마누라님 조셕을 히들이ᄂᆞᆫ줄을 짐작ᄒᆞ시면셔 그리시드란말이오. 셰상에 우리아씨 불상도ᄒᆞ시지.

(빈,p.6)(복단어미→장서방)

또한, 문말표현 형식에도 약간의 차이가 보인다. 예를 들어,「でございます」은 {최상급대우}에 많고, {경의포함 대우}에서는「であります」「です」등이 선호된다(37), (38). 이하, 용례를 들어 두자.

21) 강규선(1997:149)에 의하면, 신소설에 보이는 상대(上待)의 접미사로는 [-님][-ᄃᆡ][-분] 그리고 평대 정도의 [-네] 등이 나타난다고 한다.

(37) だッて阿母さん、いくら妾(わたし)がヤキモキ心配しても肝腎の當人が平氣でいたら仕様がないぢやありませんか。

(獵官(上)、中學校先生夫人、お秀→母親、)

(38) 貴婦(あなた)エンゲージメントが決つてるんだから、女子大學も所詮お慰みですね。

(女學者(上)、女學者→若い女、お召の束髮)

{중립대우}에 대해서 보면, 인칭대명사「わたし」와「あなた」가 사용되고 문말표현 형식에서도 남성과 거의 차이가 없다(39). 하층 계급에 속하는 경우는 일인칭「あたし」가 보이는 경우도 있다. 이하, 용례를 든다.

(39) そりやア貴姉(あなた)には姑が無いから妾(わたし)には同情出來ないサ。

((新妻君(上), 高等官夫人→若い主婦, 同窓)

{하대(下待)}는 윗사람이 아랫사람에게 사용이 중심이다. 가령, 상층 교양 층의 '귀부인'이 친근한 '남작부인(男爵夫人)'에 대해서 격의 없는 장면에서「あんた」로 부른다(40). 이것은 친근감 혹은 때로는 놀리거나 약간 빈정거림을 표할 때 사용된「あんた」이다. 마찬가지로 '지방유지부인(地方有志夫人)'이 여동생을 지칭할 때「あんた」도 {하대}라고 생각할 수 있다. 이 {하대}에 해당되는 일인칭대명사는 윗사람에 대해서 약간 응석 부리듯이 사용된「あたし」이다(41). 용례 (41)의「あたし」는「わたし」보다 대우가치가 낮고 친밀함이 느껴지는 등 '젊은 여성'(서생부인풍;書生夫人風)이나 '하녀'(「女中」)과 같은 서민 계급에 사용이 관찰된다. 여기에서 적어도 상층 교양 층에서는「あたし」{하대}는 사용되지 않는다고 말할 수 있다. 이하, 용례를 들어 두자.

(40) 淑女會の効能書を饒舌つている最中に貴婦(あんた)が眞朱な顔をして出て來るんだもの。

(貴婦人(下)、貴婦人→男爵夫人)

(41) 妾(あたし)なんぞは姉さん、贅澤ぢやアありませんワ。

((投機4)、若い女、おそよ、妹→資産家夫人、織江、姉)

「あなた」에 대해서 살펴보자. 개화기 한국어의 '당신'은 이인칭으로 사용이 매우 드물지만, 메이지 시대 일본어에서「あなた」는 여성의 대표적인 이인칭대명사이다. 여성의「あなた」사용은 상층과 하층에 걸쳐서 많은 사용이 보인다. 상층에 속하는 부인 층에서는 아내가 남편에게 보통「あなた」를 사용한다. 중학교 선생부인이 남편에게, 국회의원의 부인이 남편에게 사용한다. 이처럼 상층 여성에게 있어서「あなた」는 남편, 윗사람에게 대한 사용이 중심이 되고 화자의 사회적 신분에 적절한 말투로서 대우가치가 유지된 편리한 이인칭대명사였다고 말할 수 있다[22]. 그러나, 하층의 '하녀'(「女中」)나 '담배 가게의 여인'(「煙草屋の女」)은 격의 없는 장면에서「あなた」를 사용하여 상대방에게 친근감있게 대하고 있다(12)(17).

한국의 개화기 이인칭대명사는 가족 호칭 및 관직명[23]으로 대체되어 그 사용이 드물지만, 메이지 시대 일본어의 경우는 이인칭대명사로 지칭하는 경우가 상대적으로 많다. 특히, 이인칭대명사의 남성 전용의 사용어휘가 많은 것이 특징적이다. 그러나, 한국어는 엄격한 계급 사회의 신분 특성으로 인해, 여성의 경우, 가족 호칭이나 직함으로 부르기 때문에 상대방을 높이는 상대(上待)의 대명사가 발달하지 못하였다. 메이지 시대 일본어에서 'あなた'는 여전히 이인칭대명사로서 가장 높은 대우가치를 지니고 있으며, 상층, 하층 모두가 사용하는 일반적인 이인칭대명사였다. 그 표기의 다양성에서 보더라도 'あなた'의 다양한 사회언어학적인 사용 분포, 사용 영역을 짐작할 수 있다.

---

22) 대등관계에서「あなた」가 사용된 경우는 화자는 젊은 여성이고 상층부인의 경우와는 달리 술부(述部)에 경어표현은 그다지 사용되지 않는다. 이와 같은「あなた」에는 격의 없고 친밀한 (그러나,「あんた」「おまへさん」만큼 서먹서먹함을 띠지 않는다. 여성용 이인칭대명사의 역할을 볼 수 있다.

23) 관직명은 현직이거나 前職을 포함해서 호칭하는데, 양반 계급에게 관직명으로 부른다. 즉, 양반이 양반에게, 상민이 양반에게, 천민이 양반에게 관직명으로 부르는데, 관직 호칭으로 하는 것이 상대방을 배려(사회적 지위를 인정)하면서 동시에 높게 대우하는 것으로 해석할 수 있다.

그리고 한일 양국 모두 남성에 비해 여성의 경우, 여성만이 사용하는 인칭대명사가 적은 점이 유사하다. 양국 모두 한자어에서 온 인칭대명사는 남성이 사용하는 경향이 있으며, 순수 고유어(한국어, 일본어)의 경우 남녀 모두 사용한다. 이러한 사실과 더불어 일본어의 경우는 대우가치가 높은 일인칭에 여성의 사용이 집중된다. 반면, 남성의 경우, 대우가치가 낮은 인칭대명사의 숫자가 풍부하고 다양하다. 전반적으로 개화기 한국어의 인칭대명사는 일본 메이지 시대의 근대 일본어 인칭대명사에 비해 다양성, 어휘의 숫자가 부족하다고 말할 수 있다.

4. 나오며

이상, 메이지 시대 소설과 개화기 신소설을 대조 분석하여, 한일 근대 여성어에 대하여 고찰하였다. 그 결과, 문말표현 형식(종결어미의 등분)이 한국어가 일본어에 비해서 발달되어었다고 할 수 있다. 일본어의 경우, 메이지 말기 무렵에는 문말표현의 정리 현상, 간소화의 경향이 있으나, 한국어 개화기 신소설의 경우는 아직 문말표현(종결어미)의 정리 현상이 일어나지 않았다. 이는 개화기 한국어의 다양한 표기법에서도 알 수 있다. 메이지 말기 일본어의 경우, 언문일치 운동이 일어난 지 20년 이상의 시간이 경과되어 문학작품 속에는 현대일본어와 비슷한 양상을 보이게 된다. 반면, 개화기 한국어는 문체의 정리 현상이 본격적으로 진행되지 않았다. 결국 개화기 한국어의 문체가 일본어 문체에 비하면 그 간소화 정리의 시기가 늦었다고 말할 수 있다. 부부 간의 문말표현 사용 실태에서 상류층에서 한일 양국 간에 차이점을 보인다. 일본 부인의 경우, 남편에게 {아주높임}인 'ございます체'를 사용하고 있는데, 한국 부인은 남편에게 {예사높임}을 사용하고 있다. 남성의 경우도 일본 남편은 아내에게 [기본형+종조사]('해요체'에 상당)를 사용하는데, 한국의 남편은 아내에게 敬體인 '하오체'를 사용하고 있다.

메이지 시대 일본어의 경우, 성차가 명확하고 여성 전용의 감동사, 종조사가 다양하게 다용되고 있지만, 개화기 신소설의 종결어미에서는 여성 전용의 종결어미, 즉 성차가 그다지 나타나지 않는 점이 일본어와 대비된다. 이것은 일본어에는 정의표현이 발달되어 있고 여성스러움을 강조하는 소위 '성차 이데올로기'의 결과이기도 하다.

그리고 인칭대명사의 경우는 양국 모두 남성에 비해, 여성의 숫자가 적다. 즉, 양국 모두 남성에 비해 여성들의 인칭대명사가 발달하지 못한 이유로는 한국어는 인칭대명사 대신에 '친족어휘'나 '관직명'을 사용하는 것을 들을 수 있다. 반면, 일본어의 경우, 여성의 인칭대명사는 대우가치가 높은 인칭대명사로 통합 정리되었기 때문이다. 또한, 양국 모두 엄격한 신분 계급사회에서 여성들의 사회적 지위가 낮은 점이 반영된 결과이기도 하다. 다시 말해서 여성들은 공손한 표현을 사용해야 한다는 언중의 언어 규범 의식과 신분적인 특성으로 개인의 개성 의식이 작품 속에 드러나지 않았기 때문으로 생각된다. 전반적으로 개화기 한국어의 인칭대명사는 일본의 메이지 시대 인칭대명사에 비해서 다양성, 어휘 숫자가 부족하다고 말할 수 있다.

본 연구에서는 문말표현과 종결어미, 정의표현, 가족 호칭과 부부 호칭, 인칭대명사 등을 살펴보았다. 그 결과, 한일 양국의 소설 속에 나타난 근대 여성어의 상이점과 유사점을 확인할 수 있었다. 그러나, 한일 양국 여성의 담화(Discourse)상의 차이 즉, 대화 전개 스타일의 차이, 표현 형식의 차이, 여성어로 대표되는 젠더 표현의 문맥 속에서 상세한 기능의 차이를 다루지 못했다. 이에 대한 상세한 고찰이 이루어지면 언어 사용상의 성차를 명확히 파악할 수 있게 될 것으로 생각된다. 이 부분은 향후 과제로 남겨둔다.

参考文献

강규선(1997) "国語의 敬語法 研究" 보고사

국학자료원(2006) "문학비평용어사전, 상" 새미

권영민(2002) "1896-1945 한국현대문학사1" 민음사

朴英燮(1992) "開化期 国語 語彙資料集" 서광학술자료사

방극철(2006) "韓日 大学生의 敬語使用 實態調査-敬語教育의 観點에서-" 『日語教育』 38輯 韓国日本語教育学会

_______(2011) '메이지 30년대 소설의 성차-役割語의 관점에서-' "비교일본학" 24집

송기섭(2008) "근대소설의 서사 윤리" 태학사

송민호(1978) '新小説의 史的 性格에 대하여' "韓国開化期文学叢書" 아세아문화사

신중진(2007) "개화기국어의 명사 어휘 연구" 태학사

안영희(2011) "한일 근대소설의 문체 성립-다야마 가타이, 이와노 호메이, 김동인-" 소명출판

이경우(1998) "최근세국어 경어법 연구" 태학사

최낙복(2009) "개화기 국어문법의 연구" 도서출판 역락

홍민표 (1996)「한일대학생의 언어생활의 비교연구」『日本学報』37輯 韓国日本学会

蟹江美幸(2014)「日本語「ーください」と韓国語「要求表現」の比較」『日本近代学研究』43輯 韓国日本近代学会 pp.49-70

房極哲·李夏子(2005)「『藪の鶯』における女性語ーいわゆる情意表現を中心にー」『日本語文学』24 韓国日本語文学会

房 極哲(2010a)『近代日本語の待遇表現の研究ー社会言語学的な観点からー』J&C

______(2010b)「韓日近代新聞における言語生活の対照研究」『日本近代学研究』29輯 韓国日本近代学会

石田禎紀(1972)「近代女性語の語尾ーてよ·だわ·のよー」『解釈』18-9 解釈学会 pp.22-27

因京子(2003)「マンガに見るジェンダー表現の機能」『日本語とジェンダー』3号 日本語ジェンダー学会

小川早百合 (2006)「話しことばの終助詞の男女差の実際と意識ー日本語教育での活用に向けてー」『日本語とジェンダー』ひつじ書房

遠藤織枝·尾崎喜光(1998)「女性のことばの変遷-文末·コト·テヨ·ダワを中心に-」『日本語学』17-5 明治書院 pp.56ー79

荻野綱男·金東俊·梅田博之·羅聖淑·盧顕松 (1991)「日本語と韓国語の第三者に対する敬語用法の比較対照」『朝鮮学報』141 朝鮮学会

金淑美(1995)「韓日敬語用法の対照研究-話題の人物の待遇を中心に-」『日本語教育』85 日本語教育学会

金順任 (2005)『日本語と韓国語の第三者敬語の対照研究』東京外国語大学大学院 博士論文

小松寿雄(1988)「東京語における男女差の形成-終助詞を中心として-」『国語と国文学』65-11 pp.94-106

小島俊夫(2002)「後期江戸語敬語体系における＜あなた·おまへさん＞」『日本語と日本文学34号』筑波大

学国語国文学会 pp.15–28
小林千草(2007)『女ことばはどこへ消えたか？』光文社新書310
鈴木英夫(1976)「現代日本語における終助詞の働きとその相互承接について」『国語と国文学』53ー11 pp.58–70
田中章夫(2001)『近代日本語の文法と表現』明治書院
坪井美樹(2007)「現代日本語における性差の源流ー明治期の資料と言説」『日本近代学研究』18輯 韓国日本近代学会 pp.5–13
寺田智美(2000)「明治末期の女性語についてー夏目漱石の小説にみえる「絶対女性語」の考察ー」『早稲田大学日本語研究教育センター紀要』13号
________(2002)「夏目漱石の小説にみえる「相対男性語」ー女性が使用する場合を中心にー」『早稲田大学日本語教育研究センター紀要』15号
中村桃子(2007)『「女ことば」はつくられる』ひつじ書房
日本近代文学館編 (1977)『日本近代文学大事典 第3巻人名, 4巻事項』講談社
水谷信子(2001)「あいづちとポーズの心理学」『言語』30ー7 大修館書店
森銑三(1969)『明治東京逸聞史１』平凡社 東洋文庫135
______(1969)『明治東京逸聞史２』平凡社 東洋文庫142
森野宗明 (1991)「女性語の歴史」『講座日本語と日本語教育10』明治書院 pp.225–248
任利(2005)「明治30年代の小説における性差と文末表現」『日本語と日本文学』40号 筑波大学国語国文学会 pp.1–15
Vanbaelen,Ruth (2003)「性差マーカーの「自然さ」ー小説文の会話文と実際の会話との比較ー」『日本語と日本文学』36号 筑波大学国語国文学会 pp.54–67

5.2 한일 근대 신문의 언어생활 대조 연구

1. 들어가며

본 절에서는 한일 근대 신문의 언어생활 대조 연구의 일환으로 한국 개화기의 '독립신문『独立新聞』'과 같은 시기 일본의 '요미우리신문『読売新聞』'의 잡보란(雜報欄)에 주목하여 양 언어 언어생활 실태에 대해 고찰한다. 신문을 대상으로 한 지금까지의 많은 선행 연구는 현대어의 어휘 연구가 중심이며, 근대의 신문을 언어 자료로 한 대조 연구는 거의 볼 수 없다. 또한, 종래의 연구는 사회언어학적 관점을 역사적 연구에 적극적으로 적용하지 않았다.

따라서, 여기에서는 근대 신문의 언어 표현을 젠더의 관점에서 고찰하고, 양 언어의 언어생활 실태를 상세히 서술하고 양국 신문에서는 어떻게 여성상을 반영하고 있는지? 남성상 과의 어떠한 차이가 있는지를 분석해 나가기로 한다.

현대 일본어의 원류는 근대인 메이지 시대에 찾을 수 있고 현대 한국어의 기반은 개화기의 한국어이다. 한국에서도 일본과 마찬가지로 본격적인 신문 출발 시기는 근대이기 때문에 근대에 주목하고 연구할 필요가 있다.

2. 선행 연구와 문제의 소재

언어생활 연구는 柴田武(1977)「일본인의 언어생활」에서 알 수 있듯이 폭넓은 범주이지만 그 중심은 사회언어학적 연구이다. 일본에서 언어생활의 연구는 국립국어연구소에서 활발한 연구 성과를 낸 1960년대 이후이다. 다양한 경어 사용의 실태조사와 경어에 관한 의식조사 등이 있다. 방언과 표준어 문제, 직장이나 가정에서의 호칭 사용 문제, 인사 행동, 의뢰 행동 등에 관한 많은 연구가 있었다. 문부성 국어심의

회(文部省國語審議會) 언어생활 실태조사와 방송사, 신문사 등 언어생활 여론조사도 다수 있다.

요미우리 신문의 언어생활에 관한 조사에 의하면, 일본인의 80% 이상의 사람이 일본어가 흐트러지고 있다고 한다(홍민표 2002 참조). 또 일상 생활의 가타카나어를 모르고는 곤란하다는 대답도 80% 가까이 되는 등 혼란을 호소하고 있다. 지금도 언어생활은 상당히 빠른 속도로 변화하고 있다. 근대에 거슬러 올라가면 어떨까? 한국어와 대조하면 어떤 차이가 있을까? 당시의 사회상을 적절하게 반영하고 있는 신문. 신문에 나타나는 언어생활의 연구는 현대어를 이해하기 위해서, 게다가 언어변천을 생각하는데 시사하는 점이 적지 않을 것이다.

종래의 선행 연구에서는 메이지 시대의 문학 작품(주로 소설)을 조사 대상으로 하고, 메이지 시대의 언어 연구가 이루어지고 있는 것 같다. 메이지 시대 신문을 대상으로 한 언어생활, 특히 대우표현 연구는 필자가 조사한 바, 그다지 보이지 않았다. 당시의 신문을 조사대상으로 한 일본의 선행 연구를 소개하면, 용어조사(国立国語研究所 1959)와 문체적 성질(山本正秀 1965), 어휘 조사(進藤 1981, 2004), 신문 독자층을 중심으로 한 자료의 특질에 주목하는 연구(山本武利 1981), 소신문(小新聞)과 대신문(大新聞)에 보이는 조동사「です」의 양상에 대해(長崎 2000, 2001), 메이지, 다이쇼 시대 신문의 가나사용법(仮名遣い) 개혁을 실행해 가는 과정을 말하고 있는 연구(井口 2009) 등이 있다. 또, 소신문의 투서란을 독자와 커뮤니케이션의 관점에서 고찰해 소신문이 어떠한 위치, 자리매김과 의미를 지니고 있는지에 대해 논하고 있는 土屋(1992)의 연구를 볼 수 있다.

이러한 연구의 흐름 속에서 中村(2007)는 '여성어'를 젠더의 관점에서 고찰하고 있다. 中村(2007)에서는 특히 '여성어' 이데올로기의 역사적 형성 과정에 주안을 두면서 논하고 있다. 예를 들면,「여학생 말」도 실제로 일상적으로 사용되고 있는 말이 아니다.「여학생 말」이란 소설이나 식자의 논평에 의해 만들어진 언어 이데올로기이다. 즉, 메이지 시대의「여학생 말」은 여학생 자신이 사용했기 때문에 자연스럽게 성립한 것이 아니라, 메이지의 근대화, 국민화, 자본주의, 소비의 발달, 언문일치에 의한「국어」의 성립 등을 배경으로 만들어진 언어 이데올로기라고 말했다. 그러나, 中村의 연구에서도 '여성어'가 어떻게 사용되고 있는지 라는 점에 대해서는 상세히 언급하고 있지 않다. 또한, 中村의 분석 자료에서도 신문을 젠더의 관점에서 직접 조사하지는 않았다.

한국 개화기 신문에 나타난 어휘 연구는 朴英燮(1994, 1996)이 있다. 여기에서는 개화기의 신문에 나타난 고유어와 미해석어, 없어진 한자어, 신어, 차용어 등을 조사해 어종별로 나누어 어휘를 들고 있지만, 구체적인 분석은 이루어지지 않았다. 한국의 개화기 국어연구는 학교 교육에서 시작된 것이 특징적이다. 특히 철자법 제정과 문법 연구는 대부분 교과서 편찬을 위해서 이루어진 것이다(金敏洙 1964:203).

한편, 조선 여성의 언어에 대해 李乙煥(1999:161)에 따르면 조선 여성의 이상적인 경지는 범 인간상의 정수를 기본으로 유교적인 교리, 계율에 입각한 여성상이라고 한다. 즉, 유화(柔和), 경순(敬順), 순결(純潔), 근검(勤儉)은 조선 여성의 정신의 핵심이라고 할 수 있고, 이러한 정신 구조, 의식 구조에 온상을 둔 언어 사용은 스스로 부녀 언어의 이상적인 윤리면을 그대로 반영하는 것이다. 이와 같이, 여성상과 언어에 대해 언급하고 옛 문헌을 통해 이상적인 여성상이나 여성에 어울리는 언어 표현(예를 들면, 아어(亜語)와 다언(多言), 허언(虛言), 속어(俗語), 경어(軽語)의 금지 등) 등을 말하고 있다.

본 연구에서는 이상을 고려하여 젠더의 시점을 적극적으로 도입하면서 한국과 일본의 근대 신문을 분석하고 싶다. 메이지 시대와 같은 신분 제도의 격변 시대에 있어서 대우표현의 실태나 변화의 파악에는 성차를 비롯한 사회언어학적 방법을 적용할 필요가 있다. 궁극적으로 본 연구에서는 사회언어학적 관점에서 신문에 나타난 근대 일본어와 개화기 근대 한국어의 언어생활의 모습과 특징에 대해서 분석한다.

3. 연구 방법과 자료

3.1 연구 방법

본 연구는 한일 근대 신문에서의 언어생활의 대조 연구이지만, 신문을 대상으로 한 언어 연구는 현대어에 한해서 말하면, 양국 모두 어휘와 경어 연구 등 다수 있다. 그러나 근대까지 거슬러 올라가면 자료의 제한도 있어 그다지 이루어지지 않았다. 그리고 대조 연구의 관점에서 보아도 현대어의 경우는 어느 정도의 연구 성과는 있지만, 양 언어 근대어의 대조 연구는 필자가 조사한 바에 따르면, 거의 이루어지지 않았다.

본 연구의 전체적인 연구 방법은 다음의 <그림 1>과 같다.

<図1>【연구 방법 흐름도】

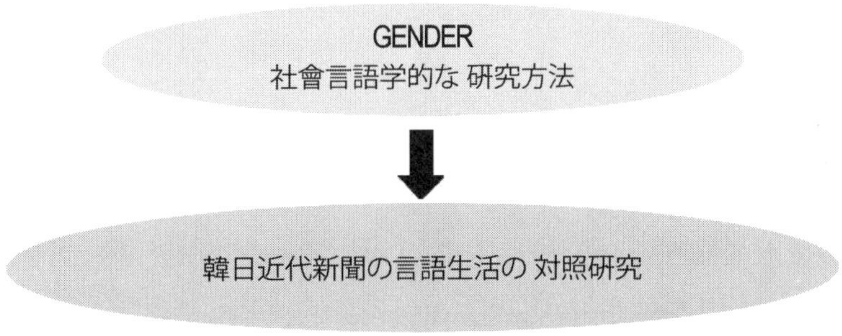

연구 방법은 사회 언어학적인 연구로서 주로 성별의 관점에서 언어 생활을 대조한다. 연구의 자료는 한국과 일본의 근대 신문이지만, 한국의 독립 신문의 발행 시기를 참고로 같은 시기의 요미우리 신문을 조사한다(<그림 2> 참조). 연구의 객관성을 확보하기 위해, 같은 시기에 발행된 다른 신문도 조사 대상에 포함할 필요가 있을 것이다. 예를 들어 일본의 아사히 신문(朝日新聞), 마이니치 신문(毎日新聞)과 한국의 개화기 신문인 한성 주보(漢城週報), 한성 신문(漢城新聞), 만세보(万歳報) 등도 조사할 필요가 있지만 다른 기회로 분석해 나갈 생각이다.

여기에서는 신문의 투서란, 잡보, 광고란의 기사를 중심으로 언어생활의 실태를 조사, 분석한다.

<図2>【『独立新聞』과 『読売新聞』의 조사 시기】

신문에서는 어떤 표현과 어떠한 수법으로 남성상과 여성상이 그려져 있는 것인가? 양국의 신문에서는 어떠한 차이점이나 유사점이 있는지에 대해 고찰하고 싶다.

여기서 신문과 성별에 대해 언급한다. 우선, 신문을 젠더의 관점에서 보면, 남녀 평등의 현대 사회의 신문에서도 남성과 여성을 대등하게 취급하고 있다고는 생각되지 않는다. 그 원인은 도대체 어디에 있는가. 中村(2007:120)에서는 초기 수신 교과서는 남녀의 차이를 강조하고, 남자의 언어 사용(말투)에 대한 규범 이외에 여자의 언어 사용에는 더욱 엄격한 규범을 부과하는 것으로 특징지어진다고 한다. 中村(2007)에서 알 수 있듯이, 메이지 초기에는 여성에 대한 엄격한 언어 규범을 교과서라는 권위를 가지고 있는 언설에 의해, 젠더화는 한층 더 진행되고 있었을 것이다. 이것은 메이지 시대의 여훈서(女訓書)의 언설이 교과서에도 어느 정도 반영된 것이 아닐까? 많은 여훈서에 공통적으로 언급하는 것은 여자(부인)는 언어(글, 말)를 신중하게 하고, 많이 말하지 않는다는 내용이다. 즉, 다언의 금지와 언어의 교양, 품격을 중요시하고 있다. 그 언설의 핵심인 '말을 삼가함(ことばの慎み)'이 교양 있는 여성의 규범적인 언어 행위에 어떠한 형식으로 지배되고 당시의 신문에는 어떻게 묘사되었는가를 밝히는 것은 흥미로운 일이다.

3.2 연구 자료

다음으로 연구 자료에 대해 살펴보자. 우선, 「요미우리신문(『読売新聞』)」에 대해 설명한다. 『요미우리신문』의 창간은 메이지 7년(1874) 11월 2일이다. 당시의 신문은 일부 지식인의 전유물에 지나지 않았지만, 『요미우리신문』은 기사 전문에 방훈(傍訓; 읽은 법, 요미가타)을 하고 처음부터 많은 대중을 대상으로 발간한 점에 큰 특색이 있었다. 또 다른 소신문과는 편집 방침을 달리, 창간의 취지인 보도 본위와 대중 계발(啓發) 주의를 잃지 않았다. 특히, 독자 투고란(寄書欄)은 당초의 투서란부터 점차 오늘날의 시사평론, 문예란, 혹은 칼럼을 종합한 성격의 것으로 발전하고 있었다. 최대의 발행 부수를 가지는 신문으로서 독자로부터 시사 문제에 관한 사론(社論, 신문사 논조)을 묻는 것이 많아져, 메이지 12년 1월, 일면에 「잡담(雑譚)」이라고 하는 논설란을 신설했다. 이 '잡담'은 8년간 계속되었으며 이후에는 '사설'이 되었지만, 그 동안 계몽기의 명료한 논설로서 역할을 하게 되었다[24].

발행 당시의 『요미우리신문』에는 다음과 같은 기사가 있다. 다음 기사에서 알 수 있듯이 『요미우리신문』은 여성(부녀자)을 주된 독자층으로 상정하고 있는 것, 신문 독자들에게 담화 같은 구어체 투서를 바란다는 점에서 젠더의 관점에서 여성어 연구에 적절한 조건을 갖추고 있다고 말할 수 있다.

此新ぶん紙は女童(おんなこども)のおしへにとて為になる事柄を誰にでも分るやうに書てだす趣旨でござりますから耳近い有益ことは文を談話のやうに認て御名まへ所がきをしるし投書を偏に願ひます

(読売新聞 明治7年11月2日(第一号､しらせ))

이 신문이 어린 여자 아이(아동)들의 가르침에 도움이 되는 내용을 누구라도 이해하도록 써서 제출하는 취지이므로 귀에 가까운 유익한 문장을 담화(말하듯이)와 같이 하고 이름과 주소를 쓰고 투고해 주기를 부탁합니다.

(요미우리신문 메이지 7년 11월 2일(제1호, 알림))

24) 「読売新聞100年史」昭和51, 読売新聞社, pp.125-151

속담평화(俗談平話)라는 문체는 『読売新聞』의 편집장인 長鈴木田正雄가 중심이 되어 만든 문체이다. 이것은 서민의 일상어에 가까운 문장이다. 『読売新聞』이 이와 같은 속담평화의 문체에 성공하자 잇달아 다른 신문들이 창간되었다.

다음으로 조사 대상으로 하는 한국의 신문 「독립신문(『独立新聞』)」에 대해 설명한다. 『独立新聞』은 1896년 4월 7일 창간호부터 1899년 12월 4일까지 간행되었다. 『独立新聞』을 주된 분석 대상으로 한 것은 독자적인 광고면이 있고 한글 표기를 하기 때문에 개화기 한국어 연구에 적합한 자료라고 생각된다. 1883년에 간행된 「한성주보『漢城週報』」는 독자적인 광고면이 없다. 『独立新聞』의 교육 기능에 대해 보면, 오세응(1993)에서는 크게 세 가지로 나누고 있다.

(1) 대중교육을 위한 한글 사용
(2) 시민권 사상의 보급(평등 사상, 남녀 평등)
(3) 정치 제도의 개혁 사상

한편 『独立新聞』은 창립 초기에는 불안정한 정국 아래 정부와 상당한 갈등 속에서 탄생했다. 또 3년 8개월 발행기간 동안 다양한 모습을 보인다. 『独立新聞』의 변화의 추이를 다음과 같이 4기로 나누어 정리할 수 있다[25].

○ 第一期: 창간(1896年 4月 7日)−1897年 2月
○ 第二期: 1987年 2月−1898年 2月
○ 第三期: 1898年 2月 21日−1898年 12月 30日
○ 第四期: 1899年 1月 1日−폐간(1899年 12月 4日)

제1기는 창간 초기 정부의 입장을 국민에게 알리는 역할에 중점을 두고 있다. 또 1896년 독립협회 창립과 함께 문명개화에 대한 계몽적인 역할을 강조하게 된다. 두

25) 서울대정치학과 독립신문 강독회저(2004) "독립신문 다시일기"도서출판 푸른역사

번째는 한글판과 영문판을 분리하고 적극적으로 현실의 문제에 개입하는 시기이다. 정부에 대한 비판이 이뤄지면서 『独立新聞』은 폐간 위기에 빠진다. 신문 창간자인 서재필은 조선을 떠나 신문 경영은 윤치호(윤치호)로 이어진 것이다. 제3기는 1898년 초부터 독립협회가 해산될 때까지이다. 신문은 일간지로서 발전해, 독립협회가 중심이 된 만민공동회와 결합해, 최초의 근대적인 시민사회가 만들어져 갔다. 제4기는 1898년 12월 만민공동회가 해산된 이후 폐간에 이르기까지 『独立新聞』의 논조는 변화하게 되었다. 결국 『独立新聞』은 현실의 문제에 대한 개입 능력을 잃은 채 단순히 문명개화론을 설교하는 신문에 머물렀다.

『独立新聞』은 신분의 상하귀천을 불문하고 민중, 서민들이 읽기 쉬운 신문을 만들어 국민을 계몽하는 목적도 있었다. 『独立新聞』은 다음과 같이, 제1호 1896년 4월 7일의 기사에 순한글 기사를 작성해 농촌에 사는 서민이나 여성까지 독자로서 상정하고 있음을 알 수 있다.

> 우리 신문이 한문은 아니 쓰고 다만 국문으로만 쓰는 것은 상하귀천이 다 보게 함이라. 또 국문을 이렇게 구절을 띄어 쓴 즉 아무라고 이 신문을 보기가 쉽고 신문 속에 있는 말을 자세히 알아보게 함이라......우리 신문은 빈부귀천을 막론하고 이 신문을 보고 외국물정과 내지 사정을 알게 하라는 뜻이니 남녀노소 상하 귀천 간에 우리 신문을 하루걸러 몇 달간 보면 새 지각과 새 학문이 생길 걸 미리 아노라.

이상 『독립신문』에 대해 간단히 서술했듯이 개화기 한국어 연구에 적합한 언어 자료로 판단된다. 『독립신문』은 근대 일간지의 창시, 조국의 개화, 자주, 자립을 위한 대중의 계몽 신문인 동시에 서양 문명의 전달자로서 부정을 고발하고, 민주, 민권, 민족의 정신을 길러, 국가의 번영의 길을 선도적으로 앞당기려고 하였다. 따라서, 이와 같은 『독립신문』을 조사하고 당시의 언어생활을 연구하는 의미는 크다.

지금까지 자료를 중심으로 연구 내용에 대해 간단히 살펴보았다. 여기에서는 한일 양국의 근대 신문을 조사하여, 젠더의 관점에서 한일 근대어와 여성어의 대조연구를 하는 것이 본 장의 최종 목적이다.

4. 성차로 보는 신문의 언어 표현

우선, 신문을 성차(젠더)의 관점에서 보면, 남녀 평등의 현대 사회의 신문에서도 남성과 여성을 대등하게 취급하고 있다고는 생각하지 않는다. 본래 신문에는 여성이 그다지 등장하지 않는다. 남성 중심의 언론 환경의 문화에서 여성의 존재는 무시되는 경향이 강한 것 같다. 그 원인은 도대체 어디에 있는가? 메이지 시대와 같이 남성 중심의 사회에서는 남성이 가지는 의식의 보수성이나 신문 제작 프로세스 등 남성이 중심이 된 사회의 구조에 크게 영향을 받았을 것이다. 이것에 대해서는 다양한 이유나 시대 배경이 있을 것으로 생각된다. 따라서 사회언어학적 관점과 사회학(매스미디어)의 영향 관계에 주목할 필요가 당연히 나온다.

여성의 사회적 위치는 남성에 비하면 상당히 미약한 존재였던 것을 말할 수 있을 것이다. 요컨대, 메이지 시대의 남성은 <공공에 관련된 주요 존재[26]>, 이에 대해 여성은 그다지 <공공과 관련이 없는 따르는 존재>라는 사회적 성차와 연계하여 말을 생각할 필요가 있다. 그리고 상층의 여성 사이에서도 다양한 규제가 있어 자유로운 생활은 할 수 없었다고 생각된다.

그렇다면 언어의 측면에서는 구체적으로 어떻게 다루어지고 있는가?

『요미우리신문』 당시의 잡보(소위 사회기사)는 「ーと」「ーといふ」의 기사가 많다. 그 무렵의 잡보라고 하는 것은 지금과 같이 신문 기자가 직접 취재한 것이 아니고, 탐방원이라고 칭하는 자료수집가가 여러 사람들에게 물어보고 청취한 재료를 신문사에 돌아와서 말한다. 그것을 들으면서 사원이 기사로 하는 것으로 「ーと」「ーといふ」라고 하는 기사가 아주 많이 눈에 띈다. 이런 수법은 『독립신문』도 마찬가지다. 『독립신문』의 [잡보, 잡보]란에서도 '-(다)더라' 조가 매우 많다. 이처럼 두 신문 모두 신문보도의 객관성을 유지하기 위해, <전달성>을 강조한 것이다.

---

26) 坪井(2003)의 용어와 개념을 따른다. 여기서는 헤이안 귀족사회에 있어서 표기 양식을 둘러싼 <젠더 규범>의 본연의 모습을 사회적 성차와 관련지어 그 결과로 '男手'와 '女手'와 같은 명명이 이루어졌다고 설명하고 있다. 자세한 내용은 坪井 (2003)을 참조.

다음에 용례(1−6)을 든다.

(1) 새문밧 윤ᄌᆡ오 집에서 불이 사흘젼에 낫ᄂᆞᆫ듸 (중략) 만일 ᄆᆡ우 더옵게 되면 불이 나ᄂᆞᆫ 리치라 이런 불을 죠선사ᄅᆞᆷ들은 리치를 몰으고 독갑이 불이라 ᄒᆞᆫ<u>다더라</u>.

(제일권 이호,1896년4월9일)

(2) 이월에 잡힌 죄인들을 고등 ᄌᆡ판쇼에셔 일간 결말을 낸<u>다더라</u>

(제일권 육호,1896년4월18일)

(3) 도적의 말이 우리가 삼천냥을 ᄲᅵ앗지 못ᄒᆞ면 네가 물어 주마ᄂᆞᆫ 표지를 쓰라ᄒᆞ야 밧어 갓다ᄒᆞ니 경무쳥에서 이런 말을 조곰 들어스면 죠흘듯 ᄒᆞ<u>더라</u>.

(제일권 칠호,1896년4월21일)

(4) 朝鮮代理公使李大植氏ハ本国政府よりの命令に依り今回帰国する事と為り神戸に於いて新任公使李夏榮氏に事務を引継ぎ新公使ハ東京(とうけい)に来たり李氏は同地より直ちに帰国の途に就く筈にして既に行李を整へ只管新公使の来任を待ち居れり<u>と</u>。

(明治二十九(1986年)年四月十日,雑報)

(5) 二十九年度より鉄道技師數十人技手數百人を増員するに決したるに付いてハ近日夫れ／＼新任あるべき都合なるも今日の有様にてハ到底その人物を得るに苦しむ<u>といふ</u>。

(明治二十九(1986年)年四月十一日,雑報))

(6) 因みに記す同校ハ昨日より授業を始じめたる由なるが入学の生徒ハ既に二百余名に達したり<u>と云ふ</u>

(明治二十九(1986年)年四月七日,雑報)

5. 신문에서는 여성을 어떻게 표현하고 있는가?

일반적으로 우리가 일상적으로 사용하는 단어는 성별 기반 사회의 지배 구조와 깊은 관계가 있다. 성별은 다양하며 성별은 변한다. 젠더 안에 사회계층(직업)이나 연령 등 다양한 '여성(여성)' '남성(남성)'이 존재한다.

사회적 지위가 높은 여성일수록 여성어가 명료하다. 예를 들면 [お嬢様ことば], [奥様ことば], [お姫様ことば] 등이다. 다시 말해서 '아가씨' '부인' '공주' 등으로 구별되는 여성어가 있다. 그리고 일반적으로 말하자면, 여성어로 보이는 여성성은 '단정하지 않는다, 명령하지 않는다, 겸손하여 자신을 낮춘다, 미화, 정중화(丁寧化)한다'[27]. 확실히 金水(2007)의 지적은 여성어의 특성 및 경향이라고 말할 수 있을 것이다. 시대를 거슬러 말할 수 있는지에 대해서, 각각의 언어 항목에 따라서 다를 가능성을 생각할 수 있다. 예를 들어, 성별에 따라 정중화, 공손화하는 현상은 메이지 초기에는 어느 정도였는지, 현대 일본어에서는 얼마나 변화해 왔는가 하는 점을 시야에 넣어 분석할 필요가 있다.

『読売新聞』에서는 여성을 부정적으로 표현하는 기사(용례7-9)가 많은 것에서 알 수 있듯이 남성 중심의 사회를 반영하고 있다. 예를 들어, 여성에게 폭력을 휘두르는 장면(남편→아내)과 사기 사건, 바람을 피운 남편이 아내와 부부 싸움(남편이 아내에게 폭력을 행사함)을 한다(용례7). 또, 평민의 미인인 장녀가 기생이 되어, 부모가 놀라서 장녀는 어쩔 수 없이 가출을 한다(용례8). 후작(侯爵) 저택의 원유회에서 기생(게이샤)과 즐기는 기사를 볼 수 있다(용례9). 이와 같이 『요미우리신문』에서는 여성에 관한 스테레오타입 중 하나에 연예(성적인 존재)가 나타난다.

그리고 부부 관계에서 남성은 주된 존재이며, 여성은 남성에 종속된 존재와 같은 신분, 표현(남녀의 상하관계나 우열을 슬며시 암시한다)이 보인다. 가정의 역할 속에서 여성(주부)은 남성을 따르는 것이 여성의 역할이다. 전반적으로 당시 메이지 여성의 사회적 위치와 지위(따르는 존재)의 낮음이 신문 기사화되어 있는 것이 특징적이다.

---

27) 金水(2007 : 101)

(7) 残る一円八十五銭ハ何時までも渡さざるよりおみきハ去る四月文仲方に到り残金の請求をなしけるに折節文仲ハ酒を飲み居りしが今日ハ都合が悪いからいづれ銭のあった時上るよマア夫より一盃呑んでお出なさいと無法の言葉におみきハムッとして一二言争ひしより文仲酒気に乗じ憤然と立上がるよと見る間におみきの両腕を取って後ろへ捻上げ力を極めて打たるに情なやおみきの左腕の筋骨挫けてアッと其場に気節したるがややありて正気に返り其儘京橋警察署へ出訴したる容子を見て取り文仲ハ驚き直に其場を逃去りたれど

(明治二十九(1986年)年四月八日、雑報)

(8) 京橋区岡崎町二丁目十二番地平民磯田峰吉長女おちえ(十七年)といふハ清元が名人にて近辺評判の美形なるが行々ハ芸妓となりて面白をかしく世の中を渡りて見んと途轍も無き考を起し先づ母親に内心の秘密を打明せバ峰吉夫婦ハ大いに驚き段々心得違ひを戒めけるにおちえハ本意なき事に思ひてか去四月飄然家出したる儘今に所在分からねバ余義無く捜索願を出せりと

(明治二十九(1986年)年四月七日、雑報)

(9) 不忍池に面する第一庭園に案内し此の第一庭園数十の高丘に高く各国旗を掲げ所々に椅子テーブルを配置しその間に鮨屋おでん屋団子店煮しめ舗喫煙所甘酒店等を設け新橋芸妓数十名何れも各店の売子となりて客を迎へ更に本邸の側面を過ぎて谷中に接する

(明治二十九(1986年)年四月七日、雑報)

다음으로『독립신문』의 경우를 보자.

여성이 등장하는 기사는 매우 적다. 등장하는 여성은「쳡(妾)」「(처, 쳐)아내」「계집하인」「(계집ᄋᆞ희)딸」「계집(딸), 여자」등이다(용례 10－12). 이처럼 사회적 지위가 낮은 여성이 등장하고 있다. 남성에 종속된 존재(누구의 쳡, 처), 따르는 존재이며 신분이 낮은 여성이 자주 나타난다. 문맥에서 보면, 다음의 용례 10－12는 격의 없는 장면에서「쳡(妾)」,「계집하인」을「놈(놈); 사람을 욕하는 말」과 함께 사용하고 있어 대우가치가 낮은 말인 것을 알 수 있다.

(10) 유각골 삼거리 사는 김딕영이 쳐가 나히 셜흔 너힌딕 쟉년 팔월에 ᄋᆞ희를 빅덧니 이ᄃᆞᆯ 닷싀날 계집 ᄋᆞ희 셋슬 낫코 유모와 ᄋᆞ희 ᄒᆞ나히 죽어는딕 계집 ᄋᆞ희 둘은 셔학지 영국 의원 부인 집에다 두고 기른다더라.

(십육호 5월12일)

(11) 지낸 ᄃᆞᆯ 금음날 최경식이란 놈이 인셩부지 쥬ᄉᆞ 다니는 한용션이 집에 업는줌 알고 나제 드러가 그 쳡의게 무례ᄒᆞᆫ 일을 힝코져 ᄒᆞᆯ제 칼노 그계집을 두서너 관딕를 찔너 유혈이 랑ᄌᆞᄒᆞ고 거의 죽게 되얏는딕 힝슌ᄒᆞ던 슌검의게 붓들녀 지금 경무청에 갓쳣다더라.

(십호 4월28일)

(12) 이ᄃᆞᆯ 스무날 열두시에 남촌 갓우물골 우물에셔 고씨의 계집 하인이 물동우를 이다가 ᄯᅩ아리가 ᄲᅡ지거ᄂᆞᆯ 사나희 한범의란 놈이 지내 가기에 ᄯᅩ아리를 너 달나ᄒᆞ니 그놈이 너 준체ᄒᆞ면서 은 빈여를 ᄲᅢ 가지고 도망ᄒᆞ거ᄂᆞᆯ 계집 하인이 물동우를 내던지고 고셩으로 ᄃᆡ긔 도적 놈 간다고ᄒᆞ니 남셔 슌검 김영식이가 보고 붓잡아 ---(중략)---그 도적 놈은 경무청에 가두웟다더라

(팔호 4월 23일)

한편, 남성의 경우에는 주격조사, 존경의 접미사, 경칭이 사용되는 경우가 많지만, 여성은 존경의 접미사, 경칭을 거의 볼 수 없다(여성은 이름+주격조사). 예를 들면, 직업, 이름에 붙는 경칭에 있어서,「－씨, －ᄭᅴ셔」가 남성에게는 다용된다. 이처럼 높은 대우가치를 가지고 있는 주격조사「－씨, －셔」를 성별에 따라 구분한 것을 알 수 있다. 이것은 『요미우리신문』도 거의 같게「－氏, －方」이 남성에게만 사용된다. 그러나, 남성도 평민의 경우는 보통「이름＋ハ」가 사용된다. 다음에 사용 예를 나타낸다.

【『独立新聞』の「ー씨,ー씌셔」】

ㅇ 일본 주경공ᄉᆞ 니하영씨는 (일호)

ㅇ 경무ᄉᆞ쟝 씌셔(일호)

○ 우리는 경무ᄉ씨게(일호)

○ 경무ᄉᄭᅴ셔아니 계시니(삼호)

○ 힉쥬 관찰ᄉ 니명선씨의 말을(삼호)

○ 그 적게 대군즉 폐하 ᄭᅴ셔와 왕태자 젼하ᄭᅴ셔 경운궁에 거동ᄒᆞ셔셔(사호)

【『読売新聞』の「一氏、一方」】

○ 教頭坪内雄蔵氏ハ(四月七日)

○ 東京府知事侯爵久我通久氏(四月七日)

○ 東京組合弁護士坂本省三氏ハ(四月九日)

○ 書籍店古澤富蔵方に四五日雇人となり(四月九日)

○ 平民農山口清兵衛長男市五郎ハ(四月九日)

* 男性も平民の場合は「名前＋ハ」

다음의 <표 1>에 나타낸 바와 같이, 『요미우리신문』과 『독립신문』에 출현하는 출현 빈도가 비교적 높은 명사를 비교해 보면, 근대 신문에서의 한일 양국 어휘의 유사점과 차이점을 어느 정도 구별할 수 있고 당시의 언어생활의 일부분을 이해할 수 있다.

<表 1>【『読売新聞』과 『独立新聞』의 명사 】

『読売新聞』	『独立新聞』
生徒 (中学生徒募集)	학도 (ᄉ관 학도) (소학교 학도) (빅직 학당 학도들이)
学生 (海軍大学校 全校学生, 新学生, 留学生)	ᄉ관 학원 오십명이
教員	교ᄉ (영어학교 교ᄉ) (ᄉ범 학교에서는 교ᄉ가 학도를 모화--)
小学校教員 水産伝習所教員	쇼학교 교원

警察署	경무청
巡査	슌검
大臣	대신
裁判所	ᄌᆡ판쇼
交番	교번쇼
横浜	일본 횡빈으로 가
加藤	일본사람 가등의게

<표 1>에서 명사만 보면, 근대 일본어는 현대 일본어와 거의 같다고 말할 수 있지만, 개화기의 근대 한국어는 현대 한국어와는 다른 경우가 많아 쇠퇴하는 언어 표현이라고 볼 수 있다. 예를 들어, '교사', '재판소' 이외의 어휘는 현대 한국어로는 사용하지 않는다. 또한, 사용 영역의 감소와 의미가 변화한 어휘도 관찰된다. '학도', '학원'처럼. 즉, 명사만 보면, 근대 한국어의 경우는 표기가 현대 한국어와 상당히 다른 부분이 많지만, 표기상 근대 일본어는 현대 일본어와 그다지 차이가 없다[28]. 한국어의 경우는 근대어에서 현대어에 이르는 과정에서 큰 사회변혁이나 제도의 변화(탈 일본어화)에 의해 현대어까지는 이어지지 않고 소멸한 어휘가 많았다고 생각된다.

그리고「학원」이라고 하는 현대 한국어는 보통「학원」의 의미의 사설의 교육기관과 학교와 그 외의 교육기관을 총괄하여 말하는 말이지만,『독립신문』의 당시에는 학생의 의미로 사용하고 있는 점이 주목된다. 언제부터「학원」이라는 말로부터 학생의 의미(예를 들면: ᄉᆞ관 학원 오십명이)가 없어졌는지는 흥미가 있지만, 이것은 향후 조사해 갈 필요가 있다. 또,「학도」는 당시 학생의 의미로 일반적으로 사용되었다(예를 들면: ᄉᆞ관 학도, 소학교 학도, ᄇᆡᄌᆡ 학당 학도들이)) 하지만, 현대는 사용 영역은 감소한 점이 특징적이다[29].

28) 예를 들어, 현대 한국어의 경우는「교ᄉᆞ, ᄇᆡᄌᆡ. 쇼학교」이지만, 현대 한국어의 경우:교사, 배재→초등학교)이다. 근대 일본어의 경우는 学生이지만 현대일본어는 学生이다. 일본어의 경우는 역사적 가나 사용법(歴史的仮名遣い)에서 현대가나사용법(現代仮名遣い)으로 바뀐 것만으로, 어휘 자체는 현대도 사용하고 있는 것이 많다.

29) 현대 한국어에는 학도(学徒)라는 말이 있지만, 배우는 학생의 의미로 사용영역은 감소했다고 말할 수 있다. 예를 들어,「나는 역사 학도의 한 사람으로 우리의 미래를 비관적으로 보지는 않는다」연세한국어

또한, 일본의 경우 철도, 증권회사, 생명보험회사 등의 역사가 한국보다 빨리 그와 관련된 경제 관련 어휘가 다수 나타난다. 예를 들면, 거래소, 은행, 무역협회, 입찰, 낙찰, 주식회사, 박람회 등이 있다. 이들 어휘는 같은 시기의『독립신문』(양 신문의 기사 분량에는 큰 차이는 있지만)에는 아직 출현하지 않은 어휘이다.

6. 맺음말과 향후의 과제

본 절에서는 근대 한국어와 근대 일본어의 사회언어학적인 연구로 근대 신문의 기사를 중심으로 언어생활의 실태를 대조·분석했다. 이상 살펴본 것처럼, 양 신문 모두 남성을 기준으로 보도하는 경향이 있다고 말할 수 있다. 여성의 경우, 신문에서 다루는 기사는 극히 적고, 언급되는 내용도 양 신문 모두 마이너스적인 소재가 많다는 점에 특색이 있다.

또한, 일본의『요미우리신문』의 어휘는 현대 일본어로 이어지는 언어 표현(명사에 한해서 말하면)이 많다. 그러나 한국의『독립신문』어휘의 경우 현대 한국어까지는 연결되지 않은 채 사라져 버리는 어휘와 의미 축소와 의미 전성 등이 보인 것은 주목된다.

언어생활은 그 모습의 방향이 복잡하고 다양하기 때문에 다양한 각도에서 세밀한 조사가 요구된다. 앞으로 자료를 폭넓고 정밀하게 조사하여 양 언어의 언어생활 실태 및 변화의 모습 등을 규명해 나갈 생각이다.

* 본문의 인용문 중에서 특히 일본의 용례에 대해서 표기, 구독점 등은 기본적으로 원문에 따르지만, 입력이 어려운 글자체는 현대가나사용법(現代仮名遣い) 으로 표시하였다.

사전 p.2003. 1998년 두산동아」

参考文献

金敏洙(1964) "新国語学史(全訂版)" 一潮閣

朴英燮(1994) "개화기8 국어 어휘자료집1(독립신문편)" 도서출판 박이정

______(1996) "개화기 국어 어휘자료집3(교과서·신문편)" 도서출판 박이정

오세웅(1993) "서재필의 개혁운동과 오늘의 과제" 고려원 연세대학교 언어정보개발연구원(1998) "연세한국어사전" 두산동아

李乙煥(1999) "한국의 여성 언어" 숙명여자대학교 출판부

서울대정치학과 독립신문 강독회저(2004) "독립신문 다시읽기" 도서출판 푸른역사

홍민표(2002) '언어생활' "일본어학의 세계" 도서출판 박이정

井口佳重(2009)「明治·大正期における新聞の仮名遣い改革」『日本語の研究』第5巻2号 (『国語学』通巻 237 号)

岡満男(1981)『婦人雑誌ジャーナリズム』現代ジャーナリズム出版会

金水敏(2003)『ヴァーチャル日本語役割語の謎』岩波書店

金水敏編(2007)『役割語研究の地平』くろしお出版

黒岩比佐子(2008)『明治のお嬢さま』角川選書 441

国立国語研究所(1959)『明治初期の新聞の用語』国立国語研究所報告15

柴田武(1977)「日本人の言語生活」『岩波講座日本語２言語生活』岩波書店

進藤咲子(1981)「第6章明治初期の小新聞にあらわれた談話体の文章」『明治時代語の研究 －語彙と文章－』明治書院

______(2004)「明治10－11年の新聞のことば―「郵便報知新聞」を資料として―」『近代語研究第12集』近代語学会編 武藏野書院

田中和子·諸橋泰樹(1996)『ジェンダーからみた新聞のうら·おもて－新聞女性学入門－』現代書館

土屋礼子(1992)「明治初期小新聞にみる投書とコミュニケーション」『新聞学評論41』日本新聞学会

______(2002)『大衆紙の源流－明治期小新聞の研究－』世界思想社

坪井美樹(2003)「男手·女手－「性差」による表記様式の分類－」『筑波日本語研究』8号 筑波大学日本語学研究室

______(2007)「現代日本語における性差の源流ー明治期の資料と言説ー」『日本近代学研究』18輯 韓国日本近代学会

中村桃子(2007)『「女ことば」はつくられる』ひつじ書房

長崎靖子(2000)「明治初期小新聞に見る助動詞「です」の様相」『日本語科学』8 国立国語研究所

______(2001)「明治初期の大新聞に見る助動詞「です」の様相ー明治初期の小新聞との比較からー」『国文目白』44

房極哲(2008)「20世紀初期の韓日両言語における待遇表現の対照研究」『日本近代学研究』21輯 韓国日本近代学会

______(2009)「明治初期小新聞とその近代日本語」『日本語教育』49輯 韓国日本語教育学会

山本武利(1981)『近代日本の新聞読者層』法政大学出版局
山本正秀(1965)「第9章 小新聞談話体文章の実態と言文一致」『近代文体発生の史的研究』岩波書店
読売 新聞100年史編集委員会(1976)『読売新聞100年史』読売新聞社

5.3 한국어와 일본어의 대조연구
-감사 표현과 사죄 표현의 선택 메커니즘-

우리는 일본을 이해하기 위해서 무엇을 어떻게 알아야 할 것인가? 이 물음에는 여러 가지 답이 있을 수 있다. 인간의 생각이 온전히 담겨져 있는 언어. 그리고 오랜 기간 축적된 역사와 문화 등을 떠올리게 된다. 일본인은 어떻게 감사를 표하고, 또 어떻게 사과를 하는지. 한국인과 차이는 무엇인지? 그러한 언어문화의 차이를 바르게 이해하는 것은 '서로 바르게 알기'의 시작이 된다. '서로 바르게 알기'는 개인 간의 의사소통의 핵심이며, 한일 양국을 이해하고 갈등을 완화하는 초석이 될 것이다.

인간은 '말과 글'로 소통한다. 'AI 인공지능' 시대가 되어도 '말과 글'은 소통의 중요 수단이다. 언어가 서로 다른 문화권의 사람들과 소통하기 위해서, 해당 언어 즉, 외국어를 배우고 그 외국어를 통해, 자신의 의사를 전달하고 다양한 정보를 얻고 공유한다. 정보를 얻어서 우리가 원하는 사회적, 경제적 활동을 한다. 우리는 언어를 통해서 지식을 쌓고, 그 지식을 기반으로 지혜롭게 살려고 노력한다. 모두가 행복한 삶을 살기 위한 인간의 노력이다. 서로 다른 문화(異文化: 일본에서 사용, 多文化: 한국에서 사용)를 올바르게 이해하는 것은 글로벌 시대, 4차 산업혁명 시대에도 여전히 어려운 과제이다. '말과 글'이 다른 언어문화권의 사람들과 바르게 이해하고 소통하는 것은 최근의 번역기나 번역앱 프로그램으로도 대체가 거의 불가능하다. 예를 들어, 한국인이 일본어의 음성적 특성·차이까지 고려하면서 'すみません'을 사죄의 의미, 감사의 의미, 그리고 사람을 부르는 말 등. 사용된 문맥에서 적확하고 엄밀히 구별하여 사용하기란 쉽지 않다. 우리가 제스처나 비언어 행동까지를 문맥에서 올바르게 사용하는 데는 오랜 시간이 걸리는 이유이기도 하다.

최근에는 종래의 언어의 [4기능:읽기, 듣기, 쓰기, 말하기]에 공감(共感;sympathy)하기'의 기능을 넣어, 언어를 5기능으로 분류하는 학자도 있다. 현대 사회는 '공감하기'가 중요한 화두가 되었다. 타인과 공감하기를 생각해 보면, 언어가 출발이다. 모든 세계의 소통과 해결의 근원에는 언어가 존재한다.

언어 행위, 언어 행동에 대해서 잠시 생각해 보자. 사회생활을 하려면 의도하던 의도하지 않던 간에 하루에도 몇 번의 감사, 사죄, 의뢰, 거절 등의 장면 속에서 지내게 된다. 언어 사용과 표현의 순간에 과연 적절하고 올바른 표현을 하고 있는지 되묻게 된다. 나의 말을 상대방이 바르게 이해했을까? 커뮤니케이션에 오해는 없었는가? 잘못된 사용은 없었는가? 우리가 상대방과 커뮤니케이션 과정을 이해하는 데 중요한 것은 커뮤니케이션의 본질을 이해하는 것에서 출발한다. 예를 들어, 일본인은 선천적으로 일본 문화권 속에서 성장하고 학습하는 과정을 거친다. 그와 마찬가지로 한국인은 한국어 문화권의 영향을 받으면서 성장하고 자란다. 따라서, 일본어 화자와 한국어 화자는 커뮤니케이션에 있어서 다른 부분이 많다. 예를 들어, 어떤 행동이 일본인의 입장에서 보면 예의가 없는 언어 행동이지만, 한국인에게는 그렇지 않을 수 있다. 자신이 '당연'과 '상식'으로 생각하는 일이 상대방에게는 아무렇지도 않은 경우도 있다. 우리는 국제화 시대를 살아가면서 이문화 커뮤니케이션의 중요성을 느끼면서 살아 간다.

한국과 일본은 여러 방면에서 크게 다르다. 일본을 연구하면 할수록 차이를 실감하게 된다. 어찌 보면 당연하지만, 일본은 온전히 외국이다. 지리적으로 가까운 이웃 국가이지만, 언어 행동을 보면 사용 양상이 매우 다르다. 또한, 한일 양 언어는 계통이 다른 언어이다. 따라서, 지금도 '대조언어학(Comparative Linguistics)' 언어 행동 관련의 '사회언어학(Social linguistics)' 등의 분야에서 적지 않은 연구자들이 언어 행동 특성에 관한 개별 연구를 하고 있다. 언어는 변화하기 때문에 이러한 현상은 계속 진행될 것이다. 사회계층별, 세대별, 성별, 지역별로 말과 표현 양식이 다르기 때문에 완벽한 소통은 참으로 어렵다. 노인어, 유아어, 젊은 층의 언어, 여성어, 남성어 등 각각 특성이 있는 것처럼! 이러한 현상을 킨스이사토시(金水敏2003 : 205)는 '役割語'의 개념을 가지고 설명하고 있다. 즉, 일본어는 역할어의 성격이 있어서 '어느 특정의 인물이(연령, 성별, 직업, 계층, 시대, 인물 모습, 풍모, 성격 등)사용할 것 같은 말투가 있다고 이해하면 된다.

한편, 메이지 시대의 국민 작가 나쓰메소세키(夏目漱石)의 소설 작품 속에서 등장 인물이 사용하는 말과 현대의 대표적 작가인 무라카미하루기(村上春木)의 작품 속에서 등장 인물이 사용하는 말은 현재의 '동경 표준어'와 오사카 '간사이(關西) 방언' 차이 이상으로 다른 말·표현이 되어 버렸다. 동경 표준어에서 감사 표현을 'ありがとうございます'로 하지만, 오사카 지방에서는 'おおきに'로 하는 것은 외국인의 감각으로는 이해하기 어렵고 사용법에 어려움이 적지 않다.

한일 감사 표현과 성차(性差:Gender)를 이해하기

현대 표준일본어에서 <감사 표현>은 대표적으로 'ありがとう' 'ありがとうございます' 'どうも' 'どうもありがとう' 'どうもありがとうございました' 등이 있다. 한자어인 [感謝]에 「感謝(かんしゃ)します」도 있다. 일본어는 고유의 일본어인 [和語(わご)]로 「ありがとう系」를 감사의 의미로 주로 사용하며, 「感謝(かんしゃ)+する」의 형태로 漢語가 있다. 한국어에서는 '감사합니다'系, '고맙습니다'系를 주로 사용한다. 참고로 '감사'의 의미로 사용되는 한국어 표현을 소설과 설문조사의 경우를 들어 보자. 오고시 마리코(生越まり子1994)는 한국어 소설 속에서 '감사' 의미를 나타내는 <고맙다系>가 <감사하다系> 보다 압도적으로 많았다는 결과(전체:69 용례에서 <고맙다系>는 61용례, <감사하다系>는 8용례)가 있다. 그러나, 필자가 2018년 조사한 한일 대학생들의 감사 표현의 실태를 조사하였다. 그 결과를 보면, 한국어에서 특히 동료 간 대화에서 남성 14명 응답 중 7명이 <감사하다 系>(50%)를 사용하였다. 따라서, 화자와 상대방이 어떤 관계, 그리고 그 화제가 어떠한 내용인가에 따라서 <감사하다系>와 <고맙다系>의 사용 양상은 매우 다르게 나타날 수 있다. 이러한 소설 속의 통계가 경향을 파악하는 데에는 의미는 있으나, 상대방 간의 관계가 매우 중요하다는 점이 고려되어 통계 조사가 이루어져야 할 것이다.

일본어의 <감사 표현>도 성별(性別), 그리고 친소관계(親疏關係)에 따라 다르게 사용되어, 올바르게 사용하기는 참 어려운 일이다. 이해를 돕고자 여기서 TV 드라마나 소설에서 경향을 소개하면, '감사'가 한국어에서는 윗사람에게 사용되는 경우가 많은데 비하여, 일본어에서는 친한 사이에서 '감사' 표현이 오히려 많이 사용된다는 점이다. 한일 양국에서 감사 표현의 사용 실태의 차이를 엿볼 수 있는 부분이다.

일본어는 성별에 의한 언어 차이, 즉 성차(性差:Gender)가 있는 언어이다. 비록 지금의 현대 일본어는 성차가 축소되는 경향이 있지만, 한국어에 비해 성차가 뚜렷한 언어이다. 따라서, 일본어로 말할 때는 성차를 고려하여 상대방에게 적절하게 사용해야 원활한 커뮤니케이션이 성립한다. 일본어로 된 문학 작품을 읽으면 성별에 따라 사용하는 종조사, 1인칭, 2인칭대명사가 다르다는 것을 쉽게 알 수 있다. 예를 들어, 일본어에서 종조사 '~わ, ~わよ, ~わね, ~のよね, ~かしら 등'은 주로 여성이 사용(남성은 ~ぜ, ~ぞ, ~よな, ~もんな 등)하며, 남성이 사용하면 문맥의 특수성을 고려하더라도 우스꽝스럽고 어색하게 들릴 수 있다. '나'를 지칭할 때도 일본어는 성별에 따라 다른 표현을 사용한다. 흔히 우리가 듣는 ' 와타시 わたし'는 남녀 모두 사용할 수 있다. 하지만 '아타시 あたし'는 여성이, '보쿠 ぼく', '오레 おれ'는 남성이 사용한다. 2인칭에서는 '안따 あんた'는 여성이, '오마에 おまえ', '기미 きみ'는 남성이 주로 사용한다는 것을 기억하자.

일본어의 경어 사용에서 한국어와 큰 차이점
-내외관계(うち(Uchi), そと(Soto))를 이해하기(内外關係)-

큰 틀에서 일본어는 상대에 따라 달라지는 상대경어, 한국어는 윗사람에게는 절대로 경어를 사용해야 하는 절대경어로 알려져 있다. 모두 그렇다고 할 수 없지만 큰 틀에서는 맞다.

일본인은 자신의 가족이나 직장 등 자신이 속한 영역을 우치:うち(Uchi)로 보고, 타인이 소속된 부분을 소토: そと(Soto)로 구분한다. 이러한 구분 의식은 경어 사용에 중요한 척도가 된다. 우치, 소토의 의식 즉 <内外關係>은 <상하관계>에 우선한다. 기본적으로 うち(Uchi)에 대해서는 경어를 사용하지 않고, そと(Soto)에 대해서는 경어를 사용한다. 예를 들어, 자신의 직장 상사를 타인에게 말할 때, 직장 상사임에도 うち(Uchi)의 영역이기 때문에 경어 사용을 하지 않는다.

반면, 한국어는 직장 상사는 자신의 윗사람이므로 상하관계가 고려되어, 항상 경어를 사용하게 된다. 이러한 의미로 일본어는 상대방과의 관계(うちUchi, そとSoto)에 따라 경어 사용이 결정되는 상대경어이며, 한국어는 손윗사람에 대해서는 경어를 사용하는 절대경어의 경향이 강하다고 볼 수 있다.

그리고 친한 사이와 친하지 않는 사이에는 언어(여기에서는 사용하는 언어표현, 敬語, 待遇表現이 됨)가 다르다. 즉, 상하관계, 내외(内外)관계 등에 따라서 경어 표현의 선택이 다르게 된다. 물론 화자의 속성이 매우 중요한 요소가 된다.

일본어에서는 상하관계와 더불어 화제의 중요성에 따른 점과 남녀에 의한 차이(여학생이 주로 ごめんなさい 사용), 즉 성차까지 반영된 결과라고 생각된다. 특히, 연령을 기준으로 하는 한국어의 절대경어(絶對敬語)적 성격과 연령 이외에도 <内外關係>라는 경어 기준, 심리적 거리, 친소(親疏) 관계에 따라 사용 양상이 변화하는 상대경어(相對敬語)인 일본어의 특성이 사죄 표현에서도 나타난다. 이러한 점이 한일 간의 차이로 나타나고 있다.

이와 같이 일본어는 사죄 표현의 사용이 매우 복잡하다. 따라서, 일본어 사죄 표현의 사용도 상대방과의 관계에 따라서 적절하게 사용해야 한다. 경어가 자신과 상하관계, 친소관계, 내외(内外)관계 등이 종합적으로 고려되어서 사용되는 것처럼, 사죄 표현도 경어의 사용과 마찬가지이다. 어느 부분이 사죄 표현 사용에 가장 크게 영향을 끼쳤는지는 학문적 연구 대상이 되지만, 적어도 한국인의 관점에서 보면, 한국과 다른 사용인 '内外(うちUchi · そとSoto)관계'를 잘 알아야 한다.

그리고, 미야케가즈코(三宅和子2011 : 11−13)에서는 '감사와 사죄의 언어행동에 관한 일련의 연구에서 일본인의 대인관계 파악과 언어행동 간의 관계가 「ウチ」(가족이나 아주 가까운 사람들), 「ソト」(아주 친하지 않지만, 자신과 ウチ와 관련이 있는 사람, ウチ 주변에 있음), 「ヨソYoso」(자신과 ウチ와 관계가 없지만, 어떠한 계기로 관계가 생기는 사람들, 통행인, 전철 등 주위의 사람, 서비스 업계의 사람 등)의 同心円'으로 설명하고 있다. 미야케가 말하는「ヨソ」의 개념도 널리 보면, ソト(外)가 되는 셈이다.

한편, 한국어에서 선배에 대해서 상대적으로 공손한 사죄표현(한국어에서는 연령에 의한 상하관계가 사죄 표현 선택에 결정적으로 영향을 미치고 있음)이 선택된다. 또한, 성차의 관점에서 보면, 일본 여학생이 한국 여학생에 비해, 동료에게 정중한 사죄 표현을 하는 점이 특징적이다. 일본은 동료에게도 친밀감이 있더라고 상대방에게 피해를 끼치는 것을 상당히 부담스럽게 생각한다. 일본인은 공손하게 사죄를 하여 상대방 영역을 침해하지 않고 일정한 '심리적 거리'를 유지하는 '**소극적 정중함**(negative politenesss)'의 성격이 강한 편이다. 이것은 적극적 긍정적 정중함(**positive politeness**)를 선호하는 한국과 대비된다. 이러한 특성을 이해할 때, 비로소 '바르게 이해하기'가 가능하게 되며 일본인과 원활한 의사소통을 할 수 있을 것이다.[30]

30) 사진은 2020년 2월 필자 촬영. 일본 도쿄의 거리 모습:히토츠바시대학(一橋大学)의 주변.

일본인들의 질서 정연함의 오래된 문화는 타인에 대한 배려인 동시에 집단의 규율(集團主義文化)에서 일탈하지 않으려는 노력의 일환이다.[31] 만약 집단에서 일탈하게 되면 자신이 불리한 입장에 처하게 된다. 따라서, 그러한 처지가 되지 않도록 하는 일종의 생활의 지혜이며 '스트라테지(Strategy)'인 셈이다. 타인과의 의사소통에서 '일본적인 겸손과 규칙'이 있는 것도 이와 같은 맥락으로 이해할 수 있다.

1. 들어가며

본 연구의 목적은 한국어와 일본어의 감사 표현(Expression of appreciation), 사죄 표현(Expression of apology)의 선택 메커니즘을 규명하는 데 있다. 구체적으로 한일 양국 대학생들의 언어사용 실태조사를 바탕으로 하고 있다. '감사 표현'과 '사죄 표현'은 '의뢰 표현, 거절 표현'과 더불어 언어생활에서 매우 중요하며, 원활한 커뮤니케이션을 위해서는 이들 표현에 세심한 주의가 요구된다.

타인에 대한 감사 및 사죄 행위에 소홀할 경우, 양호한 인간관계 유지는 어렵게 될 것이다. 한국어와 일본어의 [감사, 사죄, 의뢰, 거절] 등에 관한 선행 연구는 매우 많다. 그러나 언어는 시대에 따라 변화하고 있으며, 지금도 언어 사용 환경은 빠르게 변화하여 그 미래 및 변화 추이를 예측하기는 상당히 어렵다.

본 연구는 종래 연구의 흐름 속에서 특히, '감사와 사죄 표현'에 주목하여, 한일 양 언어의 감사와 사죄 표현이 어떠한 장면에서 상대방(상하관계와 친소관계를 고려한 화자와 상대방 1~6으로 구별)에게 어떻게 사용되고 있는지를 밝히고자 한다. 많은 선행 연구 성과에도 불구하고 아직 양 언어에서 이들 표현에 대한 명확한 규명이 되어

31) 루스 베네딕트(Ruth Benedict)는 "국화와 칼(1946년)"에서 일본 문화는 집단주의와 수치(恥)를 기조로 하는 문화로 규정하고 있다. 일본인들이 수치심을 행동의 원동력으로 하고 있다. 그들은 타인이 자기 행동에 대해 어떤 판단을 내릴 것인지를 추측하고 그 판단을 기준으로 자기 행동을 정한다는 것이다. 결국 일본인의 행동의 근간은 개인의 자율적 판단과 책임이 아니라, 집단에서 부과된 기대와 역할에 따라 정해지는 것이다. 수치·부끄러움을 당하지 않으려고 타인의 시선과 주변을 의식하면서 행동한다고 말할 수 있다.

있지 않다고 본다. 감사, 사죄와 같은 언어 행동은 각각의 언어와 문화의 배경에 따라, 언중(言衆), 다시 말해서 화자가 상대방을 어떻게 인식하는가에 따라 표현의 차이가 존재할 것이다. 같은 행위라도 문화가 다르면 <事項(내용, 주제, 화제 등) 負荷度>는 다르다. 한일 간에 문화가 다르기 때문에 Brown and levinson (1987)이 말하는 '사항(事項)의 부하도'[32]는 차이가 있을 것이다. 본 연구에서는 장면 설정을 할 때, 화자가 상대방에게 느끼는 화제 장면의 중요도를 고려하여 설문조사를 실시한다. 그라이스(Grice)와 같은 철학자에 의하면, 우리는 대화 가운데 공동 목표와 이런 목표를 달성할 특별한 방식을 인식하고 있기 때문에 서로 대화를 나눌 수 있다고 한다. Grice(1975:45)는 대화에서 무엇보다도 <협력의 원칙(cooperative principle[33]>이 우선이라고 말한다.

협력 원칙에 나타나는 네 가지 기본 <대화의 격률(maxims), 대화의 기술>로는 양(Quantity), 질(Quality), 관련성(Relation), 양태(Manner)를 설정하고 있는데, 이 원칙과 격률들은 이상적인 대체의 특성을 나타낸다[34]. 이러한 견해를 공손함이 요구되는 '감사' '사죄' 장면에 적용해 보면, 어떠한 언어 행동에서 화자는 청자와 상호적으로 연관된 일반적인 원칙에 따라 행동해야 한다. 즉, 한국과 일본 사회의 보편적인 언어관습, 규범, 원칙에 따라 사용하게 된다. 물론 일상어는 그라이스(Grice)가 언급한 <협력의 원칙> 을 항상 따르는 것은 아니지만, 화자들이 실제로 말하는 것과 설문에서 응답하는 것과는 다른 것을 함의하고 있을 수도 있다. 그러나, 설문조사에서 사용 경

---

32) 대부분의 언어 행위는 잠재적으로 face 리스크를 갖는다. Brown and levinson은 face 침해 가능성 정도를 크게, 상대방과의 거리(D, distance), 힘 관계(P, power), 事項(Ranking of imposition 내용, 주제, 화제 순)의 부하도(負荷度)의 3 요인에 따라 정해진다고 한다. 여기에서 주목하고 싶은 것은 事項(내용, 주제, 화제 등) 부하도(負荷度)이다.

33) 대화 참여자가 다른 사정이 없으면 지켜야 할 것과 기대되는 대략적인 일반적 원리로 철학자 칸트의 '범주'를 참고하여 Grice가 세운 원칙으로 구체적으로 4가지 격률을 두고 있음. 대화라는 것이 '합목적' '합리적'인 경우에는 화자는 실천 원리를 지키지만, 현실 세계에서 모든 대화가 협조적이지 않고, 협조적이더라도 항상 격률을 지키는 것은 아니다. 따라서, 협력의 원리와 4가지 격률은 커뮤니케이션 상에 필요한 전제적 조건임과 동시에 거기에는 일탈의 가능성이 포함된 원리 원칙의 성격을 가지고 있다(瀧浦 2005 : 146-147).

34) Ronald Wardhaugh 저, 박의재, 정미령 역(현대사회언어학 An Introduction to Sociolinguistics 제 3판 1999:433-435) 참고.

향을 분석해 보고, 한일 간의 감사, 사죄 표현의 선택 메커니즘을 규명하고자 한 것은 최근의 담화 분석, 한일 대조연구의 방향성, 그리고 언어 변화의 흐름과 양상을 파악하기 위해서이다.

瀧浦(2005:137)에서 일본어 경어 시스템을 고찰할 경우, 언어적 행위를 전반적으로 규제하는 사회적 코드로서의 측면과 개개의 장면에 관한 관계 표시의 方略(Strategy)적 수단으로서의 측면을 파악하는 것이 중요하다고 지적하고 있다. 감사, 사죄 표현의 대조언어학적 분석도 마찬가지로 화자는 해당 언어의 사회적 코드/규범을 따르면서 표현/행위하고 동시에 스스로의 의도 하에 언어 표현을 선택함으로써 상대방과 문맥적 배려를 함으로써 인간관계를 형성해 나가는 것이다.

2. 선행 연구 및 본 연구의 입장

언어 행위에는 불가피하게 상대방이나 자신의 체면(face)를 침해하는 경우가 있고 Brown and levinson(1987)은 이것을 'face 침해행위(face threatening act (FTA))'라 불렀다[35]. Politenesss는 대화의 장(場)에서 표현 전달되는 주로 상대방의 체면(face)을 침해하는 것에 대한 경감적(輕減的)·보상적인 언어적 배려이다. <사죄>라는 행위에서는 자신의 'positive politenesss'가 침해받는다[36]. Brown and levinson이 말하는 <事項(내용, 주제, 화제 등) 負荷度>, 즉 어떠한 대화 내용의 정도성이다. 주로 경어 연구에서 화자와 상대방 간의 사회적 거리(D, distance)는 친소관계라는 개념으로 분류가 되었다. 그리고 청자의 화자에 대한 힘(力, P, power)은 상하관계의 개념으로 설명이 이루어져 왔다.

그리고 宇佐美(2005 : 319−320)에서는 Brown and levinson의 'Politenesss strategy'를 설명하면서, 그 이론을 <보편이론>으로 보는데, 이 보편성에는 P, D, R 각각의 변수의 무게나 사용되는 strategy(方略)가 문화를 넘어 동일하다는 의미가 아니라, 이 3

35) Brown and levinson(1987)의 'strategy'는 관습적 무의식적인 언어의 사용 등도 포함하는 넓은 개념이다.

36) 瀧浦眞人(2008 : 29).

요소의 무게의 "見積もり(견적)"의 총화에 의해 'Politenesss strategy'가 선택된다는 그 메커니즘이 보편적이다는 점이다. 그리고 이 이론의 보편성을 검증하기 위해, 여러 언어 문화의 구체적인 언어 strategy의 유사성과 상이점에 관한 <비교문화어용론적 연구>의 발전이 요구된다는 주장을 하고 있다. 宇佐美의 <비교문화어용론적 연구>는 언어 문화의 Politenesss 의 보편성을 규명하기 위해서, 담화 레벨에서 그리고 사회 언어학적 방법과 대조언어학적 방법을 도입하여, Politenesss를 고찰할 필요가 있음을 말하고 있다.

본 연구에서도 宇佐美의 연구 방법론에 기본적으로 동의하면서 '감사' '사죄' 표현의 선택 메커니즘을 고찰하고자 한다. 본 연구에서는 설문조사에 의존하는 한계가 있지만, 장면 설정에서 상하관계(사회적 지위, 연령 관계 포함), 상대방과 거리에 해당되는 친소관계 등을 고려하였으며, 성차를 조사하여 남녀의 감사와 사죄 표현의 'Politenesss strategy'를 규명하고자 하였다.

최근 일본어 교육에서 Politenesss에 관한 연구가 많이 이루어지고 있다. 대인 관계 파악과 배려가 중심이 된 언어 행동이 주된 관점으로 인식되고 있다. 원활한 의사소통을 위한 일본어 교육에 응용될 수 있는 Politenesss의 대조연구가 요구된다. 宇佐美(2002)는 [Discourse politenesss]의 관점에서 경어 사용을 논하고, 일본어 회화에는 듣는 이(聞き手)가 상대방(相手)이 말하고자 하는 것을 예측하여, 상대방의 시점에 서서 보통체로 표현하는 경우가 있고 이와 같은 표현은 정중체(丁寧体)를 기조로 하는 회화에서도 실례가 되지 않는다고 지적한다. 오히려 Positive politenesss의 1例이고, 그것은 타인에게 이해받고 싶다, 동료로서 인정받고 싶은 욕구 표현에 다름 아니다고 설명한다.

본 연구에서는 감사와 사죄 표현의 한일 양 언어의 선택 메커니즘을 규명하기 위해, 구체적으로 한일 대학생들의 언어생활 실태를 조사하여 감사 표현과 사죄 표현에 대해서 각각의 장면별로 고찰한다. 특히, 사죄는 가장 높은 상대방에 대한 배려가 동반되어야 한다[37]. Negative politeness는 경어와 같은 형식에 의한 것뿐만 아니라, 내

37) 사죄를 감사의 의미로 사용하는 경우는 'negative politeness' 를 Brown and levinson은 10개의 하위 strat-

용의 표현 방법에 의해서도 전달된다. 그렇기 때문에 친한 인간관계에서도 상대적으로 거리를 크게 두고 싶은 경우에는 negative politeness를 사용하게 된다. 일반적으로 명령, 의뢰, 권유 등 화자의 요구를 상대방에게 전하는 요구표현에서 한국어 화자는 positive politenesss를 다용하여, 타인으로부터 평가와 타인으로부터 수용(受容)을 얻으려는 욕구(Positive Face) 가 있고, 일본어 화자는 negative politeness를 선택하여, 자신의 영역과 자신의 행동의 자유를 얻으려는 욕구(negative face)가 있어, 양 언어에 politenesss 차이를 알 수 있다.

三宅和子(2011 : 27-30)는 감사와 사죄 연구의 흐름에서 본래 사죄의 의미로 사용되는 표현이 감사의 의미로 사용된 역사는 깊다고 한다. 현대에는「すみません」이 가장 대표적으로 사용되지만, 이 이외에도「もうしわけありません」「ごめんなさい」「わるい」등도 같은 경향을 나타낸다. 감사와 사죄 표현을 같이 분석하는 이유는 이와 같은 역사적으로 같은 형태가 '감사'와 '사죄'의미로 함께 사용되는 역사성이 내포되어 있기 때문이다. 왜 이러한 현상이 있으며, 한일 양국에서는 어떻게 나타나고 있는가? 최근의 언어 사용 실태를 파악하고 그 사용의 메커니즘에 대해서 고찰할 필요가 있다.

佐久間(1983)는 감사와 사죄의 다양한 언어표현의 사용을 '화자의 심리적 측면'에서 설명하려고 하였다. 佐久間(1983)에 의하면,「ごめんなさい」에서「ありがとう」까지 나열된 다양한 언어표현은 '사과'의 기분에서 '감사'의 기분에 이르는 연속성 있는 심리를 언어로 표현한 것이다라고 한다. '허가를 구한다'(ごめんなさい), '자책'(すみません), '황송함'(恐れ入ります), '기쁨'(ありがとう)의 심리가 조금씩 겹쳐지면서 그 심리에 따라서 언어 표현이 선택되는 것이다.

西原鈴子(1994)는 화용론적(語用論) 관점에서 감사와 사죄에 대하여 고찰하고 있다. 일본어에서는「すみません」「もうしわけありません」「ごめん(なさい)」등의 표현이 감사와 사죄 모두 사용되는데, 이들 사이에 차이는 무엇인가? 감사(感謝)와 사죄

egy로 구분하고 있는데, strategy 6단계(사죄한다. 예: 사죄를 감사의 표현으로 사용한다.) (こないだはどうもありがとう.いつも気をつかってもらっちゃって，ほんとうに申し譯ないね.)

(陳謝)를 나누는 요인, 즉 어떠한 조건에서 감사 표현이 사용·유발되고 어떠한 조건에서 사죄 표현이 사용되는 것인가? 西原鈴子는 「부(負) 의식의 차이; 負の意識の違い」에 따라서 4개의 요인에 따라서 감사와 사죄를 구분하고 있다. 1)2)가 성립되면, 화자의 감사 표현이 유발되고, 3)4)가 성립되면 화자의 사죄 표현이 유발된다는 점이다. 요약하면 아래와 같다.

감사 표현: (1) 화자에게 좋은 것인가? (플러스이고, 환영할 만하고 유리한 것 등)
(2) 상황은 듣는 이 (혹은 그 주변)에 기인하는가?
사죄 표현: (3) 듣는 이에게 나쁜 일인가? (마이너스이고 환영할 수 없고 불리한 것 등)
(4) 상황은 화자(혹은 그 주변)에 기인하는가?

왜, 일본인 화자는 감사 표현이 성립되는 조건에서 사죄를 유발하는 기분을 동시에 가지는 것일까? 三宅和子(1992)에서 주장하듯이 서양(영국, 미국)의 화자보다도 일본어 화자는 두 개의 감각(감사와 사죄)의 병존이 강하다. 이것은 일본어 담화구조(일본어의 담화 전개에서 높은 레벨 제약의 하나)의 특성이고, 그 원인으로 '듣는 이 지상주의(聞き手至上主義)'의 원칙이 존재한다는 점을 인정하는 것에서 가능하다고 西原鈴子는 보고 있다.

「ありがとう」는 1) 2)의 조건에서만 성립되는 순수한 감사 표현이고, 「すみません」은 3) 4)의 조건을 충족시키는 감사, 사죄 병존의 표현이 된다.

일반적으로 일본인은 물건을 받거나 호의를 받을 때, 「すみません」을 감사의 의미로 사용한다. 그러나, 친한 사이에서는 어떠한 물건을 받았거나 친절함을 느꼈을 때, 「ありがとう」「サンキュウ」을 사용하고, 「すみません」을 감사의 의미로 사용하지 않는다. 가족 간에도(うち) 「すみません」보다도 「ありがとう」가 사용된다. 西原鈴子(1994)에서는 사회적 강약관계가 성립하는 상황에서 즉, power/力에 의한 사회적 상하관계가 성립하는 상황에서는 강약이 크고, 강자의 위치가 절대적일수록 '서비스 친절을 받는 사람=화자'의 경우에는 감사, 사죄의 병존도가 적고, 「ありがとう」가 증가하게 된다고 한다. 반면, 약자가 '서비스 친절을 받는 사람'인 경우는 병존도가 높아지고 약자가 황송한 기분으로「すみません」「もうしわけありません」이라는 상황이 된다고 한다. 아이가 부모에게「ありがとう」며느리가 시어머니에게「すみません」이 성립되기 쉬운 것은 연령에 좌우된다. 연령차는 화자가 자신의 우위를 자각하는 경우, 부(負)의 요인을 강하게 느끼지 않는 상황과 관계된다. 연장자가 자신의 (연령상)우위를 느끼게 되는 경우, 아랫사람의 봉사나 친절에 대해서 자신의 원인으로 듣는 이에게 나쁜 일을 했다고 하는 감사, 사죄 병존의 요인을 느끼지 않아도 좋기 때문이다. 결국, 친소관계, 사회적 상하관계, 성차, 연령차 등에 따라 감사표현의 사용법이 달라진다는 점이다.

이러한 선행 연구의 결과를 최근의 설문조사를 통해서, 감사와 사죄 표현의 사용에 한일 간에 어떠한 차이가 있고, 어떠한 요인이 크게 작용하는지? 그 이유가 무엇인가에 대해서 사회언어학적 방법과 대조언어학적 방법을 도입하여, Politenesss 관점에서 고찰할 필요가 있다. 선행 연구에서 알 수 있듯이 한국어의 경우, [고마워系, 감사해系, 미안해系] 등을 일본어의「ありがとう」系,「すみません」系,「ごめん(なさい)」系 등의 대조가 중심이 될 것이다.

3. 한일 감사와 사죄 표현의 실태조사 분석

본 연구에서는 대학생의 언어 사용에 대한 실태조사를 한다. 구체적으로 감사와 사죄 표현의 장면을 설정하여, 다음과 같이 설문조사를 실시한다. 한국은 순천대학교, 일본은 나고야대학 등 재학생을 대상으로 설문지를 조사하였다.

설문 기간 및 인원을 보면, 일본은 2018년 2월 23일부터 3월 30일까지 받았으며, 남학생 11명, 여학생 11명의 총 22명의 유효 응답이다. 한국은 2018년 6월 17일부터 7월 4일까지 받았으며, 남학생 17명, 여학생 34명 총 51명의 응답을 받았다. 설문 문항의 각 장면에 따라, 통계에 차이가 있었음을 밝혀둔다. 불성실 응답자를 제외한 전체적으로 남학생 14명, 여학생 26명으로 총 유효 응답은 40명이다. 그러나, 간단한 문항의 경우, 한국에서 49명이 유효하게 응답하였다. 한일 간에 조사대상자의 표본 수가 적고 성비의 차이도 있었지만, 본 연구를 하게 된 이유는 '감사'와 '사죄' 표현의 경향을 살피는데 유의미하다고 판단하였기 때문이다.

한국어에서는 감사의 의미는 고유어인 <고맙다系>와 한자어인 感謝<感謝+하다系>로 나타난다. 한국어에서 일반적으로 '사죄'의 '미안하다'(일본어 すみません)를 '감사'의 의미로 사용하는 경우는 거의 없다. 그러나, 한국어에서도 대화의 장면, 화제 상황, 화자와 청자 간의 친소관계 등에 따라서 사용 양상이 달라질 가능성은 있다. 한국어는 일본어처럼 '감사'가 '사죄'와 表裏關係에 있다고 보기에는 무리가 따른다. 언어는 끊임없이 변화하고 그 시대에 따라 사회구성원들의 상대방에 대한 인식, 인간관계의 조절의 정도성이 다르게 되면 '감사'와 '사죄' 표현에 대한 인식의 차이도 변화하게 될 것이다.

본 연구는 최근의 젊은 대학생들의 '감사' '사죄' 표현에 대한 사용이 장면(장면의 중요도)과 상대방 간의 인간관계(상하관계, 연령, 힘의 관계), 친소관계 등에 따라 어떻게 사용되고 있는지 살펴보고자 한다.

小越まり子(1994) '感謝の對照研究 : 日朝對照研究'에서 佐久間(1983)의 TV 드라마의 대화에서 감사 표현과 小越まり子가 조사한 한일 소설 작품 속에 감사 표현의 결과를 토대로 '감사'가 조선어(필자:한국어)에서는 윗사람에게 사용되는 경우가 많은데 비하여, 일본어에서는 친한 사이에서 '감사' 표현이 오히려 많이 사용된다고 하였다. 한국어에서는 윗사람이 아랫사람에게 '위로하는 말(慰勞することば)'를 사용하고, 일본어가 'ありがとう'라는 감사의 말을 사용하는 것보다 'すみません'이라는 황송의 기분을 나타내는 '사죄의 말(謝罪のことば)'이 한층 정중한 느낌이 있는 것과 관계가 있다고 보고 있다. 이러한 의미에서 일본어의 '감사'는 '사죄'와 <表裏關係>을 이루고 있지만, 한국어에서는 '위로(慰勞)'와 밀접하게 관계되어 있다.

한편, 감사와 사죄 표현에서 친소관계가 사용에서 매우 중요한 척도가 되는데, 일본어의 경우 「ウチ」관계(가족관계)에서도 '감사' 표현이 많이 사용되어 <慰謝(위사)>

의 의미를 나타낸다. 주로 'ありがとう'의 현재 보통형이 사용된다. 반면 한국어의 경우에는 가족 관계, 부부 관계(친밀도가 높은 친구 포함)에서 상대방이 베푼 호의를 당연한 것으로 받아들여 보통은 '감사' 표현을 말하지 않는다. 감사 표현을 말하게 되면 상대방과 거리감이 있는 사이로 인식하기 때문이다.

주지하는 바와 같이 한일 간에 언어 행동, 특히 감사 표현의 차이에서 오는 커뮤니케이션의 마찰을 한일 국제결혼 가정(夫婦)에서 느끼는 경우가 많다. 한국인은 부부 사이에서 남편이 아내에게 혹은 아내가 남편에게 하는 감사 행위는 특별한 경우를 제외하고는 표현하지 않는다. 반면 일본은 「ウチ(자기 측 식구, 넓은 의미로는 자신과 관계되는 소속 집단, 그 속성을 가진 집단)」에서도 감사 표현은 小越まり子(1994)가 말하는 <慰謝>의 의미로 사용하고 있다. 연령 관계가 중요시되는 한국에서는 「ウチ」의 관계에서 아이가 부모, 조부모에게 '감사'의 의미로 '고맙다'系의 가벼운 대우가치를 나타내는 '(아빠, 엄마)고마워요' 표현을 사용한다. 또한, 감사의 정도성에 따라서 '감사하다'系의 공손형인 '감사합니다'가 사용되는 경우도 있다. 손자가 할머니나 할아버지에게 '할머니(할아버지) 생일 선물 감사합니다'를 말하는 것처럼. 이 경우도 고유어인 '고맙습니다'가 한자어 '감사+하다(동사) 형'보다 많이 사용하는 것 같다.

3.1 감사 표현의 분석

이하, 설문조사 결과를 <장면1>~<장면4>로 나누어 살펴보자. <장면의 중요도>를 고려하여 설정하였으며, 상대방은 상하관계, 친소관계, 힘의 관계 등이 포함되어 있다. 남학생과 여학생, 한국과 일본 학생 등 성차와 한일 양국의 대조언어학적 관점도 고려한 분석이 된다.

〈장면1〉: 식당에서 직원이 요리를 가지고 왔을 때, 당신은 어떻게 말합니까?

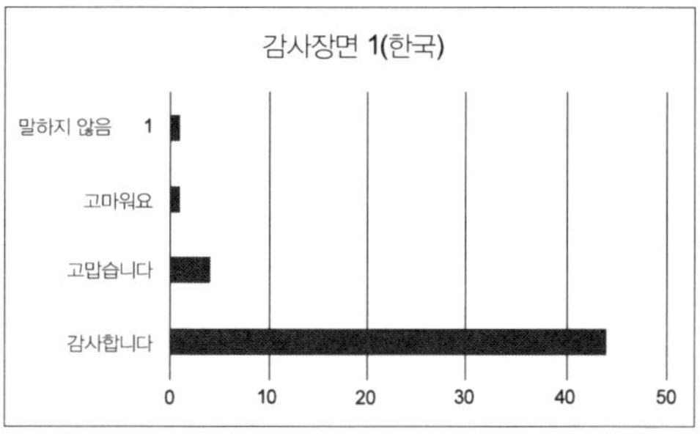

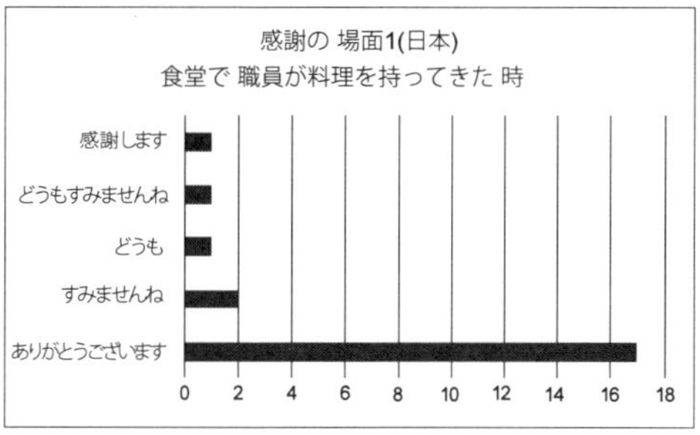

<장면1>에 대한 응답 결과이다. 한국에서는 '감사합니다'(89.79%, 44명)가 압도적으로 사용된다. '고맙습니다'(4명)의 사용은 4명이 있는데, 여학생이 사용하는 것으로 나타났다. 일본에서는 'ありがとうございます'(77.27%, 17명)를 대부분이 사용하며, 'すみません'(2명)과 'どうもすみませんね'(1명)의 합계 3명이 사용이 한국과 다른 점이다. 즉, 일본어에서는 사죄의 표현이 감사의 의미로 사용되는 경우가 있다는 점이다.

〈장면2〉: 교수가 회사에 학생의 취업 추천을 한 경우 (취업 추천으로 면접을 보고 합격하여 추천해 준 교수에게) 어떻게 감사의 말을 합니까?

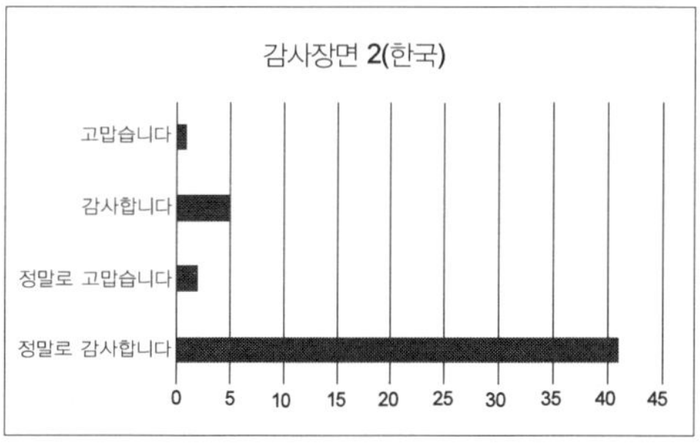

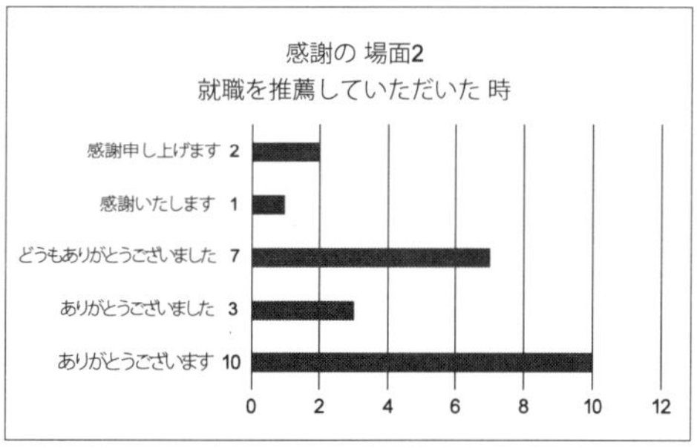

그러나, 감사 표현의 <장면2>에서 학생이 감사의 표현을 일본어에서는 'すみません'의 사죄 표현이 감사 표현으로 사용되지는 않는다. 다시 말해, 정중하게 감사를 표현해야 할 경우, 다음과 같이 사용하고 있다.

한국은 남학생 16명 전원은 '정말로 감사합니다'를 사용하고 있다. 여학생의 경우,

4가지 표현이 사용되지만, '감사합니다' 5명, '정말로 고맙습니다' 2명, '고맙습니다' 1명을 제외한 25명이 '정말로 감사합니다'를 사용한다. 41명이 '정말로 감사합니다'를 사용하여, 83.67%를 차지하고 있다. <감사합니다系>는 46명(전체 49명 응답 중)으로 93.87%가 되어 압도적으로 사용하고 있음을 알 수 있다. 단, 여학생은 <고맙습니다系> 3명 사용하는 점이 남학생과 차이가 있다. 추천장의 경우, 윗사람 선생님의 감사에 대한 정중한 표현이 요구되는 관계로 '정말로 감사합니다'가 주로 사용된다. 이 점은 <장면 1> 식당에서의 가벼운 감사표현 '감사합니다' 와는 대조가 된다.

〈장면3〉: 사정이 생겨서 당신은 발표 준비를 못했습니다. 대신 발표를 해준 상대방에게 감사 표현을 어떻게 하는가?

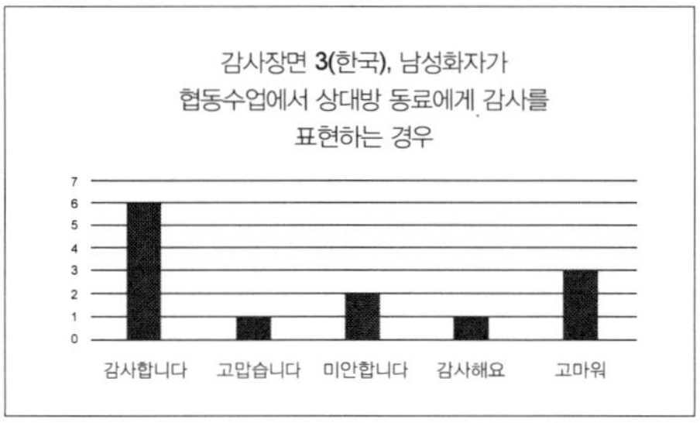

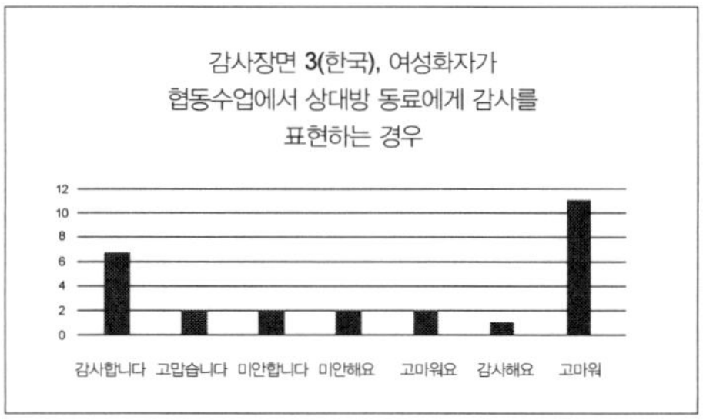

협동수업 <장면3>에서, 한국에서는 선배에게 '감사합니다'(34명, 43명 응답 중)를 79.06%가 사용하고 있으며, 친한 친구, 후배에게는 '고마워'를 각각 29명(29명, 76.44%, 43명 응답 중)으로 나타났다. 여학생의 경우에서 동료에게 '미안해요'를 2명이 감사의 의미로 사용하고 있는 점이 주목된다.

남학생은 동료에 대한 감사로 '감사합니다'(6명), 고마워(3명), '미안합니다'(2명), '감사해요'(1명), 고맙습니다(1명) 등이 사용되고 있다. 남성 14명 응답 중 7명이 '감사하다' 系(50%)를 사용하고 있다.

반면, 여학생의 경우에는 '고마워'(11명), '감사합니다'(7명), '미안합니다'(2명), '미안해요'(2명), '고마워요'(2명), '고맙습니다' (2명) , '감사해요'(1명) 순으로 여학생은 동료에게 가벼운 감사 표현인 <고마워系>(15명, 51.72%, 여학생 29명 응답자 중) 를 더 많이 사용하고 있다. 동료에 대한 사용 상황에서 알 수 있듯이 남학생은 <감사하다系 >(50%)를 사용하고 있다. 그러나, 여학생의 경우에는 감사하다 系는 29명 중 8명으로 27.58%에 지나지 않는다. 결국, 감사(感謝) 의미의 한자어를 여학생이 적게 사용하고 있다고 볼 수 있다.

한편, 주목되는 현상으로 동료에 대한 사용에서 남학생과 여학생의 성차가 보인다. 이 부분은 친소관계에 의한 표현의 차이(정중도의 차이)가 작용된 것으로 보인다. 그러나, 성차 요인과, 친소관계 요인 중, 혹은 화제 장면의 특성 중 어느 쪽이 더 작용된 것인지는 좀 더 고찰을 요하는 부분으로 현재로서는 해석을 유보하고자 한다.

협동수업 <장면3>의 일본을 경우를 보면, 'ありがとう'系와 'すみません'系를 주로 사용한다. 구체적으로 선배에게는 'ありがとうございます'를 12명이 사용하고 있으며, 친한 친구와 후배에게는 'ありがとう'를 각각 10명씩 사용하고 있다. 특히 여학생의 경우에는 선배에게 4명, 그리고 동료, 친한 친구, 후배에게 각각 3명씩이 'すみません'을 사용하고 있어, 친한 친구와 후배에게 'すみません'의 사용이 없는 남학생과 대조를 이룬다. 즉, 'すみません'을 감사의 표현으로 사용하는 것은 여학생임을 알 수 있다. 단, 남학생의 경우에도 'すみません'을 사용하는 경우가 있지만, 선배(2명) 혹은 동료(1명)에게 사용하고 있어, 윗사람과 친하지 않는 동료에 대한 감사 표현으로 사용하는 경우가 있다. 또한, 남학생의 경우 친한 친구(2명)와 후배(3명)에게 '悪いね'라고 감사를 전하는 경우도 특징적이다. 친한 친구와 후배에게 미안하고 가벼운 고마움을 표시한 것으로 해석할 수 있다. 남녀 모두 윗사람인 선배에게는 '悪いね'라는 표현으로는 감사를 전하지 않는 특징을 보인다[38].

〈장면4〉: 앙케트를 의뢰했을 때, 협력해 준 상대방에게 당신은 어떻게 말합니까?

38) 여학생의 경우도 '悪いね'의 사용이 친한 친구와 후배에게 각각 1명씩 사용하고 있지만, 남학생의 사용이 상대적으로 많다. 또한, 남학생은 친한 친구와 후배에게 すまない(2명), すまん(3명) 등의 사용이 있어, 이러한 사용이 없는 여학생과 다른 점이다. 즉, 남학생이 좀 더 친근감 있고 경의가 없는 표현으로 감사를 전한다고 할 수 있어, 남녀 간의 감사 표현의 Politenesss strategy의 차이를 엿볼 수 있다.

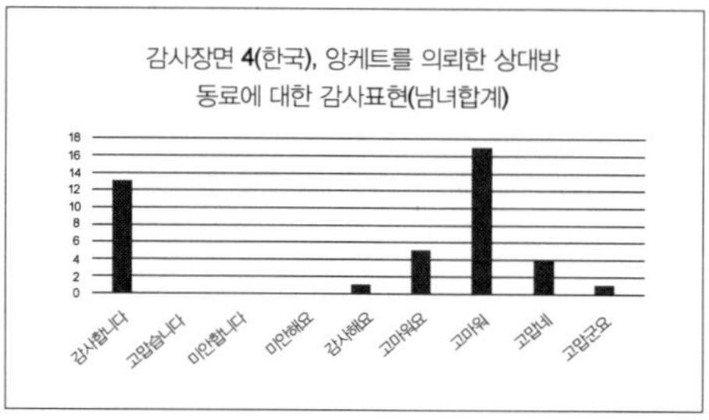

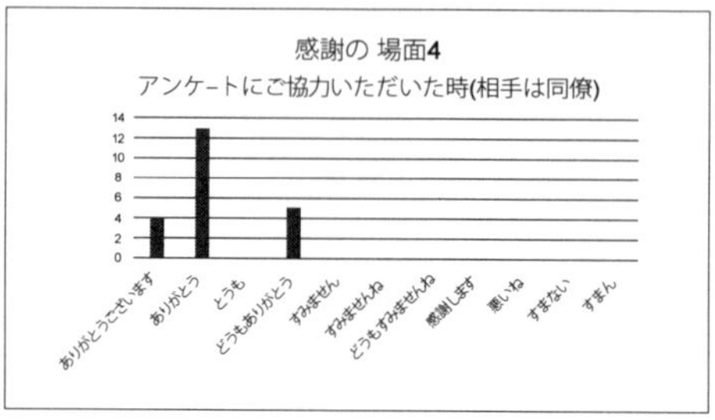

<장면4>는 앙케트 부탁에 대한 감사의 표현이다. 한국에서는 교수, 직원, 선배 등 윗사람에게는 '감사합니다'를 대부분 사용한다. 그리고 친한 친구, 후배에게는 '고마워'가 주로 사용된다. 교수에게는 여학생 28명 모두가 '감사합니다'를 사용하고 있으나, 직원에게는 21명이 '감사합니다'를 6명이 '고맙습니다'를 사용하고 있다. 여기에서 교수와 직원에 대한 사용의 차이를 알 수 있다. 그러나, 남학생의 경우는 교수(13명), 직원(12명)에게 '감사합니다'를 사용하며, '고맙습니다'는 각각 1명에 지나지 않는다. '고맙습니다'는 윗사람 직원 선생에 대해서 여학생이 주로 사용한다고 볼 수 있다.

한편, 동료에 대한 사용은 남녀 모두 '고마워'와 '감사합니다'가 주류이다. <고마워系>를 대부분 사용하지만, 동료인 경우에도 친소관계에서 소원한 경우는 '감사합니다'(여성9명, 남성4명)를 사용한 것으로 보인다.

일본에서는 교수, 직원, 선배 등 윗사람에게 'ありがとうございます'를 22명 전원이 사용하고, 친한 친구, 후배에게는 'ありがとう'(친한 친구 18명, 후배 16명) 혹은 'どうもありがとう'(각각 2명)을 사용하고 있다. 남학생은 후배에게 'すまん'과 'どうもすみませんね'가 각각 1명이 사용이 보인다. 결국, 상하관계에 의한 사용이 비교적 명확하게 구분되어 있다. 그러나, 동료에 대한 사용은 상기<그림>의 감사 장면4처럼 3가지 모두 사용되지만, 'ありがとう'(22명 중에서 13명)가 주된 사용이 된다. 여학생의 경우에는 동료에게도 'どうもありがとう' 'ありがとうございます'를 각각 3명씩 사용하고 있어, 'ありがとう' 5명 사용보다 높다. 한편, 남학생은 동료 간에 8명이 'ありがとう'를 사용하여 가벼운 감사 표현을 한다. 이상에서 후배와 동료에 대한 사용에

서 남학생보다 여학생이 좀 더 정중한 표현으로 감사를 나타내고 있다고 말할 수 있다. 이것은 종래의 성차 연구에서 여성어가 좀 더 정중한 표현을 사용하고 있다는 일반적인 인식과 일치된다.

<장면2>와 같이 부탁하기 어려운 추천장 작성의 감사 표현의 경우, '정말로 감사합니다'가 많이 사용되지만, <장면3> 협동수업에서 대신 발표, <장면4>앙케트 협조에 대한 감사는 가벼운 감사로 '감사합니다'에 그치고 있어, 화제별로 상대방에 대한 대우가치(감사표현의 정중도)의 차이를 엿볼 수 있다.

한편, <장면4>에서 일본어의 경우가 'どうもありがとう' 'ありがとうございます'의 사용이 동료들 간에 있는 점은 한국에서 '정말로 감사합니다'가 없고 '감사합니다'만 사용되는 점과 대비된다. 동료들 간 대화를 보면, 일본어가 한국어에 비해서 감사 표현이 정중하게 사용되고 있다고 해석할 수 있다. 그리고 동료 간의 표현에서 다양한 표현이 사용되는 경향이 있는데, 일본어의 경우가 정형화된 3가지 표현만이 사용되었고, 이에 비해 한국어가 6가지 표현이 사용된 점이 주목된다[39]. 즉, 한국어의 경우, 친소관계에 따라 다양한 표현의 형태로 나타난 것으로 보인다.

이상에서 살펴본 것처럼, 한일 양국 모두 상대방이 윗사람인 교수나 직원, 아랫사람인 후배인 경우는 감사 표현에서 어느 정도 정형화된 표현이 사용되는 경향이 있다. 즉, 상하관계, 화제, 주제에 따라 화자가 상대방에게 사용하는 감사 표현이 정해진다. 감사 표현의 정중도(대우가치) 차이는 있으나, 동료 간 관계와 같은 경우에는 양상이 좀 복잡하게 나타난다. 동료에 대한 친소관계가 작용되는데, 이 부분에 대한 개인차가 감사 표현(언어 사용)의 다양성, 차이로 나타나고 있다. 실제로 어느 요인이 더 작용되어 사용된 것인가에 대해서는 사회언어학적인 고찰이 이루어질 필요가 있다. 성차(性差), 연령에 의한 직장 내에서 힘(사회적인 힘)에 의한 상하관계, 화제(話題), 상대방과의 거리에 의한 친소관계 등 다양한 요인이 복합적으로 얽혀 있다. 따

39) 크게 나누면 한국어는 2가지 유형(감사합니다 系, 고맙다 系), 일본어는 1가지 유형(ありがとう系)이 된다.

라서, 담화[40]속에서 사회언어학적인 한일 양국어의 감사 표현의 대조연구는 매우 중요하고, 감사와 사죄 표현의 선택 메커니즘을 밝히기 위한 작업은 보다 다양한 요인에 대한 정량적, 계량적인 분석이 우선 요구된다. 본 연구는 조사자 수가 적어서 일반화에 한계가 있음을 밝혀 둔다.

3.2 사죄 표현의 분석

이하, 설문조사 결과를 <장면1>~<장면3>로 나누어 살펴보자.

〈장면1〉: 수업 이동 중 캠퍼스를 걷다가 사람(상대방)과 손을 부딪쳤습니다. 그 때, 부딪친 사람의 손에서 휴대전화(스마트폰)이 떨어졌습니다. 그 장면에서 당신은 어떻게 말합니까?

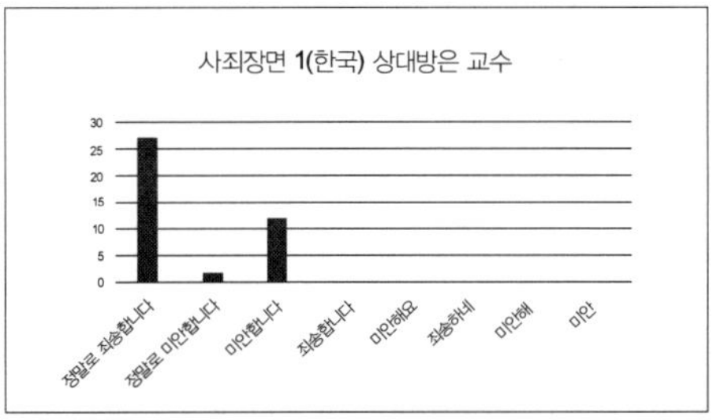

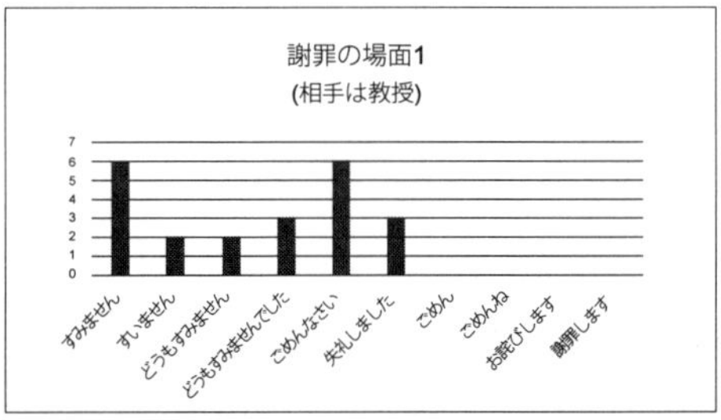

사죄<장면1>의 한국에서는 남학생 여학생 모두 '교수' '직원' '선배' 등 윗사람에게 더욱 정중한 사죄 표현을 사용하고 있다. '정말로 죄송합니다' '죄송합니다'를 주로 사용하며 사죄를 표하고 있다. 윗사람 교수에 대한 사용을 보면 '죄송합니다' 系가 '정말로 죄송합니다'(27명), '죄송합니다'(12명)로 95.12%를 차지하고 있다. '정말로 미안합니다' 는 2명에 지나지 않아, 남녀 모두 윗사람에 대한 사죄 표현 <장면1>은 <죄송합니다系>가 압도적이다 라고 볼 수 있다. 성차를 보면, 남학생은 윗사람에 대

40) 한일 양국의 대조연구에서도 종래의 담화언어학적인 방법론과 함께 본 연구와 같은 설문조사를 통한 사회언어학적인 방법론이 병행되어야 할 것이다.

해서 '정말로 죄송합니다' '죄송합니다'가 거의 비슷하게 사용되고 있으나, 여학생은 '정말로 죄송합니다'가 '죄송합니다'의 2배 정도 사용이 보인다. 여기에서 여학생이 <장면1> 윗사람에 대해서 정중하게 사죄하고 있음을 알 수 있다.

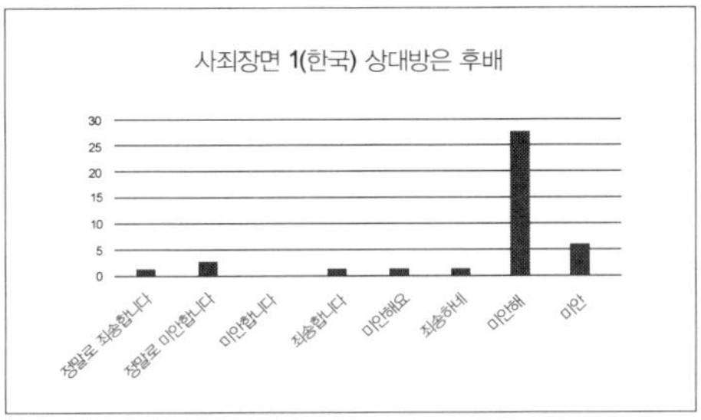

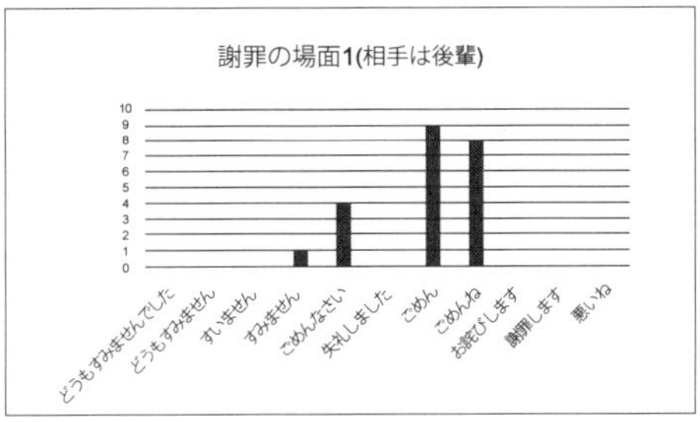

한편, '친한 친구' '후배'에게는 '미안해'(41명 중에서 28명 사용:68.29%)와 '미안'(6명)이 대부분 사용된다.

일본에서 상대방이 교수인 경우, 남녀 차이로는 여학생이 '失礼しました'를 3명이 사용한다는 점이다. 상배방이 후배인 경우, 남학생과 여학생이 큰 차이를 보인다. 남학생은 'ごめん' 8명, 'ごめんね' 3명이다. 그러나, 여학생은 'ごめんね' 5명, 'ごめんなさい' 4명인데 비하여, 'ごめん'은 1명에 지나지 않는다. 여학생은 후배에게 남성에게는 사용이 없는 'すみません'의 1명이 있고, 'ごめんなさい' 등이 사용되는 점은 특징적이다. 또한, 윗사람 교수에게도 여학생은 '失礼しました'를 사용한 점에서 남학생과 차이를 보이는 부분이다. 전반적으로 일본에서는 사죄 표현에서도 감사 표현과 마찬가지로 여학생이 남학생에 비하여 정중한 표현을 하고 있다. 여성은 남성보다 정중한 표현을 사용해야 한다는 사회적인 규범과 잠재적, 암묵적인 경어 의식이 여전히 남아 있다고 볼 수 있다.

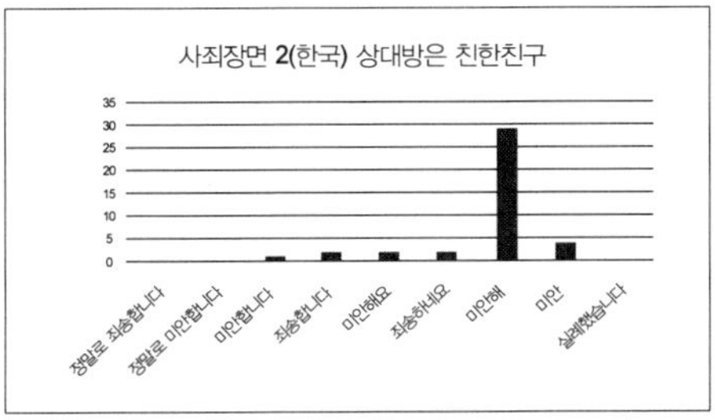

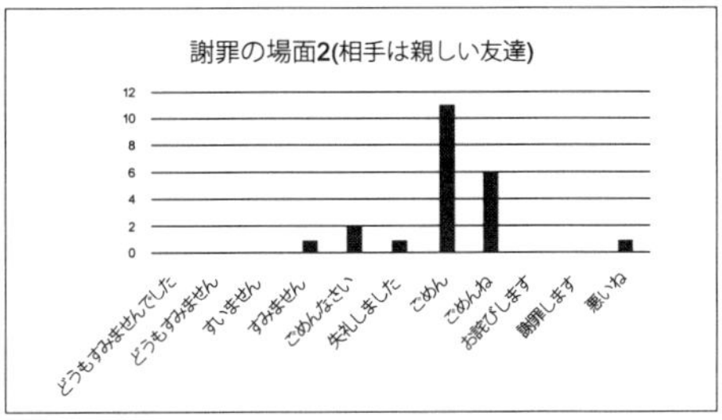

특히, <장면1>에서 화제의 성격상 교수나 직원 등 사회적인 지위, 연령 등 윗사람에 대한 정중한 사죄가 한국어의 경우는 3가지 표현으로 집약되지만, 일본어는 교수에서 보듯이 6가지 사죄 표현으로 선택되어 일본어가 좀 더 다양한 요인(화자와 상대방 간의 관계)이 작용된 것으로 보인다. 이 부분은 한국어에서는 남녀 모두 윗사람(상하관계)에 대한 정중한 사죄가 중요하며 정형화된 방식으로 사죄를 표현하며, 일본어에서는 상하관계와 더불어 화제의 중요성에 따른 점과 남녀에 의한 차이(여학생이 주로 ごめんなさい 사용), 즉 성차까지 반영된 결과라고 생각된다. 특히 연령을 기준으로 하는 한국어의 절대경어적 성격과 연령 이외에도 [内, 外]라는 경어 기준, 심리적 거리, 친소 관계에 의해 사용 양상이 변화하는 상대경어인 일본어의 특성이 사죄 표현에서도 한일 간의 차이로 나타나고 있다.

대학생의 경우 직원은 연령 관계에서 윗사람이라 볼 수 있는데, <장면1> 상대방 교수와 달리, '죄송합니다'가 주로 사용되었다. 화제도 <장면1>에 비하면 사과의 정도가 낮을 수 있어서, '정말로 죄송합니다'와 '미안합니다'가 상대적으로 적게 사용되었다. <장면2>에서 친한 친구에게는 '미안해'가 대부분 사용되어, <장면1>후배에게 사죄와 거의 유사하다. 즉, 친한 친구<장면2>와 아랫사람 후배<장면1>의 사용에서 장면에 따른 사죄 표현의 차이는 볼 수 없었다. 한국어에서 자신과 친한 사람이나 후배에게는 '미안해'로 대부분의 사죄가 가능하다는 것이고, 윗사람에게는 화제 장면의 중요성도 좌우되는 측면이 있다고 해석할 수 있다.

〈장면2〉: 카페에서 주문한 음료가 나와서 받으러 갔는데, 잘못하여 당신보다 먼저 주문한 상대방의 음식을 받았습니다. 그 때 당신은 상대방에게 어떻게 말합니까?

<장면2>를 성차의 관점에서 보면, 여학생은 선배에게 '정말로 죄송합니다' 5명(19.23%) 사용이 있는데, 남학생은 1명(7.14%)의 사용만이 보인다. '죄송합니다'(14명중 11명 사용: 78.57%, 남학생이 많고, 여학생은 '26명 중 11명 42.30%를 차지하고 있다. 여학생은 '죄송해요' 4명, '죄송하네요' 2명, '실례했습니다' 3명 등 선배와 친소관계에 따라 다양하

게 사죄표현을 사용한 것으로 보인다. 반면, 남학생은 대부분(약 80%가까운 사람)이 '죄송합니다'의 표현이 사용된 점이 다르다.

여기에서 한국어 사죄 표현의 특징을 정리하면, 윗사람에 대해서 여학생은 남학생에 비해, 상대적으로 정중한 사죄 표현과 다양한 사죄 표현(아마도 친소 관계가 영향을 미침)이 선택된다는 점이다. 그러나, 친한 친구나 후배와 같은 아랫사람에게는 남녀 모두 '미안해'가 대부분 사용되어, 거의 개인차가 없으며 정형화된 사용 양상을 보인다.

<장면2> 일본의 경우를 살펴보자.

일본도 한국과 마찬가지로 '교수' '직원' '선배' 등 윗사람에게는 [すみません, すいません, どうもすみませんでした]를 주로 사용하며, '동료', '친한 친구', '후배' 등 대등한 인간관계나 후배에게는 [ごめん, ごめんね, 悪いね] 등 가벼운 사죄 표현을 사용하고 있다. 대체로 일본어는 부정의 표현을 포함하는 형식이 긍정적인 표현보다 정중하다고 인식하고 있는데, 사죄 표현에서도 윗사람에게는 부정의 표현을 포함하고 있지만, 아랫사람에게는 그렇지 않다. 성차의 관점에서 보면, 여학생은 동료에게 'ごめんなさい'(4명:36.36%)를 사용하는 점이다. 여학생은 윗사람(교수, 직원, 선배)에게 6명이 'ごめんなさい'를 사용하지만, 남학생은 선배에게 1명만이 사용하고 있었다. 또한, 남학생은 윗사람에게 'すいません'를 사용하고 있다는 점이 여학생과 다르다. 남학생은 교수와 직원에게 각각 2명씩 사용하고, 선배에게 1명이 사용하고 있다. 여학생이 'すいません'를 사용하는 경우는 1명도 보이지 않았다.

〈장면3〉: 비오는 날 카페에 가서 커피를 사고 나올 때, 당신이 착각하여 상대방의 우산을 가지고 나오는 순간, 우산의 원 주인이 '이것은 저의 우산입니다'라고 했습니다. 그때 (사죄 장면에서) 당신은 어떻게 말합니까?

사죄〈장면3〉의 일본에서는 교수, 직원, 선배에게는 'すみません'이 주로 사용되며, 동료, 친한 친구, 후배에게는 'ごめん''ごめんね'가 주로 사용된다. 한국에서는 교수,

직원, 선배에게는 '정말로 죄송합니다'(주로 여학생), '죄송합니다'(주로 남학생)이 사용된다. 동료, 친한 친구, 후배에게는 '미안해'가 대부분 사용된다. '미안'의 사용도 '친한 친구'와 '후배'에게 약간의 사용이 보인다. '친한 친구'의 경우를 보면 '미안해'가 40명 중에서 27명(67.50%), '미안'은 7명(17.50%)으로 나타났다.

선배(윗사람)와 동료에 대한 사용에서 한일 양국이 차이를 보인다.

한국은 선배에게 40명 중에서 12명이 '정말로 죄송합니다'(30.00%사용)이 있다. 반면 일본은 선배에게 'どうもすみません(22명 중에서 1명), どうもすみませんでした(22명 중에서 2명)의 사용이 있어, 22명 중에서 총 3명 13.63% 만이 공손한 사죄 표현을 사용하고 있다. 여기에서 윗사람 선배에 대한 절대경어적인 측면이 한국어에 남아 있고, 일본어는 한국어에 비하면 가벼운 사죄 표현을 택하고 있다고 볼 수 있다. 한국은 일본에 비해, 화자의 선배 즉 연령 관계에 의해, 사죄 표현의 정중도가 달라지는 특성이 있다고 말할 수 있다[41]. 결국, 한국어의 연령에 의한 절대경어적 특성이 사죄표현의 선택 메커니즘과 연관되어 있음을 알 수 있다.

동료의 경우에도 한국어는 '정말로 죄송합니다'를 6명(6명 중 5명이 여성)이 사용하고 있다. 특히 여성의 경우는 동료에게도 매우 공손한 사죄 표현이 사용된다. 반면, 일본어의 경우, 동료에게 'どうもすみません' 은 1례도 보이지 않아서 동료에게도 <장면3>의 경우에는 가벼운 사죄 표현으로 충분하다고 느끼는 것 같다. 한국어에서는 <장면3>의 경우를 정리하면, 상하관계, 선배에 대한 윗사람 의식이 명확하게 보인다. 일본어 경우 선배나 동료에 대한 사용에서 한국어에 비해 상대적으로 가벼운 사죄 표현에 그치고 있는 점이 다르다. 'すみません'의 경우 동료에게 사용이 여성은 4명이 있으나, 남성은 1례도 없다. 한편, 蟹江(2014)에서는 한일 고등학생을 대상으로

41) 일본어에서는 경어 선택의 조건으로 연령적 상하관계는 표준어의 세계에서는 단독으로 기능/역할을 할 정도로 강력한 것은 아닐지도 모른다(연령적 조건이 다른 조건보다도 강력한 곳은 큐슈(九州), 오키나와(沖縄) 지방 등). 일본어에서 경어 선택의 조건에서 강력한 것의 하나로 南(1974 : 267)는 자신의 쪽(身うち : 혈연적, 비혈연적, 그리고 자신이 소속된 직장, 사회적 소속, 일종의 사회적 거리)인가 아닌가가 중요하다고 지적하고 있다. 현대 일본어에서는 메이지 이후 계급적(사농공상) 신분관계가 쇠퇴하여, [역할적 상하관계(상사-부하, 교사-학생, 선배-후배 등)], [内外關係(身うち)]가 중요하게 작용되는 상대경어로 절대경어적 요소가 강한 한국어와 대비된다.

의뢰에 관한 의식 조사를 실시하여, 그 결과 한국인 고등학생은 의뢰 수주에 관해서 적극적이지만, 일본인 고등학생은 '피해를 끼치는 것'을 회피하여 의뢰 수주에 소극적인 점을 밝히고 있다. 즉, 한국인 학생은 친해지면 피해를 끼치는 것(의뢰하는 행위)을 결코 나쁘다고 판단하지 않아, 말로서 자신의 요구를 표현한다. 즉, 긍정적, 적극적인 공손함, 포라이트니스(Positive politeness)를 다용한다고 볼 수 있다. 반면, 일본인 학생은 친한 사이라도 피해를 입히는 것을 좋아하지 않고, 말로 명확하게 표현하지 않고 상대방이 이해해 주기를 기다리는 조심스럽게 도움을 청하는 소극적 포라이트니스 (Negative politeness) 전략을 취한다. 의뢰 표현뿐만 아니라, 사죄 표현도 마찬가지로 한일 양국에서 '친한 사이에도 친밀감을 인식하고 행동하는 차이'가 적용된다. 이와 같이 친한 사이에서도 양국이 자신과 상대방의 영역을 의식하고 행동하는 대화 스타일의 차이가 있는 것이다. 한국어에서는 친한 사이에는 상대방과 의식이 희박(거리를 두지 않지만)하지만, 일본어에서는 친한 사이에도 자신과 상대방에 의식(심리적 거리 의식)이 존재한다. 이러한 친한 관계에 대한 의식의 차이가 사죄, 의뢰 표현에 반영되며, 한일 간 언어행동에서 커뮤니케이션의 마찰과 오해를 불러일으키는 원인이 되기도 한다.

일본의 경우, 성차의 관점에서 보면, 남학생은 동료에게 'ごめん(4명)', 'ごめんね(3명)'이 주류이지만, 여학생은 동료에게 'すみません(4명)', 'ごめんなさい(3명)'이 주류이다. 여학생이 동료에게 정중한 사죄 표현을 사용하고 있는 점이 특징이다. 한국어의 경우, 동료 간 사용을 보면, 여학생의 경우, 26명 중에서 11명인 42.30%가 '미안해'를 사용하여, 가벼운 사죄가 주류임을 알 수 있다. 즉, 일본에서 동료에 대한 사용에 비하면 한국은 같은 장면에서 가벼운 사죄임을 알 수 있다. '죄송해요' '미안해요'가 각각 3명이고 '정말로 죄송합니다'는 5명이 있다. 남학생의 경우는 여학생과 비슷하지만, '정말로 죄송합니다'는 14명중 1명에 그치고 있다. 남학생은 동료에게 '미안해'(5명), 죄송해요(2명), 죄송합니다(2명)이 주로 사용된다.

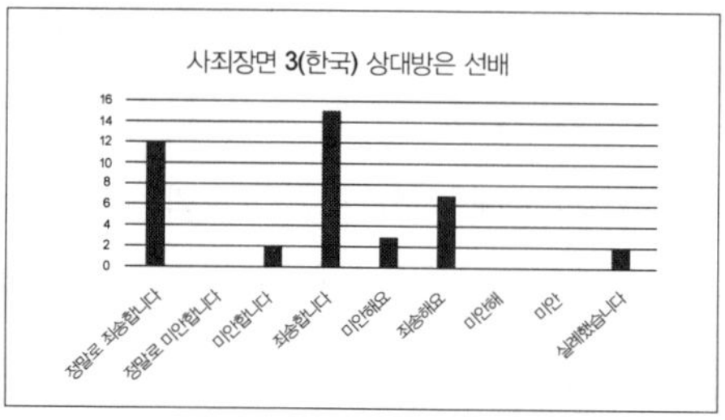

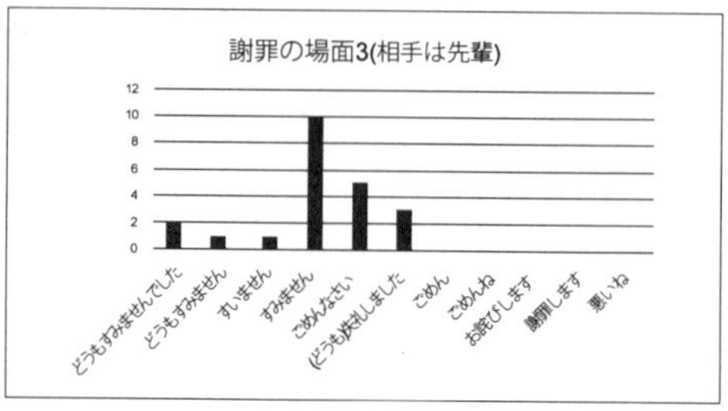

이상 <장면3>에서 알 수 있듯이 선배에게는 한국어에서는 '정말로 죄송합니다'의 사용이 일본어의 공손한 사용 'どうもすみません' 'どうもすみませんでした'의 사용의 2배 이상으로 나타났다. 즉, 한국어에서 선배에 대해서 상대적으로 공손한 사죄 표현(연령에 의한 상하관계가 사죄 표현 선택에 결정적으로 영향을 미치고 있음)이 선택된 것으로 보인다. 반면, 동료에 대한 사용에서는 일본 여학생이 한국 여학생에 비해, 동료에게 정중한 사죄 표현을 사용하고 있는 점이 특징이다. 여학생이 동료에게 'すみません(4명)', 'ごめんなさい(3명)'를 사용하고 있는 것에서 알 수 있듯이. 일본은 동료에게도 친밀감이 있더라고 피해를 끼치는 것을 부담스럽게 생각하여, 공손하게 사죄를 하여 상대방 영역에 침해하지 않고 일정한 심리적 거리를 유지하는 소극적 포라이트니스 전략을 취하고 있다.

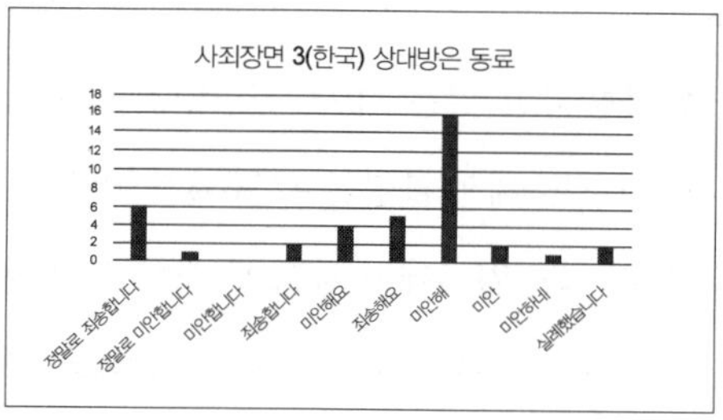

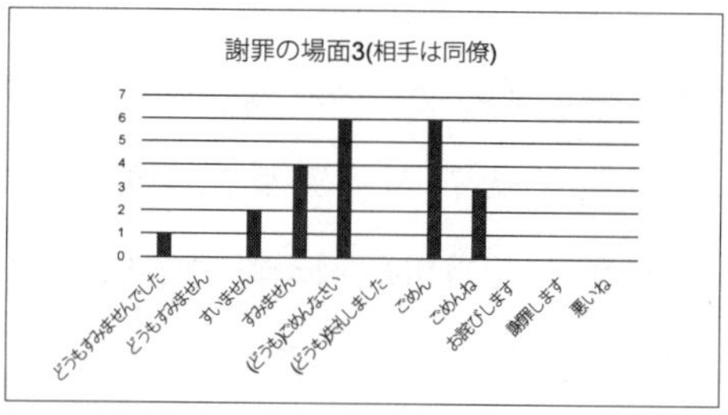

한국은 여학생이 동료에게 42.30%가 '미안해'를 사용하는 것에서 알 수 있듯이, 상대방에게 어느 정도 피해를 끼치는 것을 부담스럽게 생각하지 않고 가벼운 사죄 표현이 선택되고 있다. 그러나, 친소관계에 따라서 소원한 관계인 경우, 특히 여학생은 한국어에도 동료이지만 '정말로 죄송합니다'와 같은 정중한 사죄가 선택되기도 한다. 이상에서 양국 여학생들의 동료에 대한 사죄 표현 양상의 차이를 엿볼 수 있었다.

熊谷(2008 : 30−33)은 일본인이 사죄를 자주 하는 것은 논리적으로 자신을 불리한 입장에 놓지만, 실은 일종의 대인 행동의 스타일로서 기능하고 있다고 보고 있다. 자신의 입장을 불리하게 하는 것은 자신이 스스로 자신의 체면(Face)을 지키는 것을 피하고, 상대방에게 이해를 구하려는 스트라테지이고, 의뢰와 사죄뿐만 아니라 '일본적인 겸손'에도 나타나고 있다고 하였다. 즉, 자신을 불리한 입장에 놓는 언어 행동이 상대방에게 일정의 효과를 거둔다고 판단하는 상호이해적인 사죄 표현의 스타일의 하나가 된다. 자신을 약자의 입장에 놓는 것이 결국은 상대방에게 결정권이 있고, 상대방의 허가를 구하는 사죄방식으로 소극적 포라이트네스 전략을 선택하는 셈이다. 한국의 경우는 자신을 불리한 입장에 놓고 사죄를 구하는 방식보다는 설명을 하는 방식이 선호되는 것 같다. 자신을 불리한 입장에 놓는 겸손함보다는 적극적으로 협조, 동조하면서 설명하고 사죄하는 긍정적 포라이트니스(positive politeness) 전략을 취하는 것이다.

본 연구에서는 정량적으로 분석하는 것이 아니고, 소수의 사용 경향의 분석을 통해서 감사와 사죄 표현의 선택에 대해서 고찰하여 한계는 있다. 그러나, 향후 담화언어학, 인지언어학 등의 관점에서 분석을 통해서 '감사' '사죄' 표현의 선택 메커니즘의 규명을 보완할 필요성을 느꼈다.

한편, 南不二男(1974:225−226)에서는 경어와 그 주변에 대해서 논하면서 경어의 일반적 성격으로 3가지를 들고 있는데, 그 중 (2), (3)이 주목된다. (2)는 배려의 대상 혹은 그에 대한 표현에 관한 언어 주체의 어떠한 평가적인 태도가 있다는 점. (3)은 그 결과 표현의 素材的 내용 혹은 그에 관한 언어 주체의 취급방식(언어 표현, 경어 표현 정도로 해석할 수 있음)에 차이가 생긴다는 점이다. 감사, 사죄 표현도 화자의 상대방에 대한 어떠한 평가적인 태도(의식적 때로는 무의식적)가 반영되어, 그 평가를 바탕으로 담화 문맥(context) 속에서 원활하게 커뮤니케이션을 이루게 되는 것이다. 한일 양국에서 이러한 표현 양상의 차이는 경어의 특성과도 관련이 되며, 'Politenesss strategy'의 차이로도 감사, 사죄 표현의 설명이 가능하게 된다.

4. 감사와 사죄 표현의 선택 메커니즘 규명

본 절에서는 감사와 사죄 표현의 선택 메커니즘 규명을 위해서는 담화언어학, 인지언어학적 관점에서 분석하는 것이 중요하다고 생각하여, 이에 대해서 간단하게 서술하고자 한다.

泉子·K·メイナード((2004:13) 담화의 구조·구성의 관점에서 discourse를 분석할 때, 담화 전체를 시야에 넣으면서 담화의 구조·구성과 언어 표현이 어떠한 관계가 있는지, 담화 전체로서 무엇을 어떻게 표현하고 있는가? 라는 질문·물음이 중요하다고 하였다. 이하, 인용해 둔다.

談話の構造· 構成の観点からディスコースを分析する際には、談話全体を視野に入れながら、談話の構成要素や、段などの内部構成がテーマとなる。また、異なったジャンルごとの構成もその研究領域に入る。そして談話の構造· 構成と言語表現がどのような関係にあるか、談話全体として何をどのように表現しているか、という問いかけが大切である。

담화의 구조·구성의 관점에서 디스코스를 분석할 때는 담화 전체를 시야에 넣으면서 담화의 구성 요소나 단락 등 내부 구성이 테마가 된다. 또 다른 장르마다의 구성도 그 연구 영역에 들어간다. 그리고 담화의 구조·구성과 언어 표현이 어떤 관계에 있는지, 담화 전체로서 무엇을 어떻게 표현하고 있는가 하는 질문이 중요하다.

담화언어학(discourse linguistics)[42]의 관점에서 일본어 담화(discourse) 현상을 이해하려고 할 때, 언어의 다양한 변화(Variation도 그 Variation의 자체가 문맥에 의해 다양함을 보임)의 존재와 그 표현성을 시야에 넣고 인식하여 연구를 진행하는 것이 중요하다

42) 언어표현을 담화라는 언어의 실제 속에서 분석하여, 더 나아가 어떤 언어의 discourse 현상의 전체상을 이해하는 것을 목적으로 한다. 또한, 담화언어학은 표현 자체에 초점을 둔 연구이다. 泉子·K·メイナード(2004:14)는 구성, 레토릭, 스트라테지는 담화(discourse)를 3개의 레벨로 나누어 파악한 개념으로 이들은 각각 독립된 범주가 아니라, 중복되는 측면도 있다고 본다.

고 볼 수 있다.

일본어의 다양성(표준어·공통어)에서도 실제로 사용될 때에는 언어주체의 개성이 어떤 Variation를 통해서 표현된다. 담화언어어학의 연구과제와 일본어 Variation이 관련된 점은 Variation의 이용과 조작이 다양한 담화의 표현성을 가능하게 하기 때문이다. 종래 사회언어학에서 Variation(성별, 연령별, 지역별, 사회계층별 차이)에 대해서 많은 연구가 수행되어 왔다. 언어의 Variation과 관련하여 문맥과의 관련성은 매우 중요한 것이다. 일찍이 泉子·K·メイナード(1993:23−61)는 회화(會話)분석을 대조 회화분석에 응용할 수 있고 그 방향에 대해서 논하고 있다. 그리고 회화분석의 시점과 범위에 대해서 상세하게 논하고 있다(1993:37−39). 특히, 주목되는 것은 회화분석을 자기콘텍스트(context)화, self−contextualization로 설명하고 있다. 화자가 대화의 어느 시점에서 다양한 문맥(context:어용론의 분야에서 활발하게 이루어진 개념)정보를 바탕으로 어떤 회화표현을 선택할 때, 그 과정을 자기콘텍스트화로 간주하고, 회화분석은 화자 및 듣는 이의 자기콘텍스트화가 어떠한 요소를 포함하고, 어떠한 경과를 거쳐 이루어지는지를 해명하는 것으로 볼 수 있다. 예를 들어, 자기콘텍스트화의 개념은 한일 대조 회화분석에서 회화 스타일을 설명하는 데 도움이 된다. 거시적 레벨에서는 회화 구조적 시점에서 분석[43]이 되고, 미시적으로는 회화 관리의 시점(화자교체, 맞장구 표현 등 듣는 이 반응 등 다양한 비언어행동을 생각할 수 있음)에서 회화분석이다. 특히, 구조적 시점에서 감사와 사죄 표현을 화자가 선택할 때, 泉子·K·メイナード가 말하는 자기콘텍스트화 과정, 본 연구에서는 감사와 사죄 표현을 대조 분석하여 그 사용 메커니즘을 규명하는 것이 된다. 그러나, 실제로 3장에서 회화를 분석한 것이 아니고, 장면이 제시된 앙케트의 분석에 그친 점이 본 연구의 한계로 남는다.

한편, 崎田智子·岡本雅史(2010：9−10)는 인지언어학과 담화 연구에 대해서 언급하고, 최근의 인지언어학에서 담화 연구를 중요시하는 현상이 조금씩 보인다고 지적

43) 泉子·K·メイナード는 구조적 시점에서 회화 분석, 회화 전체상을 크게 4가지 유형으로 나누어 설명하고 있다. 특히, 3번째 장르별 내부구조(예를 들어 회화 중의 이야기), 4번째 회화 참가자의 발화의 목적과 의도에 의해서 성격 지워지는 교환구조는 '감사' '사죄' 표현의 한일 대조연구에 시사적이다.

하고 있다. 종래의 인지언어학의 범주를 넘은 '인지적 담화분석'이라는 인지적 입장을 취하는 담화분석의 통찰적 연구가 있다. 담화·텍스트의 전개 프로세스 초점화의 인지 프로세스에 따라서 설명하는 시도도 주목 된다(山梨2001, 2004). 또한, 종래의 인지언어학과 회화분석은 서로 융합할 수 없다고 인식했지만, 양자를 통합시키는 시도도 보인다. 이들 연구는 담화를 시야에 넣도록 인지언어학의 패러다임을 확장하는 최근의 경향을 반영하고 있고, 담화 특히 구어(구어체)에 기반을 둔 인지 메커니즘 연구에 기대가 높아지고 있다.

결국, 인지언어학은 최근에 언어구조가 어떻게 상호 행위적인 언어 사용에 관여하는지를 연구의 영역에 넣어 인지언어학이 어떻게 담화와 융합되는가를 명확히 하려는 시도가 이루어지고 있다[44]. 인지언어학은 관심이 인지에 있다고 한다면(인지와 담화의 접점을 고찰하는 것을 목적으로 함), 담화언어학은 담화에 관심이 있다. 이 두 가지 모두 담화 속에서 즉, 담화 문맥(context)에서 화자와 청자 간의 상호행위 속에서 어떠한 의도로, 담화 전체로서 무엇을 어떻게 표현하고 있는가? 라는 점이 매우 중요한 문제이다. 감사와 사죄 표현의 선택 메커니즘 규명도 이러한 담화언어학, 더 나아가 인지언어학적 관점에서 연구가 수행될 필요가 있다.

5. 나오며

지금까지 본 절에서는 한국어와 일본어의 감사 표현(Expression of appreciation), 사죄 표현(Expression of apology)의 선택 메커니즘을 한일 양국 대학생들의 언어사용 실태조사를 바탕으로 밝혔다. 구체적으로 한일 양 언어의 감사와 사죄 표현이 어떠한 장면에서 상대방(상하관계와 친소관계를 고려한 화자와 상대방1～6으로 구별)에게 어떻

44) 인지언어학과 어용론의 접점이 되는 연구도 보인다. 山梨(2001 : 179)에서는 일상생활 속에서 사용되는 (생생한) 문맥과 언어의 전달과 해석의 메커니즘을 해명하기 위한 중요한 단서를 제공한다. 즉, 언어 현상에 관하여 인지언어학의 관점에서 통일적이고 체계적인 기술과 설명을 시도해 가는 방법으로 '認知語用論(Cognitive Pragmatics)'으로 규정하고 있다.

게 사용되고 있는지를 분석·고찰하였다. 그 결과, 한일 양 언어의 '감사'와 '사죄 표현'에서는 다음과 같은 선택 메커니즘의 차이를 명확히 할 수 있었다.

먼저, 감사 표현을 보면, 한일 양국 모두 상대방이 윗사람인 교수나 직원, 아랫사람인 후배인 경우는 감사 표현에서 어느 정도 정형화된 표현이 사용되는 경향이 있다. 즉, 상하관계, 화제, 주제에 따라 화자가 상대방에게 사용하는 감사 표현이 정해진다. 감사 표현의 정중도(대우가치) 차이는 있으나, 동료 간 대등관계와 같은 경우에는 양상이 좀 복잡하게 나타난다. 동료들 간 대화를 보면, 일본어가 한국어에 비해서 좀 더 정중하게 사용되고 있다. 일본어의 경우는 정형화된 3가지 표현만이 사용되었고, 이에 비해 한국어에서는 6가지 표현을 사용하고 있는 점이 주목된다.

사죄 표현을 보면, 한국어에서는 남녀 모두 윗사람(상하관계)에 대한 정중한 사죄가 중요하며 정형화된 방식으로 사죄를 표현하며, 일본어에서는 상하관계와 더불어 화제의 중요성에 따른 점과 남녀에 의한 차이(여학생이 주로 ごめんなさい 사용), 즉 성차까지 반영된 결과라고 생각된다. 특히 연령을 기준으로 하는 한국어의 절대경어적 성격과 연령 이외에도 [内, 外關係]라는 경어 기준, 심리적 거리, 친소관계에 의해 사용 양상이 변화하는 상대경어인 일본어의 특성이 사죄 표현에서도 한일 간의 차이로 나타난다.

한국어에서 선배에 대해서 상대적으로 공손한 사죄표현(연령에 의한 상하관계가 사죄 표현 선택에 결정적으로 영향을 미치고 있음)이 선택된 것으로 보인다. 반면, 동료에 대한 사용에서는 일본 여학생이 한국 여학생에 비해, 동료에게 정중한 사죄 표현을 사용하고 있는 점이 특징이다. 일본은 동료에게도 친밀감이 있더라고 피해를 끼치는 것을 부담스럽게 생각하여, 공손하게 사죄를 하여 상대방 영역에 침해하지 않고 일정한 심리적 거리를 유지하는 소극적 포라이트네스(Negative politenesss)의 성격이 강한 편이다. 반면, 한국은 자신을 불리한 입장에 놓는 겸손함보다는 적극적으로 협조, 동조하면서 설명하고 사죄하는 적극적 포라이트네스(Positive politeness)의 성향이 강한 편이다. 이와 같이 친한 사이에서도 한일 양국이 자신과 상대방의 영역을 의식하는 정도의 차이가 있다. 이것은 담화 스타일의 차이로 나타나며, 사죄 표현에서도 마찬가지의 결과이다.

결국, 감사와 사죄 표현도 화자의 상대방에 대한 어떠한 평가적인 태도가 반영되어, 그 평가를 바탕으로 화자가 담화 문맥(context) 속에서 자연스럽게 선택하고 있다. 한일 양국에서 이러한 감사, 사죄 표현 선택 양상의 차이는 경어의 특성(절대경어, 상대경어)과 깊은 관련이 있으며, 본론에서 설명한 'Politenesss strategy'의 차이로도 설명이 가능하다. 담화언어학의 관점에서 '감사' '사죄' 표현에 관한 상세한 분석의 필요성이 있으나, 이 부분은 향후 과제로 하고 싶다.

한국어의 감사 표현은 '일회성'으로 그 자리에서 감사의 행위가 모두 끝난다. 그러나 일본어는 감사의 행위가 일회성이 아닌 반복, '다회성'이다. 일본인은 감사와 사죄 표현도 정형적 표현을 선호한다. 이 점을 한국인이 이해하면 일본인과 커뮤니케이션에 큰 도움이 될 것이다. 일본어의 이러한 특색, 표현 양식·담화 방식의 특성을 이해해야만 일본인과 원활한 의사소통이 가능해질 것이다.

일본인은 공손하게 사죄를 하여 상대방 영역을 침해하지 않고 일정한 '심리적 거리'를 유지하는 '소극적 정중함**(Negative politenesss)'**의 성격이 강한 편이다. 적극적 긍정적 정중함(Positive politeness)를 선호하는 한국어와 대비되는 점이다. 이와 같은 특성을 이해할 때, 비로소 '바르게 이해하기'가 가능하게 되며 원활한 의사소통을 할 수 있을 것이다.

일본인이 감사 표현과 사죄 표현을 자주 사용하는 것은 그들만의 언어 표현의 커다란 특징이다. 이러한 특징은 한국과 다름이고 그 차이를 이해해야 한다. 언어는 그 나라의 오랜 역사와 문화를 내포하고 있기 때문에 언어와 문화, 언어와 비언어 행동을 바르게 이해하는 것이 매우 중요하다.

한국의 경우는 자신을 불리한 입장에 놓고 사죄를 구하는 방식보다는 설명을 하는 방식이 선호되는 것 같다. 자신을 불리한 입장에 놓는 겸손함보다는 적극적으로 협조, 동조하면서 설명하고 사죄하는 '적극적, 긍정적 공손함, 정중함(positive politeness)'의 전략을 취하는 것이다. 결국, 한국인은 겸손한 방식보다 직접적인 사죄 전략이 주가 된다. 이러한 관점에서 생각하면, 한국어는 능동 표현을 선호하는 언어이고,

일본어는 수동 표현이 발달된 언어라는 점도 관련이 있는 듯하다.

사죄 표현도 감사와 마찬가지의 경향이 있다. 사죄 담화의 처음과 마지막에 정형적인 사과의 말을 하고, 여기에서 여기까지가 '사과의 담화'라는 경계선을 그어 구분하고 있다. 이상을 정리하면, 일본어의 감사와 사죄 표현 구조는 다음과 같다.

▣ 감사표현: [정형적 감사] + [은혜를 입은 내용] + [관련/비관련] + [정형적 감사]
▣ 사죄표현: [정형적 사과] + [이유설명] + [보충설명] + [정형적 사과] + [의향타진][45]

상기에서 서술한 것처럼 일본인은 감사와 사죄 표현도 정형적 표현을 선호하며, 다회성으로 함으로서 그 행위가 종결된 것으로 해석한다. 이 점을 한국인이 이해하면 일본인과 커뮤니케이션에 큰 도움이 될 것으로 생각된다. 우리는 비즈니스의 장면에서 일본어의 이러한 표현 양식, 담화 방식의 특성을 이해해야만 일본인과 원활한 의사소통이 가능해질 것이다. 결국, '소극적, 부정적 정중함(Negative politenesss)'전략은 일본어의 담화에서 중요한 포인트가 되는 셈이다.

이상에서 살펴본 것처럼 일본인의 언어 표현은 감사 표현과 사죄 표현을 자주 사용하는 것은 그들만의 언어 표현의 커다란 특징이다. 이러한 특징은 우리 한국과 다름이고 그 차이를 이해해야 한다. 언어는 그 나라의 오랜 역사와 문화를 내포하고 있다. 따라서 언어와 문화, 언어와 언어행동, 비언어를 바르게 이해하는 것이 매우 중요하다.

45) 다키우라마사토· 오하시리에(2020:128-130) 이경수, 사공환 옮김.

参考文献

박기선(2013) '한국어 구어 텍스트의 담화 분석을 통한 '감사하다/고맙다'의 반응어 양상 연구' "한국어 의미학"

송영미·미즈시마 히로코(2002), '한국과 일본의 감사표현 비교연구' "이중언어학" 20권 20호 pp .175－192

이지영 (2006) '한국어 학습자의 구어 담화 능력 배양을 위한 담화 정보 활용' "한국어교육"

______(2006) '담화 원리를 바탕으로 한 제안 기능 교육 내용 구성' "한국어교육"

홍사만(2002) "한·일어대조분석" 도서출판 역락 pp.139－166

生越まり子(1994) '感謝の対照研究：日朝対照研究' "日本語学" 13－7 明治書院 pp.19－27

蟹江美幸(2014) '日本語「～てください」と韓国語「要求表現」の比較"日本近代学研究"43 pp.49 －70

熊谷智子(2008) '依頼と謝罪における働きかけのスタイル' "月刊言語"37－1 大修館書店 pp.26－33

崎田智子·岡本雅史著(2010) "言語運用のダイナミズム" 研究社 pp.9－10

佐久間勝彦(1983) '感謝と詫び' "話しことばの表現" (水谷修編)筑摩書房 pp.54－66

泉子·K·メイナード(1993) "会話分析" くろしお出版 pp.37－39

________________(2004) "談話言語学" くろしお出版 p.14

瀧浦眞人(2005) "日本の敬語論ーポライトネス理論からの再検討ー"大修館書店 pp.133－148

________(2008) "ポライトネス入門" 研究社 pp.22－47

南不二男(1974) '第6章敬語' "現代日本語の構造"大修館書店 pp.221－283

三宅和子(1994) '感謝の対照研究：日英対照研究ー文化·社会を反映する言語行動ー' "日本語学" 13－7 明 治書院 pp.10－18

________(2011) "日本語の対人関係把握と配慮言語行動" ひつじ書房

西原鈴子(1994) '感謝に関する一考察' "日本語学" 13－7 明治書院 pp.4－9

日本語教育学会編(2005) "新版日本語教育事典" 大修館書店 宇佐美まゆみ「ポライトネス理論」担当部分 pp.318－320

山梨正明(2001) '認知語用論'小泉保編 "入門語用論研究ー理論と応用ー" 研究社 pp.179－194

RonaldWardhaugh저, 박의재, 정미령역(현대사회언어학 An Introduction to Sociolinguistics 제3판 1999) 한신 문화사 pp.433－435

終章

근대 국가의 출발이 된 메이지유신(1868년)이 끝나고 150년의 세월이 흘렀다. 그 사이에 에도어에서 동경 표준어로 변화했고, 현대 일본어에 이르기까지 여성어도 많은 변천의 역사가 있었다. 에도어에서 도쿄어로 새로운 언어 체계가 만들어지는 과정에는 여러 가지 원인이 있다. 변화의 과정에서 핵심 요소로 한어(漢語)의 증가, 지방어 혼입(混入), 외래어 영향(번역어의 보급), 언어생활에서 언문일치의 실천, 대우표현 변화 등이며, 이러한 요소들이 중요한 역할을 하고 있다.

도쿄어가 표준어로 인정되는 이유로 도쿄가 정치 경제의 중심지이고 인구도 많고, 지방에서 유입된 사람도 다수이고 도쿄어가 사실상의 공통어로서 어느 정도 기능을 하고 있었기 때문이다. 그리고 막부 말기에 에도어가 무사층까지 침투되었고 지식인 계급의 말로서 상당히 세련된 점도 이유가 될 것이다. 동경 표준어는 야마노테(山の手) 말을 근간으로 하였지만, 표준어와 동일한 것은 아니다. 표준어는 도쿄의 시타마치(下町) 말의 요소를 제거하고 문어체의 말도 일부를 받아들이는 한편, 국정교과서와 초등교육 등을 통해서 전국적으로 보급되었다.

필자의 관심인 "근대 일본어와 여성어"를 젠더, 언어적 성차의 시점에서 보면, 메이지 시대와 현대는 큰 차이가 있다. 이와 같은 차이의 원인과 그 배경을 생각할 경우, 공시적 연구와 아울러 통시적 연구를 해야 할 필요성이 있다. 메이지 시대라는 특정 시기에 주목하면서도 현대 일본어의 흐름 속에서 여성어를 분석하려고 시도했다. 필자의 발표된 논문에 수정을 가하고, 글 전체의 구성에 맞춰 새롭게 집필했다. 전체 <구성>은 다음과 같이 정리할 수 있다.

1장에서는 근대 일본어의 탄생과 역사에 대해서 다루었다. 여기에서는 언문일치의 시도와 동경 표준어 성립에 대해서 살펴보았다.

2장에서는 근대 일본어와 대우표현, 특히, 우치다로앙(內田魯庵)의 소설 "社會百面

相"(1902년, 메이지 35년)과 대우표현을 성차의 관점에서 분석했다.

3장에서는 근대 일본어와 젠더로 사회언어학적 관점에서 살펴보았다. 메이지 30년대 소설의 성차를 '역할어'의 관점에서 살펴보았다. 그리고 인칭대명사의 변천을 논하였고, 메이지 초기의 소신문의 문말표현을 성차의 관점에서 분석했다.

4장에서는 근대 일본어와 여성어로 여성어의 역사, 정의 표현, 메이지 20-30년대 소설 및 신문의 성차를 고찰했다.

마지막으로 5장에서는 한일 대조연구의 시도와 과제를 소개하였다. 한일 근대 여성어의 대조연구로 개화기 신소설과 메이지 시대 소설을 대조·고찰했다. 한일 근대 신문의 언어생활 대조연구, 현대 일본어에서 감사 표현과 사죄 표현의 사용 메커니즘을 규명하려는 시도도 하였다.

본 연구에서는 근대 일본어와 여성어에 대해서 젠더, 언어적 성차(性差)의 관점에서 다이나믹하게 기술하고 해석(解析)하려고 시도했다.

사회비평 소설인 "사회백면상"의 대우표현 연구에서 살펴본 것처럼 메이지 시대의 근대 일본어 모습은 에도어의 흔적을 벗어나 동경 표준어로 서서히 정착하게 된다. 그 과정에서 '대우표현 처리' 등의 문제가 있었다.

메이지 시대는 젠더의 관점에서 보면, <현모양처주의>로 남성들이 구축한 사회에서 여성들은 여성어로 '女学生言葉' 'お嬢様' '奥様言葉' 'お姫様言葉' 등 용어에서 알 수 있듯이 독특한 고유의 위상어, 역할어가 존재하고 있었다. 역할어도(役割語度)가 높은 경우는 강력한 개성를 주장하는 대화체, 대화 스타일인 경우이다. 따라서, 여학생 말(女学生言葉) 과 같은 여성어는 문장과 같은 글, 공적인 말(연설, 강의 등) 에 비해서 '여성'의 특성이 잘 드러난 역할어도가 높은 말이다.

메이지 시대는 사회제도의 변화로 사민평등이 이루어지고 武士, 華族과 같은 사회 계급이 무너지고 언어생활도 종래와 다르게 변화하게 된다. 여성어는 [てよ·だわ]의 쇠퇴로 대표된다. 또한, 젊은 여성들 사이에서 현대 일본어 대표적인 여성 종조사「わ」가 유행하게 되고, 점차 사용이 확대되어 상층 부인층에서도 그 모습이 보이며 일반화하게 된다.

현대 일본어에 보이는 성차 모습은 메이지 시대에 성립되었다고 생각할 수 있다. 그리고 근대 일본어, 여성어의 중요한 기반 중 하나는 여학생 말 '女学生言葉'이 있다. 메이지 신여성들의 언어 사용은 어려운 한어를 사용하고 외래어를 다용하여, 남성과 구별이 어렵게 된다. 메이지 시대 연설이 유행하던 시기에 여성들은 그 연설을 듣는 것조차 허용되지 않았다.

'사민평등'으로 사회계층에서 표면상으로 평등의 움직임이 있었지만, 실제 생활에서 남성 중심의 사회로 여성들은 많은 규범적 제약이 있었다. 다언(多言)을 금기시하는 언설이 많았으며, 항상 여성스럽게 행동해야 한다, 현모양처와 같은 부인상 등은 남성 중심의 이데올로기가 만든 것이며, 당시 사회 전반적인 분위기였던 점은 부인할 수 없는 사실이다.

그러나, 여학교를 다닌 신여성들은 자신들의 사용하는 여성 특유의 유행어를 만들어 사용하기도 하였다. 여성의 교육이 확대되고 지위가 상승하면서 '여학교'를 중심으로 젠더 의식이 강화된다. 여성 스스로 '여성 잡지'를 창간하게 되는 등 변화의 움직임도 엿볼 수 있다. 남성 중심 사회에서 조금씩 변화가 일어난 것이다.

본 연구에서는 선행 연구에서 주로 다룬 소설 이외에 신문, 잡지, 라구코(落語) 등 다양한 자료를 분석하였다. 근대 일본어와 여성어 연구를 위해, 다양한 시도를 했으나 필자의 역량 부족과 분석한 자료 부족은 아쉬운 점이다. 그렇지만, 현대 일본어의 원류인 근대 일본어를 젠더, 성차의 관점에서 사회언어학적으로 보다 동적(動的)으로 분석하려고 한 점에 의미를 두고 싶다. 아울러, 부분적이지만 대조연구와 통시적 연구라는 부분도 시야에 넣고 분석하였다.

메이지 시대는 사회 대변혁의 근대화 시대이다. 언어 변화를 젠더의 흐름에서 파악한 경우, 명확한 구별 경계는 있을 수 없다. 각각 변화마다 시기의 차이가 있을 수 있다. 여성어의 경우도 중세-근세-근대-현대 일본어 흐름 속에서 사회제도, 여성의 지위 상승, 교육제도의 변화 등 다양한 요인이 관여하게 된다. '사회백면상'처럼 언어의 모습도 실로 다양하다. 지금처럼 매스미디어(mass media) 환경이 급변하는 시대에는 사회 각 계층마다 커뮤니케이션에 가장 효율적인 방법을 활용하게 된다. 향후, 여권 신장으로 남녀의 성차는 점차 줄어들겠지만, 여성들의 적극적인 사회 참여와 직업의 다양성으로 인해 여성들의 전문 직업어는 늘어날 수 있을 것이다.[46]

2022년 하마구치 류스케(濱口龍介) 감독의 영화 '드라이브 마이 카(ドライブ・マイ・カー, 2021년 8월 제작)'는 무라카미 하루키(村上春樹)의 소설, "여자 없는 남자들: 女のいない男たち" 속의 단편 '드라이브 마이 카' (2016년 출간, 文藝春秋)를 바탕으로 하였다. 2021년 74회 칸 영화제 각본상, 2022년 94회 아카데미 영화제에서 외국어 영화상을 수상했다. 이와 같은 영화나 소설에서 등장인물들이 사용하는 말, 현대 일본어를 특히 젠더의 관점에서 보면, 일본인들은 자연스럽게 성차를 느낄 수 있을 것이다. 그러나, 시간이 흘러 100년 뒤의 일본어의 모습은 메이지 시대 근대 일본어, 그리고 지금의 현대 일본어와는 매우 다를 것이다.

일본어를 동적으로 파악하기 위해서는 역사 흐름 속에서 일본어 특유의 방식, 행동 패턴을 과거로부터 찾아낼 필요가 있다. 메이지 시대의 근대 일본어 연구도 일본어사 전체 흐름 속에서 파악해야 할 것이다. 특히 언어적 성차(性差), 젠더가 어떻게 효율적으로 운용되었는가? 그리고 현재는 어떻게 사용되고 있는가 그 실태의 일단을 명확히 해야 한다.

향후, 자료의 부족을 더욱더 보완하여 조사할 계획이다. 또한, 매스미디어의 영향 관계, 실제 자연 담화를 젠더와 사회언어학적 관점에서 통시적으로 분석하는 것이 과제로 남는다. '여성어'와 '언어문화'의 관계를 파악하여, '근현대일본어와 여성어'의 실체를 더 깊이 다이니믹하게 규명하고 싶다. 아울러 한국어와 대조연구도 시야에 넣고 상세하게 분석할 생각이다.

46) 한편으로 남성어를 여성이 사용하는 현상도 늘게 될 것이다. 예를 들어, 소위 「ス体」(マジヤバイっす)와 같이, 中村桃子(2020)에 의하면, 1950년대 만화에서 확인되고 처음에 드라마 속의 건설직 노동자, 체육계 서클에서 젊은 남성, 그리고 1990년대 일반 젊은 남성에서 사용되고 현재는 여성이나 미디어에서 사용된다고 한다. 이와 같이 매스미디어에서 사용이 「ス体」의 성립과정에 크게 영향을 끼치고 있다. 이처럼 현대는 남녀의 역할 변화로 말의 남녀 차이, 성차는 점점 축소의 길로 갈 것이다.

参考文献

<한국어 문헌>

강규선(1997) "国語의 敬語法 硏究" 보고사

국학자료원(2006) "문학비평용어사전, 상" 새미

권영민(2002) "1896－1945 한국현대문학사1" 민음사

김귀순(2011) "젠더와 언어" 한국문화사

金敏洙(1964)"新国語学史(全訂版)" 一潮閣

박기선(2013) '한국어 구어 텍스트의 담화 분석을 통한 '감사하다/고맙다'의 반응어 양상 연구' "한국어 의미학"

朴英燮(1992) "開化期 国語 語彙資料集" 서광학술자료사

______(1994) "개화기8 국어 어휘자료집1(독립신문편)" 도서출판 박이정

______(1996) "개화기 국어 어휘자료집3(교과서·신문편)" 도서출판 박이정

방극철(2006) "韓日 大学生의 敬語使用 實態調査－敬語教育의 観點에서－" "日語教育" 38輯 한국일본어교육학회

______(2012) '젠더(gender)의 관점에서 본 근대 일본어－메이지 시대 여성 잡지를 대상으로－' "일본어문학" 54집 한국일본어문학회

______(2013) '社会百面相의 敬語表現과 敬語動詞 いらっしゃる' "일본어교육" 65집 한국일본어교육학회

______(2014) '韓日 近代 女性語의 対照研究 — 開化期 新小説과 明治時代 小説을 중심으로 —' "일본어 교육" 70집 한국일본어교육학회

______(2020) '한일 양 언어의 감사와 사죄 표현의 선택 메커니즘' "일본근대학연구" 67집 한국일본근대학회

______(2021) '일본인의 감사 표현과 사죄 표현은 진실한 것인가' "알면 다르게 보이는 일본문화" 이경수·강상규 동아시아사랑방 포럼편, 지식의 날개

서울대정치학과 독립신문 강독회저(2004) "독립신문 다시읽기" 도서출판 푸른역사

서정수(1984)『존대법의 연구－현행 대우법의 체계와 문제점－』한신문화사

송기섭(2008) "근대소설의 서사 윤리" 태학사

송민호(1978) '新小説의 史的 性格에 대하여' "韓国開化期文学叢書" 아세아문화사

송영미·미즈시마 히로코(2002), '한국과 일본의 감사표현 비교연구' "이중언어학" 20권 20호

신중진(2007) "개화기국어의 명사 어휘 연구" 태학사

안영희(2011) "한일 근대소설의 문체 성립－다야마 가타이, 이와노 호메이, 김동인－" 소명출판

오세응(1993) "서재필의 개혁운동과 오늘의 과제" 고려원

이경우(1998) "최근세국어 경어법 연구" 태학사

이덕배(1999) "日本語 助動詞 ちゃう의 成立過程 －明治시대의 사용실태 분석－" 한양대학교 대학원 박사학위논문

이지영 (2006) '한국어 학습자의 구어 담화 능력 배양을 위한 담화 정보 활용' "한국어교육"

______(2006) '담화 원리를 바탕으로 한 제안 기능 교육 내용 구성' "한국어교육"
李乙煥(1999) "한국의 여성 언어" 숙명여자대학교 출판부
전성태 소설집(2015) "두번의 자화상" 창비
연세대학교 언어정보개발연구원(1998) "연세한국어사전" 두산동아
최낙복(2009) "개화기 국어문법의 연구" 도서출판 역락
한강(2007) "채식주의자" 창비
홍민표 (1996) '한일대학생의 언어생활의 비교연구' "日本学報" 37輯 한국일본학회
홍민표(2002) '언어생활' "일본어학의 세계" 도서출판 박이정
홍사만(2002) "한·일어대조분석" 도서출판 역락
RonaldWardhaugh저, 박의재, 정미령역(현대사회언어학 An Introduction to Sociolinguistics 제3판 1999) 한신문화사

<일본어 문헌>
井口佳重(2009)「明治·大正期における新聞の仮名遣い改革」『日本語の研究』第5巻2号 (『国語学』通巻237号)
池田一秀編集『日本の歴史13 明治』(1977)研秀出版
井出祥子(1979)「大学生の話しことばにみられる男女差異」『文部省科学研究費特定研究「言語」ベンダ班中間報告 昭和54』
________(1982)「言語と性差」『月刊言語』11－10 大修館書店
________(1997)『女性語の世界』明治書院
石田禎紀(1972)「近代女性語の語尾ーてよ·だわ·のよー」『解釈』18–9 解釈学会
因京子(2003)「マンガに見るジェンダー表現の機能」『日本語とジェンダー』3号 日本語ジェンダー学会
上田万年(明治28 : 1895)「標準語に就きて」『帝國文學』1
宇佐美まゆみ(2006)「ジェンダーとポライトネスー女性は男性よりポライトなのか?」『日本語とジェンダー』ひつじ書房 日本語ジェンダー学会編
遠藤織枝(1997)『女のことばの文化史』学陽書房
________(2001)『女とことば』明石書店
遠藤織枝(2002)「男性のことばの文末」『男性のことば·職場編』ひつじ書房
遠藤織枝·尾崎喜光(1998)「女性のことばの変遷－文末·コト·テヨ·ダワを中心に－」『日本語学』17–5 明治書院
沖森卓也編(1989)『日本語史』おうふう
岡満男(1981)『婦人雑誌ジャーナリズム』現代ジャーナリズム出版会
小川早百合 (2006)「話しことばの終助詞の男女差の実際と意識ー日本語教育での活用に向けてー」『日本語とジェンダー』ひつじ書房
尾崎喜光(1999)「女性専用の文末形式のいま」『女性のことば·職場編』現代日本語研究会編 ひつじ書房
荻野綱男·金東俊·梅田博之·羅聖淑·盧顯松 (1991)「日本語と韓国語の第三者に対する敬語用法の比較

対照」『朝鮮学報』141 朝鮮学会
生越まり子(1994)「感謝の対照研究：日朝対照研究」『日本語学』13-7 明治書院
蟹江美幸(2014)「日本語「ーください」と韓国語「要求表現」の比較」『日本近代学研究』43輯 韓国日本近代学会
亀井 孝他(1965)『日本語の歴史 6・新しい國語への歩み』平凡社
掬汀生(田口掬汀)(明治35：1902)『「社會百面相」を讀む」『新聲』8-2
金水敏 (2000)「役割語探求の提案」『国語論究8国語史の新視点』明治書院
______(2003)『ヴァーチャル日本語役割語の謎』岩波書店
金水敏編(2007)『役割語研究の地平』くろしお出版
金淑美 (1995)「韓日敬語用法の対照研究-話題の人物の待遇を中心に-」『日本語教育』85 日本語教育 学会
金順任 (2005)『日本語と韓国語の第三者敬語の対照研究』東京外国語大学大学院 博士論文
黒岩比佐子(2008)『明治のお嬢さま』角川選書 441
熊井浩子(2001)「敬語研究の視点－包括的な待遇表現理論の構築を目指して－」『國文學解釋と教材の研究』46-2 學燈社
熊谷滋子(2009)「ジェンダー認識の変化－新聞投書を利用して－」『ことば』30号 現代日本語研究会
熊谷智子(2008)「依頼と謝罪における働きかけのスタイル」『月刊言語』37-1 大修館書店
国田百合子(1964)『女房詞の研究』笠間書房
紅野敏郎(1996)「解説『魯庵随筆讀書放浪』の魅力」『魯庵随筆讀書放浪』東洋文庫 603 平凡社
国立国語研究所(1959)『明治初期の新聞の用語』国立国語研究所報告15
小島俊夫(1974)『後期江戸ことばの敬語体系』笠間書院
________(1998)『日本敬語史研究後期中世以降』笠間書院
_______(2002)「後期江戸語敬語体系における＜あなた·おまへさん＞」『日本語と日本文学 34号』筑波大学国語国文学会
小林千草(2007)『女ことばはどこへ消えたか？』光文社
小林美恵子(1999)「自称・対称は中性化するか？」「女性のことば・職場編』現代日本語研究 会編 ひつじ書房
_________(2009)「授業談話データベースによる実態調査 －文末形式の「中性化」の様相－」『ことば』3０号 現代日本語研究会
小松寿雄(1971)「近代の敬語Ⅱ」『講座國語史5・敬語史』大修館書店
________(1974)「『一読三歎当世書生気質』の江戸語的特色」『論集日本語研究15現代語土屋信一編』有精堂所収
_______(1985)『江戸時代の国語 ＜江戸語＞』東京堂
_______(1988)「東京語における男女差の形成－終助詞を中心として－」『国語と国文学』65-11
_______(1996)「江戸東京語のアナタとオマエサン」『國語と國文學』73-10
_______(1998)「キミとボクー江戸東京語における對使用を中心にー」『東京大學國語研究室創設百周年記念國語 研究論集』

________(2000)「オレ·ソチ·ソナタ·ワッチ·ワタイー明治東京語女性人称形成の一考察ー」『国語語彙史の研究十九』和泉書院

小松英雄(1986)『国語史学基礎論増訂版』笠間叢書 35

________(1999)『日本語はなぜ変化するかー母語としての日本語の歴史ー』笠間書院

________(2002)「いわゆる敬語の乱れの根源をさぐるー動詞句コンプレッスから人称代名詞への移行ー『日本研究19号』韓国外国語大学外国学綜合研究センター 日本研究所

斉藤正美(2009)「女性学は何のためにカタカナ語「ジェンダー」を守るのか」『社会言語学』IX

真田信治(1991)『標準語はいかに成立したかー近代日本語の発展の歴史ー』創拓社

崎田智子·岡本雅史著(2010)『言語運用のダイナミズム"研究社』

佐伯梅友(1936)『国語史上古編』刀江書院

佐久間勝彦(1983)「感謝と詫び」『話しことばの表現』(水谷修編)筑摩書房

佐竹久仁子(1998)「女ことば · 男ことば規範をめぐって」『ことば』19 現代日本語研究会

塩澤和子(1998)「『古今集遠鏡』における一人称代名詞」『文芸言語研究言語編』34号 筑波大学文芸·言語学系紀要

柴田武(1977)「日本人の言語生活」『岩波講座日本語２言語生活』岩波書店

寿岳 章子(1979)『日本語と女』岩波新書

島村抱月(明治33：1900)「言文一致と敬語」『中央公論』15-2

進藤咲子(1981)「第6章明治初期の小新聞にあらわれた談話体の文章」『明治時代語 の研究 ー語彙と文章 ー』明治書院

________(2004)「明治10ー11年の新聞のことばー『郵便報知新聞』を資料としてー」『近代語研究第12集』近代語学会編 武藏野書院

鈴木丹士郎 (1973)「西鶴·馬琴の敬語」林四郎 · 南不二男編集『近世の敬語/敬語講座4』明治書院

鈴木英夫 (1976)「現代日本語における終助詞の働きとその相互承接について」『国語と国文学』53ー11

________(1998)「現代日本語における女性の文末詞」『日本語文末詞の歴史的研究』三弥井書店

杉本つとむ(1960)『近代日本語の成立』櫻楓社

________(1965)「轉換期の日本語ー江戸から東京へー」『近代語研究１』武藏野書院

________(1985)「あそばせとアリンスと江戸の女ことば」創拓社

________(1988)『東京語の歴史』中公新書

________(1997)『女とことば今昔』雄山閣

泉子·K·メイナード(1993)『会話分析』くろしお出版

________(2004)『談話言語學』くろしお出版

徐微潔·房極哲(2010)「日中両言語の語彙に現れる性差について」『日本語教育』52 輯 韓國日本語教育学会

滝浦真人(2005)『日本の敬語論ーポライトネス理論からの再検討ー』大修館書店

________(2008)『ポライトネス入門』研究社

田中章夫(1983)『東京語ーその成立と展開ー』明治書院

________(1998)「特集：近代語から現代語へー敬語表現の変化」『日本語學』17-6 明治書院

________(1999)『日本語の位相と位相差』明治書院
________(2001)『近代日本語の文法と表現』明治書院
________(2002)『近代日本語の語彙と語法』東京堂出版
田中和子･諸橋泰樹編(1996)『ジャンダーからみた新聞のうら･おもてー新聞女性学入門ー』現代書館
辻村敏樹(1968)「「おーになる」考」『敬語の史的研究』東京堂
________(1974)「明治大正時代の敬語概観」『明治大正時代の敬語 · 敬語講座 5』明治書院
土屋信一(1965)「話しことばの中の漢語」『言語生活』169号
________(1974)「江戸語の「れる · られる」敬語小考」『國語學』96集
土屋礼子(1992)「明治初期小新聞にみる投書とコミュニケーション」『新聞学評論41』日本新聞学会
________(2002)『大衆紙の源流 ー明治期小新聞の研究ー』世界思想社
坪井美樹(1978)「敬語研究の歴史」『増補國語國文學硏究史大成15 · 國語學』三省堂
________(2003)「男手 · 女手ー「性差」による表記様式の分類ー」『筑波日本語研究』8号 筑波大学日本語学研究室
________(2007)「現代日本語における性差の源流ー明治期の資料と言説」『日本近代学研究』18輯 韓国日本近代学会
坪内逍遙(明治39 : 1906)「言文一致について」『文章世界』1-4
寺田智美(2000)「明治末期の女性語についてー夏目漱石の小説にみえる「絶対女性語」の考察ー」『早稲田大学日本語研究教育センター紀要』13号
________(2001)「明治末期の男性語についてー夏目漱石の小説にみえる「絶対男性語」の考察ー」『早稲田大学日本語教育研究センター紀要』14号
________(2002)「夏目漱石の小説にみえる「相対男性語」ー女性が使用する場合を中心にー」『早稲田大学日本語教育研究センター紀要』15号
________(2003)「夏目漱石の小説にみえる「相対女性語」ー男性が使用する場合を中心にー」『早稲田大学日本語教育研究センター紀要』16号
中島悦子(1999)「疑問表現の様相」『女性のことば･職場編』現代日本語研究会編ひつじ書房
中村夫美(2011)『明治期待遇表現の研究ー若松賤子訳「小公子」を中心としてー』仁荷大学大学院博士学位 請求論文
中村通夫(1948)『東京語の性格』川田書房
中村桃子(2002)「「言語とジェンダー研究」の理論」『言語』31-2 大修館書店
________(2006)「言語イデオロギーとしての「女ことば」ー明治期「女学生ことば」の成立ー」『日本語とジェンダー』ひつじ書房 日本語ジェンダー学会編
________(2007)『「女ことば」はつくられる』ひつじ書房
長崎靖子(2000)「明治初期小新聞に見る助動詞「です」の様相」『日本語科学』8 国立国語研究所
________(2001)「明治初期の大新聞に見る助動詞「です」の様相ー明治初期の小新聞との比較からー」『国文目白』44
中野信彦(1991)「江戸語における終助詞の男女差ー女性による「な」の使用についてー」『国語と国文学』68-4

西尾寅弥 (1974)「徒然草·方丈記の敬語」林四郎 · 南不二男編集『中世の敬語/敬語講座 3』明治書院
西田直敏(1998)『日本人の敬語生活史』翰林書房
西原鈴子(1994)「感謝に関する一考察」『日本語学』13-7 明治書院
野村隆史(2019)『日本語「標準形」の歴史』講談社デジタル製作
房 極哲(2000a)「『社会百面相』における文末表現形式ー諸形式と社会階層との関わり」『日本学報』45 韓国日本学会
_______(2000b)「明治期の二人称代名詞「アナタ」「オマヘサン」「オマヘ」その諸形と性差との関わり」『日本語 日本文学』31号 筑波大学国語国文学会 pp.15-26
_______(2001)『明治期における待遇表現の社会言語学的研究』筑波大学大学院博士学位論文
_______(2002)「『社会百面相』における一、二人称代名詞ー待遇表現の観点からー」『日本学報』51 韓国日本学会
_______(2004)「東京語における終助詞の男女差ー「わ」と「な」の使用を中心にー」『日本語文学』20輯 韓国日本語文学会
_______(2006a)「『小公子』における女性語についてー終助詞の用法を中心としてー」『日本学報』69輯 韓国日本学会
_______(2006b)「明治期における一人称代名詞の社会言語学的研究」『日本語文学』第30輯 韓国日本語文学会
_______(2008)「20世紀初期の韓日両言語における待遇表現の対照研究」『日本近代学研究』21輯 韓国日本近代学会
_______(2009)「明治初期小新聞とその近代日本語」『日本語教育』49輯韓国日本語教育学会
_______(2010a)『近代日本語の待遇表現の研究ー社会言語学的な観点からー』J&C
_______(2010b)「韓日近代新聞における言語生活の対照研究」『日本近代学研究』29輯 韓国日本近代学会
_______(2010c)「近代日本語와 女性語 -情意表現을 중심으로」『日本語教育』53 輯 韓国日本語教育学会
_______(2011)「近代日本語と性差ー女性語を中心にー」『日本近代学研究』33輯 韓国日本近代学会
_______(2012)「近代日本語における男女差の形成ー明治20-30年代の小説及び新聞の性差を中心にー」『日本語教育』61輯 韓国日本語教育学会
房 極哲·李 夏子(2005)「『藪の鶯』における女性語ーいわゆる情意表現を中心にー」『日本語文学』24 韓国日本語文学会
文化庁文化部国語課 (2008)『平成19年度 国語に関する世論調査日本人の国語力と言葉遣い』ぎょうせい
水谷美保(2005)「「イラッシャル」に生じている意味領域の縮小」『日本語の研究』第1巻4号(国語学通巻223号)日本語学会
南不二男(1974)「第6章 敬語」『現代日本語の構造』大修館書店
水原明人(1994)『江戸語 · 東京語 · 標準語』講談社現代新書
三宅和子(1994)「感謝の対照研究：日英対照研究ー文化·社会を反映する言語行動ー」『日本語学』13-7 明治書院
_______(2011)『日本語の対人関係把握と配慮言語行動』ひつじ書房

林四郎・南不二男編(1974)『明治大正時代の敬語・敬語講座5』明治書院

________________編(1974)「洒落本·滑稽本·人情本の敬語」『近世の敬語・敬語講座4』明治書院

飛田良文(1974)「明治初期作品の敬語」『明治大正時代の敬語・敬語講座5』明治書院

________(1992)『東京語成立史の研究』東京堂

二葉亭四迷(明治39：1906)「余が言文一致の由來」『文章世界』1-3

古田東朔 (1966)「近代敬語の特質」『國文學解釋と教材の研究』11-8學燈社

益岡隆志·田窪行則(1992)『基礎日本語文法改訂版』くろしお出版

松村 明(1957)『江戸東京語の研究』東京堂

_______(1977)『近代の國語－江戸から現代へ－』櫻楓社

_______(1998)『増補江戸東京語の研究』東京堂

松村瑞子(2021)「新敬語「マジヤバイっす」ー社会言語学の視点から」(中村桃子、白澤社, 2020), 書評, 『日本語ジェンダー学会』第19号

水谷信子(2001)「あいづちとポーズの心理学」『言語』30-7 大修館書店

南雅彦(2009)『言語と文化』くろしお出版

物集高見(明治19：1886)『言文一致』十一堂

森岡健二(1988)「言文一致と東京語」『國語と國文學』65-11

______編著(1991)『近代語の成立文体編』明治書院

森野宗明(1991)「女性語の歴史」『講座日本語と日本語教育10』明治書院

森銑三(1969)『明治東京逸聞史１』平凡社 東洋文庫135

______(1969)『明治東京逸聞史２』平凡社 東洋文庫142

諸橋泰樹(2005)「ジェンダーの視点からみたマス·メディアの仕組み」『ジェンダーの 語られ方、メディアのつくられ方』現代書館

任 利(2003)「終助詞「かしら」における男女差の形成」『筑波日本語研究』8号 筑波大学人文社会科学研究科日本語學研究室

_____(2005)「明治30年代の小説における性差と文末表現」『日本語と 日本文学』40号 筑波大学国語国文学会

_____(2006)『現代日本語性差表現の成立に関する研究』筑波大学大学院博士学位請求論文

_____(2007)「『社会百面相』の文末形式に見られる性差ー女性性·男性性の表出と言語形式の選択ー」『日本語と日本文学』44 筑波大学国語国文学会

_____(2009)『「女ことば」は女が使うのかしら？ーことばにみる性差の様相ー』ひつじ書房

れいのるず・秋葉かつえ(1997)「言語と性差の研究—現在と将来—」井出祥子編『女性語の世界』明治書院

______________________(1998)「日本語の性差別」井出祥子監修『「ことば」に見る女性』東京女性財団

ロビン・レイコフ(1975)『Language and woman's place』『言語と性』かつえ・あきば、れいのるず訳(1985)有信堂

山本武利(1981)『近代日本の新聞読者層』法政大学出版局

山本正秀(1965)「第9章 小新聞談話体文章の実態と言文一致」『近代文体発生の史的研究』岩波書店

________(1979)『近代文体形成史料集成成立編』櫻楓社

山梨正明(2001)「認知語用論」小泉保編『入門語用論研究ー理論と応用ー』研究社

湯川純幸(1998)「ことばとジェンダーと権力の関わりに迫る-言語とジェンダー研切の致達点」『女性学』第6号

吉田澄夫 (1952)「東京語の特色」『論集日本語研究 15 現代語』土屋信一編(1983) 有精堂所收

渡辺友左(1982)『日本語と性』南雲堂

渡辺 實 (2000)「近代文章の流れ」(2000年度(第174回)近代語研究會春季大會發表要旨、於：東京共立女子大學)

Vanbaelen,Ruth(2003)「性差マーカーの「自然さ」ー小説文の会話文と実際の会話との比較ー」『日本語と日本文学』36号 筑波大学国語国文学会

<사전 등>

『江戸語大辞典』前田勇 講談社 1974

『言語学大辞典第6巻·術語編』亀井孝 河野六郎 千野栄一編 三省堂 1996

『国語学研究事典』佐藤喜代治編 明治書院 1977

『国語学大辞典』国語学会編 東京堂 1982

『口語法』文部省 国語調査委員会編纂 大正5(1916)

『口語法別記』文部省 国語調査委員会編纂 大正6(1917)

『日本近代文学大事典』日本近代文学会編 講談社 1984

『日本近代文学大事典 第3巻人名, 4巻事項』日本近代文学会編 講談社 1977

『新版日本語教育事典』日本語教育学会編 大修館書店 2005

『読売新聞100年史』読売新聞100年史編集委員会 読売新聞社 1976

<자료>

「西洋道中膝栗毛(初編)」(明治3)仮名垣魯文編 明治文学全集1 筑摩書房 昭和41

「安愚楽鍋」(明治4ー5)仮名垣魯文編 明治文学全集 筑摩書房 昭和41

「春雨文庫」(明治9) 松村奋輔編 明治文学全集1 筑摩書房 昭和41

「蝶鳥紫山裾模様」(明治16ー17)高畠藍泉編 明治文学全集2 筑摩書房 昭和42

「塩原多助一代記」(明治17)三遊亭圓朝「圓朝全集巻ノ一十二」春陽堂 昭和2

「当世書生気質」(明治18ー19)坪内逍遥用 明治文学全集16 筑摩書房 昭和44

「尋常小学読本」(明治20)(巻一～七)(日本教科書体系第5巻近代編) 講談社 昭和39

「真景累ヶ淵」(明治21)三遊亭圓朝著 圓朝全集巻ノ一」春陽堂 大正15

「鶯の鶯」(明治21)三宅花圃著 金港堂 明治21

「さすがに双紙」(明治21)山田美妙 女学雑誌116号ー136号 女学雑誌社 明治21

「都鳥」(明治21)石橋忍月 女学雑誌 102号ー107号 女学雑誌社 明治21

「五月鯉」(明治21)巌谷小波『明治文学全集)筑摩書房 昭和43

「小公子」(明治23)バーネット作 若松賤子訳 女学雑誌227－299号 明治23
「書記官」(明治28)眉山人(川上眉山) 太陽 第1巻2号 博文館
「夜の鶴」(明治28)桜痴居上 太陽 第1巻8号~第1巻9号 博文館
「金色夜叉(前編)」(明治30)尾崎紅葉 明治文学全集18 筑摩書房 昭和40
「左巻」(明治34)川上眉山 太陽 第7巻22号 博文館
「社会百面相」(明治35)内田魯庵著 東京博文館 東京大学総合図書館藏本(明治36年10月第三版)
「三四郎」(明治41) 漱石全集第四巻 岩波書店 昭和41
「それから」(明治42)漱石全集第四巻 岩波書店 昭和41
「杯」(明治43)鴎外全集著作篇第三巻 岩波書店 1954
「寂しき人」(明治44)ハウプトマン作 森鴎外訳 金尾文淵堂 明治44
「雁」(明治44) 森鴎外 籾山書店 大正4
「二度の自画像」チョン·ソンテ著 吉良佳奈江訳 東京外国語大学出版会 2021
「色彩を持たない多崎つくると彼の巡礼の年」村上春樹 文芸春秋 2013

<落語資料一覧>
「口演速記明治大正落語集成第一巻」講談社 1980
「古典落語第一巻」筑摩書房 1968
「乾物箱」(明治22)百花園 1巻2号
「鼻毛」(明治22) 百花園 1巻3号
「鰍沢雪の酒宴」(明治22) 百花園 1巻4号
「思案の他精間の当込み」(明治22) 百花園 1巻5号
「木火土金水」(明治35) 文芸倶楽部 8巻3号
「年ほめ」(明治36) 文芸倶楽部 9巻12号

방극철(房極哲)

한양대학교 일어일문학 학사(1992년 2월), 석사(1995년 2월)

日本:筑波大学大学院 文芸·言語研究科(言語学博士, 2002년 3월)

순천대학교 인문예술대학 일본어일본문화학과 교수(2004년 3월~현재)

한국일본어교육학회 회장 역임(2018년 10월~2020년 9월)

순천대학교 교양기초교육원장 역임(2015년 11월~2017년 8월)

한국일본어교육학회 편집위원장(2020년 10월~현재)

<주요 저서>

"近代日本語の待遇表現の研究 −社會言語学的な觀点から−"(2010)제이앤씨

"중급일본어활용1 (5인 공저)" (2015) 한국방송통신대학교 출판문화원

<주요 논문>

房極哲(2011)「近代日本語と性差−女性語を中心に−」近代日本学研究33輯, pp.7−26

방극철(2012)「젠더(Gender)의 관점에서 본 근대 일본어 −메이지 시대 여성잡지를 대상으로−」日本語文学54輯, pp.19−40

房極哲(2012)「近代日本語における男女差の形成−明治20−30年代の小説及び新聞の性差を中心に −」日本語教育61輯, pp.37−51

방극철(2013)「"社會百面相"의 敬語表現과 敬語動詞 いらっしゃる」日本語教育65輯, pp.105−119

방극철(2016)「대학 교양 일본어 학습자의 정의적 특성 분석」比較日本学38輯, pp.249−265

방극철(2020)「일본어 교육에서 액티브러닝(Active Learning) 수업 도입과 전략」比較日本学50輯, pp. 279−304

房極哲(2021)「日本語教育における授業改善のための工夫−アクティブ·ラーニング授業の質の向上を 中心に−」日本語教育96輯, pp.1−18

기타 그 외 다수의 논문이 있음.

근대 일본어와 여성어
젠더(Gender), 언어적 성차(性差)로 보는 메이지 시대

초판 1쇄 발행 _ 2022년 6월 24일

저　자 • 방극철
발행인 • 정현걸
발　행 • 신아사
인　쇄 • 대명프린팅
출판등록 • 1956년 1월 5일 (제9-52호)
주　소 • 서울시 은평구 통일로 59길 4 (2F)
전　화 • 02)382-6411 · 팩스 02)382-6401
홈페이지 • www.shinasa.co.kr
E-MAIL • shinasa@daum.net

ISBN 979-11-92428-23-9 (93330)

정가 19,000원